차이와 타자

현대 철학과 비표상적 사유의 모험

현대의 지성 108

차이와 타자—현대 철학과 비표상적 사유의 모험

제1판 제 1쇄 2000년 8월 28일
제1판 제11쇄 2023년 7월 6일

지은이 서동욱
펴낸이 이광호
펴낸곳 ㈜문학과지성사
등록번호 제1993-000098호
주소 04034 서울 마포구 잔다리로7길 18(서교동 377-20)
전화 02)338-7224
팩스 02)323-4180(편집) 02)338-7221(영업)
전자우편 moonji@moonji.com
홈페이지 www.moonji.com

ISBN 978-89-320-1192-3

차이와 타자

현대 철학과 비표상적 사유의 모험

서동욱

문학과지성사
2000

깊은 감사의 마음으로

아버지 어머니께

이 책을 드립니다

서문
표상적 사유와 비표상적 사유

1. 표상이란 말의 어원론적 의미들과 근대적 주체성의 본성

'차이'와 '타자'의 문제를 둘러싼 현대 철학의 다양한 모험들은 서로 간의 큰 편차에도 불구하고 어느 것이나 표상 개념에 대한 비판을 배경으로 하고 있다. 표상이란 무엇인가? 표상 개념만큼 그 숨기고 있는 뜻을 드러내지 않은 채 그토록 널리, 또 자주 쓰이고 있는 낱말도 드물 것이다. 오늘날 표상에 대한 비판을 매개로 한 사유가 실로 다양한 방향으로 모험을 감행하고 있다면, 그 모험이 표적으로 삼고 있는 표상 개념의 함의 또한 매우 다양하리라는 것은 쉽게 짐작할 수 있다. 모든 말들이 그런 것은 아니지만 어떤 말들은 그 말의 참다운 뜻을 일상적 사용을 통해서는 좀처럼 드러내주지 않고 그 뿌리를 캐들어가는 수고를 마다하지 않을 때 비로소 알게 해준다. 표상 개념 또한 그 말에 대한 여러 가능한 어원론적 분석들을 통해서만 감추고 있던 제 참 모습을 드러낼 것이다. 그런데 결과부터 말하자면 이제 살펴볼 표상 개념의 세 가지 가능한 어원론적 분석 각각은 근대적 주체성의 가장 핵심적인 특성들을 가리켜 보인다.

표상 개념의 첫번째 함의를 우리는 다음과 같은 하이데거의 말에서 찾을 수 있다. "우리는 표상되어 있음이라는 근대적 본질을 완전히 파악하기 위해 '표상한다 vorstellen'라는 낡아빠진 말과 개념으로부터, 자기 앞에, 그리고 자기에게로 세운다라는 그 이름의 근원적 힘을 끌어내야 한다."[1] 여기서 하이데거는 표상 활동을 근대성의 본질, 보다 정확히는 근대적 주체성의 본질로 내세우고 있다. 하이데거가 그 어원을 분석하듯 표상 vor-stellen이란, 자기 앞에 vor- 세우는 stellen 활동이다. 누가 무엇을 어떻게 세우는가? 세우는 주체는 인간이며, 그의 활동은 존재자를 '대상'으로서 세운다. 그러면 인간이 이 세우는 활동을 주관하는 자가 되었다는 것, 그리고 이 활동을 통해 존재자가 인간 앞에 대상으로 서게 되었다는 것은 무슨 뜻인가? 그것은 인간이 존재자와 관계맺는 방식을 스스로 설정한다는 것, 다시 말해 존재자는 이제 인간의 계산 아래, 인간의 측정 아래서만 나타날 수 있게 되었다는 것을 뜻한다. 세계는 오로지 인간의 측정을 통하여 인간 앞에 세워진(표) 그림(상)으로서만, 즉 세계상 Weltbild으로서만 존재할 수 있게 되었다. 세계상이란 말은 세계에 대한 그림이라는 뜻이 아니라, 인간 앞에 세워진 그림으로서의 세계만이 존재한다는 뜻을 담고 있다. 다시 말해 존재자는 오로지 인간에게 정복된 그림으로서 외에는 그 어디에도 존립할 수 있는 자리를 가질 수 없게 되었다는 뜻이다. 표상 활동을 통해 비로소 인간은 세계를 근거짓는 자가 되었으며, 존재자는 인간의 계산을 통해 측정된 '대상'으로서 정복되기에 이른 것이다. 그러므로 근대 세계에 와서 인간이 주체가 되었다는 말의 본질은 존재자를 자기 앞에 대상으로 세울 수 있게 되었다는 데, 즉 표상 활동을 할 수 있게 되었다는 데 있다. 인간의 역사를 통해 유례를 찾아볼 수 없었던 근대의 급속한 과학 기술의 발전, 지구상의 비밀을 모두 파헤치기에 이른 놀라운 탐구력은 바로 이러한 표

1) M. Heidegger, "Die Zeit des Weltbildes," *Holzwege* (Gesamtausgabe, Band. 5, Frankfurt am Main: V. Klostermann, 1977), p. 92(약호 H).

상 활동에 뿌리를 두고 있는 것이다. 하이데거가 "지구적 제국주의 planetarischen Imperialismus"(H, 111)라는 말을 통해 표현했듯 표상 활동을 통해 세계는 인간의 식민지가 되었다.

그런데 표상 활동을 할 수 있는 인간이란 어떤 인간인가? 그것은 신체로서의 인간도 아니요, 여타의 다른 존재자들과 다를 것이 없는 보잘것없는 하나의 존재자로서의 인간도 아니요, 신의 창조물로서의 인간도 아니요, 오로지 '의식'으로서의 인간이어야만 한다. 세계를 자기 앞의 그림으로 세움으로써 세계의 근거가 되었다는 것은 인간이 수많은 다양한 존재자〔多者〕를 자기라는 하나의 지평〔一者〕 위에 그러모을 수 있는 자라는 뜻이다. 'con-scientia'란 말의 접두사가 잘 알려주듯 의식은 하나의 고립된 개별자로만 머물려고 하지 않는다. 우리들 각자는 그 내면에 있어서만 존재한다. 다시 말해 의식은 오로지 개별적인 것으로만 현존한다. 그러나 의식은 그 현존에 있어선 유아론적이나 그 본질에 있어선 보편적이다. 현존에 있어서 개체적인 의식은 그 개체성을 뛰어넘어 전적으로 보편적인 것이 된다. 인간이 그 각자성을 뛰어넘을 수 있는 까닭은 오로지 인간이 의식일 때뿐이다. 의식만이 신의 나이만큼이나 늙은 우주 전체를 일순간에 가로지르며 무수한 다자를 하나의 지평 위에, 즉 의식 자신에게 종속시킬 수 있다. 햄릿은 이미 이 점을 잘 알고 있었기에 이렇게 자랑스러워 할 수 있었다. "나는 호두 껍질 속에 갇혀 있어도 나 자신을 무한한 우주의 왕이라고 생각할 수 있는 사람이다"(「햄릿」, II, 2). 각자성의 호두알 속에 갇혀 있을지라도 햄릿은 그 본질에 있어서 의식이기에 이미 우주의 왕이다. 우리들 각자는, 보르헤스가 카를로스의 지하실에 누워, 그를 통해 전우주의 비밀을 바라보던 알레프, 곧 의식이다.

이처럼 세계를 자기가 고안한 계산을 통해 앞에 그림으로 세우는 주체의 표상 활동 뒤엔, 다자를 하나의 지평 위에 그러모을 수 있는 능력으로서 의식이 자리하고 있다. 여기서 우리는 표상 개념의 두번째 어원론적 분석과 만나게 된다. 이 두번째 분석은 들뢰즈의 다음과 같은 말에서 찾아진다. "표상 re-présentation이란 단어에서 접두사 'RE-'는, 차이를 종속시키는 동일적인 것의 개념적 형식을 의미한다."[2] '나타남 présentation'이란 직접적 있음이다. 접두사 RE는 이 직접적 있음을, '다시 re' 스스로를 통해 매개하여 있게 하는 의식의 활동을 가리킨다. 표상이란 서로 차이를 지니는 잡다한 나타난 것들을 다시 거머쥐어서 '동일한 하나'의 지평에 귀속된 것으로 나타나게 하는 활동이다. 표상 활동을 통해 차이와 유사성은 오로지 동일적인 것에 종속된 것으로서만 의미를 지니게 된다. 다시 표현하면 표상 활동은 "먼저 동일성을 정립하고 그 다음에 거기서 점차 멀어져가는 모든 정도들 degrés에로 필연적으로 이행해가는 것이다."[3] 차이들은, 동일성을 전제한 연후에 그 동일성으로부터 정도상 얼마나 떨어져 있는가를 가늠하는 방식으로만 사유된다. 요컨대 다양한 차이는 상위의 동일성에 종속된 것으로서만 사유될 수 있다.

이러한 표상 활동의 면모는, 유사 관계 그 자체를 인식으로 여겼던 르네상스 시대에 종지부를 찍고, 사물들 간의 유사 관계는 상위의 공통적 척도, 즉 동일적인 개념을 전제하고서만 사유될 수 있다고 생각한 데카르트를 통해 예시될 수도 있을 것이다(MC, 66~69 참조). 그러나 차이나는 다양을 동일적인 것의 개념적 형식에 종속시키는 의식의 표상 활동의 극명한 예를 우리는 칸트에게서 찾고자 한다. 칸트에게서 상상력이 수행하는 '세 겹의 종합'이란 나타난 다양을 개념적 차원에서 '하나'의 표상 속에 집어넣는 활동이라고 요약할 수 있다.[4] 칸

2) G. Deleuze, *Différence et répétition*(Paris: P.U.F., 1968), p. 79(약호 DR).

3) M. Foucault, *Les mots et les choses* (Paris: Gallimard, 1966) p. 69(약호 MC).

4) 칸트는 직관에 주어진 다양 자체를 표상이라고 일컫기도 하지만, 이런 경우의 표상을 우리는 다양을 종합하는 상상력의 활동을 통해 도달한 '하나의 표상' 혹은 '전체 표상'과 구별하여 그저 다자, 다양 등으로 부르고자 한다.

트는 세 겹의 종합의 각 단계마다 매번 종합의 목적은 다양을 '하나의 표상 속에' 포함시키는 데 있음을 강조하고 있다. 포착이란 다양이 시간을 계기적으로 점유하도록 정립하여 통일을 이루는 결합 활동이다. 직관은 다양을 그저 현시할 뿐이기 때문에 포착이라는 종합이 없고서는 이 다양은 "하나의 표상 속에"(A 99; Ⅳ, 77)[5] 포함된 것으로 정립될 수 없다. 하나의 표상 속에 정립되지 않고서는 세계는 그저 혼란된 인상에 지나지 않을 것이다. 재생은 포착을 통해 계기적으로 결합된 다양의 후행 부분으로 나아감에 따라 선행 부분을 재생하는 활동이다. 이런 재생의 종합이 '선험적'으로 가능하지 않다면, 우리 '경험' 가운데선 진사(辰砂)가 때로 붉어지고 때로 검어지며, 한 번의 같은 낮 동안 땅이 수확으로 덮였다가 다시 얼음으로 뒤덮일 것이다. 심지어 우리는 머릿속에서 선(線) 하나조차 그어볼 수 없을 것이다. 왜냐하면 선을 긋는 일 혹은 오늘 아침부터 저녁까지 하루 시간표를 구상하는 일 등의 경험적 활동은 후행하는 부분으로 나아감에 따라 선행하는 부분을 재생하는 종합 활동을 선험적 조건으로 삼고서만 가능하기 때문이다. 재생의 종합의 목적 또한 결국은 다양을 하나의 표상 속에 귀속시키는 데 있음을 칸트는 강조하고 있다. 즉 선행 부분을 잊어버리고, 그 다음으로 전진해나감에 따라 선행 부분을 재생하지 않는다면 "하나의 전체 표상"(A 102; Ⅳ, 79)은 가능하지 않을 것이라고 칸트는 말한다. 그리고 최후로 재인식의 종합은, 다양을 "하나의 표상 속에서 결합"(A 103; Ⅳ, 79)하는 것은 근본적으로 하나의 동일한 의식임을 발견한다. 종합하는 활동은 결국 차이나는 다자를, 이 동일한 의식의 상관물이자 지성에 뿌리를 두는 표상인, 동일적인 것의 개념적 형식 '어떤 것 일반'에 관련시키는 활동이다. 이러한 종합 활동

5) 이 글에서 인용되는 『순수 이성 비판』에서의 인용은 본문 중 괄호 안에, 책명을 생략하고 초판 페이지 수(A), 재판 페이지 수(B), 학술원판의 권수와 페이지 수만을 차례로 써준다.

을 통해 의식은 차이를 하나의 동일한 지평 위에 '개념적으로' 종속시킬 수 있었다. 근대인들은 다양이 동일성 속에 종속되지 않을 경우 세계가 그저 "미친 음악 Rhapsodie" (A 156/B 195; Ⅲ, 144)에 지나지 않을까봐 두려워하였다.

그러나 차이를 개념적 동일성 속에 가두는 이러한 상상력의 활동은 이미 플라톤에게서 예고되었던 바이다.[6] 플라톤의 '상기'는 생성변화중에 있는 개별자들의 다양성에서 출발하지만 늘 도착점은 유적 동일성인 이데아이다. 플라톤의 상기론만큼 유럽인들의 오디세이적 회귀 본능, 타자의 땅을 찾아 바다로 나갔다가 거기서 차이들을 한데 끌어모아 귀국해서 자신의 어머니 땅에 종속시키는 식민주의적 본성을 그토록 뚜렷이 드러내주는 사상도 없을 것이다. 상기는 미지의 고장으로의 모험이 아니라 잠시 잊었던 집으로의 안전한 귀환이다. 상기는 늘 개별자의 대지로 나갔다가 다시 그 개별적 다양을, 망각했던 하나의 동일성, 이데아로 데리고 와 종속시킨다. 그러므로 개별자들간의 차이와 유사성이란 늘 유적 차원에서의 동일성을 전제한 차이이며 유사성이다. 차이란 그 자체로는 존립할 수 없고 늘 동일성의

---

6) 플라톤과 근대 정신을 연관짓는 것은 때로 퍽 정당하다. 우리가 살펴볼 것과는 좀 다른 맥락에서이긴 하지만 하이데거 또한 세계를 인간 앞에 세워진 그림으로 만든 근대 정신과 플라톤의 관련성을 지적하고 있다. 인간이 주체가 된 것은 오로지 근대의 특징적인 면모임을 강조하기 위해 하이데거는 가령 프로타고라스의 '인간은 만물의 척도'라는 사상이 데카르트류의 만물의 척도, 즉 모든 존재자들의 규정 근거로서의 코기토와는 본질적으로 다르다는 점을 반복해서 강조한다(H, 102~06 참조). 하이데거에 따르면 그리스 정신에서 세계는 결코 인간이 그린 그림(표상)이 될 수 없었다(H, 91). 그럼에도 불구하고 존재자의 현전이 인간에게 달려 있다는 생각이 예외적으로 그리스 철학에도 있었으니 바로 플라톤의 사상이다. 플라톤은 '존재자의 존재자성'을 에이도스 εἶδος로 규정하였다. 에이도스란 '바라봄 Anblick' 이라는 뜻을 지닌다. 누가 바라보는가? 바로 인간이다. 인간이 존재자의 존재자성, 즉 존재자의 현전을 규정하는 주체인 것이다. 이런 까닭에 하이데거는 다음과 같이 말한다. "에이도스는, 장래에 세계가 그림으로 될 운명에 처하도록, 은폐된 채로 오랫동안 간접적인 힘을 행사한 전제이다" (H, 91).

그릇 안에 담겨서만 사유될 수 있다. 들뢰즈의 용어대로 하자면 언제나 차이란 동일성을 전제한 구별을 의미하는 '개념적 차이'일 뿐이다. 우주 전체를 가로지르며 자기 매개를 통해 다자를 스스로의 지평에 자리잡게 하는 의식의 표상 활동이란 이처럼 차이를 동일성에 종속시키고, 개념적 차이로 만드는 활동임이 드러난다.

이런 표상 활동의 의미는 분명 현재라는 시간적 차원의 특권에 대한 이해로 우리를 이끌어준다. 표상 활동은 늘 지금으로 현존하는 현재 jetzige Gegenwart로서의 의식의 현전 Anwesenheit을 배경으로 하고 있다. 이제 우리는 표상 개념의 세번째 어원론적 분석과 만나고 있는 것이다. 이 세번째 분석은 레비나스의 다음과 같은 말을 통해 정식화된다. "지향성은 표상 활동 re-présentation을 숨기고 있으며, 그리하여 '타자'를 현전으로, 현전에 귀속된 것으로 만든다."[7] 여기서 오해가 없기 위해선 프랑스어 단어 représentation만을 고려해서는 안 되며, 그에 대응하는 독일어 낱말과 대질시켜야 한다. 이번엔 위에서 살펴본 경우와 달리 représentation은 Vorstellung이 아니라 Vergegenwärtigung의 뜻을 지닌다. 즉 표상이란 이 프랑스어 단어를 어원론적으로 분석했을 때 잘 알게 되듯 '다시 re- 현재화 présentation하는 활동'을 의미한다.

'다시 현재화한다'는 것은 무엇인가? 그 의미는 물론 시간 의식에 대한 후설의 분석 속에서 찾아진다. 후설의 시간성 분석은 지향적 대상과 관계하는 의식의 지향적 활동의 시간성에 관한 분석이다. 가령 내가 어떤 멜로디를 듣고 있을 때 그 멜로디를 시간성 속에서 지향하는 의식의 활동은 어떻게 가능한가? 즉 나의 지향적 의식의 시간적 성격은 어떻게 구성되는가? 멜로디를 시간적인 것으로서 듣고 있는 나의 지향적 의식의 시간성을 설명하기 위해 그 지향적 의식보다 근

---

7) E. Levinas, *Le temps et l'autre* (Paris: P.U.F., 1983; 초판: 1947), pp. 8~9.

본적인 차원의 의식에 호소할 수 있으리라. 즉 멜로디를 인식하고 있는 지향적 의식의 시간성은 그보다 근본적인 의식의 시간성에서 온다고. 그러나 이러한 설명은 곧바로 무한소급의 위험에 처한다. 즉 보다 근본적인 층위의 의식의 시간성은 어디에서 오는가라는 질문과 직접 맞닥뜨리게 된다. 그러므로 무한소급을 피하기 위해선 가장 근본적인 층위에서의 의식은, 대상에 대한 지향적 활동의 시간성을 구성해줄 수 있어야 하는 동시에 자기 자신의 시간성을 스스로 구성할 수 있어야 한다. 스스로 시간화하는 이 절대적 의식이 소위 '살아 있는 현전'이라고 하는 것이다. 그것은 계속 흘러가면서 현전하는 것, 곧 '흘러가고 있는 상태로 존속하는 strömend-stehend 것'이다.

이 살아 있는 현전, 절대적 의식은 자기 스스로를 시간화하는 의식이라는 점에서 '자기 촉발 Selbstaffektion, auto-affection'을 그 구조로 삼고 있다.[8] 즉 의식은 의식 스스로로부터 촉발되는 방식으로 시간적이 된다. 어떻게 그렇게 되는가? 이 살아 있는 현전이라는 시간 의식은, 의식이 생생한 현재, 이른바 '근원 인상 Urimpression'에 의해 촉발됨으로써 가능해진다. 그런데 이 근원 인상은 어떤 외부 대상으로부터 오는 내용을 지닌 감각으로 이해되어서는 안 된다. 그것은 구체적인 감각이 아니라 오히려 현재라는 '시간 지점의 인상 Zeitstellen-impression'이며 심지어 순수한 현재라는 이상(이념적 한계 ideale Grenze)이기도 하다. 의식 스스로 설립한 현재라는 '시점' 그 자체가 근원 인상이다. 이런 뜻에서 이 인상은 외부 대상으로부터 오는 내용을 지닌 감각과는 구별되며, 그러므로 의식이 이 근원 인상에 의해

---

8) 자기 촉발과 관련하여 하이데거의 칸트론을 빠뜨릴 수 없다. 하이데거의 칸트론의 핵심 가운데 하나는 시간을 주관의 자기 촉발의 산물로 이해하는 것이다. 주관은 자기 촉발을 통해 스스로를 자발적으로 시간화하며, 동시에 이런 시간화는 대상 구성적 규정 자체를 형성한다. M. Heidegger, *Kant und das Problem der Metaphysik* (Frankfurt am Main: V. Klostermann, 1973[4판]) 참조.

촉발될 때 그것은 자기와 다른 전적인 외재적 대상으로부터의 촉발, 곧 이질적인 것으로부터의 촉발이 아니라 스스로로부터의 촉발, 즉 자기 촉발이다. 그것은 외부 대상으로부터의 촉발을 통해 의식의 시간성이 구성되는 과정이 아니라 반대로 지향적 대상을 시간적으로 인식하기 위해 의식이 스스로를 시간화하는 과정이다. 즉 시간 의식 속에서 비로소 대상의 동일성의 획득, 곧 '대상의 객관화'가 이루어진다고 해야 할 것이다.[9] 요컨대 의식의 시간화는 대상 세계의 객관적 구성의 과정이다.

그런데 의식이 근원 인상에 의해 촉발된다는 그 사실 일면만을 보아서는 시간적 '지속'은 설명되지 않는다. 만일 의식의 흐름이 단지 계기적으로 의식을 촉발하는 현재라는 시간 지점들만으로 구성된다면, 그 의식은 '나는 생각한다'라고 반성하는 현재 순간에만 현존하는, 그러므로 무시간적인 현재에만 현존하는 데카르트의 코기토와 무엇이 다르겠는가? 따라서 매번 새로운 근원 인상에 의해 촉발되는 그 순간과 동시에 의식은 이미 지나간 근원 인상을 보유하고 있어야(파지 Retention) 하며, 이제 새로 올 근원 인상을 예견하고 있어야(예지 Protention) 한다. 다시 말해 근원 인상의 촉발은 과거 인상을 여전히 붙들어 쥐고 있는 활동 및 앞으로 올 인상을 예견하는 활동과 동전의 양면을 이루면서 비로소 의식의 시간성을 구성한다.

이처럼 시간이란 흐르면서 존속하는 의식, 늘 지금으로 현재하는 의식의 활동의 산물이며, 외부 대상은 이 의식의 활동을 통해서 시간화된다. 즉 무엇인가가 객관적 대상으로 구성되기 위해서는 늘 현재하는 의식의 현전에 귀속되어야만 한다. 곧 외재적 대상인 타자는 언

---

9) E. Husserl, *Zur Phänomenologie des inneren Zeitbewußtseins* (*Husseliana*, Band. X, Den Haag: Martinus Nijhoff), § 31 참조; 후설 시간 개념에 대한 보다 자세한 논의는 R. Bernet, "Is the present ever present? Phenomenology and the Metaphysics of Presence," *Research in Phenomenology*(Vol. XII, 1982), pp. 85~112 참조.

제나 현재하는 의식의 현전에, 의식의 시간화에 귀속되는 한에서만 출현할 수 있는 것이다. 이런 뜻에서 표상 활동, 즉 다시 현재화하는 행위란 타자를 늘 지금으로 현재하는 의식의 현전에 종속시키는 활동이다. 표상 활동에 대한 세번째 어원론적 분석은 이렇게 우리에게, 늘 현재하는 것으로서의 의식의 본성, 현재라는 시간적 차원이 누리는 특권, 의식의 자기 촉발적 성격, 의식의 현전에의 타자의 귀속에 대해 알게 해준다.

이러한 다양한 함의를 지닌 표상 활동을 통해 비로소 근대적 주체성은 탄생하였다. 그것은 존재자를 주체 앞에 불러 세워 수리적으로 계산 가능한 것으로, 즉 대량 생산 공장에 공급되는 익명의 원료로 만들어버린다. 횔덜린의 시에 나오는 예술 작품 *Kunst*werk으로서의 라인 강은 이제 수력발전소 *Kraft*werk에 공급되는 수량을 계산해낼 수 있는 원료로서의 라인 강이 된다. 이러한 일을 해낼 수 있는 주체의 심층을 들여다보면 또한 표상은 차이를 동일성에 종속시키는 활동, 더 정확히는 차이를 동일성에 귀속된 개념적 차이로 만드는 활동이기도 하다. "우리가 표상에 대해 비난하는 것, 그것은 동일성의 형식에 머무르려 한다는 것이다"(DR, 94). 차이란 동일적인 표상에 종속되지 않은 채로는 사유될 수 없는 것이 되어버린다. 주체의 표상 바깥의 절대적인 낯선 땅이란 도무지 한 줌의 흙도 남아나지가 않는 것이다. 그리고 표상 활동은 늘 현재하는 의식에 대해서 말해준다. 의식은 어디에 늘 현재하는가? 모든 존재자, 모든 자기와 다른 것 앞에 현재한다. 다르게 말하면 표상에 의해서, 늘 현재하는 의식의 현전에 출석한 것으로서만 모든 존재자는 성립할 수 있다. 표상 개념의 이 모든 의미들이 알게 해주는 바는 주체와 맞서서 gegen- 서 있는 stand 것 ob-ject, 그리고 주체와 다른 autre 자(타자)는 오로지 주체의 표상 활동의 매개를 거쳐 주체의 지평 위에 종속되는 한에서만 존립할 수 있다는 것이다. 근대적 주체는 자기 제국의 식민지로 만들지 않고서는 그 무엇도 가만 놔두지 못한다. 그러나 그는 자기와 전적으로 다른 자, 타인의 출현을 알지 못하는 죽음과도 같은 고독 속에서 모든 것을 소유하고 있다. 주체란 반성할 수 있는 능력이므로 자기를 타자인 듯 여기고 스스로와 대화하고 상의할 수 있으리라. 그러나 그것은 한낱 자기 자신과 벌이는 고독한 축제, 자기 자신을 스스로auto- 감동시키는 일affection, 곧 수음(手淫)에 불과하다.

2. 비표상적 사유의 모험

굳이 들뢰즈처럼 "표상 개념은 철학을 독살한다"[10]라는 자극적인 표현을 써가면서 사유를 시작할 필요는 없을 것이다. 그러나 이 책에 수록된 글들은 여러 가지 다양한 주제를 다루고 있음에도 불구하고 그것들 모두를 인도하는 하나의 동기를 꼽자면 표상 활동 너머의 사유, 비표상적 사유의 가능성에 대한 물음이다. 표상 활동과는 다른 사유란 어떤 것인가? 우리가 보았듯 표상 개념이 지니는 뜻이 실로 다양한 만큼 이 문제에 대한 해답 또한 다양하리라. 그러므로 이 책은 다음과 같은 다양한 물음들을 묻고 또 대답하면서 답을 구하고자 한다.

사유는 과연 주체 '나'의 자발성을 통해 시작되는가? 오히려 도무지 나의 개념 체계를 통해서는 거머쥘 수 없는 미지의 것, 감성을 찌르면서 들어와, 해석할 수도 그렇다고 잊을 수도 없는 채로 상처(트라우마)를 만들어내는 것, 곧 주관의 능력을 통해서 결코 표상될 수 없는 것과의 만남에 의해서 사유는 시작되는 것이 아닌지 우리는 숙고해보고자 한다(1, 2장) 또한 사유의 최종 지반으로서의 '나'란 한낱

10) G. Deleuze, *Nietzsche et la philosophie* (Paris: P.U.F., 1962), p. 92(약호 NP).

임의적으로 설정된 전제이며, 사유란 어떤 주체적 지반도 가지지 않는 익명적인 것은 아닌가? 그리하여 코기토란 근원적인 지반이 아니라 한낱 익명적 사유의 활동을 통해 생산되는 결과물이 아닌지 우리는 알아보고자 한다(1, 2, 4장). 요컨대 표상될 수 없는 것으로부터의 자극을 통한 사유의 '수동적 발생,' 주체가 부재하는 사유의 익명성 등이 사유의 위상과 관련하여 우리가 숙고할 문제이다. 가령 표상될 수 없는 것이란 들뢰즈에게선 '기호'인데, "매개적인 표상을 직접적 기호로 대체하는 것"(DR, 16)은 들뢰즈의 사유 이론의 가장 핵심적인 과제를 이룬다(1장).

또 세계란 표상 활동을 통해 동일적인 것의 형식 속에서 체계를 이루는 것이 아니라, 표상 활동이 어떻게도 동일성 속에 종속시킬 수 없는 파편적 조각들로 이루어져 있는 것이 아닌가?(10장) 즉 들뢰즈가 말하듯 존재자들 사이의 차이란 상위의 동일성을 전제하는 '개념적 차이'가 아니라 어떤 상위의 개념도 전제하지 않는 '차이 자체'가 아닌가?(7장) 앞서 보았듯 칸트에서 상상력은 차이나는 다자들을 동일적인 것의 개념적 형식(어떤 대상=X)에 종속시킨다. 플라톤의 상기는 다자들을 모범이자 원인이며 본질인 하나의 이데아에 종속시킨다. 그러나 반대로, 가령 프루스트의 상기는 다자를 오히려 파편적 조각들로 생산해내는 기계로 보인다. 어느 겨울날 저녁 추위에 떨며 집에 돌아온 나에게 어머니는 따뜻한 차 한 잔을 권하였다. 마들렌 과자 한 조각(직접적 기호)을 녹인 차 한 스푼을 입에 가져갈 때만 해도 나는 그저 암울한 내일에 대한 예감으로 우울할 뿐이었다. 그러나 따뜻한 물이 입 천장에 닿는 순간 잃어버린 콩브레 시절의 감각이 되살아나며 무한한 행복감이 밀려들기 시작한다. 지금 맛본 것은, 콩브레 시절 주일 아침 레오니 고모 방으로 인사하러 갈 때 고모가 곧잘 나에게 주던 바로 그 마들렌과 차 맛이구나. 그 행복감은 오늘 저녁의 마들렌 과자와 그날 아침의 마들렌 과자 사이의 '공명 résonance'

에서 비롯하는 효과가 틀림없었다.

공명이란 오로지 두 개의 상이한 대상, 서로 차이나는 대상 사이에서만 일어난다. 프루스트의 상기는 플라톤의 상기와 마찬가지로 생성 변화 가운데 있는 감각적 대상에서 출발하지만, 플라톤의 경우와 달리 감각 세계의 다자들을 지성계에 있는 하나의 동일자로 환원하고 그 동일성의 전제 아래 서로 구별하여 개념적 차이를 이루게 하지 않는다. 오히려 프루스트의 상기는 과거의 마들렌과 현재의 마들렌을 어떤 동일성(즉 양자에 공통적인 마들렌의 이념)으로도 환원되지 않는 '차이 자체'로서의 개별적 조각들로 생산해낸다. 플라톤은 개별자들에 대해 "오로지 유사한 것만이 서로 다르다"라고 말할 것이다. 즉 기준이 되는 유사성이나 동일성을 전제하고서만 차이에 대해 이야기할 수 있다고 말할 것이다. 이때 차이란 개념적 차이, 즉 동일성을 전제한 구별이다. 반면 프루스트는 "오로지 차이들만이 서로 유사하다"라고 말할 것이다. 즉 유사성은 차이의 전제가 아니라 차이의 산물이다.[11] 과거의 마들렌과 현재의 마들렌 사이의 '차이 자체'가 양자의 유사성을 생산하고 서로 공명하게 만든다. 회상에 있어서 공명의 효과란 오로지 차이 자체로부터 유래하는 것이지 개념적 차이로부터 유래하지는 못한다. 왜냐하면 개념적 차이의 상위 근거인 '동일자'는 그 말의 내포가 잘 알려주듯 공명이 가능하기 위한 대립 항(동일자 자신에 대해 이질적인 것)을 가지고 있지 않기 때문이다. 이러한 '차이 자체'는 오로지 '반복 répétition'만을 원리로 삼고서 존재하게 될 것이다(프루스트의 상기 및 들뢰즈의 반복 개념은 7장에서 다루고 있다).[12]

---

11) '오로지 유사한 것만이 서로 다르다'(개념적 차이)와 '오로지 차이들만이 서로 유사하다'(차이 자체)사이의 이러한 대립에 대해선 G. Deleuze, *Logique du sens* (Paris: Éd. de Minuit, 1969), p. 302 참조.

12) '차이 자체'는 '반대'나 '모순'과도 구별되어야 한다. 변증법적 의미에서의 반대나 모순은 개별자들 사이의 차이를 보다 상위의 동일성에 귀속시키기 위한 매개

또한 시간이란 의식의 자기 촉발의 산물인가에 대해서도 우리는 묻고자 한다. 오히려 시간이란 나와 전적으로 다른 것, 타자와의 만남을 통해서 가능한 것이 아닌가? 후설 철학을 반성하면서 레비나스가 얻게 된 새로운 착상은 근원 인상을 '자기 촉발 auto-affection'의 구조 안에서가 아니라 "이질적인 것으로부터의 촉발 hétéro-affection"[13]의 구조 안에서 사유해보고자 한 것이라 할 수 있다. 근원 인상은 나와 절대적으로 이질적인 자, 늘 현재하는 현전으로 소환해올 수 없는 자로부터만 올 수 있다. 그것이 흔적 trace으로서의 타자이다. 늘 현재하는 살아 있는 현전으로 소환해올 수 없다는 것은, 흔적이란 결코 현재화되지 않는다는 것, 다시 현재화하는 행위인 표상 활동이 거머쥘 수 없다는 것, 그러므로 '절대적으로 지나간 과거 un passé absolument révolu'라는 뜻이다. 타자는 '지금'의 양태 속에서 주어지는 것이 아니라, 과거로서 주어진다. 그러나 이 과거란, 현재화하는 활동을 통해 의식의 살아 있는 현전에 귀속시킬 수 있는 과거, 시간의 계기적 지속을 위해 파지를 통해 거머쥘 수 있는 과거와는 전혀 다르다. "타자의 얼굴은 완전한 과거의 흔적, 완전히 지나간 부재 속에 있다. [……] 이 과거는 자아 속에서 내성 introspection을 통해서는 발견될 수 없다. [……] 어떤 기억도 이 과거의 흔적을 따라갈 수 없다. 그것은 기억되지 않는 과거 un passé immémorial이다."[14] 그것은 도저히 나의 의식이 가버리지 못하게 부여잡을 수 없는 '기억되지 않는 과

적 의미를 지닐 뿐이다(NP, 10). 그리고 표상의 본성이란 바로 이러한 매개의 기능을 수행하는 데 있다. "표상이란 이미 매개이다"(DR, 16).

13) 'auto-affection'과 대립적인 뜻으로 고안된 'hétéro-affection'은 레비나스의 고유 용어이다(E. Levinas, *Autrement qu'être ou au-delà de l'essence* [la Haye: Martinus Nijhoff, 1974], p. 155 참조).

14) E. Levinas, "La trace de l'autre," *En découvrant l'existence avec Husserl et Heidegger* (Paris: J. Vrin, 1982), p. 198(약호 DEHH). 후에 데리다와 관련하여 발표 연대가 중요할 수 있으므로 밝혀두자면, "La trace de l'autre"는 *Tijdschrift voor Filosofie* (No. 3, 1963)에 처음 발표되었다.

거'이다. 물론 '절대적으로 지나간' '기억되지 않는' 등의 어구는 '다시 현재화하는 활동'과 정면으로 대립하고 있다. 기억되지 않는 과거로서의 흔적이란 어떻게 설명될 수 있는가? 가령 완전 범죄 현장에서 범인은 오로지 판독되지 않는 지문의 형태로 현존한다. 그는 이미 지나가버린 자로서만, 그리고 결코 되불러올 수 없는 자로서만 현존한다. 그러므로 지문(흔적)은 범인을 현존하게 해주지만 오로지 사라진 자, 지나간 과거로서만 현존하게 해준다. "'흔적을 남기는' 한에서 '존재한다'는 것, 그것은 〔……〕 방면되었다는 것이다"(DEHH, 200). 무엇으로부터의 방면인가? 물론 그 흔적을 자기에게 종속시키고자 하는 주체의 의식으로부터의 방면이다. 그런데 흔적은 범인을 나의 의식의 거머쥐는 능력으로부터 빼앗아 가려버리지만, 다른 한편 역설적이게도 오로지 흔적만이 범인의 현존을 확인해줄 수 있다. 이처럼 흔적은 범인(타인)의 소환을 끊임없이 '연기'하는 동시에 오로지 그런 '연기'의 방식으로만 현존하게 해준다(이 예에 대해선 DEHH, 200 참조).

이러한 흔적 개념과 관련하여, 또 한 사람의 비표상적 사유의 주요 인물인 데리다에 관해 잠시나마 언급하고 지나가지 않을 수 없겠다. 흔적의 또 다른 이름인 '대리 보충supplément' 개념을 통해 자기 촉발의 여러 가지 형태를 비판적으로 검토하는 데리다의 유명한 작업들은 위와 같은 레비나스의 흔적 개념을 전제하고서만 가능하였다. 데리다 스스로 밝히고 있듯 그의 흔적 개념은 레비나스의 그것과 큰 유사성을 지닌다.[15] 이미 보았지만 레비나스에게서 흔적은 그 흔적이 가리키는 바의 소환을 끊임없이 '연기'하는 동시에 오로지 그런 '연기'의 방식으로만 현존하게 해주는 것인데, 이것은 더할 것도 뺄 것도 없이 데리다의 대리 보충의 성질 자체이다. 데리다는 대리 보충에 의

15) J. Derrida, *De la grammatologie* (Paris: Éd. de Minuit, 1967), p. 103 참조(약호 G).

한 "현전의 상실은 경험, 즉 현전의 조건이다"(G, 237)라고 말한다. 현전의 연기됨이 곧 현전의 조건 자체라는 말이다. 가령, 널리 알려진 대로 음성 언어는, 문자 언어에 의해 '대리 보충'됨을 통해서만 가능하다. 음성 언어가 가능하기 위해선 필수적으로 '분절'이 요구되는데, "음성 언어의 조건인 분절은 그 자체 비음성적인 것"(G, 325), 곧 문자 언어에 속한다. 분절은 비음성적인 것, 즉 음성 언어에 대해 이질적인 것이면서도 음성 언어를 가능케 해주는 대리 보충이다. 다시 말해 스스로의 귀에 현전하는 음성 언어(자기 촉발)는 실은 모순되게도 그 성립 조건으로, 음성 언어에 대해 '이질적인' 것의 대리 보충을 전제한다. 왜 모순된다고 말하는가 하면, 자기에 대한 스스로의 직접적 현전이라는 자기 촉발 개념은 순수성, 즉 이질적인 것의 배제를 내포하기 때문이다. 그러므로 순수하게 자기 촉발적인 음성 언어란 그야말로 순수하게 모든 것이 제거된 숨결뿐이다(G, 353 참조). 이질적인 것—레비나스 식으로 표현하면 이타성 altérité 혹은 외재성 extériorité[16]—에 의해 영원히 연기되는 방식으로만 음성 언어는 자기에게, 즉 그 음성 언어를 내뱉은 로고스에게 현전하는 것이다. 곧 자기 촉발은 그 말의 내포와 달리 전혀 순수한 것이 아니며, 자기 아닌 것, 즉 흔적의 개입을 통해서만 가능하다. 이렇게 자기 촉발은 피할 수 없는 흔적의 개입을 통해 와해되는 동시에 흔적의 개입 덕택에 성립한다.

그러나 이미 밝혔듯 우리의 주된 관심사는 흔적과 관련하여 시간의 문제를 다시 사유해보는 것이다. 이 책에서 우리가 묻고자 한 바는 흔적으로서의 타자, 나와 전적으로 이질적인 자가 촉발해주는 한

16) 레비나스에게서 흔적이 외재성을 가지고 있듯 데리다에게서 대리 보충 또한 외재성의 함의를 지니고 있다는 점을 지적해두는 것은 매우 중요할 것이다. "'보충 complément'과 달리 대리 보충 supplément은 '외재적 extérieure 첨가'이다"(G. 208)라고 데리다는 말한다. 자기 촉발의 내적 요소로 환원되지 않기에 그것은 전적으로 외재적인 것, 이타적(異他的)인 것이다.

에서만 시간은 도래하는 것이 아닌가, 시간은 자기 촉발의 산물이 아니라 타자와의 만남의 산물이 아닌가 하는 점이다.[17] 8, 9장에서 부족하게나마 그려보고자 하는 것은 이러한 시간의 가능성에 대한 윤곽이다. 데카르트적인 무시간적 순간들의 천편일률적 나열을 깨뜨리고 비로소 미래를 도래하게 해주는 자는 흔적으로서의 타자이다. 시간이 계속 소멸해가는 순간 순간의 나열에 그치지 않고 유한성 너머의 '무한한' 미래로 열린다면, 이러한 시간 자체가 '메시아적 구조,' 구원의 구조를 가지고 있다고 말할 수 있을 것이다. 그 유한성 때문에 언젠가 필멸할 인간에게 무한한 시간이 주어진다는 것은 곧 구원을 의미하는 바가 아니겠는가? 결국 타자는 나에게 메시아적 시간의 도래를 가능하게 해주는 자이다. 이런 메시아적 구조의 시간은 나의 의식의 자기 촉발을 통해서는 결코 주어지지 않을 것이다.

또한 우리는 시간론에만 국한되지 않는 여러 주제를 통하여, 표상 활동을 통해 타자가 나의 의식에 귀속되는 것이 아니라 오히려 우리의 주체성이란 타자의 '이타성'과 대면함으로써 비로소 발생할 수 있다는 것, 즉 타자와의 만남이 주체성의 성립에 선행한다는 것을 보이고자 한다(3, 4장).

이미 짐작할 수 있었겠지만 절대적 과거로서의 흔적에 대한 숙고는 신학적 문제 또한 외면할 수 없게끔 만든다. 나의 주관적 힘으로, 즉 표상 활동으로 환원되지 않는 '무한자'는 오로지 이런 흔적과의 만남 속에서 비로소 사유될 수 있는 것이 아닌가? 신은 나의 규정을 초과하는 자, 손바닥으로 눈을 가린 사이 '이미 지나가버린 자'(「출애굽기」, 33: 21~23), 그러므로 절대적 과거가 아닌가? 무한자를 절대적 과거인 흔적과의 만남을 통해 사유한다는 것, 이것만이 무한자가

---

17) 이러한 문제와 관련하여, 레비나스의 시간론은 하이데거의 『존재와 시간』도 그 표적으로 삼고 있다. 왜냐하면 주체는 애초부터 시간적 존재가 아니라 타자와의 만남을 통해 비로소 시간적 존재로서 탄생하기 때문이다.

우리 관심의 투영인 '우상'됨에서 벗어나서 우리에게 찾아올 수 있는 길이 아닌가? 이러한 생각들은 분명 레비나스와 마리옹의 관련성을 가리켜 보이고 있다. 마리옹은 레비나스의 흔적, 얼굴 등과 유사하게 '아이콘'이라는 개념을 제시해 보인다. 아이콘의 대립 항인 우상은 우리의 이해 관계, 관심의 투영이다. 즉 우상은 우리가 원하는 바를 반사하는 거울이나 우리는 그것이 우리를 되비추고 있는 거울임을 보지 못한다. 그래서 마리옹의 용어대로 하자면 우상은 "보이지 않는 거울 miroir invisible"[18]이며, 그런 까닭에 그것은 신으로 숭배될 수 있는 것이다. 우리의 욕망은 우상 속에서 안주하고 만족한다. 그러나 아이콘은 레비나스의 흔적이 그렇듯 우리의 어떤 관심도 이해 관계도 거머쥘 수 없는 것, 한마디로 표상될 수 없는 것이다. 즉 우상이 보이지 않는 것(무한자)을 보이게끔 만드는 반면(우리 관심의 투영으로 만드는 반면) "아이콘은 보이는 것을 보이지 않는 것 자체가 되게끔 한다. 이렇게 해서 보이는 것이 그 자신 외의 다른 것을 끊임없이 지시하게끔 한다"(D, 29). 보이는 것(아이콘)이 그 자신 외의 다른 것을 계속 지시한다는 것은 무슨 말인가? 흔적과 맞닥뜨렸을 때 레비나스의 형이상학적 욕망이 그렇듯, 아이콘은 우리 시선을 보이는 것 안에, 즉 '표상 안에' 안주하게 하지 않고 무한을 향해 계속 운동하게끔(곧 초월하게끔) 한다는 뜻이다.[19] 이처럼 흔적, 아이콘 등에 관한 비

18) J-L. Marion, *Dieu sans l'être* (Paris: Fayard, 1982; P.U.F., 1991), p. 20(약호 D).

19) 마리옹이 사용하는 '우상'과 '아이콘' 개념이 단지 미술의 분야에 국한된다고 생각해서는 물론 안 된다. 보다 중요하게 취급되는 것은 형이상학에서의 '개념적 우상'이다. 개념적 우상의 대표적 예로 그는 'causa sui' 개념을 꼽는다(D, 26~27). 'causa sui'로서의 신은 형이상학적 체계라는 이성의 관심의 투영으로서의 우상이다. 마리옹의 주요 목적은 전통 형이상학, 즉 '존재-신학'에 뿌리깊은 개념적 우상을 비판하고, 존재-신학의 테두리 바깥에서 신을 사유할 수 있는 가능성을 열어보자는 데 있다. 철학사적 연원을 따지자면 그 가능성은 데카르트가 제시했던, 어떤 표상 체계를 통해서도 거머쥘 수 없는 '무한의 이념으로서의 신'에서 이미 예고되었던 바이다.

표상적 사유는 무한자를 사유할 수 있는 가능성을 새롭게 제시해 보인다(마리옹이 이 책의 주요 관심 대상은 아니지만, 이러한 문제들과 관련하여 우리는 마리옹에 대해 간략하게 견해를 피력하였다. 10장 각주 36 참조).

현대 철학이 근대적 주체 개념으로부터 벗어나기 위해 제시하는 길들은 우리가 위에서 간략하게나마 살펴본 것처럼 실로 다양하기 그지없다. 그 길들은 아마도 다음과 같은 두 가지 극단 사이에 배열될 것이다. 그 하나는 들뢰즈처럼 주체 개념을 아예 없애버리고 비인격적 익명성으로, 인간 아닌 것으로, 비인칭 혹은 4인칭이라 불리는 어떤 동일성도 전제하지 않는 파편적인 '특정한' 조각들, 익명적 사건들, 요컨대 '차이들'로서 살아갈 수 있는 길을 열어 보이는 것이다(5장). 다른 하나는 레비나스처럼, 표상 활동을 통해 타자를 자기의 지평 위에 종속시키는 제국주의적인 주체가 아니라 오히려 타자의 도래를 통해 비로소 탄생하는 주체를 그려 보이는 것이다. 주체 개념 없이 살 것인가 혹은 새로운 주체 개념과 더불어 살 것인가? 이 책은 그 두 가지 길 가운데 한 가지를 선택하려는 시도가 아니다. 오히려 이 책은 근대적 주체성으로부터 벗어나고자 하는 다양한 사유들의 가장 핵심적인 공통된 정신이 어디에 있는가를 살펴보고자 한다. 그 핵심은 근대적 주체의 표상 활동을 비판적 표적으로 삼아 동일적인 것에 종속되지 않는 '차이 자체'를 드러내려는 시도, 그리고 주체 혹은 의식으로 환원되지 않는 '타자'의 현존을 밝혀내려는 시도로 요약된다. 이러한 시도를 우리는 '비표상적 사유의 모험'이라고 부른다. 표상되지 않으면서 감성에 상처를 내며 육박해 들어오는 미지의 것들 앞에서 사유는 속수무책이다. 사유는 이것들을 자신의 개념적 장치를 통해 포착해서 자신의 인식적 소유물로 삼을 수 없다. 자신의 익숙한 개념적 도구가 모두 무용지물이 된 채 사유는 아직 자기가 모르는 위험한 땅으로 나아간다. 그렇다면 분명 이 사유의 운명은 '모험'이 아닌가? 그것은 시계(視界)를 가늠할 수 없는 전적으로 이질적인 타자의 땅으로 떠나는 돌아올 기약 없는 여행인 것이다.

여기 실린 글들은 여러 다른 시기에 씌어졌으며, 모두 지면을 통해 한 번씩 세상에 모습을 나타내었던 것들이다. 만일 내가 돈 후안이라면, 자기 삶을 돌이켜 책으로 묶으려는 어느 날, 선부르게, 돈 후안답지 못하게 제압한 여자들을 기억하고선 다시 한번 그 시절로 돌아가 승부를 내고 싶은 마음에 통탄을 금치 못했을 것이다. 다행히도 나는 돈 후안이 되지 못하고 대신 글을 썼으며, 그러므로 이제 책을 낼 기회를 가지면서 돈 후안이 할 수 없었던 일을 할 수 있었다. 마음에 들지 않는 승부들은 모조리 다시 썼으며, 많은 부분을 새로 보태었다. 한번 끝장나면 돌이키기 어려운 여자들과 달리 글과의 연애는 이처럼 수많은 판본을 거듭할 수 있는 것이다. 그러나 이 말을 뒤집어보면 결코 글쓰기에 최종판은 없다는 것, 책은 언제나 불만스러운 미완성일 수밖에 없다는 것, 그리고 지금 눈에 띄는 가장 중요한 페이지들은 꼭 씌어져야 했으나 씌어지지 못한, 이 책에 없는 페이지들이라는 것을 뜻할 것이다. 그리하여 이제, 한 생명이 다 여행해볼 수 없는 무한한 연애만이 다시 책 뒤에 남아 있다.

*

허술한 집 한 채를 세상에 내놓는 데도 돌이켜보니 참으로 많은 분들의 은혜가 없고서는 불가능하였다. 대학과 대학원 과정을 통해 많은 가르침을 주시고 늘 염려해주시는 강영안 선생님께 감사드린다. 선생님을 통해 칸트 철학을 처음 체계적으로 배웠으며 철학의 많은 문제들과 만날 수 있었다. 또한 깊은 가르침으로 사유의 싹과 문제의식을 길러주신 엄정식 선생님, 박종대 선생님, 성염 선생님, 정인재 선생님, 김완수 선생님께도 감사드린다. 잊을 수 없는 강의들을 통해 사유의 훈련을 가능케 해주신 이한조 선생님께도 감사드려야 할 것이다. 카드를 통해 늘 유학 생활을 격려해주시는 백종현 선생님, 항상 관심과 배려를 아끼시지 않는 김상환 선생님께도 감사드리고 싶다. 삶의 지표가 되는 충고를 해주시는 김영건 선배님, 격려의 편지들을 보내주시는 최진석 선배님, 염려의 마음으로 이끌어주시는 이상헌 선배님께도 감사드린다. 책의 출판과 관련하여 마음을 써준 임후성 형에게도 이 자리를 빌려 감사의 마음을 전한다. 또한 이 책에 실린 모든 글의 최초의 독자이자 논평자인 아내에게도 고마운 마음을 표시하고 싶다. 누구보다도 이처럼 책으로 엮어주신, 채호기 사장님을 비롯한 문학과지성사의 모든 분들께 감사의 말씀을 올린다.

2000년 여름 루뱅에서
서동욱

차례

제4부 세속적 삶, 초월, 그리고 예술

일러두기

인용문 안의 고딕체는 인용자가 강조하는 부분이고 ' ' 표시로 묶은 구분은 원저자가 강조하는 부분이다. 또한 인용문 안의 〔 〕로 묶인 부분은 대체 가능한 번역어이거나 뜻이 잘 통하게 하기 위해서 인용자가 임의로 집어넣은 말이다.

제1부 사유의 새로운 지평

제1장

들뢰즈의 사유의 이미지와 발생의 문제*

—재인식 대 기호 해독

들뢰즈의 '사유의 이미지 image de la pensée' 연구는 정신분석학 비판과 더불어 그의 철학의 가장 큰 기둥을 형성하고 있다. 정신분석과 자본주의의 공모 관계의 폭로라고 요약될 수 있는 후자의 연구가 사회·정치 철학적 무게를 싣고 있다면, 전자는 적어도 다루는 내용에 있어서 인식론적·형이상학적 연구의 성격이 짙다. 들뢰즈가 자기 사상을 설득시키는 방식은 늘 에일리언 같다. 인간의 몸을 숙주로 삼아 탄생하는 생명체처럼 그는 주석가로 변장하고서 다른 철학자들의 텍스트로 깊숙이 파고들어가 어느 정도 해설자의 역할을 하는 척하다가 결국엔 숙주를 와해시키고 괴물의 모습으로 솟아오른다. 이것이 뜻하는 바는 무엇인가? 바로 철학사를 오르내리며 다양한 철학자들의 텍스트를 부지런히 따라다니는 들뢰즈의 방식을, 그리고 그의 노고를 우리들도 그대로 답습할 때만 그의 사유의 이미지 연구는 본 모습대로 포착될 수 있다는 것이다.

들뢰즈의 많은 철학사 연구 가운데 칸트와 프루스트는 사유의 이미지 연구라는 과제에 있어서 가장 핵심적인 위치를 차지하고 있다.

* 이 글은 들뢰즈의 '사유의 이미지 연구'를 주제로 하는 필자의 두 편의 글, 「들뢰즈의 '차이'와 '공통 감각' 이론」(『세계의 문학』, 겨울호, 1995)과 「철학과 경쟁하는 소설」(『이다』, 창간호, 1996)을 수정·보충하여 이번 책을 위해 다시 만든 것이다.

1960년대에 씌어진 들뢰즈의 많은 철학사에 관한 저술들은 『차이와 반복』(1968)에서 '사유의 이미지 연구'라는 주제 아래 총체적으로 종합된다. 그러나 이미 1963년과 1964년 사이에 출판된 칸트와 프루스트에 관한 집중적인 연구[1]에서 사유의 이미지와 관련된 들뢰즈의 중요한 테마들은 완성된 형태를 갖추고서 나타나고 있다.[2] 이 연구들은 사유의 이미지와 관련하여 그의 어떤 다른 작업들보다도 큰 중요성을 가지고 있다고 할 수 있다. 왜냐하면 들뢰즈는 그의 프루스트 연구를 회고하는 자리에서 '새로운 사유의 이미지, 혹은 오히려 사유를 감금하고 있는 이미지로부터 사유의 해방을 나는 이미 프루스트에게서 발견하려고 시도했다'라고 말하기 때문이다. 새로운 사유의 이미지에 대한 들뢰즈의 가장 적극적이고도 구체적인 구상은 오로지 그의 프루스트론에서만 제대로 된 모습을 갖추고 나타난다. 그러므로 정당하게도 프루스트와 (프루스트의 적〔敵〕인 동시에 스승으로 이해될 수 있는) 칸트의 사유 모델은 들뢰즈의 테마들을 이해하기 위한 가장 비중있는 표본들로 다루어져야만 할 것이다. 『차이와 반복』은 이미 이루어진 연구들, 즉 부분적이고 조각난, 그러나 유황불이 끓고 있는 단편적인 연구들을 하나의 얼개로 엮기 위한 발자크의 마지막 펜자국 같은 것일 뿐이다("발자크는 예전의 작품들과 이어맞추기 위해서 펜

1) 1963년과 1964년 사이에 들뢰즈가 발표한 칸트와 프루스트에 관한 글은 모두 네 편이나 되는데 그 목록은 다음과 같다: 1) "L'idée de genèse dans l'esthétique de Kant," *Revue d'Esthétique*, vol. 16: 2, 1963(약호 IGEK). 2) *La philosophie critique de Kant* (Paris: P.U.F., 1963). 이 저작의 인용은 서동욱 옮김, 『칸트의 비판 철학』(민음사, 1995)을 따름(약호 PCK). 3) "Unité de *À la recherche du Temps perdu*," *Revue de Metaphysique et de Morale*, vol. 68, 1963(약호 URTP). 4) *Proust et les signes* (Paris: P.U.F., 1964; 수정 · 보완된 3판 1976). 이 저작의 인용은 서동욱 외 옮김, 『프루스트와 기호들』(민음사, 1997)을 따름(약호 PS).

2) 이제 확인하게 되겠지만 1968년의 스피노자와 라이프니츠에 대한 연구 또한 사유의 이미지 연구를 프루스트의 기호 개념 확립과 관련하여 지원하고 있다: G. Deleuze, *Spinoza et le problème de l'expression* (Paris: Éd. de Minuit, 1968, 약호 SPE).

을 들어 자기 작품에 한 번 더 손을 대었다. 그것은 작품에 마지막으로 펜을 대는 것이었지만 그 중 가장 탁월한 것이었다"[3]). 또한 이 글의 마지막에 보게 되겠지만 사유의 이미지 연구라는 주제 아래 전개된 들뢰즈의 모든 작업은 그 최종적인 심급에서 니체의 기획의 인도를 받아 이루어지고 있다. 보다 구체적으로 말하면 인식론과 미학에서의 사유 모델들을 매개로 발전시킨 사유의 이미지 연구는 궁극적으로는 인식론과 미학의 범위를 넘어 새로운 문화 개념 확립, 니체적 문화론의 실현을 노리고 있다.

1. 사유의 이미지의 공리들

I. 사유의 이미지에 대한 일반적 기술

사유의 이미지란 무엇인가? 아무런 전제도 없이 출발할 수 있는 사유란 없다. 가령 무전제에서 출발하려는 야심을 가진 한 철학자가 "나는 생각한다. 고로 존재한다"라고 말했을 때 이 명제는 그 가능 조건으로 "누구나 생각한다는 것이 무엇인지 안다"는 전제를 가지고 있다.[4] 즉 코기토 명제는 암암리에, 생각한다는 것이 무엇인지 모든 사람이 알고 있다는 전제 위에 정립되어 있다. 이런 식의 사유의 가능 조건, 사유의 지반을 이루는 공리들postulats, 사유가 가능하기 위한 지평을 가리켜 들뢰즈는 사유의 이미지라고 부른다. 누구나 공유하는 것, 누구나 문제삼지 않는 것, 그것 없이는 '보편적인 것으로서' 사유 자체가 가능하지 않은 것이라는 점에서 사유의 이미지는 사

3) M. Proust, *À la recherche du temps perdu* (Paris: Gallimard, Pléiade 문고, 1954), Tome. III, p. 161(약호 RTP; 이 약호 표시 뒤에 로마 숫자로 권수, 이어서 아라비아 숫자로 페이지 수를 표기함).

4) G. Deleuze, *Différence et répétition* (Paris: P.U.F., 1968) p. 170(약호 DR).

유자들 사이의 '소통 가능성의 조건'이다. 더 이상 그 존립 근거를 질문받지 않는 공리적인 성격을 가진다는 점에서, 비유컨대 사유의 이미지는 하나의 수학 체계가 가능하기 위한 공리와 같은 성격을 가지며 또 교회 공동체의 지반을 이루는 '도그마'와 같은 성격을 가지기도 한다. 이런 까닭에 들뢰즈는 사유의 이미지를 교의적(혹은 독단적 dogmatique, orthodoxe)이라는 형용사를 통해 표현한다(DR, 172).[5] 교회 공동체를 떠받치고 있는 교회의 도그마처럼 사유의 이미지는 하나의 조화로운(정합적인) 사유 체계를 떠받치고 있는 근본적인 주장들 affirmations로 이루어져 있다. 때로 사유의 이미지는 '내재성의 구도 plan d'immanence'와 동의어로 쓰이는데,[6] 우리는 '이미지 image' '구도 plan' 등의 낱말에 착안해서, 이 용어를 사유 안에 내재하는 그 사유의 '밑그림,' "항상 미리 전제되어 있는 〔사유의〕 좌표들"[7]이라는 뜻으로 이해할 수 있다.

그런데 철학적 사유가 사유의 이미지를 전제하는 것은, 하나의 개념이 다른 개념을 전제하는 것(가령 인간 개념이 동물이란 개념과 이성이란 개념을 전제하는 것)과는 본질적으로 다르다(QP, 60). 철학적 활동이 개념의 창조 및 그 전개라면,[8] 그 개념들이 심겨지고 가꾸어지

---

5) G. Deleuze, *Nietzsche et la philosophie* (Paris: P.U.F., 1962), p. 118(약호 NP). 내재성의 구도나 사유의 이미지 자체는 중립적인 개념이다. 들뢰즈는 오로지 임의적인 공리들로 구성된 사유의 이미지만을 '독단적 사유의 이미지'라 일컫는다. 그의 목표는 어떤 임의적인 공리도 전제되지 않은 새로운 사유의 이미지, 이제 우리가 '발생적 사유의 이미지'라는 이름 아래 탐구하게 될 것을 구상하는 것이다.

6) G. Deleuze & F. Guattari, *Qu'est-ce que la philosophie?* (Paris: Éd. de Minuit, 1991), pp. 39, 60(약호 QP).

7) G. Deleuze, *Pourparlers* (Paris: Éd. de Minuit, 1990), p. 202(약호 P).

8) 철학의 정의: "철학은 개념들을 형성하고 발명하고 만드는 기술이다"(QP, 8)라고 들뢰즈는 정의한다. 이에 반해 '반성'도, '소통'도, '관조'도 철학의 정의가 될 수 없다. 누구도 반성을 하기 위해 철학을 필요로 하지 않는다는 점에서 철학은 반성이 아니다(철학 없이도 수학자는 수학에 대해, 화가는 그림에 대해 반성할 수 있다). 또한 소통이란 그 결과로서 '합의'만을 내놓을 수 있을 뿐이다. 합의를 통해

는 토양처럼 전제되는 내재성의 구도, 사유의 이미지란, 철학적 사유 자체에 속하기보다는 철학에 앞서는 것 pré-philosophique이다(QP, 43). 바로 이런 이유 때문에, 즉 철학적 사유(개념의 창조와 전개) 자체에는 속하지 않으면서도 또 그 사유 내재적인 선험적 지평이기 때문에 들뢰즈는 내재성의 구도를 일컬어 "사유되어야만 하는 것인 동시에 사유할 수 없는 것" 혹은 "사유 안의 비사유 non-pensé dans la pensée"라고 부른다(QP, 59).

II. 선의지

그러면 고전 철학의 사유의 이미지는 어떤 공리들로 구성되어 있는가? 첫번째 공리는 "사유자는 사유자로서 참 le vrai을 원하고 사랑한다"(NP, 118)는 것이다. 사유자가 참을 사랑하고 원하는 이 의지를 가리켜 들뢰즈는 사유의 '선의지 bonne volonté' 혹은 '사유의 선한 본성'이라 부르며, 또 사유하는 자아라면 누구나 지닌 것이라는 뜻에서 '코기토의 보편적 본성'이라 일컫기도 한다(DR, 216; PS, 40, 142 참조). 그런데 인식론적 측면에서의 진리에 대한 의지가 마치 도덕적 함축을 담고 있기나 한 것처럼 선(善)의지라고 이름 붙일 수 있을까? 참에 대한 선의지는 내가 속이기를 원하지 않는다는 것, 어떤 형태건 거짓은 배제하려는 의지, 그리고 거짓된 세계는 나쁘다라는 가치 평가를 함축하고 있다(NP, 109 참조). 들뢰즈에 따르면 고전 철학에서 사유와 진리 간의 친화성 혹은 진리 인식의 가능성을 보장해주는 것은 오로지, '사유자는 거짓이 아니라 진리를 원한다'는 그 사유의 선

확실히 얻어지는 것은 합의된 '견해 doxa'일 뿐이며, 이 합의된 견해가 '인식'이라고는 그 무엇도 보장해주지 못한다. 마지막으로 관조란 '개념을 통해 봄'일 뿐이다. 미리 창조되어 있는 개념 없이는 사유는 맹목일 뿐이며 아무것도 관조하지 못한다. 가령 이데아 개념의 창조 없이는 이데아에 대한 관조가 있을 수 없다. 그러므로 관조는 개념의 창조를 전제한다. 이런 몇 가지 이유 때문에 들뢰즈는 철학을 개념의 창조로 규정한다.

성뿐이다. 고전 철학이 이러한 전제를 암암리에 가정하고 있었다는 것은 양식(良識)에 대한 데카르트의 다음과 같은 기술에서 잘 드러나고 있다. "양식 bon sens은 세상에서 가장 공평하게 분배되어 있는 것이다. 누구나 그것을 충분히 지니고 있다고 생각하므로, 다른 모든 일에 있어서는 만족할 줄 모르는 사람들도 자기가 가지고 있는 이상으로 양식을 가지고 싶어하지 않으니 말이다. [……] 이것은 잘 판단하고 참된 것을 거짓된 것으로부터 가려내는 능력, 즉 바로 양식 혹은 이성이라 일컬어지는 것이 모든 사람에게 있어서 나면서부터 평등함을 보여주는 것이다."[9] 이 구절에서 눈여겨볼 것은 양식이 모든 사람에게 보편적인 것으로 전제되어 있으며, 이 전제 자체는 더 이상 근거짓기를 요구받지 않는다는 점이다. 바로 이러한 양식의 보편 타당성은 데카르트 철학이 출발하기 위한 선철학적인 전제이다. 이러한 양식은 '우리가 그것을 제대로 사용함으로 해서 진리에 도달할 수 있는 도구'이다. 다른 말로 하면 양식이 전제되어 있는 사유만이 인식과 잠재적으로 친화성을 가지고 있으며, 최종적으로 그 현실태에 있어서 진리와 합치할 수 있는 것이다. 그런데 이러한 양식은 이론적 추리의 능력만을 의미하는 것이 아니라, '참으로부터 거짓을 배제하는 능력'이라는 점에서 도덕적 함의를 가지고 있다고 말할 수 있다. 고전 철학이 진리 인식을 위해선 사유에 전제되어 있어야 한다고 믿어온 이러한 도덕성에 대해 들뢰즈는 니체를 거론하는 자리에서 이렇게 지적한다. "니체가 철학의 가장 일반적인 전제들에 대해서 의문을 제기했을 때, 그가 말한 전제들이란 본질적으로 도덕적인 것이었다. 왜냐하면 오로지 도덕성만이, 사유는 선한 본성을 가지고 있고 사유자는 선의지를 가지고 있다는 점을 설명할 수 있기 때문이며, 선만이 사유와 참 사이의 가정된 친화성을 근거지어줄 수 있기 때문이다"(DR,

9) R. Descartes, C. Adam et P. Tannery(éds.), *Œuvre de Descartes* (Paris: Léopold Cerf, 1897~1913), VI, p. 2.

172). 즉 '인식하고자 하는 우리의 의지가 선할 경우에만 진리 인식은 가능하다'라는 정식이 철학에는 전제되어 있다는 것이다. 이런 까닭에 '선의지'라 명명된 이 공리는 "도덕적 이미지"(DR, 172)라고 불리기도 한다. 철학사를 통해 늘 당연스레 여겨져왔던 이러한 뿌리깊은 전제는 궁극적으로 진(眞)과 선(善)의 필연적 결부를 자명한 것으로 여겨왔던 그리스 시대로까지 소급된다. 한 예로 플라톤의 사교계, 즉 대화록의 대화자들의 공동체를 보자. 대화록에 출현하는 철학자들은 때로 싸우고 때로 서로에게 동의한다. 다시 말해 그들은 대화를 통해 때로 오류를 범하며 때로 진리에 도달한다. 여기서 진리와 오류 둘 다는, 그러므로 사유자들 사이의 모든 형태의 소통은 공통적으로 하나의 동일한 공리를 전제하고 있는데, 바로 사유자들은 모두 진리를 사랑하며 거짓을 배제하고자 한다는 것이다. 오류를 범하든 참을 말하든 플라톤의 대화자들은 모두 근본적으로 참된 것을 원하며 거기에 도달하고자 한다. 즉 진리와 오류는 진리를 인식하고자 하는 자발적인 선의지를 가지고 있는 주체의 개념을 미리 전제하고 있으며, 따라서 이 둘은 같은 배에서 나온 형제로서, 선의지를 지닌 사유자들만의 소통의 산물이다.

그러나 무슨 근거로 '진리'와 '사유의 선한 본성' 사이에 친화성이 전제되어야만 하는가? 무슨 까닭에 우리는 진리를 원하는 사유의 선의지만이 진리 인식을 가능케 한다고 믿는 것일까? 왜 진리는 오로지 선의지의 공리를 공유하는 자들만이 찾을 수 있는가? 플라톤은 소통가능성의 조건인 선의지를 결여하고 있는 미친 사람이나 어린이는 결코 그의 사교계에, 즉 그의 대화에 참가를 허락하지 않는데, 그들의 참가를 막을 권리를 누가 가지고 있으며 또 그 권리는 어디서 나오는가? 왜 진리 찾기를 위해선 선의지의 공리를 받아들여야만 하는가?(가령 계시 révélation는 적어도 그 이념상 이 공리 없이도 진리 인식이 가능함을 함축하지 않는가?[10]) 요컨대 선의지의 공리 자체는 과연 정당화될 수 있는가? 아무것도 이 공리의 근거를 마련해주지 못한다면 이 공리는 임의적인 것이며, 이 임의적인 공리에 공통적으로 기반해서 탄생한 인식도 진리가 아닌 임의적인 것, 한낱 견해에 지나지 않을 것이다(우리는 뒤에 보다 자세히 왜 이 공리가 임의적인지, 그리고 이 공리 없이는 정말로 진리 인식이 가능하지 않은지 살펴보게 될 것이다).[11]

Ⅲ. 공통 감각

두번째 공리는 사유자가 지닌 이러한 선의지에 따라 진리 인식을 위해 사유자의 능력들facultés(지성, 상상력, 감성 등)은 서로 조화를 이루고 일치한다는 것이다(DR, 216). 이 공리를 가리켜 '공통 감각 sens commun'이라 부른다. 고전 철학의 여러 사유 모델들은 이 공통 감각의 공리를 아무런 반성 없이 독단적으로 수용하고 있다. 한 예로 들뢰즈는 공통 감각과 관련해 데카르트의 코기토를 다음과 같이 설명한다. "인식은 전제된 하나의 동일한 대상에 대한 모든 능력들의 조화로운 활동으로 정의된다. 즉, 동일한 대상으로 보여지고 만져지고 기억되고 상상되는 것이다. 데카르트는 밀랍 조각에 대해서 이렇게 이야기한다. '그것은 물론 내가 보고, 만지고, 상상했던 것과 같은 밀랍이다. 한마디로 처음에 내가 생각했던 것과 동일한 밀랍이다'

---

10) 들뢰즈, 레비나스 등과 더불어 진행된 '계시'의 이념의 현대적 복원에 대해선 2장 4 참조.

11) 사유가 자연적으로 진리와 친화적이라는 사유의 선의지에 대한 들뢰즈의 의심은 분명 니체의 착상 위에 기반하고 있다. 니체는 『힘에의 의지 *Der Wille zur Macht*』에서 다음과 같이 사유의 선의지에 대한 의혹을 표명한다. "우리 안의 누가 진리를 발견하고자 원하는가? 사실 우리는 〔진리를 발견하고자 하는〕 이 욕구의 기원의 문제를 앞두고 오랫동안 늑장을 부렸다. 〔……〕 우리가 참을 원하고 있다고 인정한다면, 왜 참 아닌 것을 원하고 있다고는 말 못하는가? 불확실성은 어떤가? 또 우리가 원하고 있는 것이 무지여서는 안 되는 법이라도 있는가? 〔……〕 결국 이 문제는 지금까지 결코 제기된 바 없는 것으로 보인다. 우리가 그것을 살펴보고, 검토하고, 감히 건드려보는 최초의 사람들이다"(NP, 109에서 재인용).

〔『성찰 2』에서의 인용—인용자〕. 확실히 지각력, 기억력, 상상력, 지성 등 각각의 능력은 주어진 특수성과 나름의 스타일과 주어진 것에 대해 작용하는 특정 방식을 가지고 있다. 그러나 하나의 능력이, 다른 능력이 대상을 포착한 것과 동일하게 대상을 포착할 때, 혹은 오히려 모든 능력들이 함께, 주어진 그들의 특수성과 그들 자신을 대상에 있어서 동일성의 형식에 관련시킬 때, 하나의 대상은 인식되는 것이다. 이처럼 인식은 '모두'에게 있어서 능력들의 협력이라는 주관적 원리, 즉 능력들의 조화로서 공통 감각에 의존한다. 그리고 철학자에게 있어서, 대상의 동일성의 형식은 사유하는 주체의 통일 속에 있는 근거를 요구한다. 모든 다른 능력들은 이 근거의 양태가 되어야만 한다. 이것이 출발점으로서 코기토의 의미이다. 코기토는 주체에 있어서 모든 능력들의 통일을 의미한다"(DR, 173). 그런데 여기서 능력들은 도대체 왜 서로 일치하는가? 능력들의 일치란 동일한 대상 인식을 위해 필수적인 인식론적 전제이다. 그러나 여기서 능력들의 일치를 근거지어줄 수 있는 것이라곤 아무것도 없는 것으로 보인다. 그야말로 이것은 그 정당성을 아무것도 보장해주지 못하는 독단적으로 전제된 공리라고밖에는 여겨질 수가 없다.

들뢰즈는 선(先)철학적인 전제들인 이런 사유의 이미지의 공리들이 근거없는 것이라는 점을 데카르트 외에도 여러 고전적인 사유 모델들을 분석하며 드러내 보인다. 그런데 어떤 형태이건 철학사에 대한 비판적 작업은 가장 뛰어난 형태의 체계와 대결할 때, 자기의 적과 마찬가지 수준의 가장 뛰어난 형태의 비판에 도달할 수 있다. 그리하여 들뢰즈의 고전 철학의 사유의 이미지 비판은 칸트 철학과 대결하면서 그 정점에 이르게 된다. 이제 보겠지만, 아마도 칸트는 마음의 이질적인 능력들의 일치가 어떻게 가능한가라는 난제를 고도로 발달한 사변 철학의 깊이 속에서 가장 진지하게 숙고한 인물로 기록되어도 좋을 것이다.

2. 사유의 이미지의 공리들의 임의성

I. 칸트에게 능력들의 일치라는 문제가 있는가?

능력들의 일치 문제(공통 감각)는 칸트의 이론 철학의 가장 핵심적인 문제 가운데 하나를 이룬다. 인식은 그 성립 조건으로서 적어도 내가 인식한 것이 그 인식의 대상과 일치함을 보장할 것을 요구한다. 지성과 대상의 일치라는 이러한 문제는 오래 전부터 인식론이 해결해야 하는 주요 난제였으나 그 해결 방식은 늘 그리 만족스러운 것이 아니었다. 예컨대 독단적 이성론은 내가 가진 관념과 대상의 일치를 보증하기 위해 외재적 원인, 즉 신의 선성(데카르트)이나 예정 조화(라이프니츠)를 끌어들인다. 문제의 심각성 때문에 심지어 경험론자인 흄조차 예정 조화에 의존하는 경우가 있다. "자연의 과정 course of nature과 우리 관념의 연합 association of our ideas 사이에는 일종의 예정 조화가 있다. 자연을 지배하는 힘이 우리에게 전혀 알려져 있지 않을지라도 말이다. 그러나 우리는 우리의 사유와 개념이 여전히 자연의 대상들과 동일한 과정 위에 있음을 발견한다"[12]라고 흄은 말한다. 그러나 칸트는 모든 것을 이성의 능력으로 내재화시켜보자는 착안을 한다. "주체와 대상의 관계 문제는 내재화되는 방향으로 나아간다. 다시 말해 이 문제는, 본성상 다른 주관적 능력들(수용적 감성과 활동적 지성) 사이의 관계 문제가 되어버린다"(PCK, 33). 수용적 감성을 통해 다양은 주어지며 능동적 지성은 이에 입법하여 경험 대상을 만든다. 따라서 "경험 일반의 가능 조건이 동시에 경험 대상의 가능 조건"(A 158/B 197; Ⅲ, 145)[13]이 되며, 이런 방식으로 지성과 사물의

12) D. Hume, *An Enquiry concerning Human Understanding* (Oxford: Clarendon Press, 1975), p. 54.

13) 인용된 모든 칸트 저술의 페이지 수는 프로이센 왕립 학술원이 펴낸 *Kants*

일치라는 인식론의 오랜 난제는 일단 해소되어버리는 것 같다. 이것이 바로 칸트의 '사고 방식의 혁명'이 가지는 의의이며 초월적 관념론의 강점이기도 한다. 그런데 지성과 사물의 일치 문제가 이성의 능력들 사이의 문제로 내재화되었다면 문제는 다른 방식으로 제기될 수도 있지 않은가? 즉 감성과 지성이라는 두 능력은 어떻게 일치하는가라는 질문이 가능하게 된다.

이 중대한 문제를 다루기에 앞서 먼저 칸트의 텍스트 안에 들뢰즈가 제기한 능력들의 일치라는 문제에 상응하는 용어들이 발견되는가 살펴보기로 하자. 들뢰즈가 'accord'라는 단어로 표현하는 '능력들의 일치'라는 개념은 칸트 철학이 채택한 특정 개념으로 볼 수 없을 것이며 또 능력들의 일치를 가리키는 들뢰즈의 용어 '공통 감각' 역시 칸트의 용법과는 거리가 멀다. 그러나 가만히 들여다보면 분명 명시적이지는 않지만 칸트 사변 철학의 가장 핵심적인 부분마다 능력들의 일치 문제가 등장한다. 칸트는 '일치'를 표현하기 위해 주로 세 가지 단어 Zusammenstimmung, Einstimmung, Übereinstimmung를 구분 없이 사용하고 있다.[14] 예를 들면, 초월적 연역에선 "인식이라는 것은 어떤 대상과 관계를 가져야 하는 것이기 때문에, 또 이 대상과의 관계에 있어서 필연적으로 서로 일치 Einstimmung하지 않으면 안 된다" (A 104; IV, 80)라고 말한다. 또 도식 작용론에선 "초월 철학은 대상이 개념과 일치 Übereinstimmung해서 주어질 수 있기 위한 조건을

---

*gesammelte Schriften*을 따른다. 『순수 이성 비판』의 경우 편의와 관례에 따라 서명은 생략하고 초판(1781; A)과 재판(1787; B)의 페이지 수만을 표기하고, 부호(;)로 구분한 뒤 학술원 판의 권수와 페이지 수를 같이 써준다. 다른 저술의 경우는 인용문 끝의 괄호 안에 책명, 학술원 판의 권수와 페이지 수를 차례로 써준다.

14) 어떤 경우엔 한 문장 안에서도 Zusammenstimmung과 Übereinstimmung을 번갈아 쓰기도 한다(「헤르츠에게 보내는 편지」[1789. 5. 26], IX, 50). 『발견 *Entdeckung*』 같은 경우엔 이 두 단어 외에도 (라이프니츠의 예정 조화 harmonie préétablie를 염두에 두고) 능력들 간의 일치를 표현하기 위해 Harmonie라는 용어를 사용한다 (『발견』, VIII, 250~51).

[……] 명시해야 하는 것이다"(A 136/B 175; Ⅲ, 133)라고 말한다. 여기서 조건이란 초월적 도식이며, 대상이란 그저 경험적인 대상이 아니라 감성을 통해 주어진 gegeben 다양을 상상력의 종합 활동이 "하나의 표상 속에 in einer Vorstellung"(A 99; Ⅳ, 77) 정립한 것을 말한다. 그러므로 여기서 대상과 개념의 일치는 결국 감성과 지성이라는 두 능력의 일치를 일컫는 것이다. 사변 철학의 가장 핵심적인 부분인 연역과 도식 작용론의 과제는 이처럼 감성과 지성의 일치 문제의 해결에 집중되어 있다. 왜냐하면 "[능력들 간의] 이러한 일치 Proportion는 인식 활동의 주관적 조건인 만큼 이 일치 없이는 인식 활동의 결과로서 인식은 나올 수 없"(『판단력 비판』, V, 238)기 때문이다.

Ⅱ. 발생의 관점에서

심성의 능력들 사이의 일치라는 문제를 제기하고 또 풀어나가는 들뢰즈의 칸트 연구가 언뜻 낯설게 보이는 까닭은, 우선 그가 채택하고 있는 조금은 예외적인 관점 때문이다. 들뢰즈는 포스트 칸트주의자인 마이몬 S. Maïmon의 관점에서 '발생의 문제'를 들고서 칸트 철학에 접근한다. 또 칸트 텍스트 자체에 있어선 말년에 씌어진 「헤르츠에게 보내는 편지」(1789년 5월 26일),[15] 그리고 스스로는 한 번도 인용하진 않지만, 이 편지의 논의들을 체계적으로 심화시킨 『발견』(1790), 이 두 텍스트의 관점에서 칸트의 세 비판서를 바라본다. 들뢰즈가 칸트를 바라보는 이 렌즈들에 바로 그의 칸트론을 해석할 수 있는 열쇠가 있다.

"포스트 칸트주의자, 특히 마이몬과 피히테는 칸트에게 근본적인 반

15) 이 편지 자체가 마이몬의 질문들(Ⅺ, 48, Nr. 361 참조)에 대한 답변을 목적으로 씌어졌다. 칸트는 자신의 비판 철학에 대한 질문으로 채워진 마이몬의 편지(1789. 4. 7)를 받자, 며칠 뒤 헤르츠에게 편지를 보낼 터인데 그 편지를 통해 당신의 관심사에 대해서 상세하게 언급하겠다는 내용의 짤막한 답신을 보낸다(「마이몬에게 보내는 편지」[1789. 5. 24]).

대를 한다. 칸트는 발생의 방법에 대한 요구를 무시했다는 것이다.[16] 〔……〕 칸트는 사실에 의존했다. 그는 이 사실의 조건을 탐구했을 뿐 아니라, 〔심성의〕 능력들을 모두 사실로서 내세웠다. 칸트는 능력들이 미리부터 어떤 조화를 이룰 수 있다고 가정하면서, 능력들의 이런 저런 관계와 균형을 탐구했다. 〔……〕 첫 두 비판서는 사실을 내세우고선 그 사실의 조건을 찾는데, 이미 형성된 능력들 속에서 그 조건을 찾는다"(IGEK, 120). 들뢰즈에 따르면 심성 능력들 간의 일치의 이념은 칸트 비판 철학의 항상적인 특성이다(IGEK, 114). 심성의 능력들은 본성상 서로 다르다. 그럼에도 불구하고 서로 조화(혹은 일치)를 이루고서 활동한다. 『순수 이성 비판』의 경우 사변적 관심에 따라 지성, 상상력, 감성, 이성은 조화로운 관계를 이룬다. 마찬가지로 『실천 이성 비판』의 경우 실천적 관심에 따라 이성과 지성은 조화로운 관계를 이룬다. 이 두 경우에선 언제나 능력들 가운데 하나가 지배적인 역할을 수행하는데, 전자에선 지성이, 후자에선 이성이 지배적인 능력이다. '지배적'이란 말이 뜻하는 바는 1) 지배하는 능력은 하나의 관심에 따라 규정되며, 2) 또 그 능력은 대상에 대해 규정 혹은 입법하며, 3) 자기 외의 심성의 다른 능력들을 규정한다는 것이다(같은 곳). 예컨대 『순수 이성 비판』에서 사변적 관심에 따라 대상에 입법하는 자로서 규정되어 있는 능력은 지성이다. 지성의 입법 대상은 현상이다. 그리고 지성 외의 심성의 다른 능력들은 지성이 수행하는 사변적 임무를 돕도록 규정되어 있다. 즉 "지성 아래서 상상력은 종합하고 도식을 산출한다. 이성은 추리하고 상징화하며 그 결과 인식은 체계적 통일의 최대를 얻는다"(PCK, 45). 그러므로 능력들 간의 이러한 조화(일치)는 인식 가능성의 주관적 조건인 만큼 결코 포기할 수

---

16) 다른 맥락에서 들뢰즈는 다음과 같이 말한다. "포스트 칸트주의자들이 비판했듯 칸트는 발생의 관점에 도달하지 못하고, 제약함〔조건지음〕의 관점을 가졌다"(DR, 221).

없는 것이다.

그런데 능력들 간의 이런 조화는 어떻게 가능한 것인가? 바꾸어 질문하면, 사변적 관심에 따라 지배적인 역할을 수행하게끔 지성을 규정해주는 것은 무엇인가, 그리고 다른 능력들이, 지배적인 능력인 지성의 지도 아래 사변적 관심을 수행하게끔 해주는 것은 무엇인가? 어떻게 서로 이종적인 지성과 감성은 조화를 이루고 일치하는가? 이 물음에 대한 진정한 답변은 없다. "우리는 왜 우리가 분명히 그런 본성, 즉 둘의 결합을 통해 경험이 가능하게 되는 본성을 지닌 감성과 지성의 양태를 가졌는지 설명할 수 없다. 그리고 우리는 왜 완전히 다른 인식의 두 근원으로서 이 두 가지가 항상 경험적 인식 일반을 가능하게 하는지 설명할 수 없다"(『발견』, Ⅷ, 250). 서로 일치하도록 짜여진 두 능력의 뿌리는 우리에게 알려져 있지 않다. 우리는 두 능력이 서로 일치한다는 사실을 오로지 가능한 경험에 착안해서 추측할 수 있을 뿐이다.[17] 초월 철학의 기획이란 '결과(경험 혹은 인식)'로부터 출발해 '깊이 숨어 있는' 선험적 인식의 근거를 추구해들어가는 것 외에 다른 것이 아니다(『형이상학 서론 *Prolegomena*』, Ⅳ, 280 참조). 그러므로 초월 철학의 프로그램은 오로지 경험을 표준 Richtschnur으로 삼는다(A 783/B 811; Ⅲ, 510 참조). 요컨대 초월 철학은 경험의 '발생'을 기술하는 것이 아니라, 가능한 경험을 표준삼아 경험 가능성의 조건을 기술할 뿐이다. 그러나 경험의 토대를 이루는 '이설(理說)'[18]로서의 초월적 주장들의 필연성이 보장되지 않는다면, 규정된

17) "이 능력들 〔감성과 지성〕 사이의 통일과 조화는 경험의 가능성 중에 나타나는 이 둘의 협력 덕택에 선험적으로 탐색될 수 있다"(H. J. de Vleeschauer, *La déduction transcendentale dans l'œuvre de Kant*, Tome. Ⅲ, p. 441). 칸트에게선 경험 가운데 주어진 표상은 의심의 대상이 아니며, 오히려 가능한 경험만이 초월적 원리들을 발견하기 위한 안내자가 되어줄 수 있다

18) 초월 철학의 주장들은 하나의 조화로운 체계를 떠받치고 있는 맨틀에 비유할 수 있다. 마치 교회의 근본 교설 Doktrin들이 교회 공동체 전체의 체계를 떠받치고 있

이 경험의 근거는 한낱 임의적인 것일 뿐이다. 다시 말해 사변적 관심에 순응하여 입법하도록 '미리 짜여진'(혹은 '미리 규정된') 지성, 이 지성과 조화하도록 '미리 짜여진' 그 외의 능력들은 모두 임의적일 뿐이다. 우리는 이렇게 물을 수 있다. 지성을 미리 규정자로 정해놓은 자는 누구인가? 지성과 감성이 일치하도록 미리 꾸며놓은 자는 누구인가? 이종적인 능력들에게 경험 인식이라는 공동의 목적을 '미리' 심어준 자는 누구인가? 만약 그러한 규정, 즉 지성과 감성의 일치에 대한 규정이 임의적이라는 비난을 면하려면 일치의 궁극적 근거로서 우리는 최상의 목적론자 suprême finaliste 혹은 신학적 원리에 의존하는 수밖에 없을 것이다. "이 일치의 원천에 관한 탐구는 전적으로 인간 이성의 한계를 넘어선 것이다. 그럼에도 불구하고 우리가 만약 탐구하기를 원한다면, 우리의 창조자말고는 다른 근거를 내세울 수 없다"(「헤르츠에게 보내는 편지」, XI, 52). 그러나 독단론자들처럼 형이상학적 원리(가령 라이프니츠식의 예정 조화에 착안한 '감성과 지성의 예정 조화')에 의존한다는 것은 칸트에게는 도무지 마땅치 않은데, 왜냐하면 이는 이성에 의한 이성 비판의 프로그램 자체를 허물어뜨리고 형이상학으로 되돌아가는 일일 뿐이기 때문이다.[19)]

듯이 말이다. 예컨대 초월적 판단은 초월적 원칙들을 형성하며, 초월적 원칙들은 자연 체계를 떠받치고 있다. 이런 이유로 칸트는 초월적 판단에 대해 이설 Doktrin 이라는 명칭을 붙인다(A 132/B 171; III, 131 참조).

19) 그런데 실제로 칸트는 라이프니츠의 예정 조화를 자기식대로 해석하여 '능력들 사이의 예정 조화'라는 것을 꾸며내기도 한다. "라이프니츠는 매우 일반적인 것으로 꾸며진 그의 예정 조화에서, 구별되는 두 가지 존재, 즉 감성적인 존재와 지성적인 존재의 조화를 염두에 두었던 것이 아니라고 나는 생각하게 되었다. 그가 염두에 두었던 것은 한 존재의 두 능력의 조화였다고 믿는다. 하나의 동일한 존재 속에서 경험 인식을 가능하게 하기 위해 감성과 지성은 서로 일치한다"(「헤르츠에게 보내는 편지」[1789. 5. 56], XI, 52). 이렇게 해석할 수밖에 없는 이유를 칸트는 『발견』에서 다음과 같이 밝히고 있다. "영혼과 신체의 예정 조화를 통해, 라이프니츠는 본성상 완전히 서로 독립해 있는 두 존재의 조화를 생각했던 것이라고 믿는 것이 가능한가? [……] 왜냐하면 만약 영혼 속에서 산출되는 모든 것이 영

그러므로 초월 철학이 경험의 발생 혹은 능력들 간의 일치의 발생을 기술하려들지 않고, 경험의 조건, 혹은 능력들 간의 일치의 조건만을 규정하려든다면, 능력들의 일치의 임의성과 '그 일치의 결과로서의 인식의 임의성'에 대한 의심은 피할 길이 없다. 발생한 것이 아니라면 그것은 임의적인 것이다. 이것이 바로 칸트에게 발생의 관점이 요구되는 까닭이다. 원천에 관한 탐구는, 당연하게도 '조건지음'의 관점이 아니라 오로지 '발생'의 관점에서만 해명될 수 있다.

Ⅲ. 초월적 도식 작용론에 대한 비판

발생의 문제와 관련하여 우선 누구나 상상력의 도식 작용의 매개적 기능을 떠올릴 것이다. 칸트의 가장 천재적인 발견물인 상상력의 도식 작용은 분명 발생의 관점을 충족시켜줄 수 있을 것처럼 보인다. 능력의 관점에서 볼 때 상상력은 지성과 감성을 매개해주며 표상의

혼 자신의 힘의 결과로 보아질 수 있다면, 즉 (영혼이 〔신체로부터〕 완전히 분리돼 있는데도) 모든 것이 이런 식으로 산출된다면, 왜 우리가 신체 일반을 받아들여야만 하는가? 영혼과, 우리가 신체들이라 부르는 현상의 기체(우리가 전혀 모르는 기체)는 확실히 완전히 다른 존재이다"(『발견』, Ⅷ, 249). 만약 서로 완전히 독립해 있는 두 존재—그것이 영혼과 신체이든 기체와 현상이든—를 용인한다면 두 존재의 조화 자체가 필요없게 된다. 즉 한 존재는 다른 한 존재를 전혀 필요로 하지 않게 된다. 왜냐하면 독립해 있는 한 존재는 자기 고유의 원리에 따라 모든 것을 산출할 것이고, 이 산물은 오로지 그 한 존재가 가진 힘만의 결과일 것이기 때문이다(가령 영혼이 그런 독립적인 존재일 경우 신체는 영혼으로부터 산출된 소산일 뿐이지 영혼으로부터 독립적인 또 다른 존재는 아니다). 만약 이것이 틀리다면, 따라서 산출을 위해서는 두 존재의 조화 내지 협력이 필요하다면 이는 '서로 독립된 두 존재'라는 전제에 모순된다. 왜냐하면 다른 존재를 '필요'로 한다는 것은 '독립'에 위배되기 때문이다. 따라서 우리는 서로 독립해 있는 두 존재의 조화가 아니라, 독립된 한 존재가 가진 이종적인 두 요소, 즉 이종적인 두 능력 사이의 조화를 생각할 수밖에 없는 것이다. 이와 같이 라이프니츠의 개념틀 속에서 자신의 비판 철학을 다시 구성하면서 놀랍게도 칸트는 "『순수 이성 비판』은 라이프니츠에 대한 진정한 해명으로 보아질 수 있다"(『발견』, Ⅷ, 250)라고 까지 말한다.

관점에서 볼 때 초월적 도식은 개념과 직관을 매개해준다. 발생의 관점에서 말하자면 상상력의 도식 작용은 지성이 가진 잠재태의 "싹과 소질들"(A 66/B 91; Ⅲ, 84)이 직관의 다양과 만나 종합 판단의 형식으로, 즉 현실태의 인식으로 '발생'할 수 있도록 해준다. 요컨대 도식 작용론은 감성과 지성의 일치를 보장해주기 위해 고안된 것이다. '초월적 연역'이 감성에 대한 지성의 권리를 보이는 목적을 가지고 있다면, 도식 작용은 어떻게 그 권리가 행사되어서 인식이 탄생하는가를 '발생의 측면'에서 기술하고 있다고 보아도 좋을 것이다.

그러나 들뢰즈는 상상력의 도식 작용은 진정한 발생의 관점에서 기술되어 있지 않다고 말한다. 그는 도식 작용이 능력들의 일치가 어떻게 발생하는가를 해명하는 데 불충분하다는 점을 보임으로써 칸트 철학에서 능력들의 일치가 임의적이라는 귀결을 이끌어낸다. 들뢰즈 스스로는 구별하고 있지 않지만 면밀히 살펴본다면, 도식 작용론에 관한 그의 공격은 서로 구별되는 두 개의 핵심적 비판으로 나누어져 있음을 알아차리게 된다. 첫번째 비판은 상상력이 지성과 감성을 일치(매개)시켜줄 수 없다는 점을 밝히고자 하는 반면, 두번째 비판은 지성과 상상력의 일치를 근거지을 수 없다는 점, 다시 말해 왜 상상력이 지성 개념에 '따라서만' 활동하는지 해명해낼 수 없다는 점을 보이고 한다. 첫번째 비판은 이렇게 구성될 수 있을 것이다. 이성이 사변적 관심을 가질 때 상상력은 진정 자유로운 활동이기보다는 입법적 기능을 수행하는 지성에 의해 규정된 활동이다. "상상력은 자유롭다는 이름 아래 저 혼자서 도식 작용을 하지는 못한다. 상상력은 지성이 상상력을 규정하고 인도하는 한에서 도식 작용을 수행할 수 있다. 상상력은 지성 자체가 입법적 역할을 수행할 때 지성의 규정된 개념과 관련하여 사변적 관심 속에서만 도식 작용을 수행한다"(IGEK, 115). 도식 작용은 상상력의 근원적 자유에서 말미암은 활동이기보다는 한낱 지성에 의해 제약된 활동일 뿐이다. 저 홀로 자유롭게 하는 활동이 아니라 지성의 임무에 순응하도록 '규정'된 활동이다. "도식 작용은 언제나 자유롭지 않은 상상력의 활동이다. 상상력은 지성 개념에 따라 활동하도록 규정된다"(IGEK, 71). 그렇다면 이성이 사변적 관심을 가질 경우 상상력은 지성의 하인이 되는 셈인데, 어떻게 명령을 따르는 하인이 자신의 주인에 대해 독자적인 활동을 할 수 있단 말인가? 다시 말해 어떻게 지성에 종속된 하위의 상상력이 자기의 활동을 규제하고 있는 상위의 지성에 대해 오히려 자기가 명령을 내리는 자나 된 듯, 지성을 설득해 감성과 매개시켜줄 수 있단 말인가? 누차 지적했듯 도식 작용은 상상력의 가장 자유로운 활동이 아니라 지성에 의해 제약된 범위 안에서의 활동이다. 상상력이 지성과 감성을 매개시켜줄 수 있으려면 상상력은 적어도 그 활동이 지성에 제약되어 있어서는 안 된다. 지성이 상상력의 모든 이론적 활동을 제약하고 있다면, 감성과의 일치라는 과업도 지성이 떠맡아야지 한낱 지성의 하인인 상상력이 떠맡을 수는 없는 것이다. 이것이 도식 작용론이 가지는 최대의 난점이며 또한 발생의 관점에서 능력들 간의 일치를 해결해줄 수 없는 이유이다. 지성의 제약을 '전제'하므로 도식 작용론은 상상력의 활동의 불충분한 발생론에 불과하다(반대로 만약 우리가 상상력의 근원적으로 자유로운 활동을 찾아낼 수 있다면 발생의 문제가 가져오는 난점을 해결할 수 있을지도 모른다. 우리는 뒤에 이 문제를 다루게 될 것이다).

이 비판이 상상력의 도식 작용이 지성과 감성 사이에서 매개적 기능을 수행하기에 충분치 못하다는 점을 밝히는 것이라면 다음의 두 번째 비판은 지성과 상상력 자체의 일치를 문제 삼고 있다. 들뢰즈는 이렇게 말한다. "〔칸트는〕 어떻게 수동적 감성이 활동적 지성과 일치할 수 있는지 설명하기 위해, 상상력의 종합과 개념에 맞추어 감성 형식에 선험적으로 적용되는 상상력의 도식을 내세운다. 그러나 이런 식으로는 문제가 해결되지 않는다. 단지 문제가 자리를 옮겼을 뿐이다. 왜냐하면 상상력과 지성은 그 자체 본성상 다르고 이 두 활동적 능력의 일치는 여전히 '미스터리'로 남아 있기 때문이다"(PCK, 46). 즉 지성이 사변적 관심을 가질 때 왜 상상력은 이 지성의 개념에 '합치해서만' 활동하는가는 하나의 수수께끼이다. 지성과 상상력 간의 제약 관계는 어떻게 생겨난 것인가, 혹은 두 능력을 일치시켜주는 것은 무엇인가라는 문제는 여전히 미해결로 남는다. 들뢰즈의 비판이 표적으로 삼는 이러한 허점을 칸트 스스로 이미 감지하고 있었을지도 모른다. 칸트의 다음과 같은 고백은 유명하다. "현상과 그것의 순 형식에 관한 우리 지성의 도식성은 인간 마음의 깊은 곳에 숨겨진 기술이다. 이 기술의 참 기량을 그것의 본 자태대로 알아서 밝혀내기는 힘들 것이다"(A 141 / B 180; Ⅲ, 136)라고 하기도 하며 또 "이것은 인간 정신의 깊은 곳을 부유하는 사유를 파악하는 정묘한 것이다. 그리고 그 사유는 그 자체 매우 명확하게 될 수 없다"(Ⅺ, 52)고 말하기도 한다. 어떻게 상상력의 도식 작용이 매개의 임무를 완수하는지는 그야말로 '신비'라고밖에는 이해할 도리가 없는 것처럼 보인다. 사정이 이렇다면 들뢰즈가 "〔칸트 철학에서〕 기적에 호소하지 않고는 감성은 지성과의 조화를 보증할 수 없다"(DR, 281)라고 못박더라도 칸트로서는 별다른 불평을 할 수 없지 않겠는가? 결국 이성이 사변적 관심을 가질 무렵의 심성의 능력들 간의 일치는 필연적으로 발생한 것이 아니라 한낱 임의적인 것일 뿐이라는 귀결에 우리는 도달한다. '기적'이 아니라면 그러한 일치는 생겨날 수가 없는 것이다.[20]

이러한 비판들을 통하여 우리는 다음과 같은 결론에 도달할 수 있다. 1) 능력들의 규정된 일치는 한낱 임의적이다. 만약 발생적인 측

---

20) 심지어 들뢰즈는 발생의 관점을 극단적으로 밀고 나가 칸트 철학에 대해 다음과 같이 요구하기까지 한다. "초월 철학은 조건지음의 원리이지 내적 발생의 원리가 아니다. 우리는 이성 그 자체의 발생, 그리고 지성과 그 범주들의 발생을 요구한다"(NP, 104).

면에서 이 일치를 설명하지 못한다면, 일치를 규정해주는 원인을 설명하기 위해선 외적인 형이상학적 원리(예컨대 능력들 간의 예정 조화)에 호소해야 한다. 2) 그러나 외적인 형이상학적 원리를 끌어들이는 것은 이성에 의한 이성 비판이라는 비판 철학의 프로그램 자체를 와해시키는 것이므로 고려될 수 없다. 3) 또한 비판 철학의 프로그램은 경험 혹은 경험을 가능케 하는 것의 발생을 문제삼기보다는 가능한 경험을 표준삼아 그 조건만을 명시하므로 발생의 문제에 답할 수 없다. 4) 따라서 능력들의 규정된 일치가 그저 임의적인 것일 뿐이라면 그 소산인 인식(혹은 진리) 또한 임의적인 것이고 한낱 개연적인 진리일 뿐이다. 5) 임의성에 대한 비판을 면하려면 능력들의 일치는 발생의 측면에서 기술되어야 한다.

이미 말한 대로 임의성과 발생 사이의 대립적 구도 위에서, 칸트 철학에서의 능력들의 일치의 임의성, 근거없음을 밝혀내는 들뢰즈의 비판은 고전 철학의 사유의 이미지가 지닌 공리들의 임의성에 대한 비판의 일환으로 작성된 것이다. 들뢰즈는 이렇게 말한다. "칸트는 결코 공통 감각이라는 주관적 원리를 포기하지 않을 것이다. 다시 말해 능력들이 선한 본성을 가지고 있다는 이념, 능력들이 서로 일치할 수 있도록 해주고, 조화로운 균형을 형성하도록 해주는 건전하고 올바른 본성의 이념을 포기하지 않을 것이다"(PCK, 45). 능력들의 조화에 관한 이러한 임의적 규정의 심층에는 사유자는 본래 참을 인식하고자 하는 선한 본성을 지니고 있고, 그 선한 본성에 맞추어 사유자의 능력들은 참의 인식을 위해 서로 일치한다는 고전 철학의 공리들이 깔려 있다. '칸트에게 있어서 능력들에 대한 임의적 규정은 사유의 이미지가 가진 공리의 임의성의 필연적 귀결인 한편, 또한 반대로 사유의 이미지의 공리가 임의적이라는 점을 예증해준다.'

공통 감각의 공리가 임의적인 것이고 그에 기반을 둔 능력들의 일치가 임의적인 것이라면, 능력들의 일치의 소산인 인식 또한 한낱 임의적이다. "철학은 흔히, 정신으로서의 정신이, 사유자로서의 사유자가 참을 원하고 사랑하거나 욕구하고, 당연히 참을 찾아나선다고 전제한다. 미리부터 참은 사유의 선의지와 일치한다. 즉 철학은 모든 탐구를 '미리 생각된 결정 décision préméditée'[21] 위에 근거짓는다" (PS, 142). 그런데 "철학의 잘못은, 우리가 사유하고자 하는 선의지나 본성적으로 참된 것을 추구하고자 하는 욕망과 애정을 가지고 있다고 전제하는 점이다. [……] '순수한 지성에 의해 형성된 관념들은 논리적인 진리, 가능한 진리만을 가질 뿐이며, 왜 그런 관념들을 우리가 가지게 되었는가 하는 것은 자의적인[임의적인] 문제이다'" (PS, 40; 강조 표시 안의 말은 RTP, III, 880). 가령 칸트에게 있어서 순수 자아, 초월적 통각은 그 상관자로서 대상 일반의 형식인 "어떤 것 일반 = X" (A 104; IV, 80)를 가진다. 한편으로 이 '어떤 것 일반 = X'는 상상력과 지성이 수행하는 세 겹의 종합(포착, 재생, 재인식), 즉 상상력과 지성의 '일치'의 소산이며, 다른 한편 능력들의 이 일치는 통각의 표현이다. 그런데 세 겹의 종합을 통한 지성과 상상력의 일치의 소산인 '어떤 것 일반 = X'는, 임의적으로 일치하도록 미리 규정된 능력들의 조화의 소산인 만큼 그저 임의적인 것일 뿐이다. 대상의 형식은 지성으로부터 온다. '개념에서의 재인식이라는 종합'(A 103; IV, 79)은 표상된 다양을 이 형식과 관계맺게 하는 활동이다. 동시에 재인식을 통해서 의식(나는 생각한다)은 이 '대상 일반(X)'과 필연적인 관계를 맺는다. 이 관계들 속에서 우리는 판단을 얻는다(이것은 탁자다. 이것은 사과다……). 그런데 들뢰즈의 논의대로라면 능력들의 일치가 임의적인 것이므로, 그것에 의해 형성된 '어떤 것 일반 = X'의 관념 혹은 판단 또한 임의적인 것, 한낱 가능한 것일 뿐이다. 이것이 바로 고전 철학의 사유의 이미지와 관련하여 들뢰즈가 재인식 récognition

---

21) '미리 생각된 결정'이란 바로 다름아닌 사유의 이미지의 공리들을 가리킨다.

을 비판하는 요지이다. 후에 보게 될 것이지만, 기호 해독자로서의 프루스트가 가지는 의의는 바로 이 재인식과 정반대되는 사유 모델을 제시한다는 데 있다.

IV. 고전주의 시대의 구성적 유한성과 인간의 탄생

이러한 고전 철학의 사유의 이미지 비판이 궁극적으로 사냥하려는 표적이 무엇인가? 들뢰즈는 위에서 이렇게 임의적으로 규정된 심성의 능력들을 '구성적 유한성'이라는 말로 표현한다(PCK, 121).[22] 우리에게 익숙한 말로 풀자면, 능력들 각각이 '조건지어진 것으로, 혹은 제약된 것으로 구성되었다' 또는 '능력들의 제약성(유한성)은 규정된(구성된) 것이다'라고 할 수 있다. 그런데 들뢰즈는 칸트의 능력론에서 찾아낸 이 '구성적 유한성'의 테마를 보다 포괄적인 주제와 연결짓고자 한다. 이 테마를 통해 고전주의 시대에 발아한 세 가지 학문, 즉 생물학, 정치 경제학, 언어학의 임의성에 대한 비판을 이끌어내보자는 것이다. "우리는 흔히 구성적 유한성이 발생적 무한성을 대신하는 혁명의 기원을 칸트에게서 찾는다. 고전주의 시대의 유한성은 구성된 것이다"(F, 134)라고 그는 말한다. "〔고전주의 시대에 있어서〕 인간 속의 힘들은 인간 외부로부터 온 새로운 힘들과 관계를 맺는다. 그 새 힘들이란 생명, 노동, 언어이다. 유한성의 삼중의 뿌리인 이 힘들은 생물학, 정치 경제학, 언어학을 탄생시킬 것이다"(F, 134). 고전주의 시대에 와서 인간 속의 힘들은 생명, 노동, 언어라는 세 가지 형태로 임의적으로 규정되었다. 인간 내부의 힘들을 이렇게 세 가지 형태로 규정함으로써 비로소 생물학, 정치 경제학, 언어학이라는 학문은 탄생할 수 있었으며, 고전주의 시대 사람들은 이 세 가지 형태가 한정해주는 한에서만 인간이 가진 힘들을 이해할 수 있었다(F, 134 참

22) G. Deleuze, *Foucault* (Paris: Éd. de Minuit, 1986), p. 134(약호 F).

조). 마치 칸트 철학에서 사변적 관심을 가질 무렵 이성은 사변적 관심에 따라 각각의 역할이 제한된 그런 유한한 형태 속에서만 자기가 가진 능력들을 이해했듯이 말이다. 다시 말해 사유의 이미지의 공리들에 따른 임의적 규정을 통해서만 심성의 힘들은, 제각기 서로 다른 기능을 담당하는 가운데 일치하는 지성, 상상력, 감성이라는 형태로 정체성을 띨 수 있었던 것처럼 말이다.

들뢰즈에 따르면 칸트 철학에 기원을 두며 고전주의 시대의 여러 학문을 통해 만개한, 이러한 인간 내부의 힘들의 정체성의 확립이란 바로 '인간 개념의 탄생' 과정 자체이다. "인간 속의 힘들이, 외부로부터 온 유한성의 힘들〔임의적 규정들〕과 관계를 맺을 때, 바로 그때에만 힘들의 집합은 인간으로서의 형태, 즉 최초의 인간 Incipit Homo 을 구성한다" (F, 134). 요컨대 칸트에게서 발아한 구성적 유한성의 테마는 고전주의 시대 전체를 뒤덮으며 궁극적으로 인간이란 개념의 탄생을 가능하게 했다는 것이다. 그러므로 들뢰즈가 칸트에서 심성의 능력들의 기능을 규정하는 사유의 이미지의 공리들이 임의적이라고 비판할 때 이는 곧 인간의 힘들을 '유한하게 구성하는' 규정들이 임의적이라는 말이며, 그러므로 '인간 개념 자체가 한낱 임의적일 뿐이라는 뜻'이다. 이렇게 고전 철학의 사유의 이미지의 임의성에 대한 비판은 인간 개념에 대한 비판을 궁극적인 목표로 겨냥하고 있는 것이다. "인간은 늘 존재한 것이 아니었으며 영원히 존재하지도 않을 것이며" (F, 131), 다만 임의적인 규정을 통해 탄생한 개념일 뿐이다. 우리는 뒤에 고전 철학의 사유의 독단적 이미지에 대립하여 들뢰즈가 제시하는 발생적 사유의 이미지가 어떻게 인간 내부의 힘들을 임의적인 규정들로부터 해방시키는지, 그리하여 어떻게 인간 개념 자체로부터 해방시키는지 보게 될 것이다. "인간 내부의 힘들이 필연적으로 인간의 형태를 구성하는 것은 아니며, 오히려 그와 달리 다른 구성물이나 다른 형태에 다른 방식으로 쏟아져들어갈 수 있다" (F, 131). 도대체 인간이 아닌 어떤 다른 형태를 이룰 수 있단 말인가? 미리 알려두면 인간 내부의 힘, 즉 사유란 이제 그 주체를 가지지 않는 '비인격적이고 익명적인 사유'가 되어버린다.

3. 발생적 사유의 이미지와 기호

I. 숭고와 발생적 사유의 이미지

과연 미리 규정된 어떤 임의적인 요소도 가지지 않는 새로운 사유의 이미지가 가능할 것인가? "어떤 철학자인들 사유자의 선의지와 미리 생각된 결정에 더 이상 의존하지 않는 사유의 이미지를 그려내길 열망하지 않겠는가?"(PS, 150) 들뢰즈는 칸트의 『판단력 비판』에서 그런 새로운 사유의 이미지의 최초의 모델을 찾아내며, 프루스트의 『잃어버린 시간을 찾아서』에 관한 연구를 통해 새로운 사유의 이미지를 인식론적 맥락에서 발전시킨다.

우리는 새로운 사유의 이미지가 갖추어야 하는 조건들을 쉽게 짐작할 수 있다. 고전 철학의 사유의 이미지가 혹독하게 비판받은 만큼 아마도 새로운 사유의 이미지는 고전 철학의 사유의 이미지와는 정반대의 성격을 가지고 있어야 할 것이다. 즉 사유는 진리를 인식하고자 하는 사유자의 선의지에서 출발하지 않아야 하며, 심성의 능력들의 일치는 임의적으로 규정된 것이어서는 안 되고, 필연적으로 발생한 것이어야 할 것이다. 요컨대 사유는 임의적으로 규정된 공리들을 배경으로 하지 않고 능력들의 자유로운 활동을 통해 발생한 것이어야만 한다.

이미 우리는 종합과 도식 작용이 상상력의 자유로운 활동이 아니라 지성의 규정 아래 제약된 활동임을 보았다. 그리고 들뢰즈의 논의대로라면 그 규정은 임의적인 것이다. 그렇다면 『판단력 비판』은 완전히 자유롭고 발생적인 상상력의 활동을 보여줄 수 있을까? 들뢰즈는 "도식 작용은 하나의 비밀이다. 그러나 상상력의 가장 근본적인 비밀은 아니다. 저 혼자서 상상력은 도식 작용과는 전혀 다른 일을 수행한다"(IGEK, 115)라고 말함으로써 가장 근본적인 상상력의 또 다른 활동이 있음을 암시한다. 이 활동은 지성에 의해 규정된 활동이 아니라 상상력이 '규제 없이 그의 자유 속에서' 시행하는 활동이다. 우리는 바로 '숭고'에 대한 분석에서 그 면모를 찾아볼 수 있다.

숭고함에 관한 판단이 해결의 실마리를 주는 까닭은 우선 그것이 '무관심적'이기 때문이다. 우리는 이미 이론과 실천의 영역에서, 이성의 '이런저런 관심에 따라' 어떤 한 능력이 대상에 대해 입법하도록 임의적으로 미리 규정되어 있음을 살펴보았다. 무관심적이란 대상의 현존에 대해 관심을 두지 않으며, 또한 욕망하는 바에 대한 만족과도 동떨어져 있음을 말한다. 즉 무관심은 '이론적 혹은 실천적 관심에 따라 심성의 능력 중 하나가 대상에 대해 입법하지 않음'을 함축한다. 그런데 숭고의 체험은 무관심적인 것이므로 어떤 관심도 숭고함을 체험할 때의 능력들의 일치와 이 일치의 표현인 판단[23]('이것은 숭고하다')의 규정 근거가 되지 못한다. 능력들은 미리 전제된 관심의 지배를 받지 않으므로, 일단 각자 혼자서 자유롭게 활동할 수 있는 가능성을 지닌다.

그렇다면 무관심적인 숭고의 체험을 능력들의 일치의 관점에서 어떻게 해명할 수 있을까? "숭고의 느낌은 무형 혹은 기형(광대함 혹은 강력함)에 직면할 때 체험된다. 이때 모든 과정은 마치 상상력이 자기의 고유한 한계에 직면하게 된 것처럼, 자기의 최대에 도달하도록 강요된 것처럼 진행된다. 그리고 상상력은 자기 능력을 극단까지 몰

23) 다음과 같은 이유에서 판단은 능력들의 일치의 표현이다. "판단은 언제나 몇 가지 능력들을 함축하며 그 능력들의 일치를 표현한다. [……] 판단은 그저 하나의 능력에 있는 것이 아니라 능력들의 일치 속에 있다"(PCK, 106~09).

고 가는 맹렬함을 체험한다. 확실히 상상력은 '포착'(부분들의 연속적 포착)의 문제에 있어서는 한계를 가지지 않는다. 그러나 후속 부분에 도달함에 따라 선행하는 부분들을 재생해야 할 경우 상상력은 동시적 '총괄'의 최대를 가진다. 광대함에 직면할 경우 상상력은 이 최대의 불충분함을 체험하고는 '이 한계를 확장하려 하나 다시 자기 자신 속으로 위축된다'"(PCK, 92~93). 포착은 서로 다른 부분의 표상들을 계속해서 결합해나가는 상상력의 활동이며, 총괄은 그 결합한 표상을 하나의 전체로서 재생하는 상상력의 활동이다. 그런데 "상상력은 주어진 대상을 하나의 전체 직관에 총괄하라는 이성의 요구에 관하여 (따라서 이성의 이념을 현시하기 위하여) 최대의 노력을 다해도, 자기의 한계와 부적합성을 드러낼 뿐이다"(『판단력 비판』, V, 257). 이성은 전체성의 이념을 현시할 것을 요구하지만, 감성적 직관이란 본래 총괄의 극한을 지니기 때문에 상상력은 한계를 느낀다. "상상력은, 자기 능력의 한계에까지 이르도록 박차를 가하고 자신의 모든 능력이 하나의 이념에 비하면 아무것도 아님을 시인하도록 하는 것은 이성임을 알게 된다"(PCK, 93). 이성은 상상력이 감성적 직관 속에서 전체성의 이념에 상응하는 전체 Ganze를 추구하도록 부추기고, 이에 따라 상상력은 한계에 이르도록 총괄을 행한다. 전체성이라는 이념과 비교하면서 이런 한계에 직면할 때 숭고가 체험된다.[24] 이처럼 숭고는 상상력과 이성의 일치에서 체험되는 느낌이다(『판단력 비판』, V, 256 참조). "그러나 이 관계는 우선 일치보다는 오히려 '불일치,' 즉 이성의 욕구와 상상력의 힘 사이에서 체험하는 모순이다"(PCK, 93).

24) 이것은 하나의 소극적인 방식인데, 그 까닭은 상상력이 전체성이란 이념의 현시에 미치지 못하고 자신의 한계에 직면하는 식으로 전체를 체험하기 때문이다. 그리고 이것이 칸트가 소극적 쾌감이라고 부른 '경탄' 혹은 '존경'을 야기시킨다(『판단력 비판』, § 23). 왜냐하면 "우리에 대해 법칙인 어떤 이념에 도달하는 데에 우리의 능력이 부적합하다고 느끼는 감정이 곧 경외"(『판단력 비판』, V, 257)이기 때문이다.

이러한 이성과 상상력 사이의 '불일치의 일치'를 칸트는 전체성이라는 이성의 이념에 비해볼 때 상상력의 부적합성 Unangemessenheit (『판단력 비판』, V, 255) 혹은 '이성과 상상력 사이의 싸움 Widerstreit' (『판단력 비판』, V, 258)이라고 표현한다.

그런데 능력들의 이 불일치의 일치는 임의적으로 규정된 것이 아니다. '무형 혹은 기형'에 직면했을 때 각각의 능력들이 규정되지 않고 자유롭게 활동하면서 이룬 일치이다. 즉 미리 전제된 사유의 선의지나 공통 감각의 공리가 아무런 역할도 하지 않는, 능력들의 규정되지 않은 활동에서 기인하는 일치, 곧 '발생한 일치'이다. "상상력과 이성의 일치는 단순히 가정되는 것이 아니라 진정으로 '발생한 것,' 불일치 속에서 발생한 것이다"(PCK, 94). 이것이 바로 들뢰즈가 "불일치의 일치는 『판단력 비판』의 위대한 발견"[25]이라고 찬양하는, 새로운 사유의 이미지의 창시자로서의 칸트의 면모이다. "칸트는 최초로 불일치를 통한 조화의 예, 즉 숭고의 경우에서 나타나는 상상력과 사유의 관계를 보여주었다"(DR, 190). 그리하여 들뢰즈는 결정적으로 다음과 같이 평가하기에 이른다. "이것은 칸트가 공통 감각의 형식으로부터 능력을 자유롭게 고려하는 유일한 경우이다. [……] 칸트에 따르면 숭고와 함께, 상상력은 그 한계에 직면할 것을 강요받는다. [……] (『판단력 비판』 § 26). 그리고 상상력은 자신이 느끼는 압박을 사유에 전달한다. 그리고 이번엔 사유 자체가 초감성적인 것을 자연의 근거, 사유 능력의 근거로서 생각하도록 강제한다. 여기서 사유와 상상력은 본질적으로 불일치하는데, 서로의 싸움이 일치의 새로운 유형을 조건짓는다(§ 27). 그 결과 숭고에 있어선 재인식 모델, 혹은 공통 감각의 형식은 적절치 못한 것으로 여겨지고 완전히 다른 사유 개념을 찾게 된다" (DR, 187).

25) G. Deleuze, *Critique et clinique* (Paris: Éd. de Minuit, 1993), p. 49.

Ⅱ. 기호의 성질들: 우연성, 강제성, 수동성, 필연성

들뢰즈는 『판단력 비판』에서 정립한 공통 감각이 제거된 이 완전히 새로운 사유 모델을 철학의 경쟁자로서 프루스트를 그려내는 데 그대로 적용하고 있다. 다시 말해 이론 철학에서 재인식의 대상(어떤 것 일반 = X)과 관련된 상상력의 규정된 활동(종합과 도식 작용)과 『판단력 비판』에서 상상력의 자유로운 발생적 활동을 대립시켰던 것처럼, 『프루스트와 기호들』에선 임의적으로 규정된 능력들의 재인식하는 활동과, 기호 해독과 관련된 능력들(특히 기억력)의 발생적 활동을 대립시킨다. '재인식과 기호 해독의 이 대립 구도'가 바로 불명확한 설명들로 가득 차 있는 들뢰즈의 프루스트론을 이해하는 열쇠이다. 『프루스트와 기호들』에서 들뢰즈는 이렇게 쓰고 있다. "『국가론』에서 플라톤은 이 세상에는 두 종류의 구별되는 사물이 있다고 말한다. 하나는 사유를 활동하지 않는 채로 내버려두거나, 사유에다가 그저 구실에 불과한, 활동이라는 외관만을 씌워두는 사물이다. 다른 하나는 사유의 재료를 주고 사유하도록 강요하는 사물이다. 전자는 재인식의 대상이다. 모든 능력들은 이 재인식의 대상에 대해 시행된다. 〔……〕 재인식이란 예컨대, '저건 손가락이야,' 저건 사과야, 저건 집이야 등으로 표현되는 판단이다. 반대로, 우리에게 사유하도록 강요하는 또 다른 사물들이 있다. 그것은 '재인식할 수 있는' 대상들이 아니다. 그것은 폭력을 쓰는 사물들, 우연히 '맞닥뜨리는' 기호들이다"(PS, 150).[26] 전자가 이미 살펴본 고전 철학에서의 재인식의 대상이었다면 후자는 그것이 숨기고 있는 바를 해석해내야만 하는 것, 즉 기호이다. 기호란 무엇인가? "진리는 어떤 사물과의 마주침에 의존하는데, 이 마주침은 우리에게 사유하도록 강요하고 참된 것을 찾도

26) 플라톤의 두 가지 구별에 대한 자세한 분석은 2장 pp. 102~04에서 수행된다.

록 강요한다. 마주침의 〔속성인〕 우연과 강요의 〔속성인〕 압력은 프루스트의 두 가지 근본적인 테마이다. 대상을 우연히 마주친 대상이게끔 하는 것, 우리에게 폭력을 행사하는 것—이것이 바로 기호이다"(PS, 41). 그러므로 우리는 기호를 '우연히' 나타나 자기 안에 들어 있는 바를 해석하기를 '강요'하는 대상이라고 이해할 수 있다. 우리에게 우연히 나타나는 대상이라는 것은 그 대상에 대해 우리는 '수동적'이라는 뜻을 담고 있다. 그 대상의 출현에 대해 우리 정신은 어떤 보편적 법칙도 능동적으로 수립할 힘을 가지지 못한다. 그렇기에 기호에 대한 사유는, 우연히 출현한 그 기호가 우리에게 사유하기를 강요할 때 비로소 우리의 수동적 정신이 거기에 응하는 방식으로 이루어진다고 말할 수 있다. 기호는 관조의 대상이 아니라 사유가 시작되도록 정신을 자극하는 대상이다. 마치 기호는 '살짝 열린 통 boîte entrouverte'처럼 해석되어야 할 무엇인가를 자기 안에 숨기고서 우리에게 자신을 해석해줄 것을 강요한다. 요컨대 기호 해석의 경우 '먼저' 준비된 사유의 형식과 활동 방식이 대상을 재인식하는 것이 아니라, 우연히 기호가 출현한 '뒤에' 그 기호의 자극 때문에 사유는 시작된다. 또 하나 중요한 점은 기호는 우연히 출현하지만 그 우연성이 기호 안에 담겨진 진리의 필연성을 보장한다는 점이다. "사유된 것의 필연성을 보장하는 것은 마주침의 우연성이다"(PS, 41). 이미 보았듯 임의적인 공리들(선의지, 공통 감각)에 의존한 진리는 그 자체 임의적인 것이다. "여기서 우리는 늘 그 진리는 다른 것일 수 있었고 또 다르게 말해질 수 '있었으리라고' 느낀다"(PS, 47). 반면 대상이 우연히 나타날 경우는 그 우연성 자체가 그 특정 대상에 대응하는 사유의 유일무이성을 보장한다. 우연히 나타난 것이므로 그것은 가능한 경험의 대상 일반으로 환원되지 않는 특정한 것, 유일무이한 것이고, 그러므로 그 유일무이한 것에 대한 사유 또한 특정한 것, 유일무이한 것이 된다. 따라서 우연히 나타난 기호가 강요한 대로 시작된 사유의 소산 또한 유일무이한 것이며, 유일무이한 것이므로 그 특정 기호에 대한 다른 모든 가능한 사유는 배제된다. 이런 의미에서 이 사유는 필연적인 것이라 일컬을 수 있다. 나타남에 있어서 우연성, 사유에 있어서 강제성(혹은 사유 주체의 수동성), 진리에 있어서 필연성 — 이 세 가지가 기호를 정의한다.

Ⅲ. 기호의 우연성과 사유의 필연성에 대한 니체적 해석 — '주사위 던지기'의 의미

기호의 우연성과 사유의 필연성의 관계를 우리는 위에서 '인식론적' 측면에서 해명하였다. 그러나 들뢰즈의 전체 사상을 배경으로 보자면 이 관계는 또한 니체 해석을 통해 정립된 들뢰즈 자신의 독특한 '형이상학적' 입장에 바탕을 두고 있다. 그러므로 기호의 성격에 대한 보다 충실한 해명을 위해선 프루스트에게서의 기호의 우연성과 사유의 필연성이 어떻게 니체적 원리를 근거로 서로 관계맺는가에 대한 해명이 보충되어야 할 것이다.

들뢰즈는 우연과 필연의 관계에 대한 이해를 니체의 '주사위 던지기' 개념에 대한 그 나름의 해석으로부터 이끌어내고 있다. 들뢰즈는 "필연은 우연이 그 자체로 긍정되는 한에서 우연을 통해 긍정된다"(NP, 30)라고 니체의 우연과 필연 개념을 정리한다. 즉 우연이 세계의 원리 자체라면, 오로지 세계가 우연적으로 생성될 때만 그 생성은 '원리에 따른 생성이기에' 필연적이라 불릴 수 있다. 이 점은 주사위 던지기를 비유로 삼아 다음과 같이 쉽게 설명된다. 주사위 던지기에는 다음과 같은 두 유형이 있을 수 있다. 어떤 특정 법칙(가령 변증법)을 세계의 원리로 놓고 주사위를 던지는 사람은 그 원리에 따른 특정 숫자가 나와야만 승리할 수 있다. 그 외의 모든 숫자는 '부정'된다. 이것이 변증법과 인과론 일반에 기반한 자들의 입장이다. 그러나 우연 자체를 세계의 원리로 놓고 주사위를 던지는 사람은 늘 승리할 수밖에 없다. 우연 자체가 원리이므로 어떤 숫자가 나오든 그 숫자는 세계의 원리에 따른 필연적 결과물이기 때문이다.[27] 이런 의미에서 "필연은 우연을 통해서 긍정된다"(NP, 29). 그러므로 철학의 놀음판에서 이처럼 우연을 필연적 원리로 삼고 주사위를 던지는 사람에게는 "혼돈이 불투명한 기계적 인과성의 편에서 거부되는"(NP, 33) 일은 일어날 수 없다. 혼돈은 우연과 동치이며(NP, 30), 인과성이 아니라 이런 우연 자체가 세계의 원리이기 때문이다. 세계는 우연을 원리로 삼는 영원한 순환일 뿐이다. 이것이 들뢰즈가 해석한바 니체의 '주사위 던지기'의 참뜻이다.

이미 말했듯 들뢰즈는 프루스트 기호 개념 또한 이러한 니체의 생각에 근거해서 해명하고 있는 것이다. 니체의 관점에서 프루스트에게서의 '기호 출현의 우연성과 그에 대응하는 사유의 필연성'을 우리는 다음과 같은 한 문장으로 정식화할 수 있다. '우연 자체가 세계의 필연적 원리라면, 오로지 기호가 우연히 출현할 때만 그 기호의 출현은 필연적이며, 그 출현한 기호에 대응하는 사유 또한 필연적이다.'

Ⅳ. 표현과 기호: 스피노자, 라이프니츠, 프루스트

위 Ⅱ와 Ⅲ에서 우리가 기호의 성격으로 기술한 바는, 기호 출현의 양태(우연성), 그에 대한 우리 사유의 양태(강제성, 수동성), 그리고 사유된 것(인식)의 양태(필연성)였다. 그러나 이것만으로 기호에 대한 완벽한 분석이 이루어졌다고는 말할 수 없다. 위에서 말했듯 '살짝 열린 통'처럼 기호가 해석되어야 할 무엇인가를 자기 안에 숨기고 있는 것이라면, 이러한 통과 그 안의 내용물 간의 관계, 즉 기호의 구조에 대한 해명이 뒤따라야 할 것이다. 구분하자면 앞 절에서의 해명

27) 다시 말해 가능한 모든 경우의 수가 복수적으로 긍정된다. 이런 까닭에 "주사위 던지기는 다수적 긍정이고, 다수에 대한 긍정이다"(NP, 34)라고 들뢰즈는 정의한다.

을 우리는 존재 '양태'에 있어서 기호의 성격이라 특징짓고, 이제 전개될 해명을 존재 '구조'에 있어서 기호의 성격이라 특징짓고자 한다.

들뢰즈에게서 기호 개념은 단지 프루스트의 텍스트 독해에만 국한되어서 사용되고 있지는 않다. '기호'는 '표현 expression'과 함께 들뢰즈 철학 일반의 가장 중요한 개념군을 형성한다. 기호 개념에 대한 해명을 위해선 표현 개념에 대한 이해가 선행되어야 한다. '표현'은 상반되는 두 측면으로 이루어진다. "펼치다[Ex-pli-quer, 밖으로 ex- 접힌 것(주름 pli)을 펼쳐내다], 이는 곧 전개한다 développer이다. 감싸다(혹은 감아들이다, Envelopper), 이는 함축하다[im-pli-quer, 안으로 im- 접어 pli-er 들이다]이다. 그런데 이 두 항은 서로 모순되지 않는다. 단지 이 둘은 표현의 양측면을 이룬다"(SPE, 12)라고 들뢰즈는 표현의 이념을 설명한다. 아마도 스피노자 철학은 이런 표현의 운동을 이해하기 위한 가장 좋은 예가 될 것이다. 스피노자에서, 실체 substance와 속성 attribut 간의 관계를 보자면, 실체는 그의 속성들 속에서 자신을 표현하며, 각각의 속성들은 하나의 실체의 본질을 표현한다. 속성과 양태 mode의 관계를 보자면, 속성은 자기에게 의존하고 있는 양태들 속에서 자기 자신을 표현하며, 양태는 속성의 한 변용 modification을 표현한다(SPE, 9~10). 즉 한편으로 표현은 다자(多者) 속에서 일자(一者)의 현시 manifestation(속성들 속에서 하나의 실체의 현시, 양태들 속에서 한 속성의 현시)이며, 다른 한편 다양한 표현은 일자를 감싸고 있다. 일자는 자신을 표현해준 것 속에 감싸여진 채로 있고 자신을 나타내주는 것 속에 내재해 immanent 있다. 이와 같이 펼침과 감쌈이라는 상반된 방향의 운동을 모순 없이 동시적으로 포괄하는 종합의 원리가 바로 표현이다.

이러한 표현 개념은 들뢰즈가 고안해낸 것도, 스피노자에게서 처음 출현한 것도 아니다. 그것은 실로 오랜 역사를 가지고 있는데, 가령 중세와 르네상스 시대의 '복합 complicatio' 개념은 표현의 이념의 한 형태로 이해될 수 있다. "함축과 펼침, 감쌈과 전개는 언제나 범신론으로 낙인찍힌 오랜 철학적 전통의 유산이다. 분명 이들은 서로 대립하는 개념들이 아니라 그 자체 복합이라는 하나의 종합적 원리에 의거하는 것이다. 신플라톤주의에서는 흔히 복합은 일자 속에서 다자의 현존, 다자 속에서 일자의 현존를 가리킨다. 신은 곧 '복합적' 자연이다. 그리고 이 자연은 신을 펼치고 함축하며, 감싸고 또 전개한다. 신은 모든 사물을 〔자기 안에〕 '복합'하고 있지만, 모든 사물은 신을 펼치고 또 감싸고 있다. 〔이런 상반된 운동을 하는〕 개념들의 접합이 표현을 구성한다"(SPE, 12). 그리고 이것이 바로 표현주의적 신론, 표현주의적 우주론의 사유 방식이다("중세와 르네상스 전통은 신을 '복합'으로 정의한다"[28]).

그런데 재미있는 것은 들뢰즈가 프루스트의 기호 개념을 바로 이런 표현주의적 사고 방식의 틀 안에서 이해하고 있다는 점이다. 들뢰즈를 통해 프루스트 또한 철학적 표현 개념의 역사 속으로 편입된다. 기호는 '용기(容器)와 거기 담긴 내용물'이라는 구조로 이루어져 있는데, 이때 용기와 내용물은 전혀 닮은 바가 없다. 가령 무의식적 기억의 가장 유명한 예인 마들렌 과자(용기)는 그것이 감싸고 있는 어린 시절의 콩브레(내용물)와 전혀 닮은 점이 없다. 해석의 활동이란 바로 이 용기로부터 그 안에 담겨 있는 내용물을 꺼내는(펼치는) 행위이다. "감쌈이라는 이 첫번째 형태에 관한 화자의 활동은 용기와 공통된 어떤 면모도 가지지 않는 내용물을 '펼쳐내는' 것이다. 다시 말해 〔용기 안에 차곡차곡 접혀져 있는〕 주름을 펼치고 dé-pli-er, 전개하는 것이다"(PS, 177). 이런 유의 기호 해독의 예는 프루스트에게서 무수히 발견된다. 가령 하나의 기호로서의 샤를뤼스는 "화장을 짙게 하고 배가 불룩 나왔으며 자신을 꼭꼭 닫고 있는 인물이다. 꼭 이국

28) G. Deleuze, *Spinoza : philosophie pratique* (Paris : Éd. de Minuit, 1981), p. 104(약호 SPP).

적이며 수상쩍은 지방에서 가져온 어떤 통 같다"(RTP, II, 1042). 샤를뤼스라는 기호의 해독이란 샤를뤼스라는 통 속에 들어 있는 내용물, 즉 "수호 여신 같은 모습의 여성 영혼"(RTP, II, 907), "샤를뤼스 씨의 신체 속에 자연이 실수로 집어넣은 여성"(RTP, II, 908)을 펼쳐내는 것이다. 다시 말해 샤를뤼스라는 기호의 해독은 그가 남자와의 성행위에서 여성의 역할을 하는 동성 연애자임을 발견하는 활동이다. 애인(알베르틴)에 대한 사랑 또한 애인이라는 기호 안에 담겨진 내용물을 발견해내는 활동이다. "사랑, 그것은 사랑하는 사람 속에 감싸여진 채로 있는 우리가 모르는 세계들을 '펼쳐 보이고 전개시키고자' 하는 우리의 노력이다"(PS, 29). (화자가 모르는 그 세계란 바로 알베르틴의 부정한 행위들로 가득 차 있는 세계인데, 이 부정한 애인이 만들어내는 기호의 해독 문제를 우리는 후에 자세히 다루게 될 것이다).

이와 같이 프루스트에게서 기호 개념이란 감쌈(내용물이 용기 속에 담겨 있음)과 펼침(해석의 활동을 통해 그 내용물을 끄집어냄)이라는 표현의 이념과 동일한 함의를 지니고 있다. 그러나 진정한 문제는 여기서부터 생긴다. 프루스트가 스피노자에서 정점을 이룬 표현 개념의 역사 가운데 한 자리를 차지하는 것만은 틀림없다. 그렇다고 해서 프루스트를 스피노자주의자라고 말할 수 있는가? 오히려 두 사람은 표현주의의 역사 안에서 서로 가장 대립적인 사람들일 것이다. 프루스트의 기호들은 '불명확함 équivoque'[29]을 본질로 하며, 바로 그 불명확함 때문에 기호는 사유자가 그것을 해독하게끔 사유를 자극하고 강요할 수 있는 것이다. 그러나 프루스트와 반대로 스피노자에게선

29) 이 말은 '일의적 univoque'이라는 말의 상대어로 쓰인다는 점에서 '다의적임'이라고도 옮길 수 있다. 기호란 여러 다양한 해석을 그 '가능성'으로 지닌다는 점에서 불명확한 동시에 다의적이라고 말할 수 있다. 그 단어 자체에 충실하자면 '양의적'이라고도 할 수 있겠으나, 들뢰즈가 이 말을 통해 표현하고자 하는 바가 단지 '두 가지 가능성'을 의미하는 것은 아니므로, 'équivoque'는 '양의적'보다는 '불명확함' 혹은 '다의적임'의 뜻으로 이해해야 할 것이다.

불명확한 것, 즉 기호는 표현과 대립적인 것으로 이해된다. 스피노자에게 기호란 "상상력으로부터 나오는 본질적으로 불명확한 언어를 형성한다는 점이며, 이는 일의적인 univoque 표현으로부터 나온 철학의 자연 언어와 대립되는 것이다"(SPP, 145).[30] 다시 말해 기호란 로고스와 대립하는 "미친 개념 notion démente"[31]일 뿐이다.

스피노자에게서 "설명〔펼침, expliquer〕은 사물 외재적인 지성의 작용이 아니라 지성 내재적인 사물의 작용을 일컫는다"(SPP, 103). 그러므로 가령 지성 안에서 이루어지는 '증명 démonstration'은 동시에 사물 자체에서 일어나는 운동이기도 하다. 스피노자에게서 지성이란 자연에 대해 외재적인 것이 아니라 자연의 양태일 뿐이고, 따라서 지성의 소산인 인식 자체도 자연 안에서 이루어지는 표현의 소산일 뿐이다. "객관적으로 지성 안에 있는 것은 필연적으로 자연 안에도 있어야 한다."[32] 따라서 '지성의 활동인 설명'이 곧 '자연의 활동인 펼침'인 것이다. 요컨대 "표현 개념은 존재론적일 뿐 아니라 인식론적"(SPE, 10)이기도 하다는 말이다. 이와 같이 지성의 설명과 자연의 전개를 동일시하는 것은 결국 "사물들에 대한 인식이 신〔자연〕의 인식과 맺는 관계는 사물들 자체가 신〔자연〕과 맺는 관계와 동일하다"(SPE, 10)는 주장으로 요약될 수 있다. 이 모든 사정이 의미하는 바는 스피노자에게는 오로지 '적합 관념들 idées adéquates'만이 표현으로 고려될 수 있으며, 기호란 한낱 부적합 관념의 일종이라는 것이다. 표현으로서의 적합 관념(결과)은 그 관념 속에서 표현된 것(원인)을 지성이 명확하고 판명하게 인식할 수 있는 것을 말한다. 따라서 표현

30) 스피노자는 세 종류의 기호를 구별하는데, 지시적 기호, 계시의 결과인 명령적 기호, 미신의 결과인 해석적 기호가 그것이다(SPP, 143~45). 이 가운데 명령적 기호 해독에 대한 설명은 6장 4 참조.

31) 뱅센 Vincennes에서의 1981년 1월 13일 강의에서 들뢰즈는 스피노자의 기호 개념에 대해 이러한 표현을 쓴다(http://www.imaginet.fr/deleuze/TXT/130181.html).

32) B. Spinoza, *Éthique*, I권 정리 30의 증명 및 II권 정리 7의 주석.

되는 것과 표현 사이엔 오로지 일의적인 관계만이 성립한다. 반면 "부적합 관념의 고유성은 그것이 바로 기호라는 점이다. 이 관념은 〔지성이 아니라〕 상상력에게 해석할 것을 부추긴다"(SPP, 145). 스피노자에게서 로고스란 지성의 '펼치는' 능력이며 로고스가 없는 예언자의 일이란 상상력을 통해 부적합 관념인 기호를 '해석'하는 것이다.[33] 왜냐하면 "강한 상상력과 약한 지성을 지닌 사람에게는 자연 법칙은 필연적으로 '기호들'로서 이해되기"(SPP, 19) 때문이다. 당연하게도 약한 지성을 가진 사람에게는 자연 법칙(원인과 결과)은 불명확한 équivoque 것으로밖에 나타나지 않을 것이다.[34]

이와 반대로 프루스트에게선 어떤 식으로도 로고스는 긍정적인 것으로 고려되지 않으며,[35] 불명확성을 본질로 하는 기호 해석과 대립되는, 일의성을 본질로 하는 표현이란 존재하지조차 않는다. 프루스트에게선 불명확한 기호가 곧 표현이며 기호 해석이 바로 우리 정신의 '펼치는 활동'이다. 이러한 스피노자와 프루스트의 반목은 적어도 철학사를 통해 두 가지 서로 다른 표현주의가 출현했음을 짐작케 한다. 우리가 아직 살펴보지 않은 표현주의, 스피노자와는 전혀 다른 방향에서 발전한 표현주의가 있으니 바로 라이프니츠의 철학이 그것

33) 프루스트의 기호 해독은 바로 스피노자가 비판적 표적으로 삼는 예언자의 기호 해독(미신의 결과인 해석적 기호 해독)과 동일시된다(PS, 167~68 참조; 스피노자에게 있어서 예언자의 기호 해독에 대해선, 같은 곳, 옮긴이 주 23 참조).

34) 우리는 들뢰즈의 한 강의 속에서 '기호: 불명확함'—'표현: 일의성'의 대립적 관계에 대한 다음과 같이 훌륭하게 정리된 해설을 발견할 수 있다. "스피노자는 표현과 기호를 대립시킨다. 신은 표현한다, 양태들은 표현한다, 속성들은 표현한다. 왜 그런가? 논리적 언어 속에서 우리는 이렇게 말할 수 있을 것이다. 기호는 항상 불명확하다. 기호의 불명확성이라는 것이 있다. 즉 기호는 의미하긴 하지만, 여러 가지 의미를 의미한다. 반대로 표현은 단일하게, 그리고 완전하게 일의적이다. 표현에는 오로지 단 하나의 의미만이 있다. 〔……〕 스피노자에 따르면 신은 기호가 아니라 표현을 통해서 진행해나간다. 진정한 언어는 표현의 언어이다. 표현의 언어, 그것은 무한에 대한 관계를 구성하는 언어이다"(1981년 1월 13일 강의).

35) 『프루스트와 기호들』 2부 1장 '앙티-로고스' 전체가 이를 증언하고 있다.

이다. 들뢰즈는 다음과 같은 말로 스피노자와 라이프니츠의 차이점을 요약한다. "스피노자의 일의적 표현들expressions univoques의 이론은 라이프니츠의 불명확한 표현들expressions équivoques의 이론과 대립한다"(SPE, 310). 스피노자가 엄밀히 기호를 표현으로부터 배제했음에 반해 라이프니츠는 표현이 필연적으로 불명확한 형태, 즉 기호의 형태를 지닐 수밖에 없다고 생각한다. 스피노자에게서와 마찬가지로 라이프니츠에게서도 "표현은 모든 영역에서 일자와 다자 사이의 관계를 확립한다"(SPE, 305). 그러나 일자를 현시하는 다자, 즉 "〔일자의〕 표현에는 항상 불분명한 혼란스러운 지대가 끼여든다"(SPE, 305). 이러한 표현의 질서를 라이프니츠는 다음과 같은 예를 통해 설명한다. "헤엄치고 있는 신체가 '물의 부분들의 무한한 움직임'의 원인이지 그 역은 아니라고 우리는 이야기한다. 그 까닭은 〔물의 운동보다는〕 신체가, 헤엄치는 가운데 일어나는 일을 보다 판명하게 설명해줄 수 있는 어떤 통일성을 가지고 있기 때문이다"(SPE, 305~06). 이 말을 거꾸로 뒤집으면 물의 움직임은 판명하지 않은 상태, 즉 '불분명함'을 그 성질로서 가지고 있다는 이야기다. 다자로 비유될 수 있는 물의 다양한 움직임은 분명 일자인 몸의 표현이다. 일자는 물의 움직임 속에서 표현된다. 그러나 아무리 그것이 일자의 표현일지라도 다양한 물의 움직임은 분명 불명확한 지대, 바로 '기호'의 지대를 형성하고 있다. 이렇게 물의 움직임이 그 본질적 불명확성과 판명하지 않음 속에서 보다 명확하고 판명한 신체를 표현하듯이, 라이프니츠의 체계에서 불명확한 다자, 즉 모나드들은 나름대로 전체(일자)를 반영한다. 그러나 그 각각의 반영은 전체에 대한 완벽한 반영이 아니라, 각각의 모나드들의 유한성에서 비롯되는 한계지어진 반영, 곧 불명확한 표현일 뿐이다("모나드는 세계 전체를 혼란스럽게 표현한다"(SPE, 306)). 이런 의미에서 라이프니츠는 "모나드들 모두는 무한, 즉 전체에 대한 혼란된 표상을 가지고 있다"[36]라고 말한 것이다.

스피노자의 관점에서 보자면 '혼란된 표상'은 한낱 부적합 관념일 뿐이며, 표현과 대립적인 의미에서의 기호를 형성할 뿐이다. "스피노자에게 본질적인 것은, 늘상 애매한 기호들의 영역과, 일의성을 절대적 규칙으로 삼고 있어야만 하는 표현들의 영역을 편가르는 일이다" (SPE, 307). 그러나 라이프니츠는 혼란된 표상, 즉 기호가 바로 표현 자체라고 단언하면서,[37] 원인과 결과 사이의, 혹은 표현되는 것과 표현 사이의 이상적인 명증한 관계는 인정하려들지 않는다. 그러므로 프루스트가 불명확함을 특징으로 하는 기호로부터 그 속에 숨겨져 있는 어떤 내용을 펼쳐내려고 할 때, 그는 분명 표현의 역사에서 라이프니츠를 이어받고 있지 스피노자를 이어받고 있진 않다. "프루스트는 라이프니츠주의자이다"(PS, 72). 라이프니츠에게서처럼 프루스트에게서도 불명확함은 기호의 본성이며, 기호는 곧 표현으로 이해되고 있는 것이다. 마들렌은 즐거움을 주지만 그 즐거움의 참된 정체를 '판명하게 distinct' 다 알게 해주지 않으며, 애인의 거짓말은 그녀가 무엇인가 숨기고 있음을 알게 해주지만 그녀의 비밀을 '명증하게 clair' 표현하지는 않는다. 그것은 본성상 불명확한 것이기에 해석되어야만 하는 '혼란된 표상'이다. 그러므로 들뢰즈가 독단적 사유의 이미지와 대결하면서 프루스트의 '기호 해독 모델'을 새로운 사유의 이미지로서 높이 평가할 때 그는 표현주의의 역사 안에서 스피노자가 아니라 라이프니츠를 편들어주고 있는 것이다.

---

36) G. W. Leibniz, *Monadologie*, 60절.

37) 그러므로 가장 열등한 동물의 영혼부터 우월한 인간의 영혼까지 모든 모나드는 정도상의 차이는 있을지라도 본성상 모두 불명확성을 지니고 있으며, 이런 본성상의 한계를 지니면서도 나름대로 모두 전체의 표현들이다. 한 편지에서 라이프니츠는 이 점에 대해 다음과 같이 말한다. "표현은 모든 형태에 공통적인 것이다. 표현은 자연적 지각, 동물적 감각, 지성적 인식을 종들로 가지는 하나의 유이다" (「아르노 Arnauld에게 보낸 편지」(1687. 10. 9)).

V. 기호 해독과 발생적 사유의 이미지

이제 프루스트의 기호 해독 모델이 어떻게 새로운 사유의 이미지, 즉 발생적 사유의 이미지를 구현하는지 보기로 하자. 프루스트는 철학과 우정에 동일한 비판을 가한다(PS, 142). 우리는 이미 고전 철학의 교의적인 사유의 이미지를 교회의 도그마에 비유한 바 있다. 교회의 도그마를 공유하는 공동체의 사람들을 교우들이라고 부르듯이 사유의 이미지의 공리들을 공유하는 사람들을 '친구들'이라고 부를 수 있을 것이다. 이런 의미에서 철학자들은 서로 친구들이다. 가령 플라톤의 대화록에 등장하는 다양한 철학자들은 "사물과 말의 의미에 대해 서로서로 일치하는 선의지를 가진 정신들"(PS, 142)이다. 왜냐하면 이 "친구들은 〔사유자라면 누구든지 참을 원한다는〕 공통된 선의지의 영향 아래서 소통"(PS, 142)하기 때문이다.[38] 그러나 공통의 임의적인 공리에 근거한 소통은 임의적인 의견만을 내놓을 뿐이지 진정한 인식을 주지는 못한다(철학자가 자기 안의 보편적 정신과 소통하든 다른 사람 속에 있는 보편적 정신과 소통하든간에 말이다).[39] 들뢰즈는 소통 대신 침묵의 해석을 내세운다. "진리는 전달되지 않고 해석된다"(PS, 143). 친구 간의 우정은 대화를 양분삼아 자라나지만 진리는 기호에 대한 침묵의 해석을 통해 도달할 수 있다. 예컨대 "진실을 찾는 자는 애인의 얼굴에서 거짓의 기호를 알아채는 질투에 빠진 남자

---

38) 들뢰즈는 철학과 관련하여 '친구'란 말을 두 가지 뜻으로 사용한다. 우선 보편성 혹은 소통 가능성의 조건으로서 사유의 이미지를 공유한다는 점에서 철학자들은 서로가 친구들이다. 또 '동일한 사유의 이미지 내에서' 서로 '경쟁'하며 제각기 자기만이 독점적으로 진리와 친구가 되려 한다는 의미에서 친구들이다.

39) "철학에는 '친구'가 등장한다. 〔……〕 친구들은 공통된 선의지의 영향 아래서 소통한다. 철학은 분명하고 소통 가능한 의미들을 규정하기 위해 그 자신과 일치하는 보편적 정신의 표현 같은 것이다. 프루스트의 비판은 본질적인 것을 건드린다. 즉 사유의 선의지에 근거한 결과 진리는 임의적이고 추상적으로 머문다는 것이다"(PS, 142).

이다. (……) 우정의 수다스러운 소통은 질투에 빠진 남자의 침묵의 해석 앞에서는 아무것도 아니다"(PS, 145~46). 그에게 애인이 하는 거짓말은 폭력을 행사하는 기호이다. 그 기호는 참을 찾도록, 사유하도록 강요하는 "고문 도구"(PS, 31)와 같다. 고전 철학에서 진리에 대한 사유의 권리를 보장해주는 것은 '선의지'의 공리였다. 이 공리는 배타적이어서, 사유와 진리 사이에 다른 어떤 구체적인 의지가 끼여들지 못하게 한다(NP, 108). 이 공리를 통해 '미리부터' 참은 사유와 일치한다. 그러나 프루스트에게선 사랑의 예가 보여주듯 이런저런 구체적인 상황에서 구체적인 기호가 폭력을 행사할 때만 사유자는 그 기호를 해석하고자 하는 구체적인 의지를 가지게 된다. 사유 안에 전제되어 있다고 믿어온 선의지의 공리는 이제 프루스트를 통하여 의심받게 되는 것이다. "프루스트는 인간이란, 설령 순수하다고 가정된 정신이라 할지라도, 참된 것에 대한 욕망, 진실에 대한 의지(선의지)를 처음부터 가지고 있다고 생각하지는 않는다. 우리가 구체적인 상황과 관련하여 진실을 찾지 않을 수 없을 때, 그리고 우리를 이 진실 찾기로 몰고 가는 어떤 폭력을 겪을 때만 우리는 진실을 찾아나선다"(PS, 39~40). 우리는 진리에 대한 자발적인 선의지에 따라서가 아니라, 어떤 폭력 앞에 노출될 때 진리 탐구를 위한 사유를 시작할 수 있는 것이다. 물론 이 폭력을 야기하는 것은 바로 기호이다. "사유하도록 강요하는 것은 바로 기호이다"(PS, 145).

기호의 강요를 통해서야 비로소 이루어지는 해석 속에서 우리는 새로운 사유의 이미지를 발견할 수 있을까? 들뢰즈는 이렇게 말한다. "『잃어버린 시간을 찾아서』에서 본질적인 것은 기억이 아니라 어떤 사유의 이미지이다. 기억력은 다른 능력들에 관해서 특권을 가지지 못한다"(URTP, 436). 앞서 보았듯 『순수 이성 비판』에서 임의적인 규정을 통해 특권을 얻은 능력은 지성이고 『실천 이성 비판』의 경우는 이성이다. "인식적 관심 속에서 지성이 입법할 경우 상상력과 이성은

〔……〕 지성이 규정해준 임무에 따른다. 실천적 관심 속에서 이성 자신이 입법할 경우에는 지성은 이성이 규정해준 범위 안에서 자기 고유의 역할을 해야 한다. 〔……〕 각각의 비판에 따라 지성, 이성, 상상력은 이 능력들 가운데 하나의 주재 아래 다양한 관계를 맺는다" (PCK, 25~26). 요컨대 "모든 능력들은 함께 조화를 이루고서 실행된다. 그러나 그것들은 임의적으로, 또 추상적으로 서로 위계와 질서를 바꾼다"(PS, 147~48). 그러나 『잃어버린 시간을 찾아서』에서 가장 주된 능력인 기억력은 이런 특권이 없다. 오로지 기호들이 사유하도록 강요할 때만 기억력은 비로소 활동하기 시작한다. 예를 들어 알베르틴이 '~을 깨뜨리게 하다 se faire casser le~'라는 말과 그에 관련된 거짓말을 했을 때 이 말은 주인공의 심성의 능력들을 자극하는 하나의 기호로서 작용한다. 이 기호를 통해 진리에 대한 선의지가 아니라 질투심 혹은 의심(알베르틴의 동성애 상대들에 대한 질투와 의심)이라는 해석의 의지가 생겨나고 기억력은 해석을 위한 활동을 시작하는 것이다.[40] 이 사유에는 전제된 어떤 공리도 없다. 기호의 자극을 통

40) 알베르틴을 반강제로 가둬둔 채로 동거하던 주인공은 그녀에게 사교계 생활을 위해서 돈을 대주겠다고 제안한다. 이에 격분한 알베르틴은 "그런 늙은이들한테 돈을 쓰는 것보다는 차라리 당신 간섭받지 않고 한번 '깨뜨리게 해봤으면 me faire casser'……"이라고 말하다가 못할 말을 한 것처럼 말끝을 흐린다. 말끝을 흐려 casser 뒤에 붙는 목적어를 발음하지 않았기 때문에 주인공은 그녀가 무슨 말을 하려고 했는지 이해하지 못한다. 알베르틴에게 뜻을 물어보아도 그녀는 이런저런 다른 의미를 둘러대며 '거짓말'을 할 뿐, 하려던 말의 뜻을 가르쳐주지는 않는다. 그래서 처음에 그는 알베르틴이 '실컷 욕해주다 injurier'란 의미로 'casser du bois' 'casser du sucre sur quelqu'un' 등의 말을 한 줄 알았다. 다시 말해 그녀가 발음하지 않은 목적어의 자리에 '장작 bois' '설탕 sucre' 등의 단어가 올 줄 알았다. 그런데 뒤늦게 주인공의 머리에 속어로 '엉덩이'를 의미하는 '항아리 pot'라는 단어가 떠오른다. 알베르틴이 실제 한 말은 '깨뜨리다 casser'가 아니라, '깨뜨려지다 se faire casser'였으며, 그 목적어는 바로 '항아리'였던 것이다. 이 표현은 하층 매춘부조차 그렇게 되길(즉 깨뜨려지길) 바라지 않고 또 자기를 너무 비하시키는 뜻을 지녔기에 상대방 남자 앞에서 쓰지 않는 말이다. 오로지 동성애 취향이 있는 매춘부가, 남자에게 몸을 허락하는 것에 대해 자기 동성애 상대인 여자에게

해, 1) 사유하고자 하는 구체적인 의지로서 질투심 혹은 의심이 생겨나며, 2) 기억력이 알베르틴이 내놓은 기호를 해석하는 데 필요한 자료들을 긁어모으는 활동을 시작한다("질투에 빠진 남자는 기억의 모든 수단을 동원해서 사랑의 기호들, 즉 애인이 한 거짓말을 해석한다. 〔……〕 질투하는 남자는 모든 것을 기억해두려고 한다. 왜냐하면 가장 자질구레한 것도 거짓말의 기호나 징후로 확인될 수 있기 때문이다"〔PS, 87〕). 그리고 나서 3) 지성이 '뒤따라와' 기억력이 모아놓은 자료를 가지고 해석하는 활동을 한다.

이처럼 기호들과 맞닥뜨릴 때 사유는 더 이상 임의적인 공리들에 의존하지 않는다. "기호들은 〔……〕 사유 활동 자체를 사유 안에서 운동하게 한다"(PS, 147). 여기서 사유 활동 자체란 바로 '사유의 이미지'를 말한다. 기호의 자극을 통해 능력들이 활동을 시작하면서 사유의 이미지 곧 사유의 형식이 창조되는 것이다. "사유하는 것은 창조하는 것이라고 말해야 옳다. 〔……〕 사유 속에서 사유 활동을 창조하는 것이다"(PS, 166)라고 들뢰즈는 말한다. 이러한 사유의 이미지는 『판단력 비판』에서의 사유의 이미지가 그렇듯, 전제된 공리 없이 발생한 것이다. "창조란, 사유 그 자체 속에서의 사유 활동의 발생이다"(PS, 145). (들뢰즈에게 있어서 이 '창조'의 테마의 중요성을 우리는 후에 니체와 더불어서 다시 음미하게 될 것이다).

이처럼 발생의 문제는 『판단력 비판』과 프루스트를 통해서 해결된다. 들뢰즈의 칸트론과 프루스트론은 모종의 유비 관계에 놓여 있다. 칸트론에서 들뢰즈는 『순수 이성 비판』과 『실천 이성 비판』에서의 임

미안함을 표시하기 위해 하는 말이다. 즉 이 어휘를 통해 알베르틴은 은연중 자신의 동성애 습관을 드러내고 있다. 발음되다만 이 불완전한 어구는 주인공에게 의혹을 불러일으키고 해석을 강요하는 하나의 기호이다. 이 기호에 대한 해독을 통해 주인공은 '하나의 끔찍스러운 세계 un monde d'abomination,' 즉 알베르틴의 동성 연애 세계를 발견하게 된다(RTP, Ⅲ, 337~40 참조).

의적 규정을 예로 삼아 고전 철학의 사유의 이미지의 임의적 공리들을 비판하면서 발생의 문제를 제기한다. 그리고 그 참다운 해결책을 『판단력 비판』에서 찾는다. 프루스트론에선 철학 혹은 이성론류의 고전 철학이라는 이름 아래 철학을 비판하고 철학의 경쟁자로서 프루스트를 치켜세운다. 그러나 프루스트론에선 서술의 불친절함 때문에, 그가 비판하는 이성론류의 고전 철학이 구체적으로 어떤 것인지, 왜 고전 철학의 사유의 이미지가 임의적인 것인지, 왜 그 소산으로서의 진리가 임의적인 것인지, 그리고 새로운 사유의 이미지의 창시자로서 프루스트가 어떻게 발생의 문제를 해결하는지 도무지 알 수가 없다. 오로지 우리는 그의 칸트론을 조명으로 삼고서만 프루스트론을 이해할 수 있을 것이다.

반대로 프루스트론에 대한 이해 없이는 『판단력 비판』이 지니고 있는 진정한 의의를 알아챌 수 없다. 사실 『순수 이성 비판』에서의 칸트가 문법학자였다면 『판단력 비판』에서의 칸트는 기호학자이다. 들뢰즈는 철학에 대해서 다음과 같은 비판을 한다. "지성은 항상 '앞서' 온다. 〔……〕 여기서 우리는 우리에게 이미 주어져 있는 것을 다시 발견할 뿐이다. 여기서 우리는 우리가 사물 속에 집어넣은 것만을 사물로부터 끄집어낸다"(PS, 156). 이러한 면모를 우리는 칸트의 사변 철학에서 발견할 수 있다. 들뢰즈의 이 말과 놀랍도록 동일하게 칸트는 다음과 같이 말한다. "현상들에 있어서 질서와 합규칙성은 우리 자신이 집어넣은Hineinbringen 것이다"(A 125; IV, 92). 지성은 도식을 매개로 현상을 텍스트로 집필한다. "지성의 순수 개념은 현상들을 말하자면 문자로 철자화 해서Buchstabieren 경험으로 읽을 수 있도록 하고자 사용될 뿐이다"(『형이상학 서론』, IV, 312). 비판 철학은 바로 현상이라는 텍스트가 지성에 의해 어떻게 집필되었는가를 해명하는 문법학자의 과업 외에 다른 것이 아니다(같은 책, 322 참조). 재미있게도 이와 정반대로 프루스트는 이렇게 말하고 있다. "순수 지성에 의해 형성된 사유에는 논리적 진리, 가능한 진리 외엔 없고 이와 같은 사유의 선택은 임의적이다. 우리 지성에 의해 씌어진 문자가 아니라, 사물의 형상이라는 문자로 된 책이 우리의 유일한 책이다. 우리가 만들어낸 관념들이 논리적으로 옳지 않다는 뜻이 아니라, 다만 그 관념들이 참인지 아닌지는 모르겠다는 것이다"(RTP, Ⅲ, 880). 이제 문자들(칸트의 선험적 개념과 도식)을 써넣는 정신은 없고, 즉 "로고스는 없고, 상형 문자만이 있다"(PS, 124). 그러므로 우리는 상형 문자들을 해독하는 이집트 학자가 되어야 한다. 그런데 『판단력 비판』의 칸트가 바로 이 이집트 학자의 면모를 프루스트보다 먼저 보여주고 있다. 미감적 체험에 있어서 칸트는 기호 해독가이다. 예컨대 미감적 판단이란 바로 "자연이 그의 아름다운 형식 속에서 우리에게 상징적으로 말해주는 암호에 대한 해독Auslegung der Chiffreschrift"(『판단력 비판』, V, 301)이다.[41] 또 숭고의 경우, 자연 속의 '무형' 혹은 '기형'은 그 성질이 프루스트의 기호와 매우 똑같다. 프루스트의 기호들이 정신에게 폭력을 행사하듯 이 무형 혹은 기형은 "우리 감성에 대해 위협적"(『판단력 비판』, V, 265)인 것들이다. 그것의 폭력 때문에 이성과 상상력 간의 불일치의 일치라는 사유의 이미지가 발생한다. 그러나 자연 속의 무형 혹은 기형을 기호라고 부르는 다른 이유는, 이것들은 문화를 매개로 해석되지 않고는 그저 위협적인 것으로 머무를 뿐이기 때문이다. 도덕적 이념이 발달한 문화를 매개로 할 때만, 정신은 우리

41) 이 글에서 우리는 숭고의 경우에서의 발생만을 다루었다. 그러나 들뢰즈는 『판단력 비판』의 미학 부분에서 아름다움의 경우를 포함하여 모두 세 가지 발생을 찾아낸다. "칸트의 미학은 서로 평행적인 세 가지 발생을 우리에게 소개한다. 숭고에서 출발하는 이성과 상상력의 일치의 발생, 아름다움과 관련된 관심에서 출발하는, 자연의 아름다움과 관련된 상상력과 지성의 일치의 발생, 천재에서 출발하는 예술의 아름다움과 관련된 상상력과 지성의 일치의 발생이 그것이다"(IGEK, 132). 그리고 『칸트의 비판 철학』에선 '목적론적 판단력'에서까지 일치의 발생을 찾아내고자 한다.

감성에게 폭력을 행사하는 자연의 무형 혹은 기형이라는 기호 속에 숭고라는 의미가 담겨져 있음을 깨닫게 된다(『판단력 비판』, § 29 참조).[42] 이처럼 최고의 철학자와 최고의 소설가는 한편으로는 경쟁자이며 한편으로는 동업자이다.

VI. 꿈, 주체의 사라짐

그런데 우리는 여기서 또 다른 문제에 직면하게 된다. 『판단력 비판』과 프루스트의 소설을 통해서, 전제된 공리 없이 발생한 사유의 이미지를 확인했지만 여전히 이런 의심 한 자락이 남는다. 이것이 정말로 아무런 전제 없는 사유인가? 진정 순수한 발생의 산물인가? 예컨대, 사랑의 경우 내가 사랑할 여자를 선택할 때마다 '이미' 그에 대응하는 자아가 선택되어 있었던 것은 아닌가?(PS, 197 참조) 다시 말해 인식 주체, 혹은 기호 해독을 하는 주체는 '이미' 준비되어 있었던 것은 아닌가? 따라서 우리는 고전 철학의 미리 전제된 사유의 이미지로부터는 독립했을지라도, 모종의 '미리 준비된 자아'는 여전히 전제로 깔고서 사유하고 있는 것은 아닌가? 우리는 이런저런 자아들 가운데 왜 지금의 '나'가 선택되었는지, 즉 왜 나는 지금의 나인지 대답할 수 없다. 우리는 어떻게, 어디서 나왔는지 모르는, 그리고 왜 지금의

42) 아름다움에 대한 분석에 있어서 판단은 분명 칸트 스스로 밝혔듯 일종의 암호 해독이다. 그러나 숭고의 경우는 사실 '해석'이라고 일컫을 만한 것은 아무것도 없다. 여기서 우리가 숭고와 관련하여 '해석'의 문제를 이야기했을 때는, 숭고의 느낌이 문화를 '매개'로 해서만 가능한 것이고, 그렇지 않을 경우 그저 위협적인 느낌에 머무를 뿐이라면, 매우 넓은 의미에서 이를 일종의 해석으로 간주할 수도 있음을 지적해두고자 할 뿐이다. "문화를 통해 훈련되어온 우리가 숭고라고 부르는 것은 사실, 문화를 이루지 못하고 도덕적 이념의 발달을 결여하고 있는 자에게는 단지 위협적인 것으로 여겨질 뿐이다"(『판단력 비판』, V, 265)라고 칸트는 말한다. 이렇게 보면 숭고의 느낌은 선험적 원리들 안으로 다 들어설 수 없는 것(후험적인 문화)을 고려할 때만 모자람 없이 해명될 수 있다. 즉 후험적으로 '문화라는 훈련'을 매개로 해서만 위협적인 것을 숭고한 것으로 느낄 수 있는 것이다.

이런 모습으로 생겨났는지 모르는, 그러므로 필연성이 없는 임의적인 주체를 전제하고서 사유하고 있는 것이다. 인식의 최종 지반으로서 자기 동일성을 지닌 사유 주체란 사실로서 전제될 수 있는 것이 아니라, 어떻게 그런 주체의 자격을 가질 수 있게 되었는지 권리의 측면에서 해명되어야 할 대상이다. 결국 들뢰즈는 대상의 동일성의 형식인 '어떤 것 일반 = X'를 깨뜨리는 데 그치지 않고 주체의 동일성의 형식인 "사유 주체 = X"(A 346/B 404; Ⅲ, 265)를 깨뜨려버리는 방향으로 나간다.

임의적으로 전제된 주체 없는 사유를 우리는 어디에서 찾아볼 수 있을까? 들뢰즈는 이 '순수 사유'[43]의 이미지의 모델을 프루스트가 기술하는 '꿈'에서 발견한다. "하나의 순수 '해석,' 순수 선택이라는 활동이 정말로 존재한다. 이 활동은 활동의 주체뿐 아니라 활동이 실행될 대상도 가지고 있지 않다. 왜냐하면 이 활동은 해석자만큼이나 해석할 사물, 기호, 그리고 '그 기호를 해독하는' 자아를 선택하기 때문이다"(PS, 197). 이러한 주체가 부재하는, 혹은 주체에 선행하는 사유 활동을 가장 명확하게 정시하고 있는 것이 바로 꿈이다. 『잃어버린 시간을 찾아서』에는 꿈에 관한 유명한 장면들이 나오는데, 여기서 프루스트는 이렇게 말한다. "잠은 모든 막힌 관들, 모든 닫힌 방들, 모든 유폐된 자아들이 잠든 사람의 머리 주위를 빙글빙글 선회하고 있게끔 한다"(PS, 195). 잠든 사람은 막힌 관들 같은 각각의 방들을 옮겨다닌다. 예컨대 소설의 시작에서 주인공은 꿈속에서 그가 지금껏 살았던 여러 방들을 이리저리 옮겨다닌다. 그런데 꿈속에서의 이 사유 활동은 '막힌 관들'에 비유할 수 있는 각각의 방들을 선택하는 데 그치는 것이 아니라, 당연하게도 방들에 대응하는 각각의 '유폐된 자아들'도 선택한다(이렇게 해서 어린 시절의 자아, 발벡으로 휴가갔을 때의 자아 등이 선

43) 전제된 사유의 공리뿐 아니라, 전제된 '자아'조차 없다는 점에서 '순수하다'고 부를 수 있다.

택된다). 결국 꿈이라는 사유 활동이 시작되면 그제야 사유 주체와 사유 대상이 선택되는 것이다. 그런데 꿈이라는 사유가 선택하는 여러 시기에 흩어져 있는 방들은 각각의 부스러기들일 뿐 서로 어떤 관련성도 가지지 않는다. 그 방들에 대응하는 여러 시기의 자아들 또한 이 점에선 마찬가지다. 이런 의미에서 방들(대상)과 자아들(주체) 모두 어떤 통일성도 가지지 않는, 막힌 관들처럼 분열된 부스러기들일 뿐이다. 그저 우리는 꿈이 이끄는 대로 밤새도록 이런 자아, 저런 자아로 유랑해 다닐 뿐이다. 요컨대 '사유가 사유 주체에 선행하는 것이다.' 그것은 사유임에도 불구하고 사유 주체를 가지지 않는다. 이런 의미에서 꿈은 어떤 전제도 가지지 않고 출발하는 가장 순수한 사유의 이미지의 청사진을 그려 보이고 있다. 그리고 "바로 이 때문에 잠은 기억보다 심오한 것이다. 〔……〕〔잠과 달리〕 기억 자체는 이 기억을 자극하는 기호와 〔……〕 미리 선택된 자아에 여전히 결부되어 있다"(PS, 197~98). 프루스트의 소설에서 기억이 아무리 중요할지라도 이 기억은 미리 전제된 자아를 기반으로 하고 있다. 오직 꿈속에서의 사유만이 어떤 전제도 없이 '발생'하는 '순수한' 사유를 보여준다. 그 덕분에 이 사유에는 사유를 통일적인 것으로 만들어줄 어떤 통일체, 즉 모든 사유에 수반하는 주체가 존재하지 않는다. 이 순수 사유가 활동을 시작하면서 조각난 파편 같은 통일성 없는 자아들과 전체성 없는 대상들을 선택할 뿐이다.[44]

들뢰즈의 이 대목을 읽을 때마다 노년의 후설이 젊은 레비나스에게 들려준 이야기를 떠올리게 된다. 후설의 엄밀한 철학적 태도의 상

---

44) 이 꿈의 분석을 욕망의 문제와 관련해서 분열증적 인간에 대한 유비로도 읽을 수 있다. 한 마디 덧붙이자면 들뢰즈는 인식론적 관점에서 사유의 공리들, 미리 전제된 주체의 임의성을 비판했듯 정신분석학적 관점에서는 프로이트 가족주의의 임의성을 비판한다. 임의성에 대한 이 두 가지 비판은 들뢰즈 사상의 골격을 이루는 두 기둥이다.

징으로 널리 소개된 이 일화는, 후설과 들뢰즈 사이의 메울 수 없는 간극에도 불구하고, 엄밀성이라는 측면에서 들뢰즈에게도 해당될 수 있다. 소년 시절 후설은 작은 칼 하나를 선물받았다. 그런데 칼이 날카롭지 못했기 때문에 장래에 철학자가 될 이 소년은 자꾸 갈았다. 칼은 날카롭게 되었지만 그는 만족하지 못하고 더욱더 날카롭게 되길 바라며 계속 칼을 갈았다. 결국 칼은 점점 작아져서 아예 사라져 버리고 말았다. 〔……〕 이는 또한 들뢰즈의 사유의 이미지의 운명이기도 할 것인가? 전제 없는 것, 가장 순수한 것, 가장 근원적인 것, 발생의 최초의 순간을 찾기 위해 인식 주체라는 칼의 무딘 부분을 갈고 또 갈은 들뢰즈의 운명은 결국 주체의 해체, 주체의 사라짐과 맞닥뜨린다.

주체가 사라진 이 사유의 모델이 어떤 것인지 다시 보다 구체적으로 예시될 수는 없을까? 우리는 프루스트의 화자와 주인공을 통해서, 주체가 부재하는 사유가 어떤 것인지를 보다 잘 이해할 수 있다. 통일적인 세계 및 인식의 최종 지반으로서의 주체와 동일하게 기능하는 주체가 소설의 세계 안에도 있으니 바로 화자와 주인공이다. 주체가 주어진 다양을 자기 것으로 거머쥐어 자기의 통일성에 대응하는 통일적인 경험을 만들듯, 1인칭 주인공 시점의 소설 속에서 화자와 주인공은 각각 언표 행위 énonciation와 언표 énoncé를 자기 것으로 삼음으로써 소설을 통일적인 것으로 구성한다. 그런데 결론부터 말하자면 프루스트의 소설 속의 화자와 주인공은 도대체 이런 일을 해내지 못한다. 즉 통일적인 주체로서 기능하지 못한다는 것이다. 대신 프루스트 소설의 화자는 들뢰즈가 꿈에 대한 분석을 통해 발견했던 '주체가 부재하는' 순수 사유의 이미지를 실현시키고 있다.

들뢰즈에 의하면 『잃어버린 시간을 찾아서』는 하나의 통일적인 전체를 형성하는 작품이 아니다. 그것은 파편 같은 부분들로 이루어져 있다. "사람들은 이런 분열된 상태에다 어떤 유기적 통일성을 도입하고 싫어하지만, 이 부분들, 통들, 관들은 모든 종류의 유기적 통일성이 폐기되었음을 미리 선포해버린다. 프루스트는 자기 작품을 대성당이나 한 벌의 드레스에 비유하곤 하는데, 이는 고귀한 전체성으로서의 로고스를 작품의 준거로 삼으려는 의도에서가 아니라, 반대로 미완성, 꿰맨 자국, 기워댄 천 조각의 정당한 권리를 주장하기 위해서이다"(PS, 251). 그런데 이미 말했듯 이 소설에서 주인공과 화자는 이 파편들을 통일시켜주는 주체가 아니다. 화자는 소설 전체를 가로지르는 언표 행위의 주체로서 기능하지 못하고 주인공은 언표의 주체로 기능하지 못한다. 요컨대 주체성의 체계를 통해 이 소설에 통일성을 부여할 수는 없는 일이다(PS, 276 참조). 오히려 이 파편화는 소설의 화자와 주인공 그 자체를 통해서 일어난다. "끈질기게 이 화자를 보지도 못하고 지각하지도 못하고 회상하지도 못하고 이해하지도 못하는 자로 나타내는 프루스트의 고집에 독자는 조금은 놀라게 된다"(PS, 277). 들뢰즈에 따르면 꿈속에서의 방들과 자아들이 그랬듯, 소설의 단편들 각각은 칸막이로 분리된 듯 조각나 있고, 화자는 각각의 단편들을 넘어 다닐 수 없다. 이런 의미에서 이 화자는 소설 전체를 통일적으로 보지 못하고, 소설 전체를 넘나들며 회상하지도 못하고 소설을 하나의 통일된 전체로서 이해하지도 못한다. 그러므로 차라리 『잃어버린 시간을 찾아서』의 각각의 단편들, 각각의 조각들마다 조각난 각각의 화자와 주인공이 있다고 말하는 편이 옳을 것이다.[45]

---

45) 들뢰즈가 이해한 카프카도 이와 동일한 면모를 지니고 있다. 통일성이 없는 '파편적인 글쓰기 écriture fragmentaire'라는 주제에 초점을 맞추고서 두 소설가의 작품을 해명한다는 점에서 『프루스트와 기호들』 2부와 『카프카』 사이에는 많은 유사성이 있다('파편적인 글쓰기'라는 표현은 G. Deleuze & F. Guattari, *Kafka: pour une littérature mineure* [Paris: Éd. de Minuit, 1975], p. 132에 나온다). 카프카의 작품들도 통일성이 없는 분할된 단편들(카프카론에선 이를 블록이라 한다)로 이루어져 있는 소설이다. 왜냐하면 주인공 K가 블록들을 종합하는 주체로서 기능하지 않기 때문이다. "K는 주체가 아니다. K는 계속해서 '스스로 늘어나는 어떤 일반적인 기능'이다. 그는 계속 파편화하며 [각각의] 모든 파편 속에 [스스로가 파

설령 소설의 모든 단편마다 주인공의 이름은 동일하게 마르셀이고 화자는 1인칭일지라도 말이다. 그러므로 이 소설 속엔 통일성의 지반이 되어줄 주체는 없고 오로지 기호를 해독하는 사유만이 있다고 보아야 할 것이다. 이 사유는 주체를 지반으로 삼기보다는 오히려 이런 기호 해석, 저런 기호 해석마다 그때 그때 그에 대응하는 별개의 주체들, 조각난 주체들을 선택한다. 이런 의미에서 들뢰즈는 "'해석하기'는 대상 못지않게 주체도 분해한다"(PS, 252)고 말한다.

이제 더 이상 주체는 없고, 오로지 각각의 기호와 맞닥뜨려 그것을 해석하는 각각의 사유만이 있을 뿐이다. 이것이 철학의 역사에서 뜻하는 바란 무엇인가? 데카르트 이래로 주체는 그의 사유함을 통하여 자신의 현존을 획득하였다. 그러나 이제 기호 해독이라는 들뢰즈의 사유 모델과 더불어 주체는 사유로부터 제거되어버린다. 모든 임의적인 요소가 제거된 순수 사유란 '비인격성'과 '익명성'을 본질로 하고 있다는 사실이 밝혀진 것이다.[46] 아무리 비옥하게 보일지라도 임의적인 토양이라면 뿌리내리기를 거부하는 이 비인격적이고 익명적인 사유가, 바로 우리 생각의 가장 깊은 근거들과 조건들을 의혹과 더불어 반성해보고자 한 시도가 도달한 위태로운 정점, 순수 사유의 초상화이다.[47]

편이 되어] 펼쳐진다"(같은 책, p. 151).

46) 다른 방식으로이긴 하지만, '자아'란 사유의 지반이 아니라 사유의 결과물에 불과하며, 순수 사유란 비인격적이고 익명적인 것이라는 점을 들뢰즈보다 훨씬 먼저 발견한 사람은 사르트르이다(4장 각주 20 참조).

47) '미리 전제된 주체의 부재' '사유의 비인격적 익명성' 등 들뢰즈에게 있어서 주체의 문제를 우리는 5장에서 보다 자세히 다룰 것이다. 더불어 한 가지 더 지적해둘 것은, 들뢰즈는 후기로 가면서 '독단적 사유의 이미지'와 '발생적 사유의 이미지'의 대립을 그의 유명한 개념 가운데 하나인 '기계'를 통해 이해해보고자 시도한다는 점이다. 독단적 사유의 이미지는 '국가 기구'에, 이 국가를 해체하는 발생적 사유의 이미지는 '전쟁 기계'에 각각 해당한다(7장 4. Ⅲ 참조).

4. 맺음말: 니체적 문화론의 탄생
—사유에 가해지는 폭력과 문화의 훈련

고전 철학의 사유의 이미지 비판이라는 프로그램은 들뢰즈를 대상의 동일성의 형식의 해체 및 주체의 해체로 이끌었다. 이러한 모든 작업은 분명 한 세기 전 니체가 입안한 프로젝트에 따라 수행된 것이다. 들뢰즈는 니체를 다루는 자리에서 고전 철학을 다음과 같이 비판한다. "홉스에서 헤겔에 이르는, 힘에의 의지에 대한 모든 개념은 기존의 가치들의 현존을 미리 전제한다."(NP, 93). 이러한 니체적인 생각에 따르면 철학자들은 기존의 법칙들, 가치들에 대해 비판하기보다는 그것들의 현존을 근거짓고 정당화하고자 하였다. 가령 칸트는 우리 경험의 통일성에 대해 회의하지 않았다. "칸트는 〔이론 철학에서〕 인식 자체나 진리 자체를 대상으로 삼는 것이 아니라, 인식과 진리에 대한 〔주체의〕 모든 요구를 대상으로 삼는 힘을 비판으로 이해했으며, 〔실천 철학에서〕 도덕 자체를 대상으로 삼는 것이 아니라, 도덕에 대한 〔주체의〕 요구를 대상으로 삼는 힘을 비판으로 이해했다" (NP, 102). 그리하여 칸트는 기존의 진리, 가치들을 비판하지 않고, 인식하고자 하는 우리의 요구, 욕구하고자 하는 우리의 요구의 '권리와 한계'를 우리 심성의 능력들의 차원에서 비판하였다. 이러한 비판철학의 프로그램은 우리가 경험적으로 믿는 것의 타당성을 초월적으로 정초하는 작업이지, 우리의 믿음 자체 또는 우리가 믿어온 대상들을 부수어버리거나 변혁시키는 작업은 아니다. 그러므로 "칸트의 비판은 〔기존의 법칙들과 가치들을〕 정당화하는 것 이외의 다른 어떤 것도 아니다. 이러한 비판은 자신이 비판하는 것을 믿으면서 시작된다" (NP, 102)라고 평가할 수 있다. 데카르트의 회의 또한 결국은 자신이 회의하는 바를 정당화하기 위한 방법적 회의였다. 가령 우리가 위에서 살펴보았던 '밀랍'의 경우를 보자면, 데카르트는 그 밀랍에 관한 우리 인식에 대한 회의로부터 출발하지만, 그 회의는 결국 우리의 인식을 부정하자는 것이 아니라 그것이 올바르다는 것을 정당화하기 위한 수단에 지나지 않는다. 이런 까닭에 비판 또는 회의는 자신이 비판하는 것을, 혹은 회의하는 것을 이미 믿으면서 시작된다고 들뢰즈는 말하는 것이다.

이와 반대로 니체의 망치를 이어받은 들뢰즈의 비판은 우리가 믿어왔으며 고전 철학이 정당화시켜왔던 것들 자체를 깨부수는 방향으로 나아간다. 그리하여 우리가 보았듯, 대상과 주체의 동일성은 근거지어지고 정당화되는 것이 아니라 오히려 그 반대로, '임의적'이라는 비판 아래 조각조각 해체되어버리기에 이른다. 그렇다면 여기서 우리는 문화의 문제와 맞닥뜨리지 않을 수가 없을 것이다. 기존의 법칙들이 더 이상 통용되지 않는 사회, 동일성을 지닌 주체가 부재하는 사회, 공동체의 성원들 간의 소통 가능성의 조건인 사유의 선의지와 공통 감각이 임의적인 것이라고 배제되는 사회는 완벽한 카오스의 늪으로 빠져드는 것이 아닌가? 이런 카오스의 늪을 우리는 반겨 맞이할 수 있는가? 그러나 역설적으로 들뢰즈는 공동체의 뼈대를 이루어온 이러한 모든 임의적인 것들이 배제되는 상황을 문화가 가능하기 위한 참된 조건으로 본다. 이런 의미에서 기존의 학문적 · 도덕적 · 사회적 가치들을 보장해주는 시민 정체의 확립을 문화의 목표로 보는 모든 형태의 철학과 들뢰즈는 대립한다. 그는 니체와 더불어 문화에 대해 이렇게 말한다. "어떤 폭력이 사유로서의 사유에 행사되어야만 한다. 그리고 '그 폭력에 대해서 사유하도록 어떤 힘이 강요해야만' 한다. [……] 이런 압박, 훈련을 가리켜 니체는 '문화 Culture'라고 부른다. [……] 문화는 사유가 겪는 폭력, 사유의 수련(형성, formation)이다"(NP, 123~24).[48] 문화에 대한 들뢰즈의 이런 정의는 발생적 사유의 이미지에 대한 기술과 조금도 다르지 않다. 문화 개념과 발생적 사유의 이미지 개념은 공통적으로 '사유에 행사되는 폭력에 응하는 사유의 수련'이라는 동일한 함의를 담고 있다. 사유란 임의적인 공리에서 출발하는 것이 아니라 우리가 미리 가지고 있던 어떤 개념 체계에도 들어맞지 않는 절대적으로 이질적인 것, 미지의 것(즉 기호)이 감성에 폭력을 행사할 때, 그 폭력의 부름에 응하기 위해서 시작되는 것이다. 그리고 이러한 사유 활동을 통해서만 비로소 기존의 임의적인 법칙들과 가치들이 전복되고, 새로운 법칙들과 가치들이 창조될 수 있다. 사유의 훈련을 통한 새로운 법칙들과 가치들의 지속적인 창조 과정이 바로 문화인 것이다. 따라서 근거의 관점에서 형식화하자면, 사유의 발생적 이미지는 문화의 가능 근거라고 말할 수 있다.

그런데 어떤 의미에서 이러한 사유의 훈련은 이미 있던 것에 대한 인식이 아니라, '창조' 활동이라 불리는가? 사유란 정당화가 아니다. 이미 현존하는 진리와 가치를 다시 발견하여 ré 인식 cognition하는 일,

---

48) 들뢰즈의 니체론의 테두리에 한정시켜보자면, '그리스적 문화 개념'이라 불리는 이러한 문화는 "문화의 퇴행"(NP, 125, 158)으로 이어질 수밖에 없다. 『니체와 철학』 4부의 결론적 주장이란 인간의 종적 활동으로서의 문화는 그 귀결로서 '개인'을 탄생시킨다는 것이다. 5부의 주요 주제 가운데 하나는 종적 활동으로서의 문화의 귀결인 이 '개인'은 '우월한 인간'이 됨으로써 결국 '초인'과 대립한다는 사상이다. 들뢰즈 니체론의 핵심 가운데 하나는 초인을 인격성 혹은 인간주의적 해석으로부터 독립시키는 것이다. 초인이란 그 말 뜻 그대로 인간을 넘어서는 것이다 (이런 맥락에서 『사유란 무엇인가?』에서 나타나는 하이데거의 니체 해석 또한 인격주의적 해석으로 공격받는다. "초인을 인간 본질의 실현으로, 심지어 인간 본질의 규정으로 만드는 하이데거의 것과 같은 해석을 우리는 더더욱 따를 수 없다" (NP, 194)). 『니체와 철학』 자체에만 한정하자면 어떤 경우든 문화는 '인간'을 탄생시키는 것이기에 '초인'과 양립 불가능한 것이며, 결국 문화 개념 자체가 부정될 수밖에 없다. 그러나 들뢰즈 철학 전체를 통틀어 기존 가치를 옹호하는 부정적 문화 개념에 대립하는 긍정적 문화의 이념이 엿보이고 있음을 간과해서는 안 된다. 들뢰즈의 다른 저작들에선 『니체와 철학』에서 사유의 수련(발생적 사유의 이미지)으로 기술된 '그리스적 문화'가 '인간을 넘어서서 비인칭의 형태(초인)를 실현하는 방식'과 동일시되고 있다. 그러므로 여전히 들뢰즈 철학에서 문화 개념은 긍정적인 견지에서 조명될 수 있는 것이다.

곧 재인식 ré-cognition이 아니다. "사유하는 것은 '삶의 새로운 가능성들을 발견하는 것, 발명하는 것'을 의미한다" (NP, 184). 이런 의미에서 사유란 '창조'이다. "인식은 창조이다" (NP, 105).[49] 들뢰즈는 창조 행위로서의 사유의 이념을, 폭력에 대한 프루스트의 사유 활동(즉 기호 해독)과 관련하여 다음과 같이 분명히하고 있다. "〔기호 안에 들어 있는〕 내용물은 완전히 상실된 것이거나 혹은 전에도 한 번도 소유된 적이 없었던 것이다. 그러므로 이 내용물을 다시 획득하는 것은 하나의 창조 행위이다" (PS, 181).[50] 그것은 마들렌 속에 들어 있던 잃어버린 과거를 '다시 ré 알아보는 cognition(재인식)' 일이 아니다. 프루스트가 아래와 같이 강조하고 있듯, 기호의 폭력을 통해 시작되는 사유의 훈련, 즉 그 유명한 프루스트의 회상은 결코 과거의 한 순간을 다시 알아보는 일과는 거리가 멀다. "그것은 다만 과거의 한 순간인가? 아마도 그 이상의 것이리라. 그것은 과거에도 현재에도 동시에 공통되고, 과거와 현재 두 가지보다 훨씬 본질적인 어떤 것일 것이다" (RTP, 871). 프루스트의 회상은 잃어버린 과거를 다시 알아보는 일이 아니라 '본질적인 어떤 것,' 즉 진리를 '창조'하는 일인 것이다.

이러한 창조로서의 사유가 훈련을 수행하는 장이자 동시에 그 훈련 자체가 바로 들뢰즈가 이해한 '문화'의 참뜻이다. 위의 인용에서 들뢰즈가 문화를 가리키기 위해 사용한 'formation'이란 말 자체가 이미 훈련으로서의 문화의 성격을 잘 드러내주고 있다. 이 말은 가장

---

49) 또한 새로운 가치의 창조는 기존의 가치의 파괴와 동전의 양면을 이룬다. 니체가 말하듯 "누구든 창조해야만 하는 자는 항상 파괴한다" (NP, 99에서 재인용). 들뢰즈에게서 창조라는 용어는 기존의 것들을 다시 인식하는 것, 즉 '재인식' 개념 및 기존의 것들에 대한 '정당화'라는 개념의 반대어로 쓰인다.

50) 들뢰즈는 프루스트를 니체적 의미에서 문화의 훈련을 가장 모범적으로 이행하고 있는 전범으로서 이해하고 있다. 프루스트의 소설은 무엇보다도 견습생 apprenti의 '배움 apprentissage'과 '수련 formation'의 이야기이다(PS, 22~23). 물론 여기서 말하는 '수련'이란, 아무런 전제된 공리 없이 기호 해독을 통해 새로운 가치를 창조하는 니체적 의미의 사유 훈련이다.

정확한 의미에서 독일어 'Buildung'에 해당할 터인데, 그 뜻하는 바는 '형성되기' '수련하기' '성장하기' '도야하기'로서, '훈련'의 이념을 담고 있다. 사유의 훈련으로서의 문화란 이미 있는 법칙과 가치의 보호, 전승을 목표로 하는 것이 아니라, 새로운 법칙과 가치의 지속적인 창조를 목표로 한다. 이러한 창조 작업에는 그 어떤 독단적이고 임의적인 공리들도 개입할 여지가 없다. 또한 법칙과 가치는 보호되는 것이 아니라 다시 '지속적으로' 창조되는 것이므로 문화란 언제나 '생성' 가운데 있는 동적인 사건일 수밖에 없다. 이러한 새로운 문화 개념이 바로 발생적 사유의 이미지에 관한 들뢰즈의 연구가 최종적 목표로 수립하고자 하는 것이다.

그리하여 아마도 우리는 이제 '문화를 후손들에게 전승한다'라는 흔해빠진, 그러나 포기할 수 없는 문구의 의미를 보다 잘 이해하게 된 것 같다. 이 말이 뜻하는 바는 우리가 누리고 있는 법칙과 가치를 내려 물려 그 우산 아래서 안일한 새끼 양들처럼 우리 후손을 보호하겠다는 뜻이 아닐 것이다. 국가, 혈통, 가문, 종파, 계급, 학연, 지연, 통념이 지배하는 변화를 싫어하는 정주민의 땅 안에서 내 후손이 차지할 유리한 자리를 물려주겠다는 뜻이 아닐 것이다. 그것은 아마도 후손들을, 그리고 우리 자신을 거친 광풍이 몰아치는 유목민의 유랑길에, 아무런 공리도 우리를 보호해주지 못하는, 사유에 가해지는 폭력 앞에 내몰겠다는 뜻일 것이다.[51] 그리하여 무전제로부터 발생하는

51) 들뢰즈가 제시한 발생적 사유의 이미지를 특징짓는 가장 핵심적인 단어는 무엇인가? 바로 '폭력'이다. 이 글을 통해 우리는 시종일관 이 점을 암시해왔는데, 사유의 이미지론은 한마디로 사유에 '상처'를 입히는 기호의 폭력, 곧 트라우마론이라고 특징지을 수 있다. "진리 찾기는 비자발적인 것의 고유한 모험이다. 사유하도록 강요하고 사유에 폭력을 행사하는 어떤 것이 없다면 사유란 아무것도 아니다" (PS, 143). 그런데 잘 알아두어야 할 것은 마음에 가해지는 이러한 폭력, 감성에 입혀지는 상처(트라우마)라는 테마는 들뢰즈 철학만이 보여주는 새로운 특색이라기보다는 현대 철학의 한 특성에 속하는 것이다. 넓은 조망을 가지고 이해해보자

사유란 언제나, 새로운 법칙과 가치의 창조라는 과제 앞에서 격렬한 바람을 맞으며 서 있을 것이다. 그리고 땅을 가진 카인이 짐승을 몰고 떠돌아다니는 아벨에게 그랬듯 숙명처럼 정주민들은 언제나 이 유목민들을 죽이고 싶어할 것이다.

면, 들뢰즈 철학은 트라우마에 대한 시대적 관심에 나름대로 응답하고 있는 한 양태라고 할 수 있다. 철학, 정신분석학 및 각종 비평적 작업 구석구석에 스며들어 있는 트라우마의 문제를 우리는 다음 장에서 다룰 것이다.

제2장

상처받을 수 있는 가능성*

—프로이트, 들뢰즈, 레비나스, 프루스트, 바르트, 메를로-퐁티

우리 시대 인문학 전반은 주체에 관한 철학적 반성으로부터 풍부한 이론적 자양분을 길어왔다. 그 반성의 주요 갈래 가운데 하나가 인식과 존재의 근거로서의 주체를 부정적 표적으로 삼아, 언표가 발현하는 한 지점으로서 주체의 위상을 축소시키려는 구조주의류의 성찰이라는 점에는 의심의 여지가 없을 것이다. 그러나 몇몇 연구가들—그들이 현상학자로 분류되건 구조주의자로 분류되건—의 노고를 통해, 인간 사유의 본질과 주체성의 의미를 새롭게 이해해보려는 시도 또한 전통적인 주체 개념을 허물며 밀어닥치고 있다. 그들은 지금껏 주의를 끌지 못했던 주체의 한 측면, 곧 주체의 '상처받을 수 있는 가능성 vulnérabilité'[1)]에 관한 연구를 통해 전통 철학과 전혀 다른 모습으로 사유와 주체성의 의미를 이해해보고자 한다.

상처받을 수 있는 가능성의 테마를 다루는 연구자들은 결코 우리가 모르는 새 얼굴들이 아니며 또 그들의 연구물들은 그간 이런저런

* 이 글은 『세계의 문학』(가을호, 1998)에 실린 글을 다시 수정·보완하였다.

1) 그 말 자체의 뜻에 충실하자면 'vulnér-abilité'는 '상처받을 vulnér 능력 abilité'이라고 번역해야 될 것이다. 그러나 vulnérabilité는 어떤 형태이건간에 마음의 '능동적 능력 abilité'과는 아무런 관련이 없다. 오히려 그것은 주체의 수동성을 뜻한다. 그러므로 abilité라는 말이 불러일으킬 수도 있는 '능동적 능력'이라는 오해의 여지가 있는 뜻을 배제하고자 여기서는 '상처받을 수 있는 가능성'이라고 옮긴다.

꼬리표를 달고 지속적으로 우리 인문학 속에 스며들어왔다. 그러나 그들의 성과가 상처받을 수 있는 가능성이라는 하나의 주제 아래 의식적으로 통합되어 한 시대의 특징적인 정신을 표현하는 데까지 이르렀던 적은 없는 듯하다. 이 글은 상처받을 수 있는 가능성에 관한 철학 및 정신분석학의 여러 이론들과 그것이 문학 비평, 사진론, 회화론 등의 예술론에서 피워낸 성과물들을 살피는 것을 목적으로 한다. 돌이켜보면 삶을 통해 우리는 늘 크고작은 상처를 끌어안고 살았으니, 삶과 사유에 관한 철학적 반성이 상처의 자국들을 찾아 헤매는 것은 어찌보면 참으로 당연스러운 일이리라. 먼 곳을 향한 애인의 눈빛이 우리가 모르는 어느 여름날의 해변을 향하고 있거나, 그녀가 부주의하게 내뱉은 말이 어떤 수상한 거짓의 흔적을 담고 있을 때, 마음은 상처로 어쩔 줄 모르며 그 거짓말의 탐색자가 된다.[2] 성적인 충격, 가슴을 파고드는 고통받는 이웃의 울음…… 삶은 무수한 상처의 흔적들로 이루어져 있으며 우리는 그 자국들을 외면할 수 없는 것이다.

1. 철학과 정신분석학에서 트라우마

근대 철학이 주체성의 규정 조건으로 품고 있었던 기준 가운데 하나는, 그것이 독립적이냐 아니냐 하는 점이다. 독립성이라는 측면에서 주체성을 규정하려던 시도의 대표적인 예를 우리는, '그 자체에 의해 존재할 수 있는 것 ce qui peut exister par soi'이라는 데카르트의 실체 정의에서 찾아볼 수 있다. 그러나 '상처받음'을 통해 사유 활동과 주체의 발생을 기술하려는 시도는 주체의 독립성 혹은 자율성에

2) M. Proust, *À la recherche du temps perdu* (Paris: Gallimard, Pléiade 문고, 1954), Tome. I, p. 794; Tome. III, pp. 337~40 참조(약호 RTP).

반하여, 상처를 주는 사건, 상처를 주는 다른 사람이나 다른 대상과의 관계 속에서 주체성을 규정하려든다. 즉 타자는 상처줌을 통해 개입하며, 상처를 입히는 이 타자의 손길을 통해서 비로소 주체는 발생한다는 것이다. 이것이 상처받을 수 있는 가능성의 테마를 다루는 많은 이론들이 가지고 있는 특징이다.

현대 사상에 있어서 연대기적으로나 그것이 후에 미친 영향으로나 프로이트의 '트라우마'에 관한 연구는 상처받을 수 있는 가능성에 관한 연구사에서 첫 페이지를 차지해야 할 것이다.[3] 프로이트는 '늑대 인간' 등의 연구 사례를 통해 트라우마에 관한 연구를 발전시켰는데, 그 가운데서도 '엠마'의 경우는 프로이트 트라우마 연구의 전형적인 특성을 잘 보여주고 있다.[4] 프로이트가 분석 사례로서 소개하는 엠마라는 부인은 혼자서는 절대로 상점[5]에 들어가지 못하는 질환, 즉 일종의 광장 공포증Agoraphobie을 가지고 있었다. 그녀 스스로 그 이유를 설명하길 열두 살 때 어느 상점에 갔었는데, 그곳에 있었던 두 명의 점원이 그녀의 옷차림을 보고 웃었기 때문이라고 한다. 그들이 웃자 그녀는 막연한 공포를 느끼고 달아났다(이를 '사건 1'이라고 부르기로 하자). 옷을 보고 웃었을 때 왜 공포를 느꼈는지, 그리고 왜 달아났는지 그녀는 설명하지 못한다. 그리고 성인이 된 후 상점에 가지 못하는 이유를 바로 이 사건 때문이라고 하지만, 지금 그녀는 옷 입은 것을 누가 뭐라 할까봐 상점에 가지 못할 이유를 전혀 가지고 있

3) 더 멀리까지 거슬러올라가자면 플라톤과 칸트에서도 트라우마에 관한 논의의 흔적을 찾을 수 있다. 이제 살펴보겠지만, 들뢰즈는 자신의 트라우마론의 원형을 플라톤과 칸트에게서 발견한다.

4) S. Freud, *Gesammelte Werke* (Frankfurt am Main: S. Fischer Verlag, 1946), pp. 432~35 참조(약호 GW: 이 약호 표시 뒤에 로마 숫자로 권수, 아라비아 숫자로 페이지 수를 차례로 써준다).

5) 프로이트는 어떤 종류의 상점인지는 밝히고 있지 않지만 이하 전개될 상황 설명에 근거해 우리는 그것이 옷 가게의 일종일 것이라고 추측할 수 있다.

지 않았다. 요컨대 1) 그녀가 회상하는 사건 자체가 납득하기 어려운 내용을 담고 있을 뿐 아니라(그 당시 왜 공포를 느끼고 달아났는가), 2) 열두 살 때의 이 사건을 지금 상점에 혼자 가지 못하는 이유로 제시하고 있다는 점 또한 이해하기 어려운 것이다. 그런데 프로이트는 그녀를 상담하던 가운데 그녀가 가지고 있는 또 다른 기억 하나를 찾아냈다. 우리가 앞으로 '사건 2'라고 부를 이 기억은 여덟 살 때 있었던 일이지만, 그녀는 열두 살 때의 사건(사건 1)이 있던 당시 이 사건 2에 대한 아무런 기억도 가지고 있지 않았다고 한다. 여덟 살 때 그녀는 사탕을 사려고 어느 상점에 갔었는데, 상점 주인이 옷 위로 그녀의 음부를 만지며 히죽이 웃었던 일이 있었다. 이것이 사건 2이다.

이 엠마의 사례에서 프로이트가 보여주고자 하는 바는 엠마 스스로는 관련시키지 못하는 사건 2에 대한 이해가 없다면, 그녀의 광장공포증도, 사건 1도 제대로 해명될 수가 없다는 점이다. 이 사건의 분석에 앞서 사건 1은 엠마가 열두 살 때, 사건 2는 여덟 살 때 겪었다는 점이 주목되어야 할 것이다. 즉 사건 1은 성적 분별력이 생긴 사춘기에, 사건 2는 성적 분별력이 아직 충분히 발달되지 못한 시기에 겪은 일이다. 사건 1과 사건 2 사이에는 어떤 유사성이 있는데, 그 유사성은 두 가지 사건에 등장하는 요소들만 비교해보아도 쉽게 눈에 들어온다. 두 가지 사건 모두 점원 혹은 상점 주인이 등장하며, 그들은 모두 엠마의 옷과 관련되어 있다(한 경우는 옷을 보고 웃었으며, 다른 한 경우는 옷 위로 음부를 만지며 웃었다). 사건 1을 겪을 당시 엠마는 이 유사성으로 인하여, (프로이트의 표현을 문자 그대로 옮기면) "무의식적으로 unbewußt" (GW, I, 433) 사건 2를 기억하게 된다. 그런데 여기서 그녀가 사건 2를 기억한다는 것은 그 사건의 전모를 선명하게 떠올렸다는 것이 아니라 그저 막연한 불안감을 가진 것에 불과하다. 왜 그녀는 사건 2를 선명하게 기억해내지 못하는 것일까? 조금 전에 우리는 엠마의 나이에 주의를 기울여줄 것을 당부한 바 있다. 사건 2

를 겪었던 당시 엠마는 성적 추행을 포함하여 성과 관련된 사항들에 대한 분별력을 가지고 있지 못한 나이였다. 따라서 엠마에게 그 상점 주인의 추행은 그에 적합한 표상을 결여한 채 주어졌던 것이다. 라캉 식으로 표현하면 그 추행은 의미가 부재한 채 주어진 기호(記號), 즉 시니피에 없는 시니피앙이었다. 엠마가 사건 2를 당하던 나이의 지적 수준에서 유일하게 인식할 수 있었던 표상은 '옷'이었고, 따라서 사건 1을 겪을 당시 사건 2는 오로지 옷을 통해(혹은 옷의 형태로) 기억될 수 있었다. 즉 점원들이 '옷'을 보고 웃자, 옷의 표상을 통해 환기된 과거의 충격 때문에 갑자기 공포를 느끼고 달아났으며, 성인이 된 후에도 상점(추측하길 옷 가게)에 혼자서는 갈 수 없었던 것이다. 그러나 여기서 옷이란 당연하게도 엠마의 공포의 진정한 원인이 아니며, 이 모든 사건과 직접적인 관련이 없는 "결백한 혹은 무해한 harmlos 것"(GW, I, 434)이다. 그럼에도 어린 나이의 엠마는 성적 추행에 적합한 표상을 가질 수 없었기에, 사건 1이 있었던 당시 "의식 속으로 들어선 요소는, 추행을 깨우치는 것이 아니라, 그와는 다른 것, 즉 하나의 상징으로서의 옷"(GW, I, 435)이었다. 이처럼 상처받은 경험으로 가득한 무의식은 오로지 옷이라는 상징을 통해서만 의식과 소통할 수 있었던 것이다.

프로이트는 트라우마를 "일상적인 방법으로 다루거나 제거하기엔 너무 강력한 자극"(GW, XI, 284)으로 정의한다. 엠마의 경우 이 제거할 수 없는 강력한 자극, 트라우마란 바로 상점 주인의 추행, 곧 그에 적합한 표상을 지니지 않은 채 주어진 자극, 의미가 부재한 기호 혹은 시니피에 없는 시니피앙이다. 프로이트에 의하면 자극을 없애는 일상적인 방법에는 두 가지가 있다. 하나는, 이른바 '해소 Abreagieren'라고 하는 것으로서, 가령 아버지에게 얻어맞았을 때 개를 발로 찬다거나 해서 아버지로부터의 자극을 다른 희생물을 통해 소멸시키는 방법이다. 다른 하나는, 자극받았을 때의 기억을 다른 좋은 기억과 연관시키는 방법이다. 가령 아버지가 때리고 나서 미안한 마음에 용돈을 주었다고 하면, 아버지로부터의 불쾌한 자극에 대한 기억은 용돈이라는 좋은 기억과 연관지어짐으로써 해소될 수 있다(이 두 가지 방법에 대해선 GW, I, 86~90 참조). 당연한 이야기겠지만, 엠마가 받은 자극은 결코 이 두 가지 방식을 통해 해소될 수 있는 성질의 것이 아니다. 왜냐하면 그녀는 자극을 해소시키기 위해 다른 희생물을 사용할 수 없었으며, 또 그 사건을 상쇄시키기에 충분한 좋은 기억을 만들 수도 없었기 때문이다.

엠마는 너무 어린 나이였기에 상점 주인으로부터 받은 자극을 그에 적합한 표상인 '성적 추행'이라는 의미와 더불어 이해하지 못했다. 그 결과 마치 분류 기호 없이 도서관 어딘가에 처박혀 있는 한 권의 책처럼 그 자극은 도저히 찾아낼 길 없이 무의식 속으로 가라앉았다. 기억되지 않는 한편, 또한 그것은 어떻게도 해소할 수 없는 자극이었기에 잊혀지지도 않은 채로 머릿속의 도서관 어딘가에 존속하고 있었다. 그것은 오로지 '옷'이라는 그 자극 자체와는 무관한 상징을 통해서만 의식 위로 떠올라 엠마의 생각과 행위를 지배하곤 했던 것이다. 이처럼 프로이트에게서 트라우마란 기억되지도 않으면서 또 잊혀지지도 않는 모순된 두 얼굴을 지니고 있다.[6)]

---

6) 프로이트와 칸트에 있어서 상상력: 이 자리에서 자세히 다룰 수는 없겠지만, 프로이트의 트라우마에 관한 분석에서 가장 중요한 논의 가운데 하나는 상상력의 역할에 관한 것이다. 이미 우리가 보았듯 사건 1과 사건 2 사이에는 아무런 인과적 연관이 없다. 바로 이 연관 없는 두 사건을 '무의식적으로' 연결시켜주는 것이 상상력이 하는 일이다. 그런데 문제는 상상력의 역할이 단순히 서로 관계없는 두 사건의 연결에 그치는 것이 아니라는 데 있다. 프로이트가 증언하듯 환자가 유아기를 회상할 때는 다음과 같은 난점이 있다. "놀라운 일은 유아기의 〔기억에서 나온〕 장면들이 항상 진실은 아니라는 점이다. 진정코 그것들은 많은 경우 진실이 아니며, 그것들 가운데 몇 가지는 〔유아기의〕 역사적 진실과 정면으로 배치된다"(GW, XI, 381). 엠마의 경우에 이 말을 적용시켜보자면, 엠마가 회상하는 사건 2는 사실이 아닐지도 모른다는 것이다. 그렇다면 정신분석은 환자의 거짓말을 대상으로 한 쓸모없는 짓이었던가? 결코 그렇지 않을 것이다. 유아기의 성적 관심 및 성행위는 본질적으

프로이트가 제시한 이 병리학적 예 속에서 우리는 두 가지 점을 확인할 수 있다. 1) 무의식과 의식이라는 두 가지 차원으로 이루어진 주체는, 트라우마와 수동적으로 마주칠 때 발생한다는 것이며, 2) 이 트라우마란 어떤 인식되지 않는 암호, 표상이 부재하는 자극이라는 점이다. 그것이 자극이라는 점에서 라캉 같은 경우 트라우마를 "동전 찍어내기〔각인, Prägung〕"라고 이름 붙이기도 한다.[7] 마치 화폐에 그림을 양각하듯 트라우마는 자극을 통해 정신에 흔적을 남긴다는 뜻에서 이런 이름을 붙였을 것이다. 물론 그것은 표상을 동반하지 않는 흔적이며, 따라서 일종의 암호처럼 무의식 속에 숨겨져 있어서 분석자가 찾아내고 해독해내야만 하는 것이다(프로이트 트라우마론의 또

로 상상력 속에서 만들어지고, 상상력을 통해 다른 사건(사건 1)과 매개된다. 즉 상상력은 실제 있었던 사건을 기만하는 능력이 아니라, 상상력이라는 지평 위에서 성행위와 관련된 사건 자체가 창조되는 것이다. 이렇게 볼 때 분석에서 중요한 것은 '역사적 사실'이 아니라, 상상력에 의해 창조된 '심리적 사실'이다. 환자는 역사적 사실의 세계 안에 살고 있지 않고 상상력에 의해 창조된 심리적 사실 안에 살고 있기 때문이다. 그렇기에 프로이트는 다음과 같이 말한다. "상상력은 '물질적' 실재와 대립하는 '심리적' 실재를 가진다. 그리고 우리는, '신경증의 세계에 있어서 결정적인 것은 심리적 실재라는 점'을 점차 이해하는 법을 배운다"(GW, XI, 383). 이렇게 보자면 프로이트에게서 상상력의 역할은 칸트에게서의 상상력의 역할과 매우 동일하다고 할 수 있다. 상상력이 도식을 산출해 서로 이종적인 감성과 지성을 매개해 인식을 가능케 하듯 프로이트에게 있어서 상상력은 유아기의 성행위와 관련된 사건 자체를 창출하고 이를 다른 사건과 관련시켜 '심리적 사실'을 가능케 한다. 칸트의 이론 철학에서 우리가 예지계 안에 있지 않고 현상계 안에 살고 있듯이 프로이트에게서 환자는 물질적 실재 안에 있지 않고 심리적 실재 안에 살고 있다.

7) J. Lacan, *Le séminaire* I(Paris: Éd. du Seuil, 1975), p. 214(약호 S). 이제 보겠지만, 레비나스 또한 고통받는 타자가 주는 상처를 'frapper'(화폐를 주조하다, 각인하다, 때리다)라는 동사를 통해 표현한다(E. Levinas, *Autrement qu'être ou au-delà de l'essence*〔la Haye: Martinus Nijhoff, 1974〕, p. 184〔약호 AQE〕). 이 낱말 또한 'Prägung'과 마찬가지로 표상되지 않는 '각인' '흔적'을 뜻하는 표현이다. 이 외에도 같은 뜻으로 레비나스는 's'imprimer(자국을 남기다)' 's'graver(새겨지다, 조각되다)'라는 동사를 쓰기도 한다(E. Levinas, *En découvrant l'existence avec Husserl et Heidegger*〔Paris: J. Vrin, 1982〕, p. 202〔약호 DEHH〕).

다른 중요한 특징으로 '사후성 nachträglichkeit〔事後性〕'이 있는데, 이는 다음 절에서 다른 논의들과 더불어 다루어질 것이다).

들뢰즈와 레비나스 또한 비표상적인 상처, 즉 트라우마에 관심을 두고 이에 대한 독창적인 성찰을 이루어낸 철학자들이다. 들뢰즈는 고전 인식론은 정당화될 수 없는 몇 가지 임의적인 전제 위에 축조되어 있다고 비판한다. 그는 경험 가능성의 조건들로 철학자들이 내세우는 것은 한낱 임의적인 것, 즉 필연성이 아니라 가능성의 범주에 머무는 것들로 본다. 철학자들은 진리를 발견하고자 무전제에서 사유를 시작하는 듯 보이지만, 그들 모두는 진리와의 '친화성'을 보증하는, '사유자는 진리를 원하고 사랑한다'라는 사유자의 의지를 전제하고 있다(선의지의 공리).[8] 그러나 도대체 사유자는 자발적으로 진리를 원하고 사랑한다는 전제는 어디서 나온 것인가? 그 전제 자체는 정당화될 수 없는 임의적인 것이 아닌가? 우리는 너무 쉽게 '진리에 대한 사유'는 진리를 원하는 사유자의 의지에 필연적으로 의존한다고 생각하는 것이 아닌가? 들뢰즈는 진리에 대해 사유할 수 있는 가능성과 사유하고자 하는 사유자의 의지 혹은 사유할 수 있는 능력은 서로 아무런 필연적인 관련이 없는 별개의 것임을 주장한다. 이러한 생각은 들뢰즈 스스로 밝히고 있듯 이미 하이데거의 다음과 같은 구절들에서 찾아볼 수 있다. "인간은 사유할 수 있는 가능성을 가지는 한에서 사유할 줄 안다. 이 가능성이 우리가 사유할 수 있는 능력을 가지고 있음을 보증해주는 것은 아니다."[9] 여기서 하이데거는 '사유의 가능성'을 '주체의 사유할 수 있는 능력' 혹은 '사유하고자 하는 자발적인 의지'와 명백히 분리시키고 있다. 진리에 대한 사유 활동은 결코

---

8) 선의지의 공리를 비롯한, 사유에 전제되어 있는 임의적인 공리들에 대해선 1장 1 참조.

9) M. Heidegger, *Qu'appelle-t-on penser?* (Paris: P.U.F., 1959), p. 21(G. Deleuze, *Différence et répétition* 〔Paris: P.U.F., 1968〕, p. 188에서 재인용〔약호 DR〕).

진리를 원하는 우리의 자발적인 의지를 전제하지 않는다.

인식함에 있어서, 진리를 원하고 사랑하는 사유자의 자발적인 의지가 정당화될 수 없는 임의적으로 설정된 전제라면, 도대체 사유는 어떻게 시작될 수 있는 것일까? 들뢰즈는 사유란 바로 심성에 주어진 자극에 의해서 '비자발적으로' 시작된다고 말한다. 그는 '가능한 경험' 혹은 '가능한 인식'을 설명하기 위한 조건들을 구축하는 데 관심을 두지 않고, 어떻게 진리 찾기라는 사유 활동이 '발생'할 수 있는가를 문제삼는다. "〔예컨대, 경험 가능성을 설명해주는 선험적〕 개념은 단지 가능성만을 지적한다. 개념은 절대적인 필연성의 징표를 결여하고 있다. 다른 말로 하면 개념은 사유에 상처를 입히는 근원적인 폭력 violence originelle faite à la pensée을 결여하고 있다"(DR, 181). 즉 사유는 "사유하게끔 강요하는 것과 맞닥뜨리는 우연성"(DR, 182), 곧 우연히 나타나 심성에 폭력을 끼치는 것, 바로 트라우마에 의존한다. 그러므로 사유자는 무엇보다도 아픈 사람, 환자 patient여야만 한다(DR, 156 참조). 사유를 가능케 해주는 이 폭력의 이념에 하이데거의 그림자가 엿보이고 있다는 것은, 들뢰즈와 하이데거 사이의 큰 차이를 염두에 둘 때 흥미로운 일이 아닐 수 없다. 하이데거에게 있어서 '깊은 숙고를 요구하는 것 das Bedenkliche'은 우리를 사유하게끔 부추긴다. 사유의 가능성은 주체의 사유할 수 있는 능력이나 진리에 대해 사유하고자 하는 의지에 의존하는 것이 아니라, 주체 바깥에서 오는 '깊은 숙고를 요구하는 것'에 의존한다. 이런 까닭에 하이데거는 우리가 사유를 시작할 수 있게끔 해주는 이것을 가리켜 '선물'이라 부른다. 그런데 이제 들뢰즈에게 있어서 하이데거의 "선물의 비유는 폭력〔의 비유로〕 대체되는 것이다"(DR, 188). 즉 외부에서 폭력을 가함으로써 사유가 시작되게끔 만드는 들뢰즈의 트라우마 개념은 하이데거의 선물 개념 안에 이미 그 싹이 심겨져 있었다. 하이데거의 '선물'과 들뢰즈의 '폭력'은 사유의 발생을 가능케 해주는 사유 외적인 것이라는 점에서는 동일한 함의를 지니고 있는 것이다.

"진리 찾기는 비자발적인 것의 고유한 모험이다. 사유하도록 강요하고 사유에 폭력을 행사하는 어떤 것이 없다면 사유란 아무것도 아니다."[10] 사유하도록 강요하고 사유에 폭력을 행사하는 것, 즉 상처를 줌으로써 사유를 시작하게 만드는 것을 가리켜 들뢰즈는 '기호 signe'라고 부른다. "세계 안에는 우리가 사유하게끔 강요하는 어떤 것이 있다. 이 어떤 것은 재인식 recognition의 대상이 아니라, 근본적인 '우연한 마주침 rencontre'의 대상이다. [……] 그것은 감정적인 색조, 즉 놀라움, 사랑, 증오, 고통 douleur 속에서 포착된다. [……] 그 어떤 것이란 [……] 기호이다"(DR, 182). 이 인용이 보여주듯 기호란 '고통' 속에서 우연히 맞닥뜨리는 것이다. 기호는 그것이 숨기고 있는 진실을 찾아 사유를 시작하도록 우리 정신에 폭력을 행사한다("진리는 우리가 사유하도록, 그리고 참된 것을 찾도록 강요하는 어떤 것과의 마주침에 의존한다. [……] 대상을 [우연히] 마주친 대상이게끔 하는 것, 우리에게 폭력을 행사하는 것—이것이 바로 기호이다"[PS, 41]). 그리고 적합한 표상을 수반하지 않은 채 나타나 사유하기를 강요하는 '정체 불명'의 폭력을 행사한다는 점에서 기호는 '비표상적 상처,' 트라우마를 건네준다. 기호가 우리 개념 체계에 포섭되기 위한 표상을 가지지 않는 정체 불명의 것이므로 들뢰즈는 때로 기호를 '상형 문자'라고 부르기도 한다(PS, 23, 31, 48, 138, 139, 152).

들뢰즈는 이런 기호의 예로서 여러 가지를 제시하는데, 가령 플라톤의 다음 텍스트에서 그 가운데 한 가지를 찾아볼 수 있다. "'지각들 가운데 어떤 것은 그것에 대해 숙고하기 위해 사유를 초대하지 않아도 되는 것들이 있다. 왜냐하면 그것을 규정하기 위해서는 감각만으로 충분하기 때문이다. 반면에 다른 하나는 감각이 믿을 만한 어떤

10) 질 들뢰즈, 서동욱 외 옮김, 『프루스트와 기호들』(민음사, 1997), p. 143(약호 PS).

것도 주지 않기 때문에 그것을 고찰하기 위해 지성을 끌어들인다'(플라톤, 『국가론』, VII, 523—인용자). [플라톤의] 이 구절은 두 가지 종류의 사물을 구별한다. 사유를 불안하게 만들지 못하는 것들과 우리에게 사유하게끔 강요하는 것들이다"(DR, 180~81). 전자는 재인식의 대상으로, '이것은 손가락이다' '이것은 밀랍이다' 등등의 판단을 통해 표현될 수 있다. 여기선 심성에 자극을 주는 것이란 아무것도 없다. 내가 나의 손가락들을 바라보면서 '이것은 손가락들이다'라고 판단할 때, 나의 사유는 활동을 시작하기 위해 아무런 '강요'도 받는 일이 없다. 나는 그저 그것들이 손가락임을 식별(재인식)하기만 하면 되며,[11] 이 손가락들이 나의 감성에 상처를 주는 일은 일어나지 않는다.[12] 두번째 종류의 대상은 전혀 다른 종류의 것이다. 심성에 자극을 주는 것들로서, '동시적으로 상반된 감각들' 혹은 사물의 "역설적 현존 existence paradoxale"(DR, 304)이 바로 그것들이다. "플라톤은 이런 사물들[동시적으로 상반된 감각들]이 어떻게 고난을 다른 능력들에게 전하고, 또 그 능력들을 뒤흔들어버리는지 보여준다"(DR, 304). 하나의 손가락은, 그것을 어느 손가락과 비교해서 보느냐에 따라, 클 수도 있고 작을 수도 있으며 또 더 딱딱할 수도 있고 더 부드러울 수도 있다[13](이런 의미에서 사물의 '역설적 현존'이란 용어가 쓰인다). 즉

---

11) '재인식'에 대해선 1장 2와 4 참조.

12) 플라톤은 사유에 가해지는 폭력이 없는 이런 유의 사유에 대해 다음 구절에서 설명하고 있다. "이것들 각각은 똑같이 손가락으로 보인다. 그리고 그것이 손가락으로 보임에 있어선 아무런 차이도 없다. 그것이 가운데서 보이건 또는 끝에서 보이건, 희건 검건, 굵건 가늘건[……]간에 말이다. 이 모든 경우에 있어서, 이성에게 질문하도록, 즉 무엇이 손가락인가라고 묻도록 대다수 인간의 영혼이 강요받는 일은 없다. 왜냐하면 시력이 이성에게, '어떤 손가락이 동시에 다른 한 손가락과 대립한다'라고 말해주는 법은 없기 때문이다"(플라톤, 『국가론』, 523d).

13) 이제부터 설명할 이 손가락의 예가 바로 들뢰즈가 동굴의 비유만큼 높이 평가하는 플라톤의 트라우마론이다. 들뢰즈는 초기부터 여러 저작을 통해 이 손가락의 예의 중요성을 환기시켜왔는데(G. Deleuze, *Nietzsche et la philosophie*[Paris: P.U.F., 1962], p. 124; PS, 150; DR, 180~81), 이 텍스트에 관한 자세한 분석을 제공한 적

'큰' '작은' '딱딱한' '부드러운' 등등은 상대적인 것으로, 하나의 사물은 (다른 것들과의 비교 속에서) 동시에 상반되는 성질을 가질 수 있는 것이다. 이런 모순된 성질이 바로 영혼을 자극하고 그 모순에 대해 사유하도록 강요한다. 플라톤은 이 점을 다음과 같이 밝히고 있다. "감각이 동일한 사물을 〔딱딱하기도 하고 또〕 부드러운 것으로 보고해온다면, 이 경우 이 사물이 가진 딱딱함의 감각이 의미하는 바가 무엇인지에 대해 영혼은 당황하여 어찌할 바를 모를 것이다."[14] 이런 경우 한 대상 안의 모순된 감각들은 우리 감성을 자극하고 감성은 그것을 해석하기 위해 지성에게 사유하도록 강요한다. 이런 종류의 사유는 '미리 준비된 능력들의 조화로운 사용'이 아니라, 자극을 통해 비로소 서로 협력하는 능력들(자극을 받은 감성과 이 감성의 요구에 따라 그 자극에 대해 사유하는 지성)의 활동의 소산이다.[15] 들뢰즈는 이러한 트라우마의 체험을 플라톤에서뿐만 아니라 칸트의 '숭고'에 관한 분석에서도 발견하며, 프루스트 연구를 통해 정교화된 형태로 발전시킨다.[16] 결론적으로 들뢰즈에게 있어서 사유 활동이란 진리를 찾고자 하는 주체의 자발적인 의지에 의존하는 것이 아니라, 기호의 폭력이 상처를 입혔을 때 그 기호가 숨기고 있는 진실을 해독해내기 위해 비로소 수동적으로 시작되는 활동이다.[17]

은 없다.

14) 플라톤, 『국가론』, 524b.

15) '능력들의 미리 준비된 일치'와 '자극을 통한 능력들의 발생적 일치'의 대립에 대해선 1장 참조.

16) 이 두 가지 사유 모델은 이미 1장에서 자세히 살펴보았다(특히 1장 3 참조). 칸트에서 숭고란 자연의 '무형' 혹은 '기형'이 감성에 끼치는 '폭력'으로부터 시작되는 느낌, 쾌보다는 불쾌에 해당하는 느낌, 곧 트라우마의 체험이다. 기호 해독이라는 프루스트의 사유 모델 또한 기호가 주는 트라우마에 의해 비로소 시작되는 사유를 인식론적 층위에서 보여주고 있다

17) 이 사유 활동은 비인격적이고 익명적인 것이다(1장 3. VI 참조). 그러므로 들뢰즈의 경우는 트라우마를 통해 주체가 주체로서 발생한다기보다는 '익명적인 사유 활동'이 현실화된다고 말하는 편이 옳다. 아니면 각각의 서로 다른 트라우마에 대

그런데 한 가지 밝혀두어야 할 것은, 들뢰즈의 트라우마에 관한 성찰은 기본적으로 니체적 영감을 나침반으로 삼고서 진행된다는 점이다. 니체 또한 들뢰즈의 트라우마론에 영향을 끼친 플라톤, 칸트와 마찬가지로, '상처입음'에 대한 놀라운 성찰을 전개한 철학자이다. 니체는 『즐거운 지식』에서 사유하고자 하는 주체의 자발적인 의지가 아니라 트라우마를 통해 비로소 시작되는 사유에 대해 다음과 같이 통찰하고 있다. "우리는 생각하는 개구리가 아니다. 또한 우리는 객관화하고 심성에 기록하는, 속이 텅 빈 기계도 아니다. 우리는 계속해서, 우리의 고통으로부터 우리의 사유를 산출해야 한다. (……) 오로지 크나큰 고통, 우리를 장작으로 태우는 것 같은 길고도 느린 고통만이, 우리 철학자들을 궁극적인 심연에 도달할 수 있게 한다."[18](개구리란 별명을 가진 민족은 프랑스인들이다. 생각하는 개구리란 '임의적인 회의'를 통해 사유를 시작했던 프랑스인 데카르트를 지칭하는 것이 아니겠는가?[19]). 트라우마를 통해 비로소 시작되는 사유에 관한 니체의 이 구절은 들뢰즈가 말하고자 했던 바를 탁월하게 간추리고 있다. 니체에게서도 들뢰즈에게서와 마찬가지로 참된 사유는 대상을 객관화하거나 마음에 표상하는 능력을 통해서가 아니라, 어떤 식으로도 표상될 수 없는 외부로부터의 상처를 통해서 시작되는 것이다.[20]

응하는 각각의 사유 주체들, 또는——들뢰즈가 스스로의 주체 개념을 설명하기 위해 즐겨 쓰는 비유를 통해 표현하자면—— '막힌 관들 vases clos'처럼 서로 통일을 이루지 못하는 조각난 주체들이 발생한다고 해야 옳을 것이다(들뢰즈의 주체 개념에 대한 자세한 논의는 5장 참조).

18) F. Nietzsche, *Werke* (Darmstad: Wissenschaftliche Buchgesellschaft, 1973), Band I, p. 486.

19) 트라우마의 체험과 관련하여 사유의 임의성과 필연성의 문제는 1장 참조.

20) 우리가 보았듯 들뢰즈 철학은 트라우마 연구에 있어서 중요한 한 순간으로 기록된다. 플라톤과 칸트의 사유 속의 트라우마적 요소가 비로소 들뢰즈를 통해 조명을 받고, 고전 철학의 사유 방식과 대립하는 새로운 사유 모델로서 탄생하게 된다. 이제 다루게 될 레비나스와 이미 살펴본 정신분석학에서의 트라우마론은 여러 연구자들에 의해 그 각각의 이론 및 관련성이 비교적 소상히 밝혀졌다(레비나

한편 레비나스는 트라우마의 자극을 통해 탄생하는 윤리적 주체의 모습을 보여준다. 우리는 이미 프로이트와 들뢰즈를 통해서 트라우마란 그에 적합한 표상이 부재하는 폭력이라는 점을 보았다. 레비나스에게서 이런 폭력을 행사하는 트라우마는 바로 '타자'로부터 온다. 레비나스는 어떤 방식으로도 주체의 개념 체계를 통해 주체의 지평 위에 자리를 지정받을 수 없는 나와 전적으로 다른 자, 즉 표상될 수 없는 이 타자를 가리켜 '흔적 trace'이라고 불렀다(DEHH, 197~202 참조). 이 표상될 수 없는, 따라서 나의 인식적 소유물이 될 수 없는 타자의 개입을 통해 나는 윤리적 주체로 태어나게 된다는 것이 레비나스 트라우마론의 기본 밑그림이다. 물론 이러한 주체의 탄생은 '무로부터의 탄생 creatio ex nihilo'이 아니라, 이기적인 주체로부터 윤리적 주체로의 변신을 의미한다. 이기적 주체란 '존재 안에 머무르려는 경향 conatus essendi'을 바탕으로 외재적 대상들을 '향유 jouissance'하고 자기 '필요 besoin'에 따라 소유하는 주체이다(그러나 엄밀히 말해 '존재 안에 머무르려는 경향'을 통해 특징지어지는 이 이기적 주체란 주체라고 부를 수조차 없을 것이다. 왜냐하면 '존재 안에 머무르려는 경향'이

스의 트라우마론에 대해선 E. Weber, *Verfolgung und Trauma* [Vienna : Passagen, 1990] ; M. Haar, "L'obsession de l'autre. L'éthique comme traumatisme," *Emmanuel Levinas* [Paris : l'Herne, 1991] ; Y. A. Kang, "Levinas on Suffering and Solidarity," *Tijdschrift voor Filosofie*[No. 59, 1997]; 레비나스와 프로이트의 관련성에 대해선 R, Visker, "The Price of Being Dispossessed" ; R. Bernet, "Le sujet traumatisé" ; S. Critchley, "Le traumatisme originel—Levinas avec la psychanalyse," *Rue Descartes* [No. 19, 1998] 참조). 그러나 초기의 『니체와 철학』(1961)에서부터 『차이와 반복』(1968)에 이르기까지 현대 철학에 최초로 트라우마의 문제를 본격적으로 끌어들였음에도 불구하고 들뢰즈의 트라우마론은 놀라우리만치 홀대받아왔다. 어느 연구자도 들뢰즈의 이론이 트라우마론 일반에서 차지하는 중요성 및 프로이트의 트라우마론과 갖는 긴밀한 관련성에 주목하지 못하고 있다. 이제 보겠지만, 레비나스 같은 전혀 성격을 달리하는 철학자와 들뢰즈 철학을 긴밀하게 맺어줄 수 있는 교량 역시 양자가 너무도 유사한 모습으로 발전시킨 트라우마에 관한 사상이다.

란 인간뿐 아니라 동식물도 공유하는 것이기 때문이다. 그러므로 레비나스에게 있어선 오로지 주체가 이기성을 벗어날 수 있을 때만 그는 참다운 의미에서 주체로 규정될 수 있다). 그런데 이 존재 안에 머무르려는 경향을 본성으로 삼는 주체가 도저히 향유할 수도 없고 소유할 수도 없는 것이 출현해 그가 영위했던 모든 질서를 흐트러뜨려놓는다. 그러한 폭력을 행사하는 것이 바로 헐벗고 고통받는 타자이다. 타자는 주체의 윤리적 행위를 호소하는데, 이 타자의 호소가 바로 트라우마의 형태로 주체에게 나타나는 것이다. "책임성을 지닌 자아의 유일무이성은, 타인에 의해 겪는 괴로움 속에서, 모든 자율적인 자기 정체성 확립에 앞서서 겪는 상처 속에서만 가능하다"(AQE, 158)고 레비나스는 말한다. 이기적인 "자아는 〔타자의 호소라는〕 트라우마에 의해 발가벗겨진다"(AQE, 186).

이처럼 고통받는 이웃으로부터 우리가 상처를 받을 수 있는 까닭은 우리 감성 sensibilité이 이중적인 기능을 수행할 수 있기 때문이다. 우선 감성은 주체의 이기적인 향유를 가능케 한다. 주체가 스스로를 위해 한 잔의 물을 즐기는 것, 한 입의 빵을 맛있게 먹을 수 있는 것은 모두 감성의 향유하는 능력에서 기인한다. 외부 사물이 주는 물질적 즐거움은 오로지 감성만이 감지할 수 있는 것이다. 다른 한편 감성은 "폭력, 상처입음에 노출되어 있는 상처받을 수 있는 가능성"(AQE, 18)을 지니고 있기도 하다. "주체는 결코 그 자체로는 드러나지 않지만〔즉 표상되지는 않지만〕 상처 traumatisme를 내며 찌르는 frapper 자극에 대해서 민감해왔다"(AQE, 184)라고 레비나스는 말한다. 주체가 타자의 호소로부터 상처를 받을 수 있는 까닭은 바로 '상처받기 쉬움'이라는 감성의 성격 때문이다. 그렇다면 "감성은 타자에게 노출되어 있음"(AQE, 94)으로 정의되어도 좋을 것이다. 고통받는 타자로 인하여 상처받은 감성은, 더 이상 향유를 통해 주체 자신의 '욕구'를 만족시키는 기능을 하지 않는다. 이제 "감성은 오로지 타자의 욕구를 돌보는 것으로서만 의미를 지닌다"(AQE, 93). 더 이상 나의 욕구와 나의 향유가 아니라 타자의 욕구를 돌보는 윤리적 주체의 행위를 레비나스는 "타자에게 빵을 주기 위해 빵을 먹고 있던 〔나의〕 입으로부터 그 빵을 끄집어내는 것"(AQE, 81)이라고 예시하기도 한다. 이것이 바로 윤리적 주체의 탄생을 기술한 레비나스의 트라우마론이다.

여기서 우리는 감성에 끼치는 자극 위에 윤리학을 정초한 레비나스에게 다음과 같은 의문을 던질 수도 있을 것이다. 윤리학을 감성 위에 정초하는 것은 이미 도덕감론자들이 한번 시험해보았던 일이 아닌가? 그리고 그것은 바로 칸트가 자신의 도덕 철학을 정초하기 위해 가장 힘써 비판했던 점이 아닌가? 그러나 레비나스의 윤리학은 결코 도덕감론자의 그것으로 이해될 수는 없을 것이다. 레비나스는 '감성에의 상처'라는 그의 윤리학이 도덕감론과 조금도 공통점을 가지지 않는다는 점을 다음과 같이 강조하고 있다. "만일 〔감성이 받는〕 강압 obsession이 고통이고 '장해 contrariété'라면 〔……〕 이타주의 altruisme는 어떤 경향성 tendance이 아니며, 감정 sentiment에 대한 도덕 철학에서 보는 것과 같은 '타고난' 호의 bienveillance naturelle도 아니다. 그것은 본성에 반대되는 것이다"(AQE, 157). 도덕감론에서의 감정은 레비나스에서의 감성이 겪는 '강압'과는 전혀 반대의 것이다. 전자가 타고난 자연적인 것이라면 후자는 오히려 이런 타고난 경향성에 대해 '장해'가 되는 '강제'이다. 레비나스에게서 타고난 것, 본래적인 것은 오로지 '존재 안에 머무르려는 경향'밖에 없으며, 도덕은 이런 '존재 안에 머무르려는 경향'에 거스르는, 감성의 강제 속에서만 성립한다.

들뢰즈가 플라톤, 그리고 칸트의 숭고에 관한 이론에 힘입어 트라우마에 관한 이론을 발전시켰던 것처럼, 레비나스 또한 트라우마론과 관련하여 부정할 수 없는 선배를 가지고 있는데, 그가 바로 사르트르이다. 사르트르는 자아를 향한 타자의 시선이 의미하는 바에 대해 다음과 같이 말하고 있다. 타자의 시선이 나를 향할 때 "내가 직접적으로 포착하는 것은 〔……〕 나는 상처받을 수 있는 vulnérable 자라는 것, 나는 상처입을 수 있는 육체를 가졌다는 것, 나는 어떤 장소를 차지하고 있으며, 나는 내가 무방비 상태인 그 장소로부터 어떤 경우라도 도망칠 수 없다는 것, 즉 나는 〔타자에게〕 보여지고 있다는 것이다."[21] 이 구절은 사르트르가 레비나스보다 훨씬 앞서서 타자의 등장을 자아의 상처입음으로 파악했으며, 레비나스의 주요 용어 가운데 하나인 '상처받을 수 있는 가능성 vulnérabilité'이란 말은 사르트르로부터 온 것이라는 점을 증언하고 있다.[22]

이제 우리는 상처받을 수 있는 가능성에 관한 이론 일반이 공유하는 몇 가지 핵심적인 요소를 지적할 수 있을 것 같다. 1) 그것이 '각인'(라캉)이라 불리든, '상형 문자'(들뢰즈)라 불리든, '흔적'(레비나스)이라 불리든, 트라우마란 표상될 수 없는 자극이라는 함축을 지닌다. 2) 트라우마와의 맞닥뜨림은 우연적이다. 3) 주체 또는 사유 활동은 트라우마로부터 '수동적으로' 고통받음에 의해 탄생한다. 무의식과 의식이라는 구조를 지닌 주체를 탄생시키는 프로이트의 트라우마, 아무런 임의적인 전제 없이 시작되는 사유를 탄생시키는 들뢰즈의 트라우마, 윤리적인 주체를 탄생시키는 레비나스의 트라우마 등등. 이에 덧붙여 또 한 가지 꼭 지적해두어야 할 점은 들뢰즈와 레비나스가 공통적으로 그들의 트라우마론을 통해 '감성'에다 새로운 철학적 중요성을 부여하고 있다는 점이다. 감성은 이제 칸트에게서 보듯 단순히 소여 datum가 주어지는 '열려 있는 곳'이 아니라, 상처받을 수 있는 심성의 기관으로서의 지위를 가지게 된다.[23]

---

21) J-P. Sartre, *L'être et le néant* (Paris: Gallimard, 1943; Tel판, 1995), p. 298.

22) 물론 이 상처받음을 윤리적 맥락에서 이해한 것은 레비나스의 독창적인 점일 것이다. 사르트르와 레비나스의 관계에 대한 자세한 논의는 4장 참조.

23) 들뢰즈는 감성에 가해진 상처와 더불어서만 무전제의 사유 활동이 시작될 수 있다는 점을 이렇게 강조하고 있다. "사유되어지는 것으로 인도하는 도상 위에서 모

2. 트라우마와 문학 비평

이미 밝혔듯이 이 상처받을 수 있는 가능성에 관한 이론은 문학 비평, 사진론, 회화론 등 여타의 분야에서도 풍부한 수확을 낳고 있다. 우선 프루스트의 소설을 제물로 삼아 들뢰즈, 프로이트, 레비나스의 트라우마론 각각이 문학 비평에 어떤 방식으로 기여할 수 있는지 가늠해보자. 들뢰즈와 레비나스의 프루스트 분석은 두 사람의 트라우마론의 문학 비평적 성공을 보여주는 좋은 예가 될 수 있다. 어떤 의미에서 프루스트는 상처받을 수 있는 가능성의 이론과 관련하여 들뢰즈나 레비나스에 앞서는 선구자라고 보아도 무리가 없을 것이다. 왜냐하면 그는 소설 창작의 조건 자체를 다음과 같이 감성의 상처받을 수 있는 가능성에서 찾고 있기 때문이다. "고통이 마음을 더욱 깊이 후벼 파면 팔수록 작품은 그만큼 더 높이 샘물처럼 솟아오른다"(RTP, Ⅲ, 908). "예민한 감성을 가지고 태어났지만 상상력이 부족한 사람은 그럼에도 불구하고 멋진 소설을 쓸 수 있을 것이다. 남에게서 받는 고통, 그것을 피하려는 노력, 그런 고통과 잔인한 상대방 사이에 빚어지는 갈등 등 이 모든 것은 지성에 의해 해석되어 한 권의 책의 재료가 될 수 있을 것이다"(RTP, Ⅲ, 900). 이처럼 들뢰즈나 레비나스에게서와 마찬가지로, 프루스트에게 있어서도 트라우마는 언제나 '감성'을 통해서 출현한다. 아마도 우리는 다음 네 가지 측면에서 어떻게 트라우마의 이론들이 프루스트 분석에 기여하는지 살펴보아야 할 것이다. 1) 들뢰즈의 트라우마론인 기호 해독 모델은 어떤 식으로 프루스트에게서 발견되는가, 2)프로이트의 트라우마론의 "사후적

든 것은 감성과 더불어 시작된다는 것은 진실이다"(DR, 188). 이것이 "감성의 특권"(같은 곳)이다.

nachträglich(事後的)" 성격을 프루스트도 알고 있었는가, 3) 들뢰즈는 프로이트의 트라우마론을 계열론으로 이해하며 여기서 계열의 최초의 항, 즉 기원의 신화를 제거하고자 하는데, 들뢰즈가 프루스트에 대해서도 이와 똑같은 작업을 수행할 수 있는가, 즉 프로이트의 계열론과 프루스트의 계열론 사이엔 모종의 유비 관계가 있는가, 4) 마지막으로 레비나스의, 트라우마론으로서의 윤리학이 프루스트를 통해서도 발견될 수 있는가.

1) 들뢰즈에 따르면 프루스트의 화자가 겪는 상처란, 다름아닌 적합한 표상 없이 주어지는 기호들로부터 온다. 알베르틴의 거짓말이 그 기호들의 한 예인데, 그것이 감성에 끼치는 고통 때문에 화자는 그 거짓말 뒤에 숨겨진 진실을 밝혀내려고 사유하기 시작한다. "사랑의 기호들은 굉장한 고통이다. 왜냐하면 사랑의 기호들은 애인의 거짓말을 함축하고 있기 때문이다. 그 거짓말은 언제나 근본적인 애매성을 가지고 있는데, 우리의 질투는 이 애매성을 이용하고 그로부터 양분을 얻어 자라난다. 이때 고통을 느끼는 우리의 감성은 기호의 의미와 기호 속에서 육화하는 본질을 찾아내도록 지성에게 강요한다" (PS, 115). 이런 식으로 들뢰즈는 프루스트의 소설 전체를 '감성을 통해' 상처를 입은 주체가, 그 상처를 준 기호가 숨기고 있는 진리를 '지성을 통해' 해석해내는 과정으로 읽는다. 프루스트는 트라우마를 통해서만 우리가 진리를 발견할 수 있다는 점을 다음과 같은 구절들을 통해 수없이 강조하고 있다. "정신력을 발전시키는 것은 괴로움이다. 게다가 괴로움은 [……] 우리가 사물을 진지하게 받아들이게끔 강요하기 때문에 필수불가결한 것이다"(RTP, Ⅲ, 906). "고통을 겪지 않고는 진리를 습득할 수 없다"(RTP, Ⅲ, 910). 트라우마의 자극을 통해 진리 찾기에 나서는 이러한 프루스트의 화자를 들뢰즈는 거미에 비유하기도 한다. 거미가 거미줄에 우연히 먹이가 걸리면 비로소 그 먹이를 향해 움직이듯이, 프루스트의 화자도 우연히 들이닥친 기호

가 상처를 주면 그때서야 비로소 '수동적으로' 그 기호에 달려들어 해석하는 노력을 시작하기 때문이다("미소한 진동을 감지하자마자 거미는 필연적인 장소를 향해 덤벼든다. 〔……〕 이 거미는 오직 기호에 대해서만 응답한다. 〔……〕 이 기호들은 파장처럼 거미의 신체를 관통하고 그로 하여금 먹이에게로 덤벼들게 만든다"〔PS, 277〕). 이와 같이 프루스트의 기호 해독은 들뢰즈가 보이고자 한, 트라우마의 자극을 통해 비로소 발생하는 사유 활동이 어떤 것인지를 잘 드러내주고 있다.

2) 프로이트의 트라우마론은 프루스트를 읽는 데 어떤 통찰을 줄 수 있을까? 프로이트와 프루스트가 서로에 대해 결정적인 문서를 남긴 바 없으므로 우리는 이 점을 오로지 들뢰즈의 프루스트론을 통해서만 간접적으로 확인할 수 있겠다. 들뢰즈는 재미있게도 프루스트 분석에 암암리에 프로이트의 트라우마론을 응용하고 있다. 즉 계열론을 다루는 자리에서 여러 번 계열의 모델로 프로이트의 트라우마론과 프루스트에서의 사랑의 문제를 다루며 그 두 가지를 동종의 것으로 비교하기도 한다.[24] 이러한 점은 들뢰즈의 프루스트론과 프로이트의 트라우마론의 깊은 관련성을 암시해주고 있다. 말하자면 들뢰즈의 프루스트론은 고전 인식론 비판과 관련된 들뢰즈 자신의 트라우마론의 응용인 한편, 프로이트의 트라우마론의 응용인 셈이다.

이미 우리는 상처받을 수 있는 가능성에 관한 이론이 발생의 관점에서 주체를 기술하고 있다는 점을 밝힌 바 있다. 이러한 주체는 가령 칸트의 경우에서 볼 수 있는 일종의 미리 준비된 '조건'(경험이 가능하기 위한 조건)으로서의 주체와는 전혀 다른 유의 것으로서, 트라우마의 자극을 통해 비로소 발생하는 주체이다. 프루스트가 이런 상처받은 주체에 관한 이론의 대상이 될 수 있는 까닭은 그의 소설이 어떤 면에선 자아의 형성(발생) 과정을 기술하고 있기 때문이다. 그

---

24) G. Deleuze, *Logique du sens* (Paris: Éd. de Minuit, 1969), pp. 263 이하(약호 LS); DR, 136~40 참조.

런데 그 형성 과정이란 것이 구체적으로 프로이트의 트라우마 분석에서의 주체 발생과 놀랄 만한 유사성을 보여준다. 다시 엠마의 경우로 돌아가보자. 프로이트의 트라우마론에서, 시간적으로 선행하는 사건 2(엠마가 여덟 살 때 당한 성적 추행)는 처음엔 아무런 의미도 가지지 않는, 그저 적합한 표상이 부재하는 자극이었다. 이 자극은 저 혼자서는 아무런 역할도 하지 못하는 것이다. 그런데 사건 1(열두 살 때 점원들이 엠마의 옷을 보고 웃은 일)이 주어지자 비로소 사건 2에서의 자극이 효력을 가지기 시작한다. 즉 상상력이 인과적으로 아무 관련 없는 두 사건을 무의식적으로 연결시키고, 이런 과정을 통해 성적 추행에 대한 불안감을 일깨워 최종적으로 상점에 혼자 가지 못하는 '광장 공포증'을 만들어낸다. 이렇게 볼 때 (무의식적인 것이긴 하지만) 사건 2에 대한 인식은 사건 1을 통해 이루어진다. 즉 시간적인 순서와는 반대로, 사건 1이 사건 2의 원인이 되는 것이다. 이것이 바로 프로이트의 트라우마론의 유명한 "사후적 nachträglich" 성격이다(S, 215).[25)]

프루스트 또한 이런 사후적 성격을 자기 소설의 주요 라이트모티프로 사용하고 있다. "그 어떤 순간에 주인공은 어떤 사항에 대해서 모른다. 그는 나중에야 그것에 대해 배우게 된다"(PS, 22). "중요한 것은 주인공이 처음엔 어떤 것들을 몰랐지만 점차적으로 그것들을 배워가고 마침내는 어떤 최종적인 계시를 얻는다는 점이다"(PS, 53).

---

25) 데리다가 지적하듯 이 Nachträglichkeit('사후성' '연기됨' '후에 보충됨')은 프로이트 사상 전체를 통하여 가장 중요한 개념 가운데 하나이다. 데리다는 "사후성 Nachträglichkeit 개념과 연기 Verspätung 개념은 프로이트의 전체 사유의 우두머리이자, 그의 모든 다른 개념들을 규정하는 개념"이라고 그 중요성을 평가하고 있다(J. Derrida, "Freud et la scène de l'écriture," *L'écriture et la différence* [Paris: Éd. du Seuil, 1967], p. 303). 이 '사후성' 혹은 '연기됨' 개념은 데리다의 '차연' 개념과 깊은 연관성을 가지고 있는데, 프로이트에게서 '차연'의 역할을 탐구하는 그의 유명한 분석도 기본적으로 프로이트의 이 개념에 착안하여 이루어지고 있다(같은 곳 참조).

"나는 아직은 모르는 상태이지만 훗날에는 틀림없이 깨닫게 될 것이다"(PS, 137). 이런 식으로 『잃어버린 시간을 찾아서』의 주체 자체가 사후성을 통해 형성되어나간다. 프루스트에게 자극은 그에 적합한 의미를 평생 찾아내야 하는 그 자체로는 의미를 알 수 없는 상처이다. 예컨대 어린 시절 스완의 방문으로 어머니를 빼앗기게 된 상처는, 그 후 질베르트로부터, 또 알베르틴으로부터 사랑의 아픔을 맛보았을 때야 비로소 모든 사랑의 본질을 미리 예고하고 있었던 사건으로서의 지위와 의미를 지니게 된다.[26] 흔적은 계속해서 잊혀지지 않은 채로, 또 그 의미를 비밀에 부친 채로 연기되다가 후에 다른 사건을 계기로만 사후적으로 기능하게 되는 것이다. 이런 방식으로 프루스트의 소설은 프로이트의 트라우마론이 보여준 '사후적' 성격, 거꾸로 된 인과율을 내포하고 있다.[27]

3) 그런데 들뢰즈의 프로이트와 프루스트 해석에는 한 가지 그의 사유의 독특성을 보여주는 점이 있다. 들뢰즈의 계열론은 계열의 항들 간의 합리적인 인과적 과정을 부정하는 한편, 계열에 최초의 항, 즉 기원이 있다는 점 또한 부정한다. 그런데 우리가 살펴본 바로는 프로이트의 트라우마론에서 사건 2는 명백히 계열의 처음을 형성하

---

26) 그러나 어머니에 대한 사랑이 '최초의 근원적인 사건'이라는 뜻은 아니다. 이 점은 아래에서 곧 비판적으로 다루어질 것이다.

27) 흔적으로밖에는 존재하지 않는 비밀이 먼 훗날에 그와 관련된 다른 사건 때문에 새로운 의미를 가지고 기능하는 것, 숨겨진 의미가 먼 훗날에 비로소 영향을 끼치는 것—이러한 사후에 이루어지는 소급은 프루스트 소설의 가장 기본적인 특성 가운데 하나이다. 다음 구절은 프루스트의 인식 방식이 본질적으로 소급적임을 잘 보여주고 있다. "스완 아가씨는 나에게 장밋빛 가시나무로 된 울타리 곁에서 눈길을 던졌었다. 나는 과거로 소급해 올라가 rétrospectivement 그 눈길의 의미는 욕정이었다고 수정해야만 했다. 콩브레에 퍼진 소문에 따르면 스완 부인의 애인이라던 자는, 바로 이 울타리 뒤쪽에서 딱딱한 표정으로 나를 바라보았었다. 그 태도에는 당시 내가 거기에 부여했던 것과 같은 뜻은 전혀 없었다. [……] 10년에 한 번쯤, 그의 생각이 생각나면 나는, 그것이 샤를뤼스 씨였단 말인가, 그 무렵 벌써! 참 흥미로운 일이군, 하곤 중얼거렸다"(RTP, Ⅲ, 971).

는 기원적 성격을 지니는 것처럼 보인다. 들뢰즈는 사건들 가운데 하나가 기원이라면, 다른 하나는 필연적으로 처음의 것으로부터의 파생물의 지위를 가질 수밖에 없다고 생각한다. 원본과 복사물의 신화가 다시 살아나는 것이다. 그래서 그는 "두 계열〔두 사건〕 가운데 어느 것도 더 이상 원본으로 간주되거나 원본으로부터의 파생물로 간주될 수 없다"(DR, 139)라고 못박는다. 이러한 기원의 부정이라는 배경하에 그는 프로이트의 트라우마론을 다시 해석하고자 한다. 들뢰즈는 프로이트가 자신의 트라우마론에서 기원과 파생물의 문제를 하나의 난점으로 여기고서 이를 해결하려 했다고 추측한다. "확실히 프로이트는 이 문제를 알고 있었다. 왜냐하면 그는 억압의 심급보다 심층적인 심급을 탐구했기 때문이다. 비록 그가 〔……〕 그 심급을 이른바 '최초의' 억압이라고 이해했지만 말이다"(DR, 138~39). 요컨대 프로이트는 보다 심층적인 순간에까지 거슬러올라가 트라우마의 흔적을 찾고자 했다는 것이다. 도대체 프로이트 이론의 핵심은 기원(최초의 항)을 발견하는 것이 아니라, 기원의 문제와는 상관없이 두 개의 항 사이의 소급적 인과율을 통한 의미 생산의 구조 자체를 발견하는 데 초점을 두고 있다는 것이 들뢰즈의 생각이다("우리는 프로이트에게서 〔……〕 기원적 의미의 탐구자가 아니라 언제나 무의식에 따라서 의미를 생산하는 무의식 기계의 놀라운 발견자를 본다"(LS, 90)). 이렇게 본다면, 예컨대 엠마의 경우 사건 2는 엠마의 신경증을 설명하기 위한 최초의 사건, 근원적인 사건이 아니라 한낱 계열의 한 중간 항에 불과하게 되어버린다.

프로이트와 마찬가지로 프루스트의 소설 또한 여러 비평가들을 통해 기원의 신화에 시달렸던 작품이다. 그 대표적인 예가 위에서 언급한 스완의 방문이 어머니의 저녁 키스를 방해한 사건이다. 이 사건은 '기원적인' 사랑의 고뇌의 경험으로 간주되며, 후에 질베르트를 통해, 알베르틴을 통해 계속 반복된다. 그런데 들뢰즈는 프로이트에게서 기원을 제거하는 동시에 이를 다시 프루스트의 어머니의 키스 사건을 재해석하는 데 적용하고 있다. 다음을 읽어보자. 프로이트의 이론에 "궁극적인 항이란 없는 것이다. 〔……〕 똑같은 방식으로, 『잃어버린 시간을 찾아서』에서 어머니에 대한 주인공의 사랑은 오데트에 대한 스완의 사랑을 반복한다"(DR, 139). "어머니에 대한 주인공의 사랑에서 사랑의 계열의 근원을 찾는 것은 늘 당연스레 여겨져왔다. 〔……〕 〔그러나〕 주인공의 슬픔, 어머니에게서 느끼는 고뇌는 이미 스완 자신이 오데트에게서 체험했던 고뇌이며 슬픔이다. 〔……〕 이로부터 우리는 어머니의 이미지는 아마도 가장 근본적인 테마는 아닐 것이며 또 사랑의 계열을 근거짓는 원리도 아닐 것이라고 결론지을 수 있다"(PS, 113). 즉 사랑의 고뇌에 대한 주인공의 체험에 있어서 먼저 오는 것은 어머니의 키스 거부가 아니라, 어린 시절 주인공이 어디선가 알게 된 스완과 오데트의 사랑이다. 결국 어머니에 대한 사랑의 고뇌는 기원적인 체험도, 근원적인 사랑의 원리도 아니며, 계열의 중간 항에 불과하다. 왜냐하면 주인공의 모든 사랑(어머니, 질베르트, 알베르틴)의 배후에는 오데트에 대한 스완의 사랑의 고뇌가 '예언적인' 지위를 가지고 도사리고 있기 때문이다. 즉 "사랑의 개인적인 계열〔마르셀의 계열〕은 한편으로 보다 넓은 초개인적인 하나의 계열〔스완의 계열〕에 의거한다"(PS, 114). 이처럼 들뢰즈가 기원의 부정이라는 입장에서, 프로이트 자체를 재해석하고[28] 또 이를 프루스트를

---

28) 프로이트에 있어서 최초의 자극을 비근원적인 것으로 해석하려는 들뢰즈의 시도는 프로이트에 대한 데리다의 작업을 떠올리게 만든다. 데리다 또한 독자적인 방식으로 프로이트의 최초의 자극을 근원이 부재하는 근원, 데리다의 용어대로 하자면, '원문자 archi-écriture'로 해석하고자 하였다(J. Derrida, 위의 글 참조). 프로이트 연구에 있어서 두 철학자가 서로 영향을 주고받았다는 증거를 별달리 남기지 않으면서 서로 상관성이 있는 작업을 했다는 것은 주목할 만한 일이 아닐 수 없다.

데리다와 관련하여 다음과 같은 점 또한 강조되어야 할 것이다. 우리가 살펴본 대로 들뢰즈의 기호, 레비나스의 얼굴 등 비표상적인 것들은 '폭력'을 가하며, 즉

종래와 다르게 해석하는 데 적용하는 바람에 논의를 추적하기가 좀 복잡스러웠지만, 프루스트와 프로이트의 트라우마론이 가지는 뚜렷한 접점은 확인된 듯하다.[29]

4) 레비나스 또한 「프루스트에 있어서 타자」라는 글을 통해서 독창적인 프루스트 해석을 시도하고 있다. 그의 프루스트론에서는, 고통받는 타자로부터 받은 상처 때문에 이기적 주체가 그 타자에 대해 윤리적 책임성을 지닌 주체로 거듭 태어난다는 주제는 배경으로 물러난다. 여기서 직접 다루어지는 사항은, 어떤 의미에서 타자가 주는 상처는 결코 자아와 합일될 수 없는 타자의 이타성 altérité(異他性)의 표현인가, 그리고 이 이타성이 어떻게 타자에 대한 사랑과 윤리적 책임성의 조건이 되는가 하는 점이다. 프루스트가 레비나스의 분석 대상으로서 안성맞춤인 까닭은, 프루스트의 소설은 어떤 식으로도 주체에 복속시킬 수 없고, 수시로 주체로부터 달아나는 타자, 바로 알

트라우마를 주면서 역할하였다(이미 보았듯 '폭력 violence'이란 말은 들뢰즈와 레비나스가 각각 기호와 얼굴을 기술하기 위해 공통적으로 채택한 말이다). 그런데 이들 트라우마의 이론가들과 마찬가지로 데리다가, 그의 철학의 주요 개념인 비표상적 흔적을 "근원적 폭력" "원문자의 폭력" "원폭력 archi-violence" 등으로 일컫는 것은 매우 흥미로운 일이다(J. Derrida, *De la grammatologie* [Paris: Éd. de Minuit, 1967], pp. 162, 164). 서문에서 이미 밝힌 바이지만, 데리다의 흔적 개념은 레비나스의 흔적(타자의 얼굴) 개념과 매우 유사한 함의를 지니고 있다. 이 두 가지는 모두 결코 현재화될 수 없는 과거, 늘 늦은 것, 늘 연기되어 있는 것이라는 점에서 그렇다.

29) 전체적으로 프로이트에 대한 들뢰즈의 입장은 그리 간단하지 않다. 위에서 보듯 기원을 부정하기 위해 프로이트의 트라우마론을 재해석하기도 하는가 하면, 『앙티-오이디푸스』에서는 정신분석학 비판과 관련하여, 프로이트의 트라우마론을 다음과 같이 비판하기도 한다. 사건 2에서부터 그것이 사건 1을 통해 징후로 나타나기까지의 기간은 '잠복기 latence'라고 부를 수 있는데, "확실히 이 잠복기는 정신분석의 가장 큰 속임수이다"라고 비난한다(G. Deleuze, *L'anti-Œdipe* [Paris: Éd. de Minuit, 1972], p. 95). 그런데 재미있는 점은, 들뢰즈가 1969년 출판된 『의미의 논리』에선, 자신의 '시뮬라크르 이론'과 관련하여, 프로이트의 트라우마론을 자기 이론의 선구적 작업으로 내세우고 있다는 점이다(프로이트의 트라우마론과 시뮬라크르 이론의 관련성은 7장 각주 34에서 자세히 다룬다).

베르틴에게서 받은 상처로 인한 기나긴 고뇌를 그 중심 주제 가운데 하나로 끌어안고 있기 때문이다. 레비나스의 프루스트론은 알베르틴론이라고 해도 과언이 아니다.

레비나스는 프루스트의 소설을 주체가 결코 어떤 방식으로도 그 자신과 합일을 이룰 수 없는 타자의 이타성을 체험하는 이야기로 이해한다. "갇힌 여인이자 사라진 여인인 알베르틴의 이야기, 〔……〕 그리고 '잃어버린 시간'으로 통하는 복잡하게 얽힌 길들에 대한 탐구는, 공허한 동시에 무궁무진한 타자의 이타성에 대한 탐욕스러운 호기심으로부터 출발하는 내재적 삶의 출현에 대한 이야기이다."[30] 알베르틴은 그녀의 부정(不貞)을 화자에게 숨김으로써 늘 화자의 인식 범위에서 달아나며 또 화자에 대해 낯선 자로 남는다. 그리하여 마르셀은 그녀를 완벽하게 소유하려고 늘 가두어두고 감시하려고 든다. 그러나 "그녀는 이미 사라졌을지라도 갇힌 자이고, 갇힌 자의 상태임에도 불구하고 사라졌다. 왜냐하면 가장 엄한 감시에도 불구하고 그녀는 비밀의 영역을 숨기고 있기 때문이다"(AP, 153). 그녀는 다른 어떤 이유에서가 아니라 나와 다른 자, 즉 타자이기 때문에 숙명적으로 비밀스러운 것이며, 이 타자성 때문에 결국 나로 환원될 수 없고 늘 낯선 자로 남는 것이다. 이러한 '늘 낯선 자' '늘 달아나는 자'로서의 알베르틴은, 결코 하나로 합일될 수 없는 서로 다른 인간 존재들 사이의 이타성의 표현이라고 해도 좋을 것이다.

이러한 인간관은 상호 간의 융합을 타인에 대한 사랑의 이상적인 형태로 보는 모든 종류의 전체주의와 대립한다. 이 전체주의적 융합을 레비나스는 집산주의collectivism라는 이름 아래 다음과 같이 설명한다. "집산주의는, 얼굴 대 얼굴face-à-face이 불가능한 공동체 속에 녹아들어가기 위해 사람들 각각이 참여하는, 그 사람들의 외부에 있

30) E. Levinas, "L'autre dans Proust," *Noms propres* (Paris: Fata morgana, 1976), p. 153 (약호 AP).

는 것, 즉 이상idéal, 집산적 표상, 공동의 적 등을 탐색한다. 이것들은 서로 접촉할 수 없고 서로 견뎌낼 수 없는 개인들을 재결합한다"(AP, 154). 전체주의적 사유는 국가, 민족 등 개인들을 초월해 있는 집단적 이상에의 참여를 종용함으로써, 개개인들을 결합시키고자 한다. 그러나 이런 전체주의적 이상에 의해 매개된 집합의 성원들은 서로 간의 소통의 실패에서 오는 절망감으로부터 벗어날 수 없다는 것이 레비나스의 생각이다. "축제가 끝나고 횃불이 꺼지고 군중들이 돌아가면, 우리들 각자는 바스티유 속에 갇힌 자가 된다"(AP, 154). 왜 우리는 전체를 구성하는 한 부분일 때 고독할 수밖에 없는가? 전체주의적 관점에서는 집단의 이상에 의해 매개될 때만 각자는 타자와 관계할 수 있으며, 그 외에 타자 '자체'와 '얼굴 대 얼굴'로 만날 수 있는 여지는 조금도 없기 때문이다. 여기서는 집단의 이상에의 참여 혹은 그 이상에 대한 사랑만이 있을 수 있지 타자 자체에 대한 사랑은 불가능하다. 혹은 타자에의 사랑은 오로지 집단의 이상에 대한 사랑을 매개로 해서만 가능하다(역사상 집단적 이념 혹은 공동의 적을 매개로 한 구성원들 간의 사랑 및 이에 수반하는 비구성원에 대한 증오가 가장 공포스러운 모습으로 육화했던 예를 찾고자 한다면 반세기 전 나치즘과 파시즘이 일으켰던 전쟁을 떠올리는 것으로 충분할 것이다).

사정이 바로 이렇기 때문에, 소유됨을 거부하고 끊임없이 달아나고 스스로를 숨김으로 해서 자신의 이타성을 확인시키는 알베르틴이 레비나스 철학의 관심을 끄는 것이다. 마르셀은 알베르틴의 이타성을 파괴하고 그녀를 소유하는 데 성공한 적이 없으며, 오히려 그녀의 이타성, 그녀의 낯설음이 계속 상처를 주는 한에서만 그녀를 사랑할 수 있었다. "만약 사랑이 타자와의 합일, 타자의 완전성 전에 있는 한 존재의 황홀 혹은 소유의 평화라면, 마르셀은 알베르틴을 사랑한 것이 아니다. 내일이면 그는 싫증난 젊은 여자에게서 떠날 것이다. 그는 오랫동안 계획해온 여행을 떠날 것이다"(AP, 155).[31] 마르셀이 알베르틴을 소유하지 못함으로 해서 받는 상처는 곧 그녀가 가진 제거 불능의 이타성에 대한 체험이며 이러한 이타성만이 타자를 타자로서 사랑할 수 있게끔 하는 조건이 된다. 왜냐하면 알베르틴이 그녀의 이타성을 상실할 때 그것은 나의 소유 품목이지 더 이상 내가 사랑하는 한 사람으로서의 알베르틴은 아닐 것이기 때문이다.[32] 그러므로 역설적이게도 타자란 "자기를 내주기를 거부하는 가운데 자기를 주는 자"(AP, 154)이다. 여기서 바로 레비나스의 거의 모험에 가까우리만큼 독창적인 프루스트 해석이 나온다. 숨는 자, 낯선 자로서의 타자의 면모는 그 타자가 죽었을 때 극대화된다. 당연하게도 죽음은 죽은 이의 모든 것을 숨겨버리기 때문이다. 아무리 거머쥐려 해도 죽은 자는 나의 손아귀에서 빠져나가버리고 결코 소유할 수 없는 그의 이타성만을 확인시킨다. "알베르틴의 무〔죽음〕는 그녀의 전체 이타성을 발견한다. 〔여기서〕 죽음은 타인의 죽음이다. 이는 자아의 고독한 죽음과 결부된 현대 철학〔하이데거를 지칭함〕과는 상반되는 것이다. 〔……〕 타자를 계속 숨게끔 하는 모든 순간들에 계속되는 타인의 죽음은 존재들을 소통 불능의 고독으로 던져넣지 않는다. 〔왜냐하면〕 분명히 이 죽음은 사랑을 키워내기 때문이다"(AP, 154).[33] 타자의 이타성이 타자

---

31) 레비나스의 이러한 프루스트 해석은 사르트르의 프루스트 해석을 떠올리게 만든다. 사르트르도 마르셀과 알베르틴의 이 사랑 이야기를 레비나스와 매우 유사한 방식으로 해석하고 있다. 사르트르도 레비나스와 마찬가지로, 상대방을 완벽하게 소유하는 것은 오히려 사랑 자체를 소멸하게 하는 길임을 지적한다. "사랑받는 자의 전면적인 예속은 사랑하는 자의 사랑을 소멸시켜버린다"(J-P. Sartre, *L'être et le néant*, p. 407).

32) 다음 인용은 그러한 사정을 잘 말해주고 있다. "알베르틴을 가두면서 〔……〕 다른 자의 것이 될 기회를 모두 잃어감과 동시에 알베르틴은 아름다움을 조금씩 잃어갔다. 다시 바닷가의 화려한 빛에 싸인 그녀를 발견하기 위해서는 그전처럼 나 없이 산책하는 그녀에게 이 여자 저 남자가 추근거리는 광경을 상상할 필요가 있었다. 이처럼 다른 자의 욕망의 대상이 됨으로써 그녀는 금세 그전처럼 아름답게 보일 수가 있었다"(RTP, Ⅲ, 172~73)

33) '자아의 고독한 죽음'에 대립하는 '타자의 죽음에 대한 나의 관계'에 관해선 8장

를 타자로서 사랑할 수 있는 조건이고 죽음은 그 이타성을 극대화시킨다면, '타자의 죽을 수 있는 가능성'이야말로 우리가 타자를 사랑하고 그를 염려해주는 이유가 되는 것이다. 죽어가는 혹은 죽을지도 모를 타자가 주는 상처는 우리로 하여금 그를 돌보게 만든다.[34] 이렇게 보자면 타자의 죽을 수 있는 가능성과 나의 상처받을 수 있는 가능성은 서로 짝을 이루고 있다. 그리하여 알베르틴에 대한 마르셀의 사랑 이야기는 레비나스를 통하여 가장 윤리적인 이타행(利他行)의 이야기로 탈바꿈하게 된다.

3. 트라우마, 사진론, 회화론

상처받을 수 있는 가능성에 관한 성찰이 가져올 수 있는 성과가 문학 비평의 영역에만 국한되는 것은 아니다. 트라우마론은 사진론과 회화론에서도 큰 수확을 거둘 수 있다. 우리는 트라우마를 표상이 부재하는 자극이라고 정의한 바 있다. 사진 예술에서 이런 비표상적인 자극을 발견하고 이에 대한 깊은 성찰을 아름다운 산문으로 남긴 이가 있는데, 바로 롤랑 바르트이다. 사진을 구성하는 요소들에 있어서 바르트는 매우 유명한 구분을 하였으니 '스투디움 studium'과 '풍툼 punctum'이 그것이다. 스투디움은 문화, 교양, 지식, 사진가의 의도

각주 16 참조.

34) 레비나스는 이처럼 타자의 타자성을 극한까지 탐구한 프루스트의 소설을 "합일 속에서 존재의 최고 영예 자체를 발견했던 엘레아 철학"(AP, 155)과 극단적으로 대립하는 사유 양식을 보여준 작품으로 평가한다. "프루스트의 가장 심오한 가르침은 (만약 시가 가르침을 포함할 수 있는 것이라면) 실재를, 언제나 타자로서 머무는 어떤 것과의 관계 속에, 즉 부재와 미스터리로서의 타인과의 관계 속에 자리매김하고, 이 관계를 '나'의 친밀함 자체 속에서 재발견하며, 그리하여 파르메니데스와 명백히 단절된 변증법을 창시했다는 데 있다"(AP, 155~56).

등과 관련이 있다. 스투디움의 관점에서 말하자면, 사진으로부터 내가 얻는 감동은 필연적으로 여러 가지 문화적 기재(지식, 도덕, 정치 등)를 매개로 거친다. "스투디움을 알아본다는 것, 그것은 숙명적으로 사진가의 의도와 마주친다는 것이다. 그리고선 그 의도와 조화를 이루고, 찬성하든가 혹은 반대하든가 하는 것이다. 〔……〕 왜냐하면 문화란—스투디움은 문화에 속한다—생산자와 소비자 사이에 맺어진 하나의 계약이기 때문이다. 스투디움은 일종의 교육이다."[35] 예컨대 나는 군인들이 총을 매고 걸어가는 어떤 사진 속에서 사진가가 의도한 바인 니카라과 내전의 실상에 대한 정보를 얻는다. 그 사진으로부터 감동을 받을 수 있겠지만, "그 감동은 도덕적 · 정치적 교양이라는 합리적 매개를 거친"(CC, 48) 것이다. 즉 스투디움은 문화적 코드를 전제로만 존립할 수 있다. 스투디움은 그 사진을 통해 사진가가 제공하고자 한 정보, 의미 등을 재인식하는 일종의 교육적 기능을 수행한다(이런 의미에서 대부분의 보도 사진은 스투디움에 속한다).

반면 풍툼은 "스투디움을 망가뜨리기 위해"(CC, 48) 혹은 "스투디움을 훼방놓기 위해"(CC, 49) 온다. 풍툼은 "마치 화살처럼 나를 꿰뚫으러 온다"(CC, 49). 풍툼이라는 라틴어 단어에는 "상처 blessure, 찔린 자국 piqûre 혹은 날카로운 도구에 의한 흔적 marque"(CC, 49) 등의 뜻이 있다. 풍툼이 바로 트라우마의 생산자인 것이다. 제임스 반 데르 지 James Van der Zee가 찍은 미국의 한 흑인 가족의 사진은 풍툼을 매우 훌륭하게 예화해주고 있다(CC, 73~74 참조). 이 사진에서 남자와 그의 부인과 딸은 마치 백인 중류 가정을 연상케 하는 차림새를 하고 있다. 백인을 흉내내고 있는 이 흑인 가족의 사진이 전하고자 하는 '메시지'는 흑인들의 사회적 상승에의 노력이다. 이것이 이 사진의 스투디움이다. 그러나 "이 광경은 나에게 흥미를 주긴 하지만

35) R. Barthes, *La chambre claire* (Paris: Gallimard, Éd. du Seuil, 1980), pp. 50~51(약호 CC).

나를 '찌르지는' 못한다"(CC, 73). 이 사진의 풍툼은 딸의 굵은 허리(백인들을 흉내내고자 하는 그들의 의도와는 정반대로 이 허리는 흑인 유모를 연상시킨다), 유행에 뒤진 그녀의 끈 달린 구두 등이다. 이 풍툼은 흑인들이 흉내내고 있는 백인들의 세련된 취미 속으로 난데없이 뛰어든 무엇인지 해석할 수 없는 '어떤 작은 부분un détail'이다. 이러한 풍툼은 우리가 이미 살펴본 여러 종류의 트라우마처럼 적합한 표상을 가지고 있지 않다. "결국 스투디움은 언제나 코드화되지만, 풍툼은 그렇지 않다"(CC, 84). 그에 적합한 어떤 코드가 부재하는, 사진 속에 들어 있는 일종의 이해 불능의 상형 문자가 풍툼이다. 어떤 표상도 가지고 있지 않기 때문에, 다시 말해 나의 어떤 개념 체계로도 거머쥘 수 없고, 따라서 나의 인식의 틀 안에 복속시킬 수 없는 것이기 때문에 그것은 나를 자극할 수 있고 찌를 수 있는 것이다. "내가 이름 붙일 수 있는 것은 실제로 나를 아프게 할 수 없다. 이름 붙일 수 없음은 혼란의 확실한 징후이다"(CC, 84). 요컨대 바르트의 풍툼은 비표상성, 고통스러운 자극 등 트라우마 일반의 성격을 고스란히 물려받고 있는 것이다.

트라우마 일반은 어떤 파괴적인 힘을 지니고 있다. 예컨대, 우리가 보았듯 레비나스에게서 트라우마는 '존재 안에 머무르려는 경향'이 지배하는 나의 이기적인 자아의 세계를 송두리째 무너뜨리고 타자를 위한 책임성을 지닌 주체를 탄생시킨다. 레비나스는 이런 타자에의 초월을 자기 집과 재산을 버리고 신의 부름을 따라 광야로 떠나는 아브라함의 방랑에 비유하기도 한다(DEHH, 191). 다시 말해 트라우마와의 만남은 기존의 익숙한 세계, 나의 집을 파괴해버리는 힘을 가지고 있다. 이 점은 바르트의 트라우마론에서도 마찬가지다. 풍툼이 나를 찔렀을 때 "나는 모든 지식, 모든 문화를 추방하며, 다른 사람의 시선〔사진가의 의도〕을 끊어버린다"(CC, 82). 즉 풍툼은 스투디움을 방해함으로써 기존의 모든 문화적 코드를 비웃고 망가뜨려버리는 것이다(이것을 트라우마의 혁명적 힘이라고 불러도 좋지 않겠는가?). 한 가지 더 지적하자면, 풍툼은 트라우마의 성질 가운데 하나인 우연성 또한 자신의 주요 성질 가운데 하나로 간직하고 있다. 풍툼은 "의도적이지 않으며, 아마도 의도적이어서는 안 될 것이다"(CC, 79~80)라고 바르트는 말한다. 그것은 우연히 사진 속에 들어선 것이다("사진의 풍툼, 그것은 우연이다"〔CC, 49〕). 이런 의미에서 바르트는, 우연성을 표현하기 위해 들뢰즈가 사용한 용어를 그대로 빌려다가, 풍툼을 "주사위 던지기 coup de dés"(CC, 49)라고 일컫는다.

사진뿐 아니라 그림에 있어서도 트라우마는 매우 흥미로운 역할을 수행한다. 우리는 그림에 대한 메를로-퐁티의 사유를 따라가볼 터인데, 그에게서 트라우마론의 또 다른 특성 한 가지를 발견할 수 있을 것이다. 근대의 철학과 과학에 있어서 주체는 표상하는 활동을 통해 세계를 스스로 앞에 대상으로 세워왔다. 그러나 메를로-퐁티에 의하면 나는 세계를 나의 객체로 세우기 이전에, 그리고 나 스스로 주체로서 그 객체에 의미를 부여하고 그것을 나의 소유물로 삼기 이전에, 다른 많은 사물들 중의 하나로서 "세계의 조직 tissu du monde" 속에 살고 있다.[36] 주체와 객체 간의 표상적 관계를 정립한 근대의 과학과 철학은 어떤 의미에서 세계의 실재를 파악하는 데 실패했다고 할 수 있다. 메를로-퐁티는 그 실패를 이렇게 설명한다. "과학은 사물들을 다루고 사물들 속에 거주하는 일을 포기한다. 과학은 사물들의 내적인 모델을 제공한다. 정의(定義)가 허락하는 한에서 사물들의 목록과 변항들을 변형시키는 과학은 현실적인 세계와 좀처럼 마주치지 못한다. 〔……〕 과학의 선입관은 모든 존재를 '대상 일반'으로서 취급한다"(OE, 9). 즉 과학이 정립한 '대상 일반의 형식' 아래 실재의 다양한 모습들은 은폐되어버린다는 것이다.

36) M. Merleau-Ponty, *L'œil et l'esprit* (Paris: Gallimard, 1964; folio판, 1985), p. 19(약호 OE).

그런데 근대의 과학과 철학이 과학의 원리들 속에서 세계의 완벽한 질서를 규명해내려고 시도했던 것과 똑같은 일이 회화사에서도 벌어졌다. 그것이 바로 르네상스 회화의 이론가들이 했던 일인데, 그들은 원근법을 통해 비전의 완벽한 질서를 확립하고자 했다. 정확한 공간 구축을 위해 그들은 '인공적 원근법 perspectiva artificialis'을 창시하였다. 메를로-퐁티에 따르면 이것은 과학이 과학적 원리를 통해 모든 존재들의 보편적 그림을 그리기 위해서 사물들을 대상 일반으로 환원하고, 주객의 관계 배후에 있는 사물들의 다양한 모습을 희생시켰던 것과 동일한 성격의 인위적 '눈속임 trompe-l'œil'에 지나지 않는 것이었다. "르네상스 시대의 원근법들은, 〔지금까지의〕 회화의 탐구와 역사를 마감하고 절대적으로 확실하고 정확한 회화의 기초를 확립한 척 한에 있어서 거짓된 것들이었다. 〔……〕 이와 같은 열광에는 자기 기만이 없었다고 할 수 없다. 이 당시의 이론가들은 고대인들의 원형적 시각장 champ visuel sphérique 및 외견상의 크기를 거리가 아닌 우리가 대상을 바라보고 있는 각도에 관련시킨 고대인들의 각 원근법 perspective angulaire을 잊으려고 하였다. 〔……〕 〔이런 이론적 작업과 반대로〕 화가들은 어떤 원근법의 기술도 정확한 해결책이 되지 못한다는 점을 경험적으로 알고 있었다"(OE, 49~50). 요컨대 원근법은 실재의 본모습을 드러내주기보다는 작위적으로 구성된 비전을 보여주는 허구적인 방법에 불과하다는 것이다.

근대 과학이 과학적 원리를 통해 사물들의 다양한 면모를 제거하고 대상 일반이라는 형식을 구축했던 것처럼, 회화의 역사에서는 인위적인 원근법이 다양한 비전의 세계를 제거하고 인위적으로 작도된 세계 안에 비전을 가두어두려고 하였다. 근대 과학의 역사와 회화의 역사에서 동일한 일이 일어났던 것이다. 존재론적 · 인식론적 관점에서 주체가 과학적 원리를 매개로 사물을 대상 일반의 형식으로 자기 앞에 '표상'했던 것처럼, 비전의 관점에서 주체가 인위적 원근법을 매개로 존재를 원근법적으로 재단된 형태로 자기 앞에 '표상'했던 것이다. 그러나 그림을 가능케 한 그 원근법의 중심이 임의적으로 설정된 허구적인 초점인 것처럼, 철학에서 여러 가지 과학의 원리들을 매개로 대상 세계에 의미를 부여하고 대상 세계를 근거지었던 주체의 자리 또한 허구적인 위치이다.

그림은 결코 인위적 원근법 같은 눈속임이 아니다. 메를로-퐁티는, 회화의 목적은 바로 근대 과학과 철학이 정립한 주체와 객체라는 관계 이면에 은폐된 세계의 모습을 가시적으로 드러내주는 것이라고 말한다. "회화는 세속적인 비전이 비가시적으로 믿고 있는 것에다 가시적인 존재를 부여한다"(OE, 27). 또한 이것은 주체 이전의 방식으로 세계를 보는 것이다. 즉 "〔사물에 대한〕 전(前)인간적인 préhuman 시선이 곧 회화의 시선의 표식이다"(OE, 32). 화가의 눈은 이처럼 근대적인 주체와 객체의 관계로 질서잡힌 세계 배후에 숨겨진 사물의 모습을 찾는다. 이런 주객 이전의 사물 세계를 메를로-퐁티는 '존재의 조직 texture de l'Être'이라고도 부른다. "인간이 자기 집에 살고 있듯이 〔화가의〕 눈은 이 존재의 조직 속에 살고 있는 것이다"(OE, 27).

그런데 어떻게 화가는 주객의 질서 배후에 은폐되어 있는 존재의 모습을 탐구하기 시작할 수 있는 것일까? 바로 여기서 우리는 메를로-퐁티의 트라우마론을 만나게 된다. 화가의 눈이 어떻게 존재의 조직에 다다르는가를 설명하기 위해 메를로-퐁티는 앙드레 마르샹 A. Marchand의 다음과 같은 말을 즐겨 인용한다. "숲속에서 나는 여러 번, 숲을 바라다보고 있는 것은 내가 아니었다는 것을 느끼곤 했다. 어느 날 나는 나를 바라보며 나에게 말을 걸어오는 것은 바로 나무들이라고 느꼈다. 나는 화가란 우주에 의해 꿰뚫린 transpercé 자임에 틀림없다고 믿는다"(OE, 31). 여기서 우리는 모든 트라우마론의 공통된 특성인 수동성의 테마를 다시 만나게 된다. 사물들이 던지고 있는 시선이 바로 화가에게 말을 걸고, 화가를 '찌르고 transpercer,' 충격을 주는 트라우마이다. "눈은 세계의 어떤 충격 impact에 의해 움직인다. 그리고는 눈은 손의 궤적을 통해 그 세계를 가시적인 것으로 회복시킨다" (OE, 26). 사물이 화가의 눈에 '충격'을 주었을 때 눈은 비로소 비가시적이던 존재의 조직에 다다르며, 그 다음에 손이 그 비가시적인 것을 화폭 위에 가시적인 형태로 드러내놓는다. 이것이 그림이 탄생하는 과정이다. 화가의 임무란 이런 방식으로, 원근법을 비롯한 모든 인위적인 속임수와는 무관하게 지금껏 은폐되어 있던 세계가 가시적이 될 수 있는 방식들을 계속해서 밝혀내는 일이다(OE, 29 참조).

앞에서 우리는 메를로-퐁티의 회화론과 관련하여 트라우마론의 한 가지 특성을 밝힐 것이라고 말한 바 있다. 이것은 새로운 특성이라기보다는 지금까지 살펴본 트라우마의 여러 성격의 종합적 귀결이라고도 할 수 있을 터인데, 바로 우리가 트라우마와 맞닥뜨림에 의해서 근대적인 의미에서의 주체의 위치로부터 벗어날 수 있다는 것이다. 이미 우리는 르네상스 시대의 원근법에 대한 비판을 통해 주체의 자리가 작위적이고 허구적인 위치라는 점을 밝혔다. 사물들의 시선에 의해 상처받은 화가의 눈은 그 허구적인 자리를 떠나 그 배후에 은폐된 존재의 조직 속으로 들어갈 수 있다. 이 점을 메를로-퐁티는 '본다는 것'의 의미를 되새기면서 다음과 같이 서술한다. "이제 우리는 보다 voir라는 이 하찮은 낱말의 뜻을 아주 잘 이해할 수 있게 된 것 같다. [……] 그것은 내가 나 자신으로부터 부재하기 위해 내게 주어진 수단이다" (OE, 81). 근대적 주체는 인위적인 원근법의 소실점 같은 세계의 중심이었다. 그러나 이제 사물로부터 온 트라우마의 부름을 받은 화가의 눈은 그 허구적인 중심을 떠날 수 있다. 그런데 중요한 것은, 화가가 되지 못하고 한 사람의 감상자로 머무를 수밖에 없는 우리에게도 예술이 주는 선물로서 똑같은 일이 일어난다는 점이다. 감상자로서 우리는 주체가 하나의 대상을 자기 앞에 표상으로서, 혹은 세계를 '세계상 Weltbild'으로서 세우듯 그렇게 그림을 바라보는 것이 아니다. 오히려 "나는 그림을 본다기보다, 그림을 따라서 selon 혹은 그림과 함께 avec 본다"(OE, 23). 그림과 마주칠 때 우리의 눈도 화가의 눈과 더불어 주체의 위치를 떠나 존재의 조직 속으로 들어가버린다. 바로 그림의 '인도를 받고' 그림을 '따라가는' 것이다. 이 '주체의 탈중심화'가 우리가 마지막으로 지적할 수 있는 트라우마론의 특성이다.

4. 맺음말: 계시(啓示)의 시대, 그리고 우리 문학

트라우마란 우연히 맞닥뜨린 자극으로서 기존의 주체 개념과는 완전히 다른 주체의 발생(들뢰즈의 경우는 익명적 사유 활동의 발생)을 가능케 한다. 그것은 내가 원하지도 않았는데 우연히 나타나 나를 후려친 상처이며, 또 그에 적합한 표상을 갖추지 않은 일종의 암호 문자이다. 어느 날 갑자기 상처를 받은 자는 유대인 예언가들처럼 그 암호가 숨기고 있는 '계시'와 맞닥뜨린 것이다. 즉 트라우마론은 배후에 계시의 이념을 숨기고 있다. 들뢰즈는 "우리는 기호를 궁극적 계시 révélation라는 관점에서 다루어야 한다"(PS, 129)라고 말한다. 또 그는 상처를 주며 나타난 기호를 해석하는 일을 테베의 점성술사의 작업에 비유하기도 한다(PS, 161). 레비나스 또한 타자, 즉 무한자의 나타남을 다음과 같이 진리의 '계시'라는 말로 표현한다. "진리란 아무런 선험적인 것이 없는 것이다. 무한자의 이념은 그 말의 가장 강한 의미에서, '계시 se révéler'된다. (……) 이 예외적인 인식은 더 이상 객관적인 것은 아니다. (……) 이 진리는 타자에게서 찾아진다."[37] 이런 점에서 트라우마의 이념은 신학적인 설명 방식의 도움을 요청

---

37) E. Levinas, *Totalité et infini* (la Haye: Martinus Nijhoff, 1961), p. 33.

한다. 적합한 표상이 없이 주어진 트라우마는 늘 참을 수 없는 상처의 고통과 더불어 그것이 계시하는 바를 추적하도록 우리를 부추긴다. 그러므로 우리는 상처받을 수 있는 주체에 관한 이론들로부터 이 세기 전 칸트가 그토록 우려했던 계시론적 목소리를 다시 듣고 있는 듯하다.

「최근 철학에서 나타나는 귀족 티를 내는 목소리에 관하여 Von einem Neuerdings erhobenen vornehmen Ton in der Philosophie」라는 글에서 칸트는 철학을 "비밀이 계시되는 양식"[38]으로 여기고자 하는 자들을 고발한다.[39] 칸트에 따르면 인식은 이성의 노동에 의해 얻어지는 것이지, 예언자들처럼 자신에게 떨어진 얼토당토않은 신탁의 해석을 통해 얻어지는 것이 아니다. "지성은 그 자신의 개념을 분석하고 또 원리들에 따라 그것을 정돈하기 위해 엄청난 노동을 쏟아붓는다. 인식에 있어서 진보를 이루려면 지성은 한 걸음 한 걸음 매우 어려운 길을 올라가야 한다"(KA, VIII, 389). 반면 계시를 기다리는 자들은 "'노동'을 필요로 하지 않으며 그저 신탁(信託)을 듣고 즐긴다"(KA, VIII, 390). 수동적으로 주어지는 계시의 이념은 자발적 지성의 노동의 이념에 대립한다. 그리하여 칸트가 완성한 이성의 시대는 철학에 있어서 모든 예언자들이 박해받던 시대, 계시가 인간에게 전달되기 위한 어떤 통로도 찾을 수 없던 시대, 저 혼자서만이 체험의 증인이 될 수 있는 특정한 singulier 상처의 의미를 이해할 수 없었던 시대이다.

---

38) 칸트 학술원판 전집, VIII, 389(약호 KA).

39) 이 논문에서 공격의 대상은 '지성적 직관'을 주장하는 자들이며, 이들이 상처받을 수 있는 주체에 관한 이론가들과 아무 상관이 없음은 물론이다. 우리가 초점을 맞추고자 하는 바는 다만 '철학에서의 계시적인 양식 일반'에 관한 칸트의 비판이다. 한 가지 밝혀두자면 칸트 저작의 제목에서 'vornehme'을 '귀족 티를 내는'으로 번역한 이유는 이제 보겠지만 그것이 '노동'과 대립하는 철학을 가리키고 있기에 칸트의 의도를 잘 드러내줄 수 있겠다고 생각한 까닭이다.

그러나 상처받을 수 있는 가능성에 주목하는 철학자들은 노동을 버리고 신탁의 부름을 받아 떠나는 테베의 점성술사들이다. 상처를 받은 자만이 자기 경험의 증인이 될 수 있는 상처의 '특정성 singularité'을 주장하는 들뢰즈가 그렇다. 들뢰즈뿐 아니라 우리가 살펴본 모든 트라우마론에 공통적인 것이지만, 상처는 칸트에게서 볼 수 있는 것과 같은 일반화할 수 있는 '가능한 경험'이 아니라 특정한 체험인 것이다. '가능한 경험 일반'이 아닌 까닭에 그 경험을 가능케 해주는 원리에 대한 미리 준비된 어떤 선험적 이론도 있을 수 없다. 레비나스 또한 계시의 부름을 받고 떠나는 유대인의 핏줄을 이어받은 자이다. 레비나스에게서 주체는 노동을 통해 집을 짓고 자기 욕구를 충족시킬 수 있는 내재성의 영역을 일군다. 그러나 어느 날 고통받는 타자의 얼굴이 현현했을 때 주체는 신의 목소리를 들은 아브라함처럼 노동을 통해 구축한 자기 세계를 버리고 세계 저편에 있는 타자에게로 간다. 그러므로 타자의 고통받는 얼굴에서 무한자의 흔적을 읽는 사람은 예언과 마주친 자이다.[40]

이처럼 칸트가 철학으로부터 어렵게 몰아낸 암호 해독을 하는 점성술사, 유대인 예언자들, 계시를 감추고 있는 흔적들은, 우리 시대에 트라우마의 철학자들을 통해 철학의 중심부로 다시 기어들고 있다. 그리하여 근대적 주체의 자산들은 쫓겨났던 것들에게 하나하나 자리를 내준다. 자율성은 비자발성으로, 경험의 객관성 및 일반성은 특정성으로, 필연성은 우연성으로, 지성의 노동하는 능력은 감성의 상처받을 수 있는 가능성으로 대체되는 것이다. 이제 주체는 스스로 대상 세계를 정립하는 자가 아니라 '저편으로부터의 선물'을 기다리

---

40) 예언도, 흔적으로서의 타자도 규정된 표상이 아니기에 근본적인 애매성을 지닌다. 들뢰즈가 기호의 출현을 근본적으로 애매한 신탁의 출현으로 표현하는 것과 동일하게 레비나스도 타자의 등장을 예언의 현시로 표현한다(예언에 대해선 AQE, pp. 190~94 참조).

는 자일 뿐이다.[41]

마지막으로 우리 문학은 어떤 식으로 트라우마의 체험을 수용하고 있는지에 관해 짧게나마 살펴보려 한다. 외국에서 발생한 이론들을 우리 맥락에서 작동시켜보겠다는 강박 관념 내지 조바심, 혹은 더 나쁜 경우에는 '얕은 수'는 어떤 의미에서 꽤 유해한 것이기도 하다는 생각이지만, 우리 글들이 부분적으로 트라우마의 징후를 보여주고 있다는 점을 확인해두는 것은 나름대로 의미있는 일일 것이다. 매우 제한된 이 성찰은 우리 문학에 있어서 트라우마의 경험으로 들어가는 현관이 어떻게 생겼는지를 확인 정도 해두는 데 만족하고자 한다. 그런 점에서 우리는 하나의 서문과 하나의 창작론에 시선을 제한해 둘 것이다.

우찬제는 『상처와 상징』(민음사, 1994, p. 7)에서 "소설을 일러 상징의 숲이라고 말할 수 있다면, 상징 읽기란 곧 소설 읽기의 핵심사"라는 말로 자신의 비평적 작업을 요약한다. 상처를 가장 민감하게 감지하는 것은 작가들이다. 작가가 감지한 "상처의 흔적들이 소설에서 살아 있는 상징을 산출한다." 그런데 "상징은 때때로 모호하고 자주 불투명하다." 그 불투명성 때문에 상징은 바로 상징이 될 수 있는 것이며, 상징을 읽어내는 비평의 작업이 요구되는 것이다. 소설가가 감지한 상처, 작품 속에서 상징의 생산, 비평가의 상징 읽기라는 이러한 유통 구조는 우리가 살펴본 트라우마론의 모델 가운데서도 프로이트의 그것과 매우 친화적인 것으로 보인다. 우리는 프로이트에게서 트

41) 오해의 여지를 없애기 위해 한 가지 밝혀두어야 할 점은, 레비나스의 경우 흔적은 '저편으로'부터 오는 것, 즉 외재적인 것을 가리키지만, 들뢰즈의 경우 '기호'와 '기호 해독을 하는 파편적 주체'는 모두 그가 '초월적 장 champ transcendental'이라 부르는 하나의 '내재성 immanence' 속에 있다는 것이다(G. Deleuze, "L'immanence: une vie ……," *Philosophie*〔No. 47, 1995〕, p. 4 참조).

라우마의 자극을 받은 자는 오로지 상징의 형태로만 자기의 상처를 의식의 표면 위에 표현할 수 있었음을 보았다. 그 상징(엠마의 옷)이란 너무도 불투명하여 늘 분석가의 읽기를 요구한다. 그 읽기를 통해 우리는 상징 뒤에 숨겨진, 상처가 태어난 상황에 대한 인식에 도달할 수 있는 것이다. 우찬제가 작가들마다의 "상처의 치유 방식"에 관심을 두는 것 또한 그의 비평의 태도를 정신분석학자의 그것에 더욱 가깝게 한다. 물론 그가 비평의 상처 읽기는 '한 개인의 사적 고고학'일 수 없다고 못박는 점은, 그것이 기존의 정신분석학과 갈라서는 지점을 명시해주고 있다. 상처는, 들뢰즈의 표현을 빌리면 일종의 형이상학적 가상Schein인 오이디푸스라는 가족주의의 모델 안에서 생겨나지 않고, 정치적 · 사회적 상황 안에서 생겨나기 때문이다. 이 비평가가 최근 상처론에서 타자론으로 관심을 옮긴 것은 거의 중력의 법칙만큼이나 자연스러운 관심의 확장으로 보인다. 바르트나 메를로-퐁티의 트라우마론이 보여주듯 트라우마는 사물로부터도 오지만, 레비나스를 통해, 그리고 알베르틴에 대한 여러 비평적 읽기를 통해 살펴보았듯 그것은, 이타성이라는 본성상 내가 결코 나의 것으로 만들 수 없는 타자로부터 온다. 이 점을 분명히 인지하고 있기에 이 비평가는 "타자와의 관계 속에서 일어나는 행위적 · 심리적 사건이 상처를 생성하는 것"이라고 지적한다. 이제 우리는 우찬제의 상처론과 타자론의 조우가 만들어낼 풍요로운 수확을 기다리고 있다.

우리가 읽을 또 하나의 글은 이성복의 「나는 왜 비에 젖은 석류 꽃잎에 대해 아무 말도 못했는가」(『작가』〔여름호, 1997〕—이하 괄호 안에 페이지 수만 표시)라는 일종의 창작론이다. 이 글은 우선 그것이 성공한 시창작의 이야기가 아니라 실패한 시인의 이야기, 더 이상 시 못 쓰는 시인의 실패담으로 이루어진 창작론이라는 점에서 눈길을 끈다(이 실패의 체험으로부터 우리는 우선 이 글이 가지는 트라우마론의 가능성을 발견한다. 트라우마의 경험이란 무엇인가? 그것은 무엇보다도 우연히 충격과 맞닥뜨렸을 때 그 충격을 주체의 인식적 자산으로 거머쥐기 위해 적합한 표상과 관련시키는 데 실패하는 것이다). 마들렌 과자의 실패, 세 그루 나무의 실패 등등 실패담을 주저리주저리 늘어놓음으로써 하나의 성공적인 창작론을 이룩하는 경우는 프루스트를 통해서 이미 실현되었던 바이지만, 어쨌든 이성복의 글은 창작 과정상의 실패담이 시 쓰기의 본질을 드러내는 데까지 도달한 흔치 않은 예가 아닐까 싶다.

어느 날 시인은 우연히 비에 젖은 빨간 석류 꽃잎 하나와 맞닥뜨린다. 이 체험을 "공포와 질식의 느낌"(12)이라고 기술하는 데서 우리는 이 시인이 트라우마의 경험에 민감한 사람임을 알아차리게 된다. 그 꽃잎은 나에게 무슨 말인가를 건네고 있는데, 그 말은 어떤 비밀스러운 계시처럼 어려운 암호 속에 들어 있다. 즉 그 암호는 "겹겹이 에워싸인 장미의 속처럼 내가 모르는 수많은 의미와 정보를 담고 있다"(13). 그 꽃잎은 적합한 표상 없이 주어진 자극으로서, 무엇인가 중요한 신탁을 건네고 있는 듯 시인을 괴롭힌다. 그러나 시인은 꽃잎이 숨기고 있는 정보를 도무지 번역해내지 못한다. 시인의 표현을 빌리면 그 꽃잎은 "어쩌면 영원히 청각 언어로 번역될 수 없는 '비정한' 시각 언어"(13)인 것이다. 이처럼 그는 주어진 흔적(상처)을 본능적으로 '번역'의 문제와 연관시키는 점성술사, 계시를 기다리는 유대인 예언가의 기질을 다분히 가지고 있다. 또한 그 꽃잎의 체험은 전적인 수동성의 체험이다. 비교컨대 그것은 마들렌의 체험을 비롯한 프루스트의 모든 비자발적인 체험(포석, 숟가락 소리, 냅킨의 빳빳한 촉감, 수도관 소리)과 마찬가지로 내가 원할 때 내 앞에 소환할 수 있는 체험이 아니다. "이 형상들의 첫째가는 특성은 내가 그것들을 자유롭게〔능동적으로〕 선택할 수 없으며, 그것들은 그것들이 가진 고유한 상태 그대로 〔수동적인〕 나에게 주어진다는 것이다"(RTP, III, 879). 이렇게 말하는 프루스트와 똑같이 이성복이 체험했듯, 석류 꽃잎으로부터의 "그 반응은 늘상 일어나지 않으며, 그 효과 또한 그리 선명치 않다"(13).

수동성, 비표상성, 우연성 등 이성복의 실패담은 우리가 살펴본 트라우마론 일반의 특성 모두를 공유하고 있지만, 굳이 지적하라면 꽃잎 속에 들어 있는 수많은 정보의 번역을 과제로 설정하고 있다는 점에서 들뢰즈의 기호 해독 모델과 매우 유사한 모습을 보여주고 있다. 그가 꽃잎 속에 들어 있는 비밀을 밝혀내기 위해 어떤 모색을 해나가는지 살피기 위해서 이 이상 그와 동행하는 일은 우리에게 허락되지 않을 것이다. 그는 기호 해독에 성공할 것인가? 어떻게 성공할 것인가? "어떤 기호들이 (사랑이나 고백하기 창피하기조차 한 욕구를 통해) 그의 배움에 도움을 주는지 누가 알겠는가? 〔……〕 누군가가 어떤 우여곡절을 통해 위대한 작가가 되는지 누가 알겠는가?"(PS, 48~49) 상황은 아마도 삶 자체와 동일할 것이다. 누구도 다른 사람의 특정한 삶 전부를, 그의 형성 formation을 온전히 다 엿보지는 못한다. 다만 우리가 말할 수 있는 것은 신탁을 받은 자의 운명, 유리 조각처럼 날카로운 계시가 마음을 후벼 파놓은 자의 운명일 뿐이다. 이성복은 유대인들을 박해하러 가는 사울의 새 이름, 곧 바울로의 이름으로 세례를 받은 자이다. 언제 갑자기 신의 말 소리가 그의 가슴을 후려치고 빛이 그의 눈을 멀게 할지 모른다. 다마스쿠스에서 눈이 먼 채 사흘을 기다린 사울처럼, 석류 꽃 한 잎의 후려침, 그 트라우마 속에 숨겨진 계시를 해독해내기 위해서 그는 사울의 시간을 보내야 할 것이다. 중요한 것은 그가 '상처받을 수 있는 가능성'을 지닌 자라는 점, 그리하여 일상의 나날엔 하기 싫은 노동을 하고 먹거리를 움켜쥐고, 내재적인 자기 소유의 영역을 일구고 그리하여 세계의 중심, 세계를 표상으로서 자기 앞에 세우는 자, 자기 세계에 스스로 의미를 부여하는 자로서 살지만, 어느 날 상처를 통해 계시가 들려오면 배부른 양떼들을 버리고 '존재의 저편으로' 갈 수 있는 자라는 점이다. 누가 어느 날인가 밖에서부터 그렇게 상처를 내며 통로를 열어주지 않는다면, 우리가 어떻게 밖을 내다볼 수 있겠는가? 상처가 없다면 세계를 전부 다 소유한 자의 고독 속에서 죽는 일만이 남을 것이다. 그러므로 아마도 상처받을 수 있다는 것은 밖으로 나갈 수 있는 가능성을 지닌다는 것, 존재의 저편으로 갈 수 있다는 것, 즉 구원받을 수 있는 가능성을 지닌다는 표식일 것이다.

제2부 주체와 타자

제3장

주체의 근본 구조와 타자*

—레비나스와 들뢰즈의 타자 이론

1. 레비나스 철학의 문제

엠마누엘 레비나스는 누구인가? 이 철학자에 대한 이야기의 실마리를 들뢰즈의 언급과 더불어 풀어보는 것도 나쁜 방법은 아니다. 들뢰즈는 그의 전저작을 통해 레비나스에 관해서 단 한 번 언급한다. 오늘날 헤겔이나 하이데거와 전혀 다른 기반을 가진 새로운 유형의 철학적 시도들로 유대 철학, 이슬람 철학, 힌두 철학, 중국 철학, 일본 철학 등 유럽 세계 바깥 철학의 몇몇 대표자들을 열거하는 자리에서, 들뢰즈는 유대 철학의 대표자로 레비나스를 꼽는다.[1] 레비나스에 관한 이런 식의 언급 혹은 분류는 틀리지는 않지만, 유감스럽게도 레비나스의 또 다른 중요한 측면들은 전혀 드러내주고 있지 못하다. 레비나스가 현대 서유럽 철학의 가장 중요한 스승들인 후설과 하이데거에게 직접 교육을 받았으며, 현상학을 통해 철학에 입문하였고, 현상학적인 방법을 통해 서양 철학의 가장 핵심적인 문제들과 씨름하

* 이 글의 최초의 형태는 『세계의 문학』(봄호, 1996)에 발표되었다. 이 책에선 약간의 수정을 가하고, 지면 관계상 보류해두었던 부분을 추가하였다.

1) G. Deleuze & F. Guattari, *Qu'est-ce que la philosophie?* (Paris: Éd. de Minuit, 1991), p. 88(약호 QP).

며 그의 독자적인 철학을 구축하였다는 점 말이다. 리투아니아 출신(그러므로 러시아 문화권), 유대인(그러므로 유대교인), 현상학의 중심지에서의 교육(그러므로 서유럽 철학자), 이 세 가지는 레비나스를 서구 사상에 정통하게 만드는 한편 서구의 시각 바깥에서 서구 사상을 비판할 수 있는 조건을 마련해주었다. 한마디로 그는 '안팎에서 볼 수 있는 자'가 되었다.

레비나스는 후설, 하이데거와 더불어 출발한다. 그의 최초의 글들은 후설에 대한 연구서들이었다.[2] 레비나스는 "확실히 나의 글쓰기의 시초는 후설이다. 나는 지향성 개념을 그에게 빚지고 있다"라고 말한다.[3] 그러나 몇 가지 예비적인 작업에 해당하는 논문들을 써낸 후 그는 서양 철학의 존재론 전체를 비판적으로 문제삼는 독창적인 철학을 내놓는다. 레비나스가 보기에 서양 존재론은 타자를 동일자로 환원하는 전체성의 철학이다. 타자의 환원 불능의 고유성을 무시하고 타자를 전체성 속에서 파악하는 것이 서양 철학의 지배적인 사유 방식이라는 것이다.[4] 물론 이러한 통찰은 직간접적으로 제2차 세계 대전의 체험에 힘입은 바 크다. 레비나스는 인간이 타자에 대한 윤리적인 책임을 상실하고, 타자를 나의 영향권 아래 종속시키기 위해 국가사회주의 같은 전체주의의 이념을 강요하는 일이 어떻게 생길 수 있

2) 그가 발표한 최초의 글은 "Sur les *Ideen* de M. E. Husserl," *Revue Philosophique de la France et de l'Étranger*(CVII, 54e année n. 3~4, 1929)로 후설의 『이념들 I』에 대한 논문이다. 그 다음으로 스트라스부르 대학에 제출한 박사 학위 논문은 『후설 현상학에서 직관 이론 *Théorie de l'intuition dans la phénoménologie de Husserl*』(Paris: J. Vrin, 1930)이다.

3) E. Levinas, "La conscience non intentionnelle," F. Poirié(ed.), *Emmanuel Lévinas: Qui êtes-vous?*(Paris: La Manufacture, 1987), p. 151(약호 EL).

4) 레비나스는 이렇게 말한다. "서양 철학은 타자가 존재자로 나타남에 있어서 타자성을 상실하게끔 타자를 드러낸다"(E. Levinas, *En Découvrant l'existence avec Husserl et Heidegger*[Paris: J. Vrin, 1982], p. 188[약호 DEHH]). 타자는 "서양 철학을 지배하는 전체성의 개념 속에 고정된다"(E. Lévinas, *Totalité et infini*[la Haye: Martinus Nijhoff, 1961], p. x[약호 TI]).

는지 묻는다. 나치즘과 파시즘이 일으킨 전쟁은 단순히 정치적 · 경제적인 관점에서 해명되지 않으며, 또 여러 형태의 휴머니즘을 통해서 방지되거나 치유될 수 있는 문제가 아니었다. 그것은 본질적으로, 타자를 동일자(나)로 환원하는 서구 존재론의 구조에서 필연적으로 유래할 수밖에 없는 전쟁이었다.

이런 배경 아래서 우리는 왜 레비나스 철학의 첫째가는 관심이, 나라는 동일자로 결코 흡수되지 않는 타자가 있음을 드러내고, 그 타자에 대해 내가 가지는 윤리적인 책임성이 나의 나됨, 즉 나의 주체성 subjectivité을 구성하는 근본임을 보이는 것이었는지 쉽게 납득할 수 있다.

2. 레비나스의 타자 이론: 주체의 탄생과 타자

현대 철학은 흔히 인간의 죽음 혹은 주체의 죽음을 이야기한다. 모든 존재자들을 근거짓는, 세계의 최종 지반으로서의 주체는 오늘날 그 위력을 상실해버렸다. 레비나스도 이런 주체를 근원적인 지반으로 삼으려고 하지는 않는다. 그러나 그가 포스트구조주의자들처럼 주체의 죽음을 선언하는 것도 아니다. 레비나스가 말하는 주체란 어떤 주체인가? 그 주체의 근본 구조를 살펴봄으로써 우리는 그의 철학의 가장 중요한 특징들을 이해할 수 있을 것이다.

우리는 우리와 다른 대상을 먹거나, 기술을 매개로 우리에게 필요한 물건으로 바꾸거나, 또는 우리의 인식 능력에 표상되는 것으로서(즉 우리의 인식 능력이 거머쥐는 것으로서) 인식한다. 욕구 besoin하는 대상을 흡수하고 어떤 방식으로든 나에게 종속된 것 혹은 나에게 소유된 것으로 만든다. 요컨대 나는 내가 주인인 나의 세계를 구성한다. 레비나스는 내가 나의 욕구를 실현시키기 위해 대상을 나 자신에게 종속시키는 일을 부정하지도 거부하지도 않는다. '존재 안에 머무르려는 경향 conatus essendi'을 타고난 존재자 일반은 숙명적으로 자기 욕구를 충족시키게끔 되어 있다. 요컨대 "존재자가 자기 자신에게 전념"[5]하는 것은 당연한 일이다. 레비나스는 내가 세계의 주인으로서, 나의 욕구에 따라 세계를 향유 jouissance하고 관리하는 이러한 존재 양식, 혹은 나 자신에게 몰두하여 끊임없이 나의 세계로 귀환하는 사유를 일컬어 '존재론'이라고 부른다. 이와 반대로, 나의 존재 유지를 위해 먹고 마시고 도구를 만드는 나의 세계로부터 떠나, 나의 바깥 혹은 나와 절대적으로 다른 자에게로 가고자 하는 사유를 일컬어 '형이상학'이라고 부른다.[6] 우리에겐 나의 존재 유지를 위해 대상을 소유하고자 하는 '욕구 besoin'와는 다른 '욕망 désir'이 있다(레비나스가 욕구와 대비되는 개념으로 욕망이란 말을 쓸 때는 언제나, 나와 전혀 다른 자, 내가 어떤 방식으로도 규정할 수 없는 무한자에게로 가고자 하는 '형이상학적 욕망'을 의미한다).[7] 욕구는 대상을 향해 주체 바깥으로 나갔다가 그 대상을 주체의 향유거리, 소유물로 삼음으로써 다시 주체에게로 귀환하는 반면, 무한을 향한 욕망은 귀환 없이 주체의 바깥으로 초월하고자 한다. "형이상학적 욕망은 〔나 자신의 세계 안으로〕 회귀하고자 하지 않는다. 왜냐하면 그것은 우리가 태어나지 않은

---

5) E. Levinas, *Le temps et l'autre* (Paris: P.U.F., 1983; 초판: 1947), p. 36.

6) 이런 의미에서 레비나스는 자기에게 몰두하는 사유인 존재론을 귀환의 이야기인 율리시즈에, 낯선 곳으로의 초월의 사유인 형이상학을 고향을 버리고 미지의 땅으로 떠돌아다니는 아브라함에 비유한다(DEHH, 191 참조).

7) '욕구'와 '욕망'에 서로 대립적인 의미를 부여한 것은 레비나스 철학의 가장 유명하고도 기본적인 내용이다. 그러나 이 두 용어가 서로 반대되는 뜻을 지니는 개념으로 엄밀히 구별되어 쓰이는 것은 『전체성과 무한』에서이며, 그 이전의 저작에선 이 개념들은 분명히 구분되어 있지 않다. 가령 초기에는 존재론적 욕구를 가리키기 위해서 'besion' 대신 'appétit' 'désir' 등의 낱말들이 구별 없이 병행해서 사용되기도 한다(E. Levinas, *De l'existence à l'existant* (Paris: J. Vrin, 1963; 초판: Fontaine, 1947, p. 56 참조).

땅에 대한 욕망이기 때문이다"(TI, 3). 이 욕망은, 플라톤이 '욕망할 수 있는 최고의 것으로서 존재자들 너머에 있는 최고 선의 이데아'를 이야기했을 때의 욕망, 곧 '초월'하고자 하는 욕망이다. 그런데 구체적으로 우리는 어떻게 나의 세계 밖으로 초월할 수 있을까? 어떻게 우리는 우리와 절대적으로 다른 자, 우리가 규정할 수 없는 무한자와 대면할 수 있을 것인가? 레비나스 철학은 나의 세계를 떠나 낯선 자에게로 가는 이 '초월'의 가능성을 숙고한다.

절대적으로 나와 다른 자와 맞닥뜨리는 상황은 어떤 식으로 우리에게 일어나는가? 절대적으로 다른 자, 곧 타자는 모든 것이 박탈된 궁핍한 '얼굴,' 고통받는 얼굴의 모습으로 나에게 현현épiphanie한다(DEHH, 194). 나는 다른 사물을 인식하듯 타자를 인식할 수 있다. 또 타자를 수단으로 이용할 수도 있다. 한마디로 이런 방식들을 통해서, 나의 세계를 구성하기 위해 타자를 소유할 수 있다. 그러나 고통받는 얼굴은 내가 어떤 식으로도 소유할 수 없는 자, 어떤 방식으로도 나로 환원되지 않는 자이다. 그 얼굴은 나의 모든 능력에 반대하여 나에게 '저항'한다. 얼굴의 저항이란, 대상 세계를 소유하고 지배하려고 하는 나의 힘을 무력화시키고 나의 윤리적 행동을 촉구하는 '윤리적 저항'이다(DEHH, 173). 고통받는 타자의 얼굴은 나에게 환원되기는커녕 정반대로, 가령 '살인하지 말라'고 나에게 명령한다. 타자는 나보다 높은 곳에 있는 나의 주인처럼 내가 윤리적으로 행동하기를 명령하고[8] 나는 그 명령을 회피하지 못한다. 그러므로 어떤 식으로도 나에게 규정되지 않고, 오히려 나의 힘을 무력화시키고 나에게 명령하는 타자의 얼굴이란, 형이상학의 대상, 규정 불능의 무한자, 곧 신을 닮고 있다. 신은 바로 타자의 얼굴을 통해서 내게 말을 건넨다.

8) 이처럼 레비나스에게 있어서 윤리적 명령의 무조건성이란 타자가 나보다 높은 곳에 있는 '비대칭적' 관계를 통해서 성립하는 것이지, 나와 타자의 평등적 · 대칭적 관계 속에서 성립하지는 않는다.

"타자는 신의 육화 incarnation가 아니다. 그러나 분명 그의 얼굴로 인하여—이 얼굴 속에서 타자는 비물질적〔초월적〕이 된다 désincarné—타자는 저 높은 것 hauteur의 현시이며, 이 현시 속에서 신은 나타난다 se révéler" (TI, 51).[9)]

레비나스의 초월이란 바로, 고통받는 얼굴의 모습으로 나타나는 절대적인 타자, 규정 불능의 무한자와 관계함을 말한다. 왜냐하면 나는 나에게 전념하기를 그만두고, 나와 전혀 다른 자에게로 가서 그의 윤리적 요구에 전념하게 되기 때문이다. 이렇게 레비나스는 존재론, 형이상학, 초월, 무한자 등의 고전적인 개념의 의미를 윤리학적인 도식 안에서 새롭게 이해한다.

타자의 얼굴과의 만남은 정서적인 혹은 심리적인 체험이라기보다는 "존재 자체의 궁극적 사건"(TI, xvi)이다. '존재 안에 머무르려는 경향'에 따라 욕구를 충족시키는 것이 주체성의 근본을 이루는 것이 아니라, 타자의 얼굴과의 관계를 통해서 비로소 근본적으로 나의 주체성이 구성된다. 왜냐하면 우리는 자기 존재 유지를 위해 대상을 자기에게 종속시키고자 하는 욕구 이전에, 무한자에게로 초월하고자 하는 욕망을 가지고 있기 때문이다. 즉 "인간의 본질은 '존재 안에 머무르려는 경향'이 아니라 〔……〕 아듀 adieu이다."[10)] '아듀'란 무엇

9) 재미있게도 얼굴의 '나타남'을 일컫는 말인 'épiphanie'는 신의 아들로서 공중받은 예수의 나타남(公現)을 가리키는 말이기도 하다. 물론 그리스도가 유대교도인 레비나스의 사상에서 적극적인 역할을 할 수 없다는 것은 당연한 일이지만, 우리는 레비나스가 얼굴의 에피파니를 통해 나타내고자 한 바를, 내 이웃의 얼굴이 신처럼 내게 나타나며, 신을 섬기듯이 고통받는 내 이웃을 섬겨야 한다는 의미로 이해해야 할 것이다. 데리다는 레비나스의 사유가 신의 얼굴과 내 이웃의 얼굴 사이, 신으로서의 무한한 타자와 다른 사람으로서의 무한한 타자 사이의 '유비의 놀이'를 하고 있다고 말한다. "레비나스는 신의 무한한 이타성 altérité(異他性)과 다른 사람의 무한한 이타성을 구별하지 않는다. 그러므로 그의 윤리학은 이미 종교이다" (J. Derrida, *Donner la mort* 〔Paris: Galilée, 1999〕, p. 117).

10) E. Levinas, *Dieu, la Mort et le Temps* (Paris: Grasset, 1993) p. 24.

인가? 아마도 이 말은 레비나스의 초월 개념의 본질을 가장 잘 설명해주는 용어가 될 것이다. 이 말의 용례적, 그리고 어원적 의미를 나열해보자면 세 가지 정도가 가능할 것이다. 1) 타자와 만났을 때 하는 인사 혹은 축복, 2) (죽음을 포함해서) 떠날 때 하는 인사 혹은 축복, 3) 신에게로 à Dieu 가다라는 세 가지 해석이 가능하다.[11] 여기서 첫번째 것은 타자와의 만남을, 두번째 것은 존재의 타자로서 죽음을, 세번째 것은 무한자에로의 초월에 각각 강조점이 주어져 있다. 그러나 우선 여기서 죽음을 향한다는 뜻에서의 아듀는 레비나스가 말하고자 한 바에서 가장 먼저 배제되어야 할 것이다. 레비나스에게서 초월은 결코 존재의 타자로서의 무, 삶의 타자로서의 죽음, 이승의 타자로서의 저승을 의미하지 않는다.[12] 레비나스는 아듀에 대해서 이렇게 설명한다. "아듀 l'à-Dieu는 어떤 최후 궁극 finalité이 아니다. 아듀의 되돌릴 수 없는 성격 irréductibilité을 통해서 〔……〕 존재론적 인내 persévérance에 기여하던 인간의 의식은 단절된다. 〔……〕 아마도 '존재 저편' '신의 영광'이 의미하는 바는 이런 것이다. 존재와 무 사이의 양자 택일은 궁극적인 것이 아니다. 아듀는 존재의 과정이 아니다."[13] 여기서 레비나스는 존재와 무 사이의 양자 택일을 거부함으로써, 아듀는 죽음이라는 최후 궁극을 지향하는 일이 아님을 명시하고 있다. 즉 죽음도 세계 너머로, 존재 너머로 가는 길이지만 레비나스의 초월 개념과는 아무런 관련이 없는 것이다.[14] '존재 저편' '신의

11) J. Derrida, *Donner la mort*, pp. 71~72 참조.

12) 레비나스에게서 죽음이 초월로서 고려되지 않는다는 점에 대해서 우리는 8장 1에서 자세히 다룬다.

13) E. Levinas, *De dieu qui vient à l'idée* (Paris: J. Vrin, 1982), pp. 264~65.

14) 데리다는 레비나스를 해설하며 "아듀라는 인사는 종말의 표시가 아니다"라는 말로 죽음은 초월(아듀)이 될 수 없다는 점을 강조하고 있다(J. Derrida, *Adieu à Emmanuel Levinas*〔Paris: Galilée, 1997〕, p. 27). 그러나 단 한 가지 경우 죽음은 나의 초월을 가능케 하는 사건이 될 수 있는데, 그 죽음이 바로 타자의 죽음일 때가 그렇다(이 점에 대해선 8장 각주 16 참조).

영광' 등으로서의 아듀는, '존재론적 인내,' 즉 나의 존재 유지를 위한 욕구를 충족시키는 일을 중단시키는 일을 의미할 뿐이며, 이러한 중단은 나의 존재와 다른 것, 즉 타자에게 전념할 때, 즉 나의 존재가 아니라 타자를 염려할 때 이루어지는 것이다. 곧 '신에게로 à Dieu'라는 초월의 모험은 타자에 대한 인사 adieu, 타자에 대한 염려, 즉 타자를 윤리적으로 보살피는 일을 통해서만 이루어질 수 있다. 그러므로 위에서 아듀의 세번째 의미(신과의 만남)는 오로지 첫번째 의미(타자와의 만남)에 의존해서만 성립할 수 있다. 결론적으로 레비나스에게서 타자와의 관계, 즉 타자에 대한 나의 윤리적 책임성은 나의 주체성의 본질적인 구조를 이루는 동시에 초월의 본질적 구조를 형성한다. 내가 타자에 대해 윤리적 책임성을 지닌다는 것, 내가 주체로서 선다는 것, 내가 초월할 수 있다는 것은 한 가지 사건에 붙여진 여러 다른 이름들인 것이다.

3. 들뢰즈의 타자 이론: 공간적 지각과 시간 의식의 탄생

레비나스의 주체성과 타자에 관한 사유는 들뢰즈와의 비교를 통해 그 의의와 의미가 보다 분명하게 드러날 수 있을 것이다. 이미 살펴본 대로 레비나스는 현상학 공부를 하며 수업 시절을 보냈고, 후설 이후의 현상학의 모든 창조적인 계승자들이 그랬듯 후설의 현상학을 변질시켜(이 점에 있어서 레비나스는 유별나게 급진적이기는 했지만) 현상학의 폭과 깊이를 넓혔다. 그는 사르트르나 메를로-퐁티 같은 다른 현상학적 철학자들과 비슷한 연배이며, 자기 고유의 독창적인 철학을 그들보다 늦게 내놓은 것도 아니다. 또한 레비나스는 저술과 번역을 통해 프랑스에 현상학을 전파하는 데도 일익을 담당했다. 그런데 끊임없이 그의 철학은, 그와 직접 관련된 이런 사항들보다도, 많은 경우 포스트구조주의자들과 한 범주로 묶여서 소개되어왔다. 푸코, 들뢰즈 등의 포스트구조주의자와 레비나스는 서로 거의 언급하지 않으며, 또 전혀 영향을 주고받지 않고 각자의 독자적인 철학적 영역을 일구었다. 심지어 이들의 철학은 레비나스 철학과 대립되는 것으로 보이기까지 한다. 가령 어떤 이는 이렇게 말하기도 한다. "푸코는 '지식 속에서 태어난 인간'이라고 쓴다. 레비나스는 '타자를 위한 주체……'라고 쓴다. 여기서 우리는, 인문 과학을 통해 조작된 주체의 해체와 구조주의 사상가들의 객관주의가 〔윤리적〕 책임을 가진 주체의 부활과 상반된다는 것을 쉽게 알 수 있다"(EL, 18~19). 레비나스 자신은 "구조주의, 나는 그것을 이해할 수 없다"(EL, 131)라고 구조주의와도 자기 철학이 전혀 무관함을 이야기했다.[15]

그런데 포스트구조주의자들과 개인적으로나 학문적으로 거의 교류가 없었음에도 불구하고 레비나스가 포스트구조주의자들과 함께 묶이는 까닭은 무엇인가? 혹은 실존주의자들과 비슷한 시기에 전개되어가고 있던 그의 철학이 이제 와서야 포스트구조주의자들의 철학만큼 새로운 것으로 보이는 까닭은 무엇인가? 아마도 양자를 연관시키는 가장 큰 이유는 전체성 혹은 동일자의 여러 양태에 반대하여 차이의 의미와 중요성을 여러 가지 방식으로 환기시킨 포스트구조주의의 일반적인 특성과, 전체주의적 사유에 반대하여 타자의 의미를 강조한 레비나스 철학이, 어떤 의미에선 동일한 면모를 지닌다고 볼 수 있기 때문일 것이다.[16]

우리는 들뢰즈와 레비나스를 비교함으로써 양자의 공통적인 의의는 무엇이며, 또 본질적인 차이점은 무엇인지 살펴보려 한다. 물론

15) 특히 레비-스트로스와 관련하여 이렇게 말한다.

16) 특히 데리다와 관련해서 그렇다. 「자크 데리다」라는 작은 글에서 레비나스는, 자기 철학 후기의 주요 개념들(예컨대 '대리 Substitution')이 데리다의 해체 철학에서도 그대로 발견되고 있음을 지적하기도 했다(E. Levinas, *Noms propres* 〔Paris: Fata morgana, 1976〕, pp. 88~99 참조).

이 글에서 그 비교와 답변은 포스트구조주의자들이라는 집단보다는 들뢰즈 개인에 한정될 것이며, 또 주체와 타자의 문제에 제한될 것이다. 그러나 단지 개별 철학자들 간의 비교에 머무르지는 않을 것이, 그 비교를 통해 주체와 타자에 관한 두 사람의 사유가 이제껏 서양 철학의 역사를 통해 출현한 타자에 관한 고전적인 입장들과 근본적으로 구별되는 새로움이 무엇인지도 알아낼 수 있을 것이기 때문이다.

들뢰즈는 자신의 타자 이론을 여러 저작을 통하여 되풀이해서 다루고 있지만 어느 경우건 많은 페이지를 할애하고 있진 않다.[17] 그 구성적 측면에서 보자면, 들뢰즈의 이론은 1) 어떻게 타자가 자아의 공간적 지각을 가능케 해주는가, 2) 어떻게 타자가 자아의 시간 의식을 가능케 해주는가라는 두 가지를 핵심 문제로서 제기하고 또 풀어나간다. 우리의 탐구 또한 어떻게 타자가 주체의 발생을 가능케 하는지 '공간성'과 '시간성'이라는 두 가지 측면을 차례로 살펴보며 진행될 것이다.

들뢰즈는 타자의 효과란 "내가 지각하는 각각의 사물과 내가 사유

17) G. Deleuze, *Différence et répétition* (Paris: P.U.F., 1968), pp. 333~35(약호 DR); *Logique du sens* (Paris: Éd. de Minuit, 1969), pp. 350~72(약호 LS); QP, 21~23; 질 들뢰즈, 서동욱 외 옮김, 『프루스트와 기호들』(민음사, 1997), pp. 27~31(약호 PS). 들뢰즈 타자 이론의 일반적 특성은 다음과 같다. 그것은 크게, 1) 주체의 구성에서 타자의 역할이 무엇인가 2) 타자가 부재할 때의 효과는 무엇인가라는 두 가지 논의로 이루어져 있다. 들뢰즈의 철학적 주장 일반에 비추어본다면 두번째 주제가 보다 큰 중요성을 가질 것이다. 왜냐하면 이 글의 마지막 절에서 보게 되겠지만 타자의 부재는 주체성을 파괴하고 주체를 '비인격적' 요소로 되돌아가게 만들기 때문이다(들뢰즈 철학의 이런 반인간주의적 특성에 대해선 1장, 5장, 10장에서 집중적으로 다룬다). 텍스트의 서술상의 문제에 대해서도 지적하자면, 위의 저작들 가운데 오로지 『의미의 논리』만이 이 두 가지 논의를 다 다루며 나머지 셋은 첫번째 문제, 즉 타자의 현존의 효과만을 다룬다. 또한 『차이와 반복』과 『프루스트와 기호들』에서는 프루스트의 텍스트를 해석하면서 타자 이론을 전개하는 반면, 『의미의 논리』는 투르니에의 『방드르디』 해석을 매개로 타자 이론을 전개한다는 특징이 있다. 따라서 우리는 타자 부재의 효과를 이해하기 위해서 일정 부분 『방드르디』를 다루게 될 것이다.

하는 각각의 관념의 주위에서, 〔내 지각의〕 변두리의 세계, 즉 〔……〕 배경을 조직하는 것"(LS, 354)이라고 말한다. 이 점을 사물 세계에 한정지어서 좀더 구체적으로 이야기해보자. "대상의 어떤 부분을 내가 볼 수 없는 경우가 있다. 이때 나는 이 부분이 나에게는 안 보이지만, 동시에 타자에게는 보이는 부분으로 여긴다. 그 결과 내가 대상의 이 숨은 부분에 도달하려고 할 때, 나는 대상 뒤에 있는 타자와 결합하고, 그리하여 이미 예측했던 전체화를 할 수 있게 된다"(LS, 355). 사물 세계에 대한 우리 지각의 비투사성 때문에 우리가 사물에서 지각할 수 있는 부분은 늘 제한되어 있다. 후설식으로 표현하자면 대상은 늘 '음영 Abschattung지어' 주어진다.[18] 들뢰즈의 용어를 따르자면 대상에는 늘 가시화하지 않은 '잠재적인' 부분이 있는 것인데, 그 잠재적인 부분을 가리켜 그는 가능성들 possibilités, 배경(감추어진 곳들, fonds), 언저리들 franges 등으로 표현한다(LS, 360 참조). 그런데 우리의 의식은 이런 잠재적인 부분, 지각되지 않는 부분까지 종합하여 대상을 체험한다. 들뢰즈는 어떻게 이런 체험이 가능한가 설명하려는 것이다. 그런 체험이 가능한 까닭은 "돌연히 타자가 나타날 수 있다는 가능성이, 언제든 〔내 지각의〕 중심에 올 수 있기는 하지만 내 주의력의 변두리에 위치하는 대상들의 세계에 희미한 빛을 던져주기 때문이다"(LS, 354~55).[19] 즉 "변두리에 있는 그런 〔대상이〕 현존한다는 앎과 느낌은 오로지 타자를 통해서만 가능하다"(LS, 354).[20] 우리

18) 들뢰즈의 이론은 적어도 그 문제 제기 방식에서 후설을 떠올리지 않을 수 없게 만든다. 지각 대상은 그것이 가진 삼차원성 때문에 항상 음영지어 주어진다. 예컨대 입방체의 경우 나는 원리상 한 번에 삼면 이상을 지각할 수 없다. 그럼에도 불구하고 의식 체험 속에선 그것을 정육면체로서 체험한다. 이런 식의 체험이 가능한 까닭을 들뢰즈는 타자 존재를 도입해서 독창적으로 해명하고 있는 것이다. 실제로 이 문제와 관련하여 아주 짧게(그리고 간접적으로)이긴 하지만 들뢰즈는 후설을 언급하고 있다(LS, 358 참조).

19) M. Tournier, *Vendredi ou les limbes du Pacifique* (Paris: Gallimard, 1967), p. 32에서의 인용(약호 V).

가 지각하지 못하는 부분을 지각하고 있을 타자의 존재를 전제하고서만 우리의 의식은, 우리가 일상적으로 체험하는 바와 같은 하나의 전체화된 세계를 체험할 수 있다. 다시 말해 타자를 통해서, 이 전체화된 세계의 상관자로서 우리 의식은 구성된다.

그런데 이런 타자의 역할은 대상 인식에 국한되지 않는다. 타자는 정서적인 측면을 포함한 우리의 모든 지각 활동 속에서 역할한다. 이미 레비나스 철학에서 '얼굴의 현현'에 대해 살펴본 우리에게는 퍽 흥미롭게도, 들뢰즈도 '타자의 얼굴'을 언급하면서 이 점을 설명한다. "무서움에 질린 얼굴을 생각해보자(단 내가 그 무서움을 보지 못하고 경험하지는 못한다는 조건으로). 이 얼굴은 하나의 가능 세계, 즉 무서운 세계를 표현한다"(DR, 334). 우리는 타자의 얼굴을 통해 우리의 지각이 미치지 못하는 부분, 지금 내가 현실적으로 지각하지 못하는 잠재적인 부분까지 통틀어 전체로서 하나의 무서운 세계를 구성할 수 있다.[21] 우리가 보지 못하는 부분엔 잠재적으로 타자의 시선이 가 닿고 있으리라 여기고, 우리가 듣지 못하는 소리를 잠재적으로 타자의 귀가 듣고 있으리라 여긴다. 이렇기 때문에 들뢰즈는 타자를

---

20) 나는 내 뒤에 보이지 않는 대상들이 세계를 형성하리라는 것을 안다. "왜냐하면 그 대상들은 타자에게 보일 것이고, 타자에 의해서 보아질 것이기 때문이다." 만약 이런 타자가 없다면 "내가 보지 못하는 세계는 절대적으로 모르는 세계이다. 내가 있지 않은 모든 곳은 현실적으로 헤아릴 길 없는 암흑이 군림한다. (……) 세계는 잠재태가 없는 암흑으로 덮이고, 가능성의 범주는 파괴된다"(LS, 355~56).

21) 얼굴에 관한 이 분석을 들뢰즈는 프루스트 독해에도 적용하고 있다. 들뢰즈가 자신의 타자 이론을 통해 분석하고자 하는 것은 주인공 마르셀의 알베르틴에 대한 질투, 혹은 스완의 오데트에 대한 질투이다. 애인이 내게 던지는 미소는, 그 미소가 나 아닌 다른 사내들에게도 던져질 수 있는 잠재적인 세계를 표현한다. 즉 애인의 미소 띤 얼굴은 내가 모르는 애인의 부정(不貞)을 하나의 가능 세계로서 내게 소개한다. 질투의 조건은 바로 내가 모르는 그런 세계가 잠재적으로 존재한다는 데 있다(PS, 27, 옮긴이 주 14; DR, 334; LS, 357 참조). 이 분석에서 '애인의 미소 띤 얼굴'과 그것이 표현하는 애인의 부정한 세계는, 위에서 살펴본 '무서워하는 얼굴'과 그것이 표현하는 무서운 세계의 예를 그대로 응용한 것이다.

"가능 세계의 표현" 혹은 "지각장 champ perceptif의 구조"라고 정의한다(LS, 357). 타자는 내가 지금 지각하고 있는 현실적인 세계가 아니라, 가능한 혹은 잠재적인 세계를 표현하기에, 이런저런 개별자인 "구체적인 타자"라기보다는, 하나의 완전하게 통일되고 조직된 지각장을 가능케 해주는 "선험적 타자 Autrui a priori"로 이해되어야 한다(LS, 369 참조). 타자의 "눈은 가능한 빛의 표현이며 귀는 가능한 소리의 표현이다"(DR, 334).[22] 요컨대 우리가 지각 못하는 부분엔 타자의 지각이 닿아 있고, 그러므로 해서 "타자는 세계에서 그 여백〔우리 의식의 변두리, 혹은 우리가 지각하지 못하는 부분〕을 보증해준다"(LS, 355).

타자가 주체의 공간적 지각을 어떻게 가능케 해주는가에 대한 논의에 비해 '시간'에 관한 논의는 매우 간략하게 처리되어 있다. 들뢰즈는 시간 의식과 관련된 타자의 중요성에 대해 이렇게 말한다. "타자는 의식과 대상의 구별을 시간적 구별로서 보증해준다. 타자의 첫번째 효과는 공간과 범주들의 배열에 관한 것이었다. 그러나 두번째 효과는 (아마도 이것이 보다 근원적일 터인데) 시간과 시간의 차원들에 관여한다"(LS, 361). 들뢰즈도 칸트처럼 외감의 형식인 공간보다 내감의 형식인 시간을 보다 근본적인 것으로 이해하고 있는 것이다(『순수 이성 비판』, A 34/B 50 참조). "타자는 나의 의식이 〔과거 양태인〕 '나였음'과 필연적으로 관련을 맺도록 해준다. 또한 〔지금 있는〕 대상과 동시적이지 않은 과거와 필연적으로 관련을 맺도록 해준다"(LS, 360). 이렇게 말함으로써, 들뢰즈는 주체의 시간 의식이 타자의

22) "가능 세계는 오로지 표현된 것으로서만 존재"(LS, 369)하기 때문에, 반대로 타자에게 눈과 귀가 없다면 우리는 빛과 소리가 있는 세계가 가능하다는 것을 생각지도 못할 것이다. 또한 이것은 타자가 표현할 수 있는 세계만을 우리가 구성할 수 있음을 의미하기도 한다. 이런 의미에서 타자의 표현은 우리가 가질 수 있는 세계의 한계를 표시해준다.

개입을 통해서 비로소 발생한다는 점을 명시하고 있다. 타자의 출현 이전에, 예를 들면 어떤 평안한 세계가 있었다고 해보자. "타자가 출현하고, 그 타자는 〔예컨대〕 불안스러운 세계를 표현한다. 이 〔새로운〕 세계는 그 이전의 세계가 지나가지 않고는 전개될 수 없는 세계이다. 나, 나는 나의 과거의 대상들 외에 아무것도 아니다. 나는 과거 세계에 속한 존재, 분명히 타자에 의해 지나가버리게 된 존재로 만들어진다"(LS, 360). 타자의 출현만이 나에게 기억이, 그러므로 시간이 생기도록 해준다. 어떤 평화로운 상태에 있는 내 앞에 불안스러운 얼굴을 한 타자가 나타난다. 그러므로 해서 그 평안한 상태와 그 상태 안에 있던 나는 단번에 과거에 위치하게 되어버린다. 대신에 현재는 불안한 세계가 된다. 이런 식으로 타자의 출현이 현재의 나와 과거의 나를 분화시켜주지 않는다면 결코 나의 내감의 형식으로서 시간은 발생하지 않을 것이다. 그렇다면 타자가 부재하는 세계는 곧 시간이 부재하는 세계인데, 시간이 없는 이런 세계를 투르니에는 다음과 같이 훌륭하게 묘사하고 있다. "나의 날들은 새롭게 정리되었다. 〔……〕 날들은 서로가 비슷해져서 내 기억 속에서 정확하게 서로 포개어졌다. 나는 똑같은 날을 끊임없이 다시 살고 있는 것 같았다"(V, 176). 누군가 이 똑같이 포개어지는 날들을 분절시켜줄 필요가 있다. 그 일을 해줄 타자가 없다면 시간은 영원히 지나가버리지 않는 현재로 남을 것이다.[23]

이렇듯 타자는 공간성과 시간성이라는 두 가지 측면에 있어서, 지

---

23) 들뢰즈에게서와 마찬가지로 레비나스에게서도 시간은 타자의 출현을 통해 비로소 가능하게 된다. 특히 초기의 두 저작 『시간과 타자』(1947)와 『존재에서 존재자로』(1947)는 타자의 개입을 통한 주체성의 발생을 전적으로 시간의 탄생의 관점에서 다루고 있다. 다만 들뢰즈가 초점을 두고 있는 것이 '과거'의 발생임에 반해, 레비나스의 시간론은 '미래'가 어떻게 타자를 통해 출현할 수 있는가를 문제삼는다. 레비나스에게서 타자의 출현을 통한 미래의 탄생의 문제는 9장 4에서 자세히 다룬다.

금 우리가 알고 있는 바와 같은 세계를 체험하는 우리 의식의 근본 구조를 가능케 해준다. 다시 말해 타자를 통해 공간적 · 시간적으로 질서지어진 이 세계의 상관자로서의 우리 주체성이 정립되는 것이다.

4. 무엇이 새로운가?
—공통점과 차이점

그러나 들뢰즈가 궁극적으로 보이고자 했던 것은 우리의 지각장 및 시간 의식과 관련하여 타자가 어떻게 주체성의 구성에 개입하는가 하는 것 이상이다. 타자는 우리 인식에 있어서 산만한 지각들을 조직해 하나의 대상으로 구성하고 시간화를 가능케 할 뿐 아니라, 더 근본적으로는 남녀의 성 분화(性分化)를 포함한 세계의 질서 전체의 조직에 관여한다. 대상을 인식하고 욕망하기 위해서는, 한마디로 세계에 대해 주체로서 활동하는 모든 방식이 가능하기 위해서는 우리는 타자라는 우회로를 거쳐야 한다. 타자를 매개로 해서만 우리는 세계와 관계할 수 있다. "나의 욕망은 타자를 통해서만 활동하며 타자를 통해서만 대상을 포착한다. 가능한 타자가 볼 수 없고 생각할 수 없고 가질 수 없는 것이라면 나는 어떤 것도 욕망할 수 없다"(LS, 355). 이미 보았듯 레비나스는 타자에 대한 책임성을 그 본질적 구조로 삼는 주체에 관해 말한다. 레비나스에게는 타자가 윤리적 책임의 대상으로 다가옴으로써 책임성이라는 주체성의 근본 구조가 정립된다. 들뢰즈에게서 타자는 가능 세계의 표현으로서, 요소들이 조직되고 질서를 이룬 세계와 그 상관자로서의 주체의 정립을 가능하게 해준다. 한마디로 두 사람에게 주체성의 탄생은 근본적으로 타자의 개입을 통해 이루어진다.

이러한 유형의 타자 이론의 새로움이란 무엇인가? 타자에 관한 사유는 철학의 가장 중요한 테마 가운데 하나였다. 우리는 타자에 관한 중요한 논의를 가령 후설에게서 찾을 수 있다.[24] 또한 타자의 심적 상태에 대한 인식이 어떻게 가능한가, 혹은 심적 상태를 기술하는 언어가 어떻게 사밀 언어 private language가 아닐 수 있는가 하는 문제는 심리 철학의 중요한 논의이기도 하다. 그러나 후설이나 심리 철학에서 타자의 문제가 추구하는 바 핵심은 아마도 '상호 주관성'의 보장이라고 할 수 있을 것이다. 요컨대 그것이 해명하고자 하는 바는 나와 '동일한' 또 다른 주체로서의 타자들, 즉 소통 가능성을 공유하는 '주체들'의 공동체가 어떻게 가능할 것인가라는 물음이다.

이러한 유형의 타자 이론과 자신의 타자 이론이 뚜렷이 구별됨을 의식했기에 들뢰즈는 "타자는 나의 지각장 속에 있는 대상도 아니요, 나를 지각하는 어떤 주체도 아니다"(LS, 356)라고 말한다. 타자가 대상도 주체도 아니라는 점은 레비나스에게서도 마찬가지다. 들뢰즈에게 타자란 '가능 세계의 표현'이며, 레비나스에게선 '무한자가 현시하는 지평'이다. 주체성의 근본 구조를 구성하는 이러한 타자는 상호 주관성을 보장해주는 나와 동일한 또 다른 주체들, 혹은 다른 사물들과 동일하게 취급할 수 있는 대상들이 아니다. 나의 주체성의 근본

---

24) 후설이 유아론의 문제를 자기 철학의 심각한 위협으로 깊이 숙고하고 또 해결하려 했음은 널리 알려진 사실이다. 후설은 『데카르트적 성찰』 5에서 '모나드적 상호 주관성'의 확보를 위해 타자의 문제를 다룬다. 나에게 타자의 신체는 다른 대상들처럼 주어진다. 그런데 타자의 신체의 표현은 나의 신체의 표현과 유사하며, 나의 신체의 표현은 나의 의식과 연관되어 있다. 이 점을 전제로 나는 나와 유사한 표현을 하는 타자의 신체로부터 나와 동일한 의식 활동을 하는 주체로서 타자를 구성해낸다. 여기서 기억해두어야 할 점은 타자는 '외적 대상'으로서 지각된 후, 나와 동일한 주체로 구성된다는 점이다. 이 점이 레비나스, 들뢰즈의 타자 이론과 후설의 그것이 구별되는 면모이다. 레비나스와 들뢰즈에게 있어서 타자는 주체성의 성립 자체를 가능케 한다는 점에서 주체성의 한 내적 계기를 이룬다. 즉 타자는 미리 정립되어 있는 주체에 대해 외적인 대상이 아니라, 주체성의 성립 자체에 내적으로 개입한다(이처럼 서로 상반되는, 타자와의 '내적 관계'와 '외적 관계'에 대한 자세한 논의는 4장 2. I 참조).

구조를 구성하는, 대상도 또 다른 주체도 아닌 타자의 발견—이것이 바로 레비나스와 들뢰즈의 타자 이론이 보여주는 새로움일 것이다.

그러나 레비나스와 들뢰즈의 차이점은 공통점보다 훨씬 중요하고 본질적이지 않을까? 들뢰즈가 타자 이론을 통해 기술한 세계는 나의 욕망(이는 레비나스의 개념으로 치자면 '욕구 besoin'에 해당한다)의 실현을 위한, 나에게 종속된 세계이다. 레비나스와 들뢰즈 모두가 언급했던 '타자의 얼굴'을 예로 설명해보면, 들뢰즈에게서 무서움에 질린 얼굴은, 내가 무서운 세계라는 인식적 재산을 가질 수 있도록 해준다. 달리 말하면, 무서움이라는 내용으로 채워진 '나의' 세계의 성립을 가능케 해준다. 여기서 초점은 나의 세계, 나의 '내재성의 구성'에 맞추어져 있다. 반면 레비나스의 경우 고통받는 타자의 얼굴이 현현했을 때, 그 얼굴의 고통을 치유하기 위해 나는 나의 인식, 욕구가 실현되는 나의 세계를 희생하고 타자에게로 간다. 여기서 초점은 나의 세계를 벗어남, 즉 '초월'에 맞추어져 있다. 그러므로 외재성과 내재성이라는 대립적 개념은 두 철학자를 편가르는 가장 중요한 경계를 이루고 있다고 할 수 있을 것이다. 레비나스의 타자가 '외재적인' 무한자임에 반해, 들뢰즈의 타자는 인식 가능성의 조건으로서 세계(지각장) '내재적인' 선험적 구조이다. 이처럼 두 철학자의 타자는 정반대의 극과 극에 놓여 있다. 레비나스는 파르메니데스 이래로 서양 철학이 고려하지 못했던 외재적인 곳, 전혀 낯선 땅, 바로 세계 저편에서 이편의 주체를 구성해주는 타자를 발견했으며, 들뢰즈는 주체가 구성되기 위한 선험적 구조로서, 세계 내재적인 타자를 발견했다.

5. 타자의 부재와 주체의 종말

그러나 두 사람의 철학 일반의 층위에서 비교하자면, 보다 본질적인 차이점은, 레비나스가 궁극적으로 주체가 타자를 통해 어떻게 주체로 발생하는가에 대한 탐구를 목적으로 하는 반면, 들뢰즈의 경우는 주체를 어떻게 비인격적이고 익명적인 상태로 되돌려놓는가에 대한 탐구를 목적으로 한다는 점이다.

그렇다면 들뢰즈에게 있어서 타자를 통해 발생한 주체의 위상이란 무엇인가? 그것은 어떤 종류의 주체인가? 다음 구절은 이 주체의 위상을 잘 말해주고 있다. "주체, 그것은 하나의 아비투스, 하나의 습관, 내재성의 장 속에서의 하나의 습관, 나라고 이야기하는 습관이다"(QP, 49). 경험주의자로서의 들뢰즈의 면모를 명료하게 드러내주는 이 구절은 타자를 통해 발생한 주체가 존재론적으로 하나의 유명론적인 '이름'에 지나지 않는다는 점을 주장하고 있다.

타자의 현존을 통해 발생하는 주체가 단지 유명론적인 것이라면, 실재의 차원에서 주체는 부재할 것이고, 이러한 실재적 차원은 타자가 부재한 상황이 어떤 것인가를 상상해보는 사고 실험을 통해서 도달할 수 있을 것이다. 들뢰즈가 자신의 타자 이론을 전개하기 위해 로빈슨의 이야기를 선택한 까닭은 이 무인도에 홀로 갇힌 자의 이야기만큼 타자의 부재에 관한 사고 실험의 기회를 만족스럽게 제공해줄 수 있는 것도 없기 때문이다. 타자의 현존을 통한 주체의 발생은 그 주체의 상관자로서 대상의 발생과 동시적이다. "타자는 요소들을 대지로, 대지를 물체로, 물체를 대상으로 강등시킨다"(LS, 368). 즉 지각장의 선험적 구조인 타자를 통해 지각 작용의 대상이 탄생하는 것이다. 반면 들뢰즈는 타자의 부재, 즉 로빈슨의 홀로 됨을 대상 뒤에 가려져 있던 환원 불가능한 '요소들'—소크라테스 이전 철학적 의미에서의 요소들—이 드러나는 사건으로 본다. 대상은 주체의 상관자라는 점에서 인격적인 층위에 있다고 말할 수 있을 터인데, 타자의 부재를 통해 발견되는 대상 이전적인 요소들은 비인격적이고 비분절적인 것, 우주의 순수한 힘들이라고 일컬을 수 있을 것이다. 들뢰즈는 타자의 부재라는 사고 실험을 통하여 인격적인 층위에 가려져 있는 이런 비인격적인 지대를 발견하고자 한다.

이러한 시도는 정신분석학적 층위에서도 이루어지고 있다. 이미 앞서 언급했지만, 타인의 현존이 주체의 발생을 가능케 한다는 것은, 성적인 측면에서 말하자면 남성과 여성의 분화, 즉 두 성이 구별된 인간의 탄생을 가능케 한다는 뜻을 지닌다. "성적 차이가 정초되고 정립되는 것은, 우선 타인에게서, 타인에 의해서이다"(LS, 369). 왜냐하면 "나는 타자에 의해 가능의 양태 위에 표현된 것으로서의 대상만을 욕망한다. 나는 타자에게서 그가 표현하는 가능 세계들만을 욕망한다"(LS, 370). 오로지 타인이 표현할 수 있는 것(가령 타인의 성기)만이 나의 욕망의 대상이 된다. 타인이 표현하지 않는 것, 즉 지금 내가 알고 있는 여자의 신체 혹은 남자의 신체가 표현하지 않는 것에 대한 나의 욕망을 나는 상상조차 할 수 없을 것이다. 그러므로 타자의 현존이란 "욕망에게 [……] 일정한 형태를 띠게 해주고 여성의 신체 위에 자리잡도록 해주는 관습들과 신화들"(LS, 369)이 가능하기 위한 선험적 조건이라고 할 수 있다.

사정이 이렇다면, 반대로 성도착자의 경우는 타인의 부재를 통해서 설명될 수 있을 것이다. "성도착자의 세계는 타인이 없는 세계이다"(LS, 372). 들뢰즈에 따르면 성도착에 대한 근본적인 오해는 성도착을 "타인에게 무례한 행위를 하는 것 offenses faites à autrui"으로 성격짓는 데 있다(같은 곳). 그러나 성도착의 근본적 이유란 타인의 현존이 가능케 해준 구조, 즉 성적 분화가 이루어진 구조를 도착자가 결여하고 있다는 점이다. 그러므로 성도착은 타자에 대한 무례가 아니라, 타자의 부재로 특징지어져야 한다. 타자의 부재라는 실험이 발견해낸, 이런 성이 분화되기 이전 전적인 도착적 상태에서의 욕망은, 일정한 형태가 없고, 특정 대상(남성의 욕망의 경우엔 여성의 성기, 여성의 경우엔 남성의 성기)과 연결되어 있지 않다는 점에서 비인격적이고 익명적인 힘이라고 이해될 수 있다.

그러므로 우리는 타자의 현존과 부재와 관련하여 다음과 같은 세 쌍의 결론을 얻을 수 있다.

1) 존재론적 관점에서 보았을 경우: 타자의 현존은 주체의 발생을 가능케 해준다. 그러나 타자의 부재라는 사고 실험은 이 주체란 한낱 유명론적인 것일 뿐이라는 점을 드러내주며, 실재적 차원에 자리잡고 있는 것은 비인격적이고 익명적인 '사건들'임을 밝혀준다.

2) 우주론적 관점에서 보았을 경우: 타자의 현존은 주체의 상관자로서 대상 세계의 출현을 가능케 해준다. 그러나 타자의 부재라는 사고 실험은 이 대상들도 한낱 타자에 의해 표현된 명목상의 것들이며, 실재적 차원에선 이 대상들이 분절되지 않고 형상을 지니지 않은 '요소들'로 환원된다는 점을 알려준다.

3) 정신분석학적 관점에서 보았을 경우: 타자의 현존은 성적 차이를 수립하고 그에 따라 성적 욕망의 대상을 분별해준다. 타자를 통해 남성과 여성이 발생하고, 남성은 여성의 신체가 표현하는 것을, 여성은 남성의 신체가 표현하는 것을 욕망하게 된다. 그러나 타자의 부재라는 사고 실험은 남성과 여성의 분화 및 그에 따른 욕망의 대상의 분화가 이루어지지 않은 상태, 즉 성도착자의 상태에 대한 이해로 우리를 이끌어준다.[25]

25) 『방드르디』가 타자가 부재할 경우라는 사고 실험을 하기에 적합한 장이 될 수 있는 까닭은 이 소설이 무인도에 홀로 버려진 인간에 대한 이야기이기 때문이라는 점을 우리는 이미 지적하였다. 그러나 이 소설의 가장 힘있는 주제들은 방드르디라는 타자의 출현과 더불어 전개된다. 방드르디와 더불어 로빈슨은 더 이상 홀로

그렇다면 이제 주체의 자리를 대신하는 이 비인격적인 사건들이란 어떤 것인가? 타자의 부재라는 들뢰즈의 사고 실험은 주체의 자리를 분명히 드러내기 위한 현상학적 환원의 성격을 지니는가, 아니면 반대로 주체 개념을 아예 파괴해버리기 위한 니체적 비판의 성격을 지니는가? 위에 분류한 정신분석학적 맥락에서 다시 표현해보면 이 두 가지 가능한 해석의 대립적 성격은 보다 분명해진다. 즉 타자의 부재라는 사고 실험은 성적 분별을 지닌 주체의 발생이 어떻게 이루어졌는지 이해하고, 질병으로서 성도착의 이유를 해명하기 위한 작업인가, 아니면 우리 삶에서 남성과 여성의 질서를 파괴하고, 그 대신 성적 분별이 없는 성도착자의 세계, 곧 비인격적인 욕망의 세계를 도래

있는 인간이 아니다. 그렇다면 들뢰즈는 방드르디라는 타자의 존재를 어떻게 해석할 것인가? 방드르디는 로빈슨에게 하나의 타자이므로 로빈슨은 방드르디의 등장을 통해 다시 주체성을, 그리고 타자 존재가 가능케 해주는 가능 세계를 이전처럼 회복할 것인가? 그러나 들뢰즈는 결코 방드르디를 하나의 타자로서 해석하지 않는다. "본질적인 것은 방드르디가 전혀 다시 찾은 타자로서 기능하지 않는다는 것이다. [……] 방드르디는 때로는 타자 이하로, 때로는 타자 이상으로 기능한다. 이 차이는 본질적이다. 왜냐하면 타자란 그것이 정상적으로 기능할 경우 하나의 가능 세계를 표현하기 때문이다. [……] [그러나] 방드르디는 전혀 다르게 기능한다. [……] 그는 한 사람의 타자가 아니라 타자와 전혀 다른 어떤 것, [……] 대상들, 물체들, 대지를 용해시키는 자, 즉 순수한 요소들의 계시자이다"(LS, 368). 방드르디는 타자로 기능하는 것이 아니라, 가능 세계를 파괴하고 주체를 비인격적인 것으로 되돌리는 작업의 "공범자 complice"(LS, 367)로서 기능한다. 이처럼 타자로 기능하지 않는 전혀 다른 타자 존재의 가능성을 들뢰즈는 방드르디를 통해 열어 보인다. 그런데 들뢰즈의 타자 이론 자체는 완결적이라고 해도, 그럼에도 투르니에의 『방드르디』가 들뢰즈의 타자 이론을 통해 완벽하게 해명되고 있는가라는 문제에 있어서 우리는 회의적일 수밖에 없다. 우리가 보았듯 들뢰즈는 1) 주체성과 가능 세계의 발생을 가능케 해주는 타자, 2) 이런 타자로 기능하기보다는 오히려 주체성의 파괴를 가속화시키는 타자(방드르디)를 다루었는데, 투르니에의 소설에는 제3의 타자, 이 소설의 마지막 페이지들을 환히 밝혀주는 또 다른 타자, 즉 어린이 '죄디'의 존재가 등장한다. 방드르디의 최후 결론적 주장들을 이끌어나가는 죄디라는 어린 타자의 의미에 대해서 들뢰즈의 타자 이론은 아무런 분석틀도 제공하지 못하고 있다(어린이로서의 타자, 즉 죄디가 가지는 의미를 우리는 레비나스의 타자 이론과 더불어 8장에서 살펴볼 것이다).

케 하기 위한 혁명의 구상인가? 우리의 탐구는 이러한 의문들에게 시달려야 할 것이다.[26]

26) 우리는 이 문제들을 5장에서 다룰 것이다.

제4장
사르트르의 타자 이론*
—레비나스와의 비교

1. 왜 지금 사르트르인가?

타자에 대한 관심이 일고 있다. 타자와 차이의 이론가로 유명해진 레비나스, 들뢰즈 등이 내놓은 '서양 전통 철학은 타자를 동일자로 환원하는 철학이다' 등의 언명은 그 진위에 대한 평가와는 별도로, 우리 시대의 관심과 정신 가운데 하나를 대표하는 구호로서의 영예와 성공을 누리고 있는 듯하다. 그럼에도 불구하고 진정 현대 철학의 타자 이론의 한 모형—그 이후 포스트구조주의자들의 여러 이론 속에서 계속 울려퍼질—을 선구적으로 제시했다고 생각되는 사르트르의 타자 이론은 오늘날 놀랄 만큼 관심을 끌지 못하고 있는 듯하다. 그의 이론이 놀랄 만큼 관심을 못 끌었다는 말에 혹자는 의아스럽게 생각할지 모른다. 사실 주로 「닫힌 문 Huis clos」(1944) 같은 희곡이 분석되는 자리에서 사르트르의 타자관에 대한 언급이 있기는 했다. 그러나 그 언급들이 이 희곡의 사상적 배경이 되는 『존재와 무』(1943)[1]에서의 타자 이론에 관한 어느만큼 충실한 이해를 바탕으로

* 이 글은 『현대 비평과 이론』(17호, 1999)에 발표된 글을 수정한 것이다.

1) 이 글에서 가장 많이 인용될 J-P. Sartre, *L'être et le néant* (Paris: Gallimard; Tel판, 1995)에서의 인용은 아무런 약호 표시 없이 인용문 뒤 괄호 안에 페이지 수만을 적는다.

한 것이었는가, 또는 그 이론 자체에 관한 어느만큼 본격적인 이해를 제공해주는 것이었는가는 의문에 부쳐져도 좋을 것이다. 특히, 『존재와 무』에서 수행된 후설과 하이데거를 비롯한 전통 타자 이론에 대한 비판, 레비나스가 받은 절대적인 영향, 포스트구조주의자들이 사르트르로부터 계승한 것 등과 관련하여 사르트르의 타자 이론에 대한 정당한 평가는 거의 이루어지지 않았던 듯하다. 그 결과 사르트르의 이론은 표면상 레비나스나 포스트구조주의자들의 그것과 별다른 중대한 상관성을 가지지 않거나 혹은 그들에 의해 극복된, 이미 평가가 끝난 낡은 사상으로 여겨지고 있는 것이 오늘날의 현실이다. 그러나 사실을 말하자면 사르트르의 타자 이론은 그 이후의 모든 타자 이론을 그 아류(?)로 만들어버릴 정도의 놀랄 만한 사유의 깊이를 보여준다.

이 글은 사르트르의 전통 철학의 타자 이론 비판과 그 비판을 매개로 발전시킨 그 자신의 타자 이론을 살펴보는 것을 우선 목적으로 한다. 그러나 『존재와 무』 이후 이 저작을 철학사의 저 구석으로 밀쳐버리고자 많은 사상들이 출현했고 또 우리가 그것들에 익숙해져 있는 만큼, 현대의 여러 이론과의 가능한 한 많은 비교를 통해 사르트르의 타자 이론을 살펴볼 것이다. 이러한 비교는 우리에게 현대 사상의 여러 벽화들 위에 사르트르가 남긴 흔적 및 그를 아버지삼아 탄생한 것들이 무엇인지 알려줄 것이며, 그리하여 오늘날 그가 우리에게 여전히 살아 있는 생생한 젊은 철학으로서 갖고 있는 의미에 대한 이해를 제공해줄 것이다. 특히 우리는 이 글을 통해 수시로 레비나스가 사르트르에게 진 빚을 돌려받고자 할 터이다.[2] 이를 통해 레비나스가

2) 레비나스는 "같은 세대에 속하기에 나는 사르트르를 가까운 사람으로 느낀다. 우리는 동일한 시대에 동일한 책들을 읽었다는 공통점을 가지고 있다"라고 썼다(E. Levinas, *Les imprévus de l'histoire* [Paris: Fata morgana, 1994], p. 155). 비슷한 연배이자 프랑스 현상학을 초기부터 이끌어온 대표자인 이 두 철학자를 비교해보

유행시킨 유명한 명제들, '서양 철학은 타자를 동일자로 환원하는 철학이다' '지향성은 타자를 표상으로 환원한다' 등은 사르트르가 그의 정교한 논변을 통해 이미 도달했던 성찰임을 보게 될 것이다. 그 생전의 거품에 비하면 사후 너무 빨리 식어버린 이 철학자는 이미 1930년대 말에 오늘날 우리가 레비나스와 포스트구조주의자들을 통해 익숙하게 여기게 된 타자에 관한 사상들을 예언적으로 전개하고 있었다.[3]

2. 이제까지의 타자 이론들에 대한 사르트르의 비판

I. 타자와의 내적 관계와 외적 관계

사르트르의 타자 이론은 지금까지의 서양 철학이 유아론의 위협에 대항하여 타자의 문제를 올바르게 다루지 못했음을 비판하는 데서 출발한다. 여러 철학적 사유들에 대한 사르트르의 비판을 요약하는 하나의 주장은, 인식의 측면에서 접근할 때 타자 존재는 결코 개연성을 벗어날 수 없으며, 따라서 유아론을 극복하려는 모든 시도는 실패로 돌아갈 수밖에 없다는 것이다. 타자와의 관계를 인식의 측면에서 조명한다 함은, 타자는 여타의 다른 사물들처럼 나에게 '최초로는' 대상으로서 나타나며, 이때 나와 타자는 한낱 '외적 관계 rapport d'extériorité'밖에는 가질 수 없다는 것을 뜻한다. 외적 관계란 무엇인가? 외적 관계

지 않는 것보다 이상한 일은 없을 것이다. 이제 이 글을 통해 확인되겠지만, 레비나스와 사르트르를 대질시키는 일은 레비나스를 그가 직접 사사했던 후설, 하이데거와 비교해보는 일보다 더 의미심장할 듯하다.

3) 1939년에 발표된 「얼굴들 Visages」(*Verve*, 5~6호, pp. 43~44; M. Contat & M. Rybalka[eds.], *Les écrits de Sartre*[Paris: Gallimard, 1970], pp. 560~64에 재수록[앞으로 이 책으로부터 인용함]. 약호 V)은 사르트르의 타자 이론의 최초의 싹을 보여주는 중요한 작품이다. 이 글이 가지는 의의는 후에 확인하게 될 것이다.

는 "타자와 나를 하나의 실체가 다른 하나의 실체로부터 분리되는 것과 같은 식으로 분리한다"(291). 타자란 내가 아닌 자이다. 그런데 '어떤 한 물체가 다른 물체로부터 분리되는 것과 같은 방식으로 타자는 내가 아니다.' 즉 하나의 이미 규정 détermination된 물체는 다른 하나의 이미 규정된 물체가 아닌 것과 같은 방식으로 내가 아닌 타자는 나로부터 분리된다는 것이다. 이러할 때 이 '내가 아님'을 외적 부정 négation이라고 하며, 여기서의 타자와의 관계를 외적 관계라고 부른다. 즉 외적 관계의 특징은 하나의 이미 규정된 실체와 다른 하나의 이미 규정된 실체와의 관계라는 점이며, 이때 서로가 서로의 규정에 개입하지는 못한다는 점이다. 서로의 규정에 전혀 개입하지 못한다는, 즉 서로가 서로의 규정 외부에 있다는 의미에서 사르트르는 '외적'이라는 말을 사용한다. 이런 외적 관계는 인식 주체(하나의 규정된 실체)와 인식 대상(또 다른 하나의 규정된 실체) 간의 관계에서 찾아볼 수 있다. 따라서 외적 관계와 인식적 관계는 동치이다. 이러한 외적 부정, 외적 관계를 통해서는 타자 존재는 여타의 다른 외부 대상과 구별될 수 없을 뿐더러, 그 존재의 개연성을 벗어날 수가 없다. 오로지 사르트르는 내적 관계 rapport d'intériorité, 즉 '내적 부정'이 수립될 때만 타자 존재의 확실성을 전망해볼 수 있다고 생각한다. 내적 관계란, 나를 타자에 의해 규정함을 통해서만, 나와 타자를 구별하는 방식을 말한다(271 참조). 다시 풀어쓰면, 타자는 내가 아닌데, 이 '내가 아님'이라는 부정이 나의 존재를 타자에 의해 규정하는 한에서 수립될 때, 나와 타자는 내적 관계를 가진다(타자가 나의 규정됨 '속에' 개입하기에 이 관계는 '내적'이라 불린다). 만일 타자와 나 사이에 어떤 내적 관계도 없다고 한다면, "하나의 즉자가 다른 하나의 즉자의 출현이나 소멸로 인하여 아무런 영향도 받지 않는 것처럼, 나는 타자의 출현이나 소멸로 인하여 나의 존재에 대해 아무런 영향도 받지 않을 것이다"(270). 이 경우 타자의 나타남과 소멸은 그저 하나의 외적 대상의 나타남 및 소멸과 구별되지 않는다. 타자가 나의 나됨, 즉 나의 주체성의 탄생에 필연적으로 개입할 때만, 타자 존재의 확실성을 기대해볼 수 있을 것이다(나의 '존재'의 탄생에 개입하기에 내적 관계는 또한 '존재적' 관계라 불린다). 인식적 관계가 아닌 존재적 관계, 즉 타자가 나라는 존재의 탄생에 어떻게 필수적인 요소로 개입하는가라는 측면에서 타자를 접근할 경우에만 타자의 존재는, 코기토가 나의 존재에 대해 보여주었던 바와 같은 정도의 확실성을 얻을 수 있다는 것이다. 존재의 측면, 내적 관계의 측면에서 타자를 어떻게 접근하는지, 그리고 이러한 접근을 통해 사르트르가 과연 코기토의 그것과 같은 확실성을 타자 존재에게 부여하는 데 성공하고 있는지를 다루기에 앞서, 먼저 우리는 왜 인식의 측면, 외적 관계의 측면에서 타자 존재의 확실성을 설명하려는 기존의 이론들은 실패로 돌아갔는가를 살펴보아야 할 것이다. 이 글에서는 주로 사르트르의 후설 비판과 관련하여 이 점을 밝혀보고자 한다. 또한 우리는 레비나스가 서양 철학의 타자론을 비판하는 데 있어서 사르트르의 서양 철학의 타자론 비판에 얼마나 크게 영향을 입고 있는가도 추적해볼 것이다.

Ⅱ. 실재론과 관념론 비판

사르트르의 후설 비판은 그의 실재론과 관념론에 대한 비판과 맥을 같이한다. 다시 말해 실재론과 관념론 비판을 위해 고안해낸 논변을 그대로 후설 비판을 위해서 사용하고 있다. 그러므로 후설 비판에 앞서 실재론과 관념론에 대한 비판을 살펴보는 것은, 사르트르가 어떤 무기를 사용하는지 그 구조를 밝혀보는 데 도움이 될 것이다.

"실재론자가 '모든 것을 주어진 것으로서 받아들이는' 한에 있어서 실재론자에게는 확실히 타자도 주어져 있는 것으로 보인다"(261). 그러나 실재론자들이 주어져 있다고 전제하는 것은 여타의 다른 외부 대상과 같은 물체로서의 타자의 신체이다. 그렇다면 나의 영혼과 타자의 영혼은 나의 신체와 타자의 신체라는 물체들로 격리되어 있는 셈이며, 이 물체의 장벽을 너머 직접 현시할 수는 없다. "따라서 나의 의식에 대하여 시공간 내의 사물이 '친히 en personne' 현전한다는 점에 실재론이 그 확실성의 근거를 둔다면 실재론은 타자의 영혼의 실재성에 관해서는 동일한 명증성을 요구할 수 없을 것이다"(261). 타자의 신체만을 손아귀에 거머쥐고 있는 실재론자들은 오로지 감정이입 Einfühlung, 공감 sympathie 등을 통해 타자 존재에 대한 '개연적 인식 connaissance probable'만을 얻을 수 있을 뿐이다(262~63). 다시 말해 감정 이입 등의 간접적 방법을 통해서는 그저 타자 존재의 '개연성'에 도달할 수 있을 뿐, "만일 동물이 기계라고 한다면 내가 보고 있는 길을 건너가는 저 사람은 왜 하나의 기계가 아닌가"(262)라는 물음으로 표현될 수 있는 회의론의 의구심을 근본적으로 피할 길이 없다.

그러면 관념론적 입장에서는 타자 존재를 어떻게 다룰 수 있을까? 사르트르가 비판의 표적으로 삼는 관념론은 칸트 철학이다.[4] 칸트적인 관념론의 입장에서 보면 타자는 '나의 표상'으로 나타난다. 그런데 타자의 표상은 나의 경험 안에 나타나지만, 타자라는 대상의 특수한 본성상 그 표상을 조직짓는 통일체는 내 안에서가 아니라 타자 안에서 찾아져야만 한다. 그렇지 않으면 타인이 화를 냈고, 다시 기뻐했고 등등의 표상들의 통일성의 원천이 타자가 아니라 나에게 있게

---

4) 타자의 문제는 아예 칸트의 비판 철학의 주제가 아니었다. 그러나 비판 철학이 다만 대상 일반이 아니라 물리적 대상, 수학적 대상, 취미의 대상 등 각각의 상이한 대상의 서로 다른 가능 조건을 규정하고자 한 것이었다면, 초월 철학이 완전한 체계를 갖추기 위해선 타자라는 저 나름의 고유성을 지닌 대상 또한 문제로 삼았어야 한다는 것이 사르트르의 생각이다. 왜냐하면 "타자가 우리 경험에서 발견되는 하나의 특수한 유형의 대상을 표상하는 것이 사실이라면, 엄밀한 칸트주의의 관점에선 〔……〕 타자 경험의 가능 조건을 수립하는 것이 필연적이기"(264) 때문이다. 이런 맥락에서 사르트르는 타자 문제와 관련하여 칸트 철학에 대한 비판을 시도한다.

되는 결과를 가져온다. 그런데 칸트 철학에서 모든 경험 가능성의 조건, 즉 표상들의 통일성의 조건은 주관 안에 있다. 즉 "사물 안에서 우리들은 오로지 우리들이 이미 사물 안에 놓은 것만을 발견한다"(264). 표상들의 통일성을 발견할 수 있는 곳은 오직 나의 주관밖에 없다. 이 점은 타자의 표상들을 조직짓는 통일체는 그 본성상 타자 안에서 찾아져야 한다는 점과 모순을 이룬다. 그렇다면 타자를 여러 목적론적 이념들과 마찬가지로, 그것 없이는 경험의 통일성을 생각할 수 없기 때문에 받아들여야만 하는 '규제적 이념'으로 보면 어떨까? 그래도 문제는 해결되지 않을 전망이다. 왜냐하면 그 본성상 "타자라는 개념은 여러 현상들의 통일에 도움이 되기 위해 존재하지 않고, 오히려 반대로 현상의 몇몇 범주들은 타자라는 개념을 '위해서' 밖에는 존재하지 않는다고 생각해야 하기"(266) 때문이다. 그렇지 않으면 역시 타자가 만들어내는 표상의 원천이 타자의 외부에 있게 된다는 모순된 결론으로 귀착할 터이다.

Ⅲ. 후설과 하이데거 비판

우리가 실재론과 관념론 비판을 통해 배울 수 있는 바는 타자의 신체적 표현이 먼저 표상 혹은 인식 대상으로 나에게 주어진다면, 나는 결코 타자 존재를 직접 경험할 수 없고 감정 이입 등의 우회를 거쳐야만 한다는 점이다. 그리고 이런 식의 접근은 타자 존재에 대한 개연적 이해밖에는 가져오지 않는다. 이러한 점은 후설의 경우 또한 크게 다르지 않은 듯하다. 후설이 결코 타자의 문제를 도외시하지 않았으며, 오히려 자신의 성찰의 주요 대상으로 여겨왔음은 널리 알려진 사실이다. 후설은 유아론 극복을 통해 초월적 주관들의 상호적인 공동체를 수립하고자 하였다. 사르트르도 후설이 목적으로 하였던 바는 초월적 주관들의 상호적 공동체라는 점을 숙지하였던바, 후설에게 있어서 "진정한 문제는 초월적인 주관 상호 간의 연관에 관한 문제이다"(273)라고 말한다. 후설에게 있어서 타자는 우선 여타의 다른 대상들처럼 주어진다. 즉 신체라는 대상으로서 주어진다. 여기서 나는, 나의 심적 상태는 나의 신체적 표현과 연결되어 있고, 나의 신체적 표현은 타자의 신체적 표현과 유사하다는 것을 전제로, 대상으로서의 타자, 즉 타자의 신체적 표현에 대한 인식을 통해 그 배후에 있을 타자 존재를 체험한다. 이러한 후설의 타자 이론은 사르트르가 지적하듯, "타자에 대한 나의 근본적인 연관은 '인식'을 통해서 실현된다고 하는 주장"(271)을 견지하고 있다. 이미 살펴보았듯 인식의 측면에서 접근할 경우 우선 타자는 대상으로 주어지며, 나는 타자와, 이 대상(타자의 신체적 표현)을 매개로 해서만 관계할 수밖에 없는 숙명에 빠져든다. 이 점은 후설 또한 그대로 끌어안고 있는 문제인데, 우리는 오로지 나의 신체적 표현과 나의 심적 상태의 관계, 나의 신체적 표현과 타자의 신체적 표현 사이의 유사성을 전제한 '감정 이입'을 통해서 타자에 대한 인식을 얻을 수 있을 뿐이기 때문이다. 이는 곧 신체적 표현 간의 유사성에 근거한 감정 이입은 기껏해야 가능성으로 존재할 뿐인 개연적인 타자만을 알려줄 뿐이라는 점을 함축하고 있다(273 참조). 도대체 신체를 매개로 한 접근은 그 신체 배후에 있는 바에 대해 가설 이상의 것을 주장할 수가 없는데, 그 까닭은 "우리들 하나하나는 각자의 내면성에 있어서 존재한다는 사실"(273) 때문이다. 그 내면성에 대한 타당한 인식은 오로지 그 내면성으로부터만 얻어질 뿐이지, 신체를 매개로 한 외면적 관계를 통해서는 얻어지지 않는다. 즉 인식을 통해 존재를 측정하고자 한다면, 타자 존재의 경우에는 오로지 타자 자신만이 그러한 일을 할 수가 있다. 왜냐하면 타자 자신만이 아무런 매개 없이 그 자신의 내면성에 도달할 수 있기 때문이다. 요컨대, 여타의 다른 대상들은 내가 그것에 대해 가지고 있는 인식에 의해 측정되지만 타자 존재의 경우엔 이런 방식은 불가능하다. 나의 내면과 타자의 내면은, 나에 대해서 결코 동일한 정도의 명석판명성을 가지지도 않고 동일한 정도로 부재하지도 않기 때문이다.

인식의 측면에서 타자와의 관계를 탐구할 때 결코 해법을 발견해낼 수 없다는 사르트르의 후설 비판을 레비나스는 그대로 모방하고 있다. 우리는 레비나스에게서 후설을 겨냥한 다음과 같은 진술들을 발견할 수 있다. 1) "타자와의 관계는 지향성으로 환원되지 않는다,"[5] 2) "타자를 동일자에 흡수시키는 인식,"[6] 3) "지식, 지향성, 이해 가능성은 타자를 동일자로 환원시킨다,"[7] 4) "형이상학적 관계〔무한자로서의 타자와의 관계〕가 주체와 대상을 연결시키지 않는 반면, 지향성, ~에 대한 의식이라는 후설의 용어는 대상과의 관계, 정립된 것과의 관계, 주제화된 것과의 관계를 환기시킨다"[8] 등등. 타자 존재가 지향성, 인식의 측면에서는 도저히 해명되지 않는다는 이런 주장은 레비나스의 거의 모든 저작에 수없이 등장한다. 인식의 측면에서 접근할 때 "타자는 인식 속에서 자아의 소유물이 된다"(EN, 179). 타자가 주관에 주어진 대상으로 존재할 때 타자는 그 타자성을 상실하고 여타의 다른 대상들과 마찬가지로 주관의 지평 위에 주관의 인식적 자산으로서 자리잡게 된다는 것이다. 이 말은 대상으로 환원될 수 없는 타자 존재 자체는 주관으로부터 달아나 결코 인식되지 않음을 뜻한다. 이 점을 사르트르는 "〔후설에서〕 타자는 공허한 지향의 대상이다. 〔이때 주관에 대해서〕 타자는 원리상 자기를 거부하고 도망친다. 그러므로 뒤에 남는 유일한 실재는 '나의' 지향의 실재이다"(273)라는 말로 설명한다. 즉 타자는 여타의 다른 대상들로 환원되어 나의 지평 위에 귀속될 뿐이지 그 타자성 자체는 상실되어버린다는 말이다. 이미 우리

---

5) E. Levinas, *Éthique et infini* (Paris: Fayard, 1982), p. 54(약호 EI).

6) E. Levinas, *Le temps et l'autre* (Paris: P.U.F., 1983: 초판: 1947), p. 13(약호 TA).

7) E. Levinas, *Entre nous* (Paris: Grasset, 1991), p. 179(약호 EN).

8) E. Levinas, *Totalité et infini* (la Haye: Martinus Nijhoff, 1961), p. 81(약호 TI).

는 사르트르도 레비나스와 마찬가지로, 지향성을 통해 접근할 경우 타자는 한낱 다른 사물들과 마찬가지의 인식 대상이 될 뿐이라는 점을 강조한다는 것을 보았다. 이와 같이 사르트르와 레비나스의 후설 비판은 그 논점이 매우 동일하다.[9] 그리고 이제 보게 되겠지만, 사르트

9) 하이데거 비판에 있어서 사르트르와 레비나스의 공통점: 사르트르는 후설뿐만 아니라, 하이데거의 타자 이론을 비판하는 데도 많은 페이지를 할애하고 있다. 이 제한된 글에서 그 비판의 궤적을 전부 따라가볼 수는 없는 일이다. 다만 여기서는 레비나스의 하이데거 비판이 얼마나 크게 사르트르의 하이데거 비판에 영향을 입고 있는가만 짚어보기로 하겠다. 하이데거에게 있어서 현존재 Dasein는 '타자와 함께 있는 존재'이다. 즉 타자와 함께 있음은 현존재의 존재론적 구조의 일부를 이룬다. 그런데 여기서 중요한 것은 개별적이며 구체적인 타자와의 만남이 아니라, 세계 내 존재의 존재론적 구조로서의 공존, 즉 집단적인 '우리'이다. "타자와 나의 의식과의 근원적인 관계는 '그대와 나'가 아니라, '우리들'이다. 하이데거가 말하는 '함께 있는 존재 l'être-avec[Mitsein]'는 한 개별자와 다른 한 개별자와의 얼굴을 마주한 en face de 명석판명한 위치가 아니다. [……] 그것은 자기의 동료와 팀워크를 같이하는 막연한 공동 존재이다"(285). 여기서 "우리들의 관계는 정면으로 마주 대하는 것이 아니고, 오히려 옆으로부터의 par côté 상호 의존이다"(284). 이러한 사르트르의 주장을 레비나스는 다음과 같이 문자 그대로 반복한다. "하이데거는 타인과의 관계를 현존재의 존재론적 구조로 설정한다. [……] 하이데거에게 있어서 타자는 함께 나란히 있음 Miteinandersein이라는 본질적인 상황 속에서 나타난다. 함께 mit라는 전치사가 여기서 관계를 묘사한다. [……] 이것은 얼굴과 얼굴을 마주한 face à face 관계가 아니다. [……] 그런데 타자와의 근원적인 관계는 함께 mit라는 전치사를 통해 묘사될 수 없다는 것이 나의 입장이다"(TA, 18~19). 하이데거에게서 존재자 Seiendes 각각은 중립적인 개념인 존재 Sein를 통해 분석된다. 그런데 "중립의 부각은 나[개별자]보다 우리[전체]에 우월성을 두는 것이다"(TI, 275). 이런 존재론적 구조에서 타자들이란 전혀 서로의 규정에 개입하지 않는다(이 점을 사르트르와 레비나스는 똑같이 '서로 얼굴과 얼굴을 마주하고 있지 않다'는 말로 표현했다). 또한 여기에는 개별적 인격 대 인격의 관계가 아니라, 하나의 전체에 속한 익명적인 다수라는 관계가 있을 뿐이다(이 점을 사르트르와 레비나스는 똑같이 '옆으로부터의 상호 의존' 혹은 '나란히 있음'이라는 말로 표현했다). 요컨대, 하이데거의 타자론에 있어서 중시되는 것은 타자와의 인격적이며 구체적인 관계가 아니라, 오히려 현존재의 존재 구조의 일부로서의 공존, 즉 '우리'라는 점, 그리고 이 공존에 있어서 타자와 나는 얼굴과 얼굴을 마주하는 것이 아니라 서로 옆으로부터 나란히 관계한다는 점 등 레비나스의 하이데거 비판은 사르트르의 그것을 그대로 반복하고 있다.

르와 레비나스는 전통 철학에 대한 비판에서뿐 아니라 그들의 타자 이론을 통해 이루고자 하는 바에 있어서도 매우 유사한 목소리를 만들어내고 있다. 즉 그것은 어떻게 타자가 그 타자성을 상실하지 않은 채 모습을 드러내는 길을 열어줄 수 있는가 하는 것이다.

그런데 강조하고 싶은 것은 사르트르의 타자에 관한 성찰은 다만 한 후배 철학자 개인에게만 드리워져 있는 그림자가 아니라는 사실이다. 들뢰즈는 "표상 re-présentation이란 단어에서 접두사 'RE-'는, 차이를 종속시키는 동일적인 것의 개념적 형식을 의미한다"[10]라고 쓰고 있다. 푸코는 "광기의 역사는 타자의 역사이다. 문화에 대해서 타자는 내재적인 동시에 이질적이며, 따라서 타자는 (내재적인 위험을 쫓기 위해서) 배제되며, (이타성 altérité〔異他性〕을 변질시키기 위해) 정형화된다"[11]라고 쓰고 있다. 그리고 레비나스는 이미 밝혔듯 "지식, 지향성, 이해 가능성은 타자를 동일자로 환원시킨다"(EN, 179)라고 쓰고 있다. 사르트르는, 타자는 나의 인식적 소유물인 표상이 아니며(291), 타자를 표상으로 세울 경우 타자성은 그 표상으로부터 사라져 버린다(273)고 말한다. 포스트구조주의자들의 입을 통해 우리 시대의 주요 명제들이 출현하기 훨씬 이전에, 들뢰즈와 푸코의 저작들이 하나도 나타나지 않았을 때, 그리고 레비나스가 겨우 후설에 관한 연구서를 하나 출간했을 즈음, 사르트르는 이미 우리 시대 철학의 이 모든 주요 주제를 예언하는 성찰을 전개하고 있었다. 즉 서양 철학에서 줄곧 동일자는 표상을 매개로 타자를 자기의 지평 위에 귀속시켜 왔으며, 동일자의 인식적 지평 위에서 타자가 대상으로 정립될 때, 그 타자의 타자성은 증발해버린다는 성찰에 포스트구조주의자들에 훨씬 앞서 도달해 있었던 것이다.

---

10) G. Deleuze, *Différence et répétition* (Paris: P.U.F., 1968), p. 79.

11) M. Foucault, *Les mots et les choses* (Paris: Gallimard, 1966), p. 15.

3. 타자의 비표상성과 직접성

I. 눈 œil과 시선 regard

전통 철학에 대한 비판을 통해 우리는 타자성이 상실되지 않은 채 타자의 모습이 나타나는 길이 어떤 것인지 짐작할 수 있게 되었다. 1) 타자는 우선 비대상적 방식으로 나타나야 한다. 타자가 대상 혹은 신체적 표현으로 주어질 때 타자 존재는 개연성을 벗어나지 못한다("내가 지각하고 있는 통행인이 하나의 인간이며 완벽한 로봇이 아니라는 점은 무한히 '개연적'이다"〔292〕). 2) 그러므로 타자는 비인식적으로, 보다 정확하게는 대상 인식과는 전혀 다른 경로를 통해 나타나야 한다. 즉 "타자는 내가 그에 관해 가지고 있는 인식에 의한 것과는 다른 방식으로 나타나야"(292) 한다. 3) 이 말은, 타자는 대상성을 매개로 하지 않고 내게 직접 현시해야 함을 함축한다("타자는 〔……〕 주체로서 직접 내게 주어져야 한다"〔293〕). 4) 또한 고전 철학에서의 타자의 대상화가 타자와의 관계를 외적 관계로만 이해한 데서 비롯한 것이라면, 이제 타자는 마땅히 나와 내적 관계를 가질 수 있는 자, 즉 나의 나됨의 규정에 개입하는 자여야만 할 것이다.

그렇다면 타자가 그 타자성을 상실하지 않은 채 등장하는 일은 나의 시선이 타자를 향하고 있을 때가 아니라 타자의 시선이 나를 향하고 있을 때, 즉 '내가 타자를 보고 있을 때'가 아니라 '타자에 의해서 내가 보여지고 있을 때' 이루어지리라. 왜냐하면 타자를 향한 '나의 광선 Ichstrahl'[12]은 타자를 나의 지각장 위에 나타나는 개연적 대상으

---

12) 사르트르는 이 표현을 『자아의 초월성』에서 사용한다(J-P. Sartre, *La transcendance de l'ego*〔Paris: J. Vrin, 1988〕, p. 20〔약호 TE〕). 대상을 향한 정립적인 지향적 시선을 가리키는 이 광선의 이미지는 후설의 『이념들 I』, §57에서 따온 것이다. 레비나스 또한 같은 뜻으로 "지향적 광선 rayon intentionnel"이라는 표현을 쓰고 있다

로 만들기 때문이다. 그렇다면 이제 우리는 타자의 시선을 분석함으로써 어떻게 타자가 그의 타자성을 상실하지 않은 채 등장할 수 있는가 살펴보기로 하자.

가장 주목해야 할 점은 시선(視線)은 눈〔目〕과 구별된다는 점이다. 우선 타자의 눈은 타자의 여러 신체적 부분들과 마찬가지로 나의 지각 대상에 불과하다. "눈은 지각장 위의 순수 '표상'으로 존재한다"(297). 타자의 눈은 그 색깔이 검다, 푸르다 등등 판단을 수행할 수 있는 나의 지향적 대상일 뿐이다. 반면 시선은 타자의 인식 가능한 어떤 신체적 표현도, 지각의 대상도 아니다. 시선이 출현할 때 그것은 우리 지각장에 나타나는 감각적인 것, 즉 눈과 긴밀히 결부되어 있음은 사실이다. "나를 향한 모든 시선은 우리 지각장 안의 하나의 감각적 형태의 출현과 결부되어서 나타난다"(297). 예컨대 나뭇가지들의 스치는 소리, 발자국 소리 등은 누군가의 시선이 나를 바라보고 있음을 알려준다. 즉 감각적인 형태를 "후원자 support"로 삼아 시선은 출현한다. 타자의 시선의 출현을 후원해주는 이 감각적인 것들을 통틀어 사르트르는 '눈'이라고 부른다(297).[13] 그러므로 시선은 눈이라는 대상의 어떤 성질 가운데 하나가 아니다(297). 오히려 타자의 시선을 의식함은 곧바로 타자의 눈에 대한 지각 불능으로 이어진다. "시선을 내가 포착함은 내게 시선을 돌리고 있는 눈의 파괴를 바탕으로 한다. 내가 시선을 포착할 때 나는 눈을 지각하기를 멈춘다"(297). 왜냐하면 타자의 눈을 지각한다 함은 그를 나의 지향적 대상으로, 지각장 안의 인식적 소유물로서 자리잡게 하는 것이며, 이는 곧 타자의 타자성을 없애고 그를 대상화하는 것을 의미하기 때문이다. 그러므

(TA, 11).

13) 눈이 시선의 후원자 역할을 하긴 하지만, 눈과 시선 사이엔 아무런 분석적 필연적 연관이 없다. 둘은 오로지 경험적 연관성만을 지닌다. 우리는 5. 1에서 이 점을 자세히 다룰 것이다.

로 "어떤 경우에도 타자는 대상으로서 우리들에게 주어지지 않는다. 타자를 대상화하면 그 '시선-존재'는 붕괴될 것이다"(307). 반면 타자의 시선을 의식하는 일은 어떤 대상적 매개를 거치지 않고 타자와 '직접' 대면하는 일이다. 시선을 의식할 때 나는 어떤 식으로도 나에게 시선을 던지고 있는 그 타자를 나의 지각장 위의 대상으로 삼을 수가 없다. 그러므로 내가 시선을 의식할 때 내 지각의 대상으로서의 눈은 사라진다. 곧 "내가 타자의 시선에 나의 주의를 돌리면 그와 동시에 나의 지각은 해체되어버린다"(297).

이제 우리는, 타자는 대상을 매개로 하지 않고 시선이라는 이름하에 직접 출현함을 알았다. 그 출현의 효과가 과연 어떤 것인지 보다 구체적으로 살펴보아야 할 것이며, 타자에 대한 이런 식의 기술이 고전 철학이 해명하지 못했던 유아론의 문제, 즉 타자 존재의 확실성의 문제를 어떻게 풀어나가는지 보아야 할 것이다. 그러나 그 전에 시선으로서의 타자의 출현에 대한 사르트르의 기술이 레비나스가 기술하는 타자의 출현과 어떤 유사성을 가지는지 살펴보는 것은 매우 흥미로운 일일 것이다. 레비나스에게서 타자는 '얼굴 Visage'의 모습으로 출현한다. 그런데 사르트르에게 있어서 시선이 인식의 대상이 아니듯 레비나스에게서 얼굴도 인식의 대상이 아니다(EI, 79). 레비나스는 내가 어떤 방식으로도 규정할 수 없는, 따라서 무한자의 이념을 표현하는 타자의 출현을 가리켜 얼굴의 현현 épiphanie이라 부른다("얼굴과의 관계, 내가 소유할 수 없는 절대적으로 다른 타자, 이런 의미에서 무한한 타자"[TI, 171]). 요컨대, 양자에게 있어서 시선과 얼굴은 똑같이 나의 어떤 힘도 미칠 수 없는 지각 불능, 대상화 불능, 규정 불능, 소유 불능성을 함축한다("얼굴은 소유에 대해, 나의 힘에 대해 저항한다"[TI, 172]). 이 점은 두 사람의 다음 구절들을 비교해보면 더욱 분명해진다. "우리가 타자의 눈을 아름답다고 혹은 흉하다고 보거나, 눈의 색깔에 주의하거나 할 수 있는 것은, 결코 타자의 눈이 당신에게 시선을 돌리고 있을 때는 아니다"(297). 시선은 눈의 대상성으로 결코 환원되지 않는다는 사르트르의 이 구절을 레비나스는 놀랍게도 다음과 같이 변형시키고 있다. "우리가 〔타자의〕 눈의 색깔을 관찰할 때 우리는 타자와의 사회적 관계를 가지는 것이 아니다〔즉 대상적 관계를 가지는 것이다〕"(EI, 79~80).[14] 이 구절을 통해 사르트르처럼 레비나스도 눈의 색깔은 한낱 대상적일 뿐이며, 타자는 그런 대상성으로 환원되지 않음을 강조하고 있다.[15] 또한 우리가 이미 살펴보았듯 사르트르가 "모든 시선은 우리 지각장 안의 하나의 감각적 형태의 출현과 결부되어서 나타"(297)나지만 어떤 지각 가능한 것으로도 환원되지 않는다고 했던 것과 똑같이, 레비나스도 "얼굴과 관계함은 지각을 통해 지배된다. 그러나 얼굴의 특징적인 것이란 지각으로 환원되지 않는 것이다"(EI, 80)라고 쓰고 있다. 이처럼 레비나스가 타자의 출현은 지각 가능한 것, 인식 가능한 것으로부터 분리되어 설명되어야 함을 강조할 때, 우리는 부왕(父王)의 유령을 만난 듯 사르트르의 목소리를 다시 듣게 된다.

Ⅱ. 이타성과 분리

타자 출현의 직접성 문제와 관련된 것으로서 '분리 séperation'의 문제를 간과할 수 없을 것이다. 레비나스의 타자 이론의 핵심어로 잘 알려진 이 분리 개념은 이미 사르트르가 그의 타자 이론에서 주요하

14) 레비나스에게서 '사회적 관계'란 대상으로 환원되지 않는 타자와의 관계를 말한다.

15) 여기서 두 사람이 공통적으로 언급하는 '눈의 색깔'에 주목해주기 바란다. 눈의 색깔에 대한 지각은 타자의 대상화와 관련되며, 타자의 타자성은 이러한 대상적 요소와는 전혀 관련이 없다는 사르트르와 레비나스 두 사람의 주장은 모두 인종주의에 반박할 수 있는 탁월한 철학적 발판이 되어준다. 왜냐하면 말할 것도 없이 눈의 색깔은 피부 색깔, 골격 등과 더불어 인종을 구별하기 위한 대표적인 잣대이기 때문이다.

게 사용했던 개념이다. 레비나스는 분리를 플라톤적 의미의 '참여 participation'와 반대되는 개념으로 사용한다. 고전 철학에서 개물(個物)은 유개념, 즉 이데아에 참여할 때만 이성적인 사유의 대상이 될 수 있었다. 그렇지 않을 경우 그것은 '우연적인 착각 illusion accidentelle'에 지나지 않는 것이 된다(TI, 75 참조). 감성적 대상들이 모순 없이 사유되기 위해선, 그것들은 언제나 동일한 이데아에 참여하고 있어야만 한다. 즉 개물들 간의 차이는 언제나 유적 동일성을 전제한다. 이는 곧 차이나는 개물들은 보다 근본적으로는 유적 차원에서 통일되어 있다는 뜻이다. 이렇듯 "그리스 형이상학의 한 가지 사유 양식은 통일성 Unité으로 귀환하고 통일성과 합일 confusion하는 길을 찾는 데 있다"(TI, 76). 이런 "형이상학은 분리를 제거하고, 통일을 추구하려고 애썼다"(TI, 75). 요컨대 타자는 언제나 직접 현시하지 않고 유적 개념을 매개로만 나타날 수 있다. 이러한 철학은 타자를 타자로서, 즉 그 특정성 singularité에서 사유하는 것이 아니라, 전체 통일체의 일원으로서 사유한다. 결국 타자는 늘 동일자로 환원될 뿐이다. 이와 반대로 레비나스는 동일자와 타자 사이에는 유적 동일성을 전제하지 않는 근본적인 분리가 있다고 본다. 근본적인 분리란 무엇인가? "동일자와 타자 사이의 근본적인 분리란 명백히, 한 사람을 동일자와 타자 사이의 관계 외부에 위치시킬 수 없음을 뜻한다"(TI, 6). 동일자와 타자의 관계 외부에 위치시킨다는 것은 바로 개물들 상위에, 나와 타자 외부에 위치하는 제3자, 즉 유개념을 통해 누군가를 자리매김한다는 뜻이다. 이와 달리 인간 존재자는 제3자의 매개 없이 오로지 그 존재자들 사이의 분리라는 관계 자체 속에서만 이해되어야 한다는 것이 레비나스의 생각이다. 그렇다면, 아무런 개념적 매개의 도움을 받을 수 없는데, 어떻게 타자는 동일자로부터 분리될 수 있는 것일까? 고전 철학에서는 비록 동일성의 형식(유개념)을 전제한 것이긴 하지만, '종차'가 개물들 간의 분리를 가능케 했다. 이제 타자를 그러한 전체성의 체계 속에서 이해할 수 없는 만큼 종차와 같은 개념적 장치의 도움은 받을 수 없을 것이다. 레비나스는 타자의 타자성 때문에, 즉 타자가 바로 타자인 까닭에 동일자로부터 분리된다고 말한다. 다른 어떤 개념 체계의 도움 없이 오로지 타자는 나와 다른 그의 이타성 때문에 나와 분리된다. 이와 달리 고전 철학에서 차이(종차)란 늘 동일성(유개념)을 전제해왔다. 이런 까닭에 레비나스는 "이타성을 만드는 것은 전혀 차이가 아니다. 오히려 이타성이 차이를 만든다"[16]고 말하는 것이다. 그러므로 레비나스에게서 '이타성은 개념적 차이에 선행한다.'

나와 타자의 관계는 근본적으로 분리의 관계이며, 이 분리는 어떤 개념적 매개 때문에 가능한 것이 아니라, 오로지 타자가 그 본성상 타자이기에 가능하다는 레비나스의 이러한 생각은, 그러나 사르트르에게서 먼저 발견된다. 사르트르는 이렇게 말한다. "타자가 나에게 시선을 던지고 있음은 [……] 타자라고 하는 오직 그것만의 본성[즉 이타성]에 의해서만 타자가 나로부터 분리되어 séparé 있는 한에 있어서이다"(309). 여기서 한 단어만 바꾸면, 즉 시선을 얼굴이라고 바꾸면 사르트르의 이 구절은 레비나스의 분리 개념을 완벽하게 요약하는 문장이 된다. '타자가 나에게 얼굴로 나타남은 타자라고 하는 오직 그것만의 본성에 의해서만 타자가 나로부터 분리되어 있는 한에 있어서이다.' 이와 같이 분리라는 용어와 그것이 담고 있는 사상에 있어서 사르트르와 레비나스는 매우 동일하다. 타자를 어떤 개념적 매개 없이 그 타자성을 통해서만 이해하려는 시도, 그리고 이러한 타자와의 관계를 '분리'라고 규정한 레비나스의 시도는, 그러므로 그 원천을 사르트르에게 두고 있다.

---

16) E. Levinas, "La vocation de l'autre," E. Hirsch(ed.), *Racismes: L'autre et son visage* (Paris: Éd. du Cerf, 1988), p. 92.

레비나스가 사용하는 '얼굴'이라는 용어를 살펴보면 그가 사르트르에게서 받은 영향은 더욱 확고부동한 것이 된다. 타자의 현현을 표현하는 용어인, 레비나스의 얼굴과 사르트르의 시선은 그 표현에 한정해볼 때 서로 다른 것 같지만, 실은 '얼굴'이란 표현은 사르트르가 존재와 무를 쓰기 이전에, 다른 대상과 구별되는 타자의 독특한 타자성을 표현하기 위해, 1939년 발표된 「얼굴들」에서 이미 사용했던 말이다. 이 글에서 한 구절 예를 들자면, 사르트르는 "사물들 틈에서 우리는 우리가 얼굴이라고 부르는 존재를 발견한다. 그러나 얼굴은 다른 사물들과는 다른 식으로 존재한다"(V, 564)라고 말한다. 이 짧은 글은 『존재와 무』에서 발전될 타자에 관한 사상의 최초의 싹을 보여주고 있다. 이 글 이후 『존재와 무』에서부터 사르트르는 '얼굴'이란 용어 대신에 '시선'이라는 표현을 사용하기 시작했지만, 그 두 용어가 담고 있는 함의, 즉 대상화 불능의 타자성이라는 함의에는 변한 바가 없다. 이처럼 레비나스는 자신이 사용하는 주요 용어에 있어서조차 사르트르의 짙은 영향을 보여준다.

그렇다면 이제, 타자의 시선이 나에게 향하고 있다, 내가 보여지고 있다는 것은 무슨 뜻인가에 대해 살펴보기로 하자. 사르트르는 그것은 타자 앞에서 나의 '대상화'라고 말한다. "나는 타자에 대해 대상으로서 나타난다"(260). 여기서 우리는, 내가 대상이 된다는 이 수수께끼 같은 표현에 당혹스러움을 느낌과 동시에 레비나스와 사르트르 사이에 근본적인 차이점이 모습을 드러내는 것이 아닌가 하는 의구심을 가지게 된다. 왜냐하면 레비나스에게 있어서 타자의 출현은 나의 나됨, 즉 나의 주체화를 가능케 해주기 때문이다. 고통받는 타자 앞에서 나의 이기적 자아는 그 타자에 대한 윤리적 주체로서 다시 태어나게 된다. 그러므로 내가 대상이 된다는 사르트르의 주장과 내가 주체가 된다는 레비나스의 주장이 서로 상반돼 보이는 것이 당연하다. 그러나 이제 보겠지만, 사르트르의 대상화와 레비나스의 주체화는 서로 다른 의미를 담고 있는 것이 아니다. 이는 동일하게 주체의 발생을 기술하는 용어들임을 우리는 확인하게 될 것이다.

4. 대상화의 의미: 비반성적 층위에서 주체의 출현

I. 비인격적 순수 의식과 자아

'자아의 대상화'의 의미를 살피기 위해선 사르트르가 베를린에서 현상학을 연구하던 시절(1934)에 썼던 『자아의 초월성』에서의 논의로 돌아가야 한다. 이 작품을 통해 사르트르가 주장하고자 하는 바는, 자아란 결코 의식의 통일성과 개별성의 원천이 아니며,[17] 오히려 자아란 비인격적인 초월적 의식이 반성 활동을 통해 산출해낸 의식

17) 사르트르에 의하면 의식의 통일성은 자아가 아니라 대상을 지향하는 의식의 활동으로부터 온다. 예컨대, "천 개의 능동적 의식의 통일을 통해 나는 넷을 만들기 위해 둘에 둘을 더했고, 더하고, 또 더할 것이다. 여기서 '둘 더하기 둘은 넷'은 외재적 대상이다. ['둘 더하기 둘은 넷' 같은] 이런 영원한 진리의 지속 없이는 진정한 통일을 사유하는 일은 불가능할 것이며, 활동하는 의식들의 수만큼의 서로 환원될 수 없는 활동들이 있을 것이다. [……] 의식은 과거 의식과 현재 의식의 끊임없는 종합이어야 한다. [……] 과거 의식들을 구체적이며 실재적으로 기억하는 힘은 바로 스스로와 통일을 이루는 의식, 구체적으로 말하면, '횡단적인 transversale' 지향성들의 놀이를 통해 그러한 통일을 이룩하는 의식이다"(TE, 21~22). 의식의 통일성은 의식이 늘 대상을 지향하고 있기에 가능한 것이며, 따라서 통일성의 원리로서 자아의 현존을 내세울 필요는 없다. 의식의 개별성 또한 자아로부터 오지 않는다. "의식의 개별성은 분명 의식의 본성으로부터 생겨난다. 의식은 (마치 스피노자의 실체처럼) 자기 자신을 통해서만 제한된다. 그러므로 의식은 하나의 종합적이며 개별적인 전체성을 구성하는데, 이 전체성은 동일한 유형의 다른 전체성[다른 의식]과 완벽하게 격리되어 있다"(TE, 23). 즉 자아는 통일성과 개별성에 있어서 아무런 역할이 없다. "무엇보다도 의식은 그 자체 '개별화되며' '비인격적인' 자발성으로서 주어진다"(TE, 78).

외재적인 transcendent 대상이라는 것이다.

후설이 발견한 바와 같이 의식은 늘 무엇에 대한 의식이다. 의식은 현상의 존재들, 수학적 진리 등등에 대한 의식이며, 아무런 내용(심리적 상태, 경향, 습관 등)도 가지지 않은 채 텅 비어 있다. 또한 사르트르에 의하면 의식은 절대적인 자발성으로 정의되며, 의식은 "자기 자신의 고유한 존재 방식의 원천"(22)이다. "의식 외에는 아무것도 의식의 원천이 될 수 없다"(TE, 35~36). 또한 의식은 자기 안에 아무것도 가지지 않기에, 오로지 자기 바깥의 것들과만 관계한다. 다시 말해 의식은 숙명적으로 초월적이다. "의식은 무엇에 '대한' 의식이라는 말은 초월이 의식의 구성적 구조라는 뜻이다. 다시 말해 의식은 의식이 아닌 하나의 존재에 '대해' 발생한다"(28). 그런데 다른 대상들과 마찬가지로 '인격적' 내용, 즉 습관, 감정, 성향 등 통틀어 이른바 자아라고 하는 것은 의식에 대해 외재적인 대상이다. "자아는 〔의식〕 바깥에, '세계 안에' 있다. 자아는 세계 내 존재이다"(TE, 13).

그런데 의식이 자기 외재적인 대상에 대한 지향적 의식일 때 그 의식은 동시에 자기 의식이어야만 한다. 왜냐하면 그 자신에 대해 망각하고 있는 의식이란 자기 모순이기 때문이다. 의식이 외부 대상인 탁자를 의식하고 있을 때, 동시에 의식은 자기가 탁자를 보고 있다는 것을 의식하고 있다. 그런데 자기 의식은 외재적 대상에 대한 지향적 의식과는 다른 본성을 지니고 있다. "지각할 때 내가 가지는 직접적 의식〔자기 의식을 말함〕은 판단하거나 욕망하거나 수치를 느끼는 것을 내게 허용하지 않는다. 그 자기 의식은 나의 지각을 '인식하는' 것이 아니다. 나의 지각을 '정립하는' 것이 아니다. 나의 현실적인 의식 속에 지향적인 모든 것은 바깥쪽으로, 세계 쪽으로 향하고 있다. 〔……〕 대상에 관한 모든 정립적인 의식은 동시에 그 자신에 관한 비정립적인 의식이다"(19). 지향적 의식은 외부 대상에 대해 정립적이고 인식적인 반면, 자기 의식은 '비정립적'이고 "비인식적 non cognitif"(19)

이다.[18] 사르트르는 이 점을 설명하기 위해 다음과 같은 예를 든다. 내가 담뱃갑에 들어 있는 담배를 세고 있다고 가정해보자. 이때 나는 담배가 열두 개 들어 있으며, 이런저런 성질을 가지고 있음을 안다. 즉 여기서 의식은 담배를 대상으로 정립한다. 그러나 이때 나는 '세고 있음'에 관해서는 아무런 정립적 의식도 가지지 않는다. 나는 나를 세고 있는 자로서 인식하는 것이 아니다. 이 점에 대한 좋은 증거로 사르트르는, 자연히 셈을 할 수는 있지만, 어떻게 자기가 셈을 할 수 있는지, 셈한다는 것이 무엇인지는 설명할 수 없는 아이들의 경우를 예로 든다. '셈을 함' 혹은 '나는 셈을 하고 있다'를 대상으로 정립하지 않더라도, 담배를 세고 있는 지향적 의식에는 그 행위에 대한 비정립적인 자기 의식이 포개어져 있는 것이다(그렇지 않다면, 나는 나도 모르는 상태에서 셈을 하고 있는 셈이 된다). 그러므로 정립적인 지향적 의식과 비정립적인 자기 의식은 한데 얽혀 지향적 활동의 필요충분 조건을 이룬다(18). 이 두 가지는 지향적 활동을 가능케 하는 "분할, 분해 불가능한 하나의 존재 un être indivisible, indissoluble"(21)이다.

이와 같은 지향적 의식 속엔 자아란 없다. 『자아의 초월성』에서 사르트르는 이에 대한 몇 가지 예를 든다. "내가 책을 읽고 있었던 동안, 책에 '대한' 의식이 있었고 책 속의 주인공들에 '대한' 의식이 있었다. 그러나 그때 '나'는 이 의식 안에 살고 있지 않았다. 이 의식은 단지 대상에 대한 의식이고 그 자신에 대한 비정립적 의식이었을 뿐이다. [……] 이 반성되지 않은 의식 속에는 '나'가 없었다. [……] 내가 시내 전차를 뒤쫓아 따라간다든가, 시간을 본다든가, 어떤 초상

---

18) 이러한 비인식적 자기 의식을 사르트르는 여러 가지 이름으로 부르는데, '비정립적 의식 conscience non positionelle' '비반성적 의식 conscience non réflexive' '비정립태적 의식 conscience non thétique' '반성되지 않은 의식 conscience irréfléchie' 등이 그것이다.

화에 집중한다든가 할 때, 여기에는 '나'가 없다. 여기에는 '따라잡기 직전의 시내 전차'에 대한 의식이 있으며, 의식에 대한 비정립적 의식이 있다"(TE, 30~32). 반성되지 않은 영역에는 자아란 존재하지 않는다. 오로지 절대적으로 자발적이며 아무런 내용도 가지지 않는 (즉 비인격적인) 의식만이 있을 뿐이다. 요컨대 "초월적 의식이란 하나의 비인격적 자발성이다"(TE, 79). 지금껏 주석가들이 범접해보지 못한, 『구토』의 끝부분에 등장하는 의식에 대한 수수께끼 같은 묘사들[19]도, 바로 자아가 부재하는 이런 비인격적인 초월적 의식에 대한 성찰로서 이해되어야만 한다. 예컨대 다음과 같은 구절이 대표적이다. "아무도 더 이상 의식 속에 거주하지 않는다. 조금 전까지만 해도 누군가가 '나'라고 말했고, '나의' 의식이라고 말했다. 도대체 누가? [……] 지금은 익명적인 의식만이 남아 있다. 여기 있는 것은 [……] 비인격적인 투명뿐이다"(N, 218). 의식에는 아무런 인격적 성질이 없다. 그것은 비인칭의 괴물일 뿐이다(TE, 80). 즉 "의식은 그 안에 거주하고 있던 사람으로부터 자유롭다. 그것은 사람이 아니기에 괴물이다"(N, 219~20).

인격적 자아란 의식이 반성 활동을 할 때, 반성의 산물로서, 그 반성하는 의식 '외재적인 대상'으로서 발생한다. 다시 말해 자기 자신에 대해 대자적인 의식, 곧 의식의 자기성의 산물로서 자아는 발생한다. "자아의 출현을 허락하는 것은 그 근본적인 자기성에 있어서의 의식이다"(140). 보다 구체적으로 "나는 오로지 반성 활동의 경우에만 나타난다. [……] 반성적 활동이 대상으로 삼는 외재적 대상, 그것이 나이다"(TE, 36~37). 가령 책을 읽고 있었던 어제의 의식을 반성할 때 의식은, 반성의 대상으로서 '책을 읽고 있었던 나'를 정립하게 된다. 즉 '나'는 오로지 파지 rétention의 산물인 것이다. 반성되는

---

19) J-P. Sartre, *La nausée* (Paris: Gallimard, 1938), pp. 218~20(약호 N).

의식(어제 책을 읽고 있었던 의식)의 층위에만 '나'가 출현하지(가령 '어제 나는 책을 읽고 있었다'라는 형태로), 지금 반성 활동을 하고 있는 의식은 아무런 내용(나)도 가지지 않는 비인격적인 순수 지향적 의식으로 머문다. 이런 식으로 자아는 반성 활동을 하는 의식의 대상으로 출현하는 자이다. 그것은 의자, 수학적 진리 등과 마찬가지로 의식이 정립적 관계를 맺고 있는 '의식 외재적 대상'이다. 지금까지의 논의로부터 우리는 다음과 같은 중요한 논점들을 길어낼 수 있다.

① 의식의 통일성과 개별성을 담당하는 "초월적 장은 비인격적이 되어버린다. 혹은 이렇게 말해도 좋다면, '선(先)인격적인 prépersonnel' 것, 즉 '나 없는 sans Je' 초월적 장이 되어버린다"(TE, 19).

② "자아는 의식의 주인이 아니다. 자아는 의식의 대상이다"(TE, 77). "자아는 오로지 인간적인 층위에서만 다룰 수 있게 된다"(TE, 19). 나는 의식에 '외재'하는 세계 '내' 존재이다. 이 나는 성질, 상태(기쁨 · 슬픔 등) 등의 내용을 가진다.

③ "자아의 삶이 자리잡는 곳은 반성된 층위이고, 비인격적 삶이 자리잡는 곳은 반성되지 않은 층위이다"(TE, 42). "자아는 반성적 활동과 더불어서만, 그리고 반성적 직관의 노에마적 상관자로서만 출현한다"(TE, 43). 요컨대 "자아는 오로지 반성에 대해서만 출현하는 대상이다"(TE, 65).[20]

---

20) 인격적 자아로서의 주체에 앞서는 익명적이고 비인격적인 것이 있다는 사르트르의 통찰은 들뢰즈의 주체 개념 비판에도 큰 영향을 주었다. '나' 혹은 '나의 의식'을 최종 지반으로 보았던 데카르트 이래의 모든 논의들에 대항해, '비인격적 초월적 장'이 근원적인 것이고 인격적 자아란 이 비인격적 장으로부터 발생해 나오는 것이라는 점을 처음 발견한 선구자로서 사르트르에 대한 들뢰즈의 찬사는 끝이 없다(G. Deleuze, *Logique du sens* [Paris: Éd. de Minuit, 1969], p. 120; *Qu'est-ce que la philosophie?* [Paris: Éd. de Minuit, 1991], p. 49; "L'immanence: une vie ……," *Philosophie* [No. 47, 1995] p. 4 참조). 물론 양자의 차이점도 중요하다. 들뢰즈는 인격적 주체 개념을 비인격적 특정성으로 대체하고자 한다(이에 대해선 5장 4 참조). 이러한 새로운 주체 개념을 확립함에 있어서 들뢰즈는 사르트르의

Ⅱ. 타자는 수치를 통해 나의 코기토를 가능케 한다: 유아론 극복 I

자아가 여타의 지향적 대상들처럼 의식 외재적 대상이라는 『자아의 초월성』에서의 논의는, 타자의 시선 앞에서의 자아의 대상화의 의미가 무엇인지 이해하기 위한 실마리가 되어준다. 지금까지 보아온 바로는 의식의 반성 활동만이 자아라는 대상을 정립할 수 있었다. 비반성적 층위에서 자아가 어떻게 출현할 수 있는지 아직까지 우리는 아는 바가 없다. 그런데 문제는 타자의 시선을 받았을 때 의식의 상태는 비반성적이라는 점이다. 구체적으로 타자가 시선을 던졌을 때의 이 비반성적인 의식은 '수치 honte'이다(수치는 나의 것이 아닌 의식, 곧 타자의 의식을 매개로 해서만 생겨나는 의식이다. "수치는 그 근본 구조에 있어서 '누구인가 앞에서' 느끼는 수치이다"〔259〕). 수치가 비반성적 의식인 이유는 "수치는, 수치로서의 자기에 (대해)[21] 비정

비인격적 의식에 관한 논의를 선구적 작업으로 떠받들어올리되 사르트르보다 한 걸음 더 나아가, 초월적 장은 사르트르의 그것과 마찬가지로 비인격적이고 익명적인 것이기는 하나, '의식'으로 정의될 수는 없다는 주장을 하기에 이른다(G. Deleuze, "L'immanence: une vie ……," pp. 3~4 참조). 사르트르는 초월적 장이 비인격적이고 익명적이라는 데는 도달했으나, 여전히 그것을 '의식'으로 정의한다는 점에서, 의식의 발생에 선행하는 최종 지반을 향해 충분히 깊이 내려가지 못했다고 들뢰즈에게 비판받는다. 그러나 들뢰즈에게 있어서 이 비인격적 장은 의식이라는 분별적 개념의 출현에조차 선행하는 '삶 vie'이다. "내재성은 하나의 삶 자체 외에 다른 것이 아니다"(위의 글, p. 4). 요컨대 들뢰즈에게 있어서 초월적 장(내재성의 구도)은, '의식'으로 정의될 수는 없다는 점에서 사르트르와 다르며, 초월적 장을 구성하는 힘들 혹은 사건들이 '비인격적'이라는 점에서 사르트르와 상통한다.

21) '~에 대한 de 의식'에서 de를 괄호치는 것은 사르트르의 독특한 표현법이다. 이는 의식은 '언제나' 의식 외재적인 무엇에 대해서만 정립적이라는 점을 뜻하기 위한 표현이다. 곧 의식은 의식 자신에 대해서는 결코 인식적 혹은 정립적이 아님을 뜻한다. "이제껏 '자기에 대한 비정립적 의식'에 관하여 이야기하지 않을 수 없었다. 그러나 이 '자기에 대한 de soi'이란 말이 여전히 인식의 관념을 환기시키므로 우리는 이 말을 더 이상 사용할 수가 없게 되었다(또 이제부터는 '에 대한 de'이란 단어를 괄호 안에 넣을 것인데, 그것은 이 단어가 오로지 문법상의 구속에만 응할 뿐이라는 것을 가리키기 위해서이다). 이 자기에 (대한) 의식을 우리는 하나의 새

립적인 의식이기"(259) 때문이다. 즉 수치는 수치라는 그 의식 자신에게 정립적인 지향성의 화살을 돌리지 않으며, 따라서 그 안에 아무런 내용(자아라는 내용)도 가지지 않는다. 반면 수치는 여타의 다른 지향적 의식과 마찬가지로, 수치에 대해 외재적인 대상을 정립적으로 지향한다. 무엇에 대한 지향인가? 이제 보겠지만 여기에 비반성적 층위에 있어서 자아의 발생을 해명하는 열쇠가 있다.

비반성적 지평에서의 나의 대상화란 반성적 지평 위에서의 나의 대상화와 더불어 사르트르의 자아론을 양분한다. 다시 말해 타자의 시선 때문에 생겨난 비반성적 의식인 수치 속에서 자아의 대상화는, 반성적 층위에서 자아의 발생과 짝을 이루는, 비반성적 층위에서의 자아의 발생의 문제의 일환으로 이해될 수 있다. 사르트르는 이미 『자아의 초월성』 후반부에서부터 "'나'가 반성되지 않은 층위에서〔도〕 나타난다는 것은 확실하다"(TE, 70)라고 말하면서 의식의 비반성적 층위에서 대상으로서 자아의 발생을 암시하고 있다. 우리는 타자의 시선을 통한 자아의 대상화라는 그 의미 파악이 용이하지 않은 『존재와 무』의 난제를 바로, 『자아의 초월성』에서 주제화되었던 '비인격적인 지향적 의식의 대상으로서 자아의 발생' 문제의 연장성에서 이해해야 할 것이다.

비반성적 의식인 수치를 통한 자아 발생에 관한 이해의 실마리를 『존재와 무』의 다음 구절이 제공하고 있다. "우리가 대자를 그 고독에 있어서 〔즉 타인의 존재를 고려에 넣지 않고〕 고찰하는 한에서, 반성되지 않은 의식 속에 나moi는 거주할 수는 없으며, 나는 대상으로

로운 의식으로 생각해서는 안 되고, '어떤 사물에 관한 의식에 있어서 유일하게 가능한 존재 방식'이라고 생각해야 할 것이다"(20). 의식의 의식 자신에 대한 비정립성, 비인식성은 의식은 아무런 내용을 가지지 않는다는 현상학의 이념에 사르트르가 엄격하게 충실한 결과이고, 이러한 의식의 성격은 자아 및 타자와 관련된 사르트르의 모든 논의의 근간을 이룬다.

서는 반성적 의식에 대해서밖에 주어지지 않는다고 주장할 수 있었다. [……] 그런데 '나'의 현전화라고 하는 반성적 의식에만 맡겨졌던 이 역할이, 지금은 반성되지 않은 의식에 속한다. 단 반성적 의식은 나를 직접 대상으로 세운다. 반성되지 않은 의식은 '인격'을 직접 '자기의' 대상으로서 포착하지는 않는다. 즉 '인격은 그것이 타자에 대해서 대상인 한에 있어서' 의식에게 현전한다"(299~300).[22] 순수 의식을 그 고독 속에서, 타자를 고려에 넣지 않고 살피는 한에서, 자아는 오로지 의식의 반성을 통해서밖에는 출현할 수 없다. 그러나 시선을 던지고 있는 타자와의 관계 속에서 볼 때 의식은 반성을 통하지 않고도, 즉 의식의 자발적인 능력에 의존하지 않고도(이런 의미에서 '수동적으로') 자아를 출현시킬 수 있다.

엿보는 자에 대한 다음과 같은 유명한 예는 이 점을 잘 설명해준다. "내가 열쇠 구멍으로 [누군가를] 엿보고 있는 장면을 생각해보자. [이 경우] 나는 단 혼자이며, 나에 (대한) 비정립태적인 non-thétique 의식의 차원에 있다. 이것이 뜻하는 바는 우선 내가 존재하고, 그 뒤에 그 나가 나의 의식에 거주하는 것은 아니라는 점이다"(298). 외적 대상에 대한 여타의 지향적 의식처럼, 이 경우 의식 안에는 자아가 없다. 여기서 의식은 반성 활동을 통해 자아를 정립적으로 지향하고 있지 않다. "그런데 갑자기 복도에서 발자국 소리가 들렸다. 누가 나에게 시선을 던지고 있다. [……] 나가 불시에 나의 존재 안에서 달성된다. 본질적인 변화가 나의 구조 안에서 일어난다. [……] 여기서 나는 나인 한에 있어서 반성되지 않은 나의 의식에 대해 존재한다"(299). 열쇠 구멍을 향하고 있던 나의 비반성적 의식에는 아무런 자아도 없었다. 그러나 우연히 타자의 시선이, 엿보는 행위를 목격함으로 해서 자아

22) 또 다음 구절도 주목해야만 할 것이다. "우리들의 심리 물리적인 나는 세계와 동시적이고, 세계의 일부를 이루고 있으며, 세계와 더불어 현상학적인 환원의 대상이 된다. 한편 타자는 이 나의 정립 자체에 필수적인 것으로서 나타난다"(272).

가 출현한다. 애초에 그 안에 자아를 가지고 있지 않은 의식이 비반성적 층위에서, 타자의 시선으로 인한 수치심 속에서 자아를 발생시키고 있다. 이미 말했듯 "수치의 구조는 지향적이다"(259). 왜냐하면 수치는 늘 무엇인가에 대한 수치이기 때문이다. 그런데 여기서 이 '무엇인가'란 다름아닌 '나'이다(259). 당연한 얘기겠지만 열쇠 구멍을 엿보다 들킨 수치는 타자에 대한 수치일 수 없고, 오로지 '나에 대한' 수치이다. 요컨대 시선을 통해 등장하는 타자의 의식이 수치를 발생시키고 수치는 그 수치의 대상으로서 자아를 발생시키는 것이다. 그러므로 여기서 외재적 대상으로 정립되는 것은 타자가 아니라, 타자의 출현으로 등장하게 된 자아이다. 그런데 자아가 출현한다는 말은 어느 경우이건, 즉 반성적 의식의 경우이건 비반성적 의식의 경우이건, 비인격적 의식 외재적인 인격적 대상으로 출현한다는 뜻이다. 사르트르에게서 주체란 오로지 의식의 지향적 대상으로서만 성립될 수 있는 것이다. 자아를 대상으로서 정립한다는 점에서 의식의 반성활동과 비반성적 의식인 수치가 하는 역할은 동일하다. 그러므로 타자의 시선 앞에서의 '자아의 대상화'란, 곧 자아라는 인격적 주체의 발생으로 이해되어야 한다. 따라서 일견 모순된 표현 같지만, 타자의 시선은 '나를 대상화한다'는 표현은 '나를 인격적 주체로서 세운다'라는 표현과 동일한 뜻을 지닌다.

타자를 통한 나의 발생을 코기토의 맥락에서 이해해보자. 우리는 처음에 서양 철학의 타자 이론이 유아론의 문제를 해결하는 데 근본적으로 실패했다는 사르트르의 지적으로부터 출발했다. 그러면 사르트르의 타자 이론은 과연 유아론을 성공적으로 극복하였는지, 즉 타자 존재의 확실성을 우리에게 보여줄 수 있는지 살펴보기로 하자. 사르트르의 타자 이론 전체를 통과하는 기본적인 정조는 나의 코기토만큼 확실한 타자 존재를 밝혀내고자 하는 노력이다. 그는 자신의 타자에 대한 "기술은 전적으로 코기토의 차원에서 이루어졌다"(307)라고 말한다. 우리가 보았듯 타자의 시선은, 비반성적이고 비인격적인 의식으로부터 자아의 출현을 가능케 해준다. 그런데 "시선을 받고 있는 '자아'와 나의 반성되지 않은 의식과의 관계는 인식의 관계가 아니라 존재의 관계이다"(300). 즉 타자의 시선을 통해 생겨난 '나'는, 의식에 대한 '인식적 표상이 아니라' 의식이 떠맡아야 하는 하나의 '존재'이다. 자아와 의식, "거기에는 하나의 존재 관계가 있다. [……] [타자로 인한] 나의 수치가 [내가 존재하게 되었음에 관한] 하나의 자백이다"(301). 이것이 바로 사르트르적 코기토이다. 이제 코기토는 '나는 생각한다, 고로 존재한다'가 아니라, 나는 보여지고 있다, 고로 존재한다가 된다. "코기토를 통해 포착된 나의 의식이 회의의 여지없이 그 자신에 관해서, 또 그 자신의 고유한 존재에 관해서 증언하는 것과 마찬가지로 어떤 특수한 의식, 예컨대 '수치 의식'과 같은 것은, 코기토에 대해서, 회의의 여지없이 그 자신에 관해서 또 타자의 존재에 관해서 증언한다"(312). 나의 존재가 명석판명한 이상 나를 바라보는 타자의 존재 또한 명석판명할 수밖에 없다. 왜냐하면 내가 나로서 존재하게 됨은 전적으로 타자의 시선에 의한 것이기 때문이다. 이것이 바로 사르트르가 이야기한 타자와의 내적 관계이다. 타자는 나의 코기토의 필수불가결한 내적 요소로서, 나의 나됨에 개입하고 있다. 여기서는 하나의 모나드로서의 주체가 다른 또 하나의 모나드로서의 주체와 관계하는 것(외적 관계)이 아니라, 하나의 주체가 던지는 시선이 다른 주체의 탄생에 개입하고 있는 것(내적 관계)이다. 곧 나의 내면성은 타자를 경유해서만 성립한다(275). 타자에 대한 종래의 이론들이 '인식의 측면'에서, 즉 '외적 관계'를 통해서 타자에 접근함으로써 타자 존재의 확실성을 해명하는 데 실패했음에 반해, 사르트르는 이와 같이 '존재의 측면'에서, 즉 코기토의 필수불가결한 '내적 요소'로서 타자를 이해함으로써 유아론을 극복하는 데 성공한다("만일 유아론이 반박될 수 있어야만 한다면, 그것은 나와 타자와의 관계가 먼저 근본적으로 존재와 존재의 관계이지, 인식과 인식의 관계는 아니기 때문이다"〔283〕). 코기토의 성립이 타자와 조우하기 위한 전제가 아니라, 타자와의 조우가 코기토가 가능하기 위한 조건이라는 점을 사르트르는 다음과 같이 명시하고 있다. "코기토에서 출발하여 타자의 문제가 구성되는 것이 아니다. 반대로 타자의 현존이 코기토를 가능케 한다. 여기서 코기토는 자아가 대상으로서 포착되는 추상적 순간이다"(275). 타자가 코기토의 계기라는 점에서 나의 존재와 타자의 존재는 서로 불가분의 관계를 가지는 동일한 운명의 배에 실려 있는 셈이다.

Ⅲ. 주체의 탄생에 있어서 사르트르와 레비나스, 라캉과의 비교, 자유에 대한 수치

타자의 시선이 나를 대상화한다는 것은 곧 나를 인격적 주체로 세운다는 뜻임을 우리는 보았다. 이렇게 볼 때 레비나스와 사르트르는 또 한 걸음 서로 바짝 다가서게 된다. 레비나스에게 있어서 타자는 고통받는 얼굴의 나약함, 헐벗음nudité으로 호소해온다. 이 타자의 얼굴을 통해 존재 유지conatus essendi만을 추구하는 나의 이기적 폐쇄성은 깨어져나가고 나는 타자에 대한 '윤리적 책임을 지닌 주체'로 서게 된다. 사르트르에게 있어서 타자는 얼굴의 헐벗음과는 정반대로 나를 압도하는 시선을 가지고 나를 그 시선에 포착된 대상으로 만들지만, 실은 이 대상화란 '인격적인 주체로 정립됨'을 뜻하는 것이었다. 결국 사르트르와 레비나스에게 있어서, 주체란 모두 타자의 개입을 통해 비로소 발생한다.

자유의 문제와 관련하여 이 주체의 성격을 살펴보면 두 사람의 유사성은 더욱 뚜렷해질 것이다. 사르트르에게 있어서 근원적인 자유란—의외의 소리로 들릴지 모르겠지만—자유 의지보다는, 비인격적인 지향적 의식의 절대적 자발성을 뜻한다. 지향적 의식의 자발적 활동은 그 어떤 동기도 가지지 않는다. "그 무엇도 의식을 활동시킬 수 없다. 왜냐하면 의식은 자기 원인이기 때문이다"(TE, 64). 의식은 스스로를 무로부터 창조création ex nihilo한다(TE, 79: 자기 원인, 무로부터의 창조 〔……〕 이 무신론적 철학자에게 있어서 이처럼 의식은, 역설적이게도 신의 정의를 이어받고 있다). 반면 인격적 자아의 의지란 자아가 가진 여타의 내용들(습관, 동기 등)과 마찬가지로 의식 외재적인 대상일 뿐이다("의지란 〔의식의〕 자발성에 대해, 또 의식의 자발성을 통해 구성된 대상이다"〔TE, 79〕). 그러므로 자유 의지란 반성 혹은 타자의 개입으로 인하여 구성된 인격적 자아의 속성일 뿐이며, 보다 근본적인 자유는 의식의 자발성이다. 요컨대 "〔타인의 시선이 나를 바라볼 때〕 나의 자유는 내가 타인에 대해 있는 그런 존재의 주어진 하나의 속성으로서 존재하는 것이다"(302, 402).

이러한 사상이 바로 사르트르가 라캉에 대해 지대한 영향을 끼친 점이기도 하다.[23] 레비나스에 대한 논의로 나가기 전에 라캉과의 비교를 통해 비인격적 의식의 자발성과 인격적 자아의 자유 의지 간의 차이에 대한 이해를 구해보는 것도 좋은 방법이리라. 사르트르에게 있어서 의식의 자발성이란 그 자신 외에는 어떤 동기도 가지지 않는다는 점에서 무조건적이며, 자아가 없다는 점에서 무의지적 · 비인격적 · 익명적이다. 의식의 이런 기계적인 성격은 바로 라캉의 욕망에서도 발견된다. 라캉에서도 욕망은 비인격적이며 무조건적이다. 이 욕망이 아버지라는 타자, 아버지라는 이름의 법을 통해 제한되었을 때, 비로소 이 무조건적인 욕망은 무의식의 차원에 자리잡으며, 상징

23) 라캉과는 정반대로 사르트르는 무의식을 인정하지 않았다. 보다 피상적인 대립을 찾아보자면, 사르트르는 실존주의 그룹에, 라캉은 구조주의 그룹에 속한다. 그러나 우리가 이런 소득 없는 철학사적 분류를 무시하고, 같은 세대에 속한 양자의 철학적 사유 전개 방식을 꼼꼼히 비교해본다면 많은 공통점의 발견과 함께 보다 큰 수확을 거둘 수 있을 것이다.

적 질서 속에서 자아가 탄생한다. 상징적 질서 속에서 욕망은 결코 그 순수한 자발성을 유지할 수 없으며, 이런저런 인격적 관계를 통해 동기지어지고 변질되어야 한다. 마찬가지로 사르트르에게 있어서도 절대적인 자발성을 지닌 의식이 자기 반성을 통해서건 타자의 시선을 통해서건 인격적 자아라는 문맥 속에 자리잡았을 때 그 절대성과 무조건성은 변질된다. 즉 의식의 무조건적 자발성은 자아의 구체적인 관심, 습관 등등을 통해 조건지어지게 된다. 이런 뜻에서 사르트르는 자아의 출현을 의식의 하락 혹은 하락한 의식 conscience dégradée이라고 표현했다(312). 그러므로 의식의 대상으로서의 자아의 출현은 의식의 근본적인 자유의 변질을 의미한다("대상화[자아라는 대상의 출현]는 하나의 근본적인 변신 métamorphose이다"(312)).[24] 라캉에게 있어서 타자(아버지)의 등장을 통해 본래적인 욕망이 무의식의 차원으로 억압되고, 가족주의적인 상징적 관계 속에서만 자아가 출현한다는 사실은, '나의 욕망이 본래적으로 있는 바'와 '나의 자아가 있는 바'는 결코 합치할 수 없음을 뜻한다. 이 사상을 라캉은 '나는 사유한다라는 의식이 없는 곳에서 나는 존재하고, 내가 존재하는 곳에서 나는 사유하지 않는다'라는 그의 유명한 거꾸로 된 코기토 명제를 통해 표현했다. 놀랍게도 이런 식의 거꾸로 된 코기토 명제는 『존재와 무』에서 먼저 발견된다! 사르트르도 타자의 개입을 통해 의식의 근본적인 자유, 즉 의식의 본래적인 순수 자발성이 변질되고 자아가 탄생하는 모습을 라캉처럼 거꾸로 된 코기토 명제를 통해 표현했다. "나는 사실, 내가 존재하는 바가 아닌 양태에 존재하며, 내가 존재하지 않는 존재 양식에 존재한다"(313)라는 명제가 바로 그것이다. 순수 의식이 있는 곳에 자아는 없으며 자아가 있는 곳에 순수 의식은 없다. 라캉

---

24) 물론 이 두 사람에게 있어서 자아란 한낱 제거할 수 있는 허상이 아니라, 욕망이 억압을, 그리고 의식이 변신을 겪으며 도달할 수밖에 없는 필연적인 숙명이라는 점은 두말할 나위도 없다.

에게 있어서 무의식적 욕망이 의식의 차원에선 직접 표출될 수 없는 것처럼, 사르트르에게 있어서 의식의 순수 자발성도 자아의 차원에서 직접 모습을 드러낼 수는 없다. 그러므로 자아란 순수 의식을 변질시켜버리는 "일종의 불투명성의 중심과 같은 것이다"(TE, 25).

이제 다시 레비나스로 돌아가보자. 조금 전 보았듯 타자의 시선 앞에서 자아의 출현은 의식의 근본적인 자유의 변질을 의미한다. 타자로 인하여 자아가 될 때, 의식의 절대적 자발성은 한계를 가지게 된다. 이런 의미에서 "타자는 나의 자유의 한계이다"(301). 그런데 사르트르와 마찬가지로 레비나스에게서도 고통받는 타자의 얼굴은 나의 자유를 문제시하고 나의 자유에 한계를 부여한다. 레비나스는 이 점을 다음과 같이 기술하고 있다. "타자에의 접근은 모든 것이, 심지어 살인까지도 허용되는 나의 자유, 살아 있는 자로서의 나의 자발성, 사물들에 대한 나의 지배, '움직이는 힘'의 자유, 기세의 맹렬함을 문제에 부친다. '살인하지 말라'라고 하는 얼굴—그 얼굴 속에서 타자는 나타나는데—은 나의 자유를 심판에 부친다"(TI, 280). 나는 심지어 살인할 자유까지도 가지고 있다. 그러나 나의 자유, 나의 절대적인 자발성은 '살인하지 말라'고 하는 고통받는 타자의 얼굴 앞에서 무장해제된다. 나의 절대적인 자발성은 이제 타자의 얼굴 앞에서 심판에 부쳐져 있다. 절대적인 자발성은 이제 한계를 지닌 것이 되어버린다. "타자를 환대하는 것, 그것은 곧 나의 자유를 문제시하는 것이다"(TI, 58)라고 레비나스는 말한다. 재미있는 것은 레비나스가 타자와의 만남 속에서 나의 자유의 제한이라는 이러한 주장을 사르트르로부터 배웠다는 점을 다음과 같이 암시하고 있다는 점이다. "사르트르에게 있어서 타자와의 만남은 나의 자유를 위협한다. 타자와의 만남은, 다른 자유의 시선 앞에서의 나의 자유의 박탈과 동치이다. 여기서 가장 강하게 시사되는 바는 아마도, 진정으로 외재적인 것과 존재와는 양립 불가능하다는 것이리라. 그러나 여기서 오히려 우리가 볼 수 있는 것은 자유의 정당화 문제이다. 즉, 타자의 현존은 자유의 타고난 합법성을 문제에 부치고 있는 것이 아닌가? 자유는 스스로에 대해 부끄러운 것으로 나타나고 있지 않은가?"(TI, 280). 여기서 레비나스는 자기 철학에서와 똑같이, 사르트르에게 있어서 타자 앞에서 자아의 대상화란 곧 '문제에 던져진 자유를 지닌 주체의 탄생'이라는 점을 읽어내고 있다.

재미있는 사실은 레비나스에게 있어서 타자와의 만남을 통한 주체의 발생은, 사르트르에게서와 똑같이 수치 속에서 이루어진다는 사실이다. "완전성의 이념은 타자를 환대하는 것이며, 나의 자유를 문제에 부치는 도덕적 의식의 시작이다. 이처럼 무한〔타자〕[25]의 완전성에 대해서 나를 측정하는 것은 이론적 숙고가 아니다. 그것은 수치로서 성취된다"(TI, 56). 물론 여기서 수치는, 타자를 살해할 수도 있는 나의 절대적 자유에 대한 수치이고("수치 속에서 자유는 스스로를 살인적인 것으로 발견한다"〔TI, 56〕), 이런 수치와 더불어 타자 앞에서 나의 타고난 자발성과 자유의 합법성은 문제에 부쳐진다. 이런 나의 자유에 대한 수치 속에서 나는 타자에 대한 윤리적 주체로 태어난다. 이러한 레비나스의 수치는 나의 자유를 문제시하는 수치라는 점에서 사르트르의 그것과 '구조상' 매우 동일하다. 왜냐하면 사르트르에게 있어서도, 예컨대 열쇠 구멍으로 누군가를 엿보고 있을 때 어두운 복도 끝에서 갑자기 나타난 타자의 시선은 비반성적인 지향적 의식의 절대적 자발성, 즉 의식의 절대적 자유에 던져지는 시선이며, 이 자유는 수치 속에서 문제에 부쳐지기 때문이다. 문자 그대로 사르트르는 "나는 나의 자유에 대해서밖에는 수치를 가질 수 없다"(300)라고 쓰고 있다. 물론 이때 그 자유가 수치스러운 까닭은, 타자의 시선으로 인하여 자발적인 의식은 인격적 자아라는 문맥 속에 위치하게 되

25) 무한자로서의 타자는 후에 논의될 것이다.

고, 자아라는 "이 새로운 존재의 책임자는 나"이기 때문이다(260). 곧 나는 엿보는 자로서의 나의 자유가 나의 책임이 되었기에 수치스러운 것이다(그런데 적어도 수치라는 개념을 누가 먼저 사용했느냐만을 두고 따지자면 레비나스가 사르트르보다 앞선다[이 문제에 대해선 각주 41 참조]).

사르트르는 타자의 시선 앞에서 한계지어진 자유를 지닌 자로서의 자아의 대상화를 '노예화'라고 불렀다. 레비나스는 타자의 얼굴 앞에서 한계지어진 자유를 지닌 윤리적 주체의 탄생을 타자를 위해 '볼모'가 되는 것이라고 불렀다. 이 '노예가 되는 것'과 '볼모가 되는 것'은 모두 '수치 속에서' 자유를 문제에 부치는 일이며, 타자로 인하여 '수동적으로' 주체가 탄생하는 일이다. 타자가 제한된 자유를 지닌 자로서 나를 성질지으러 찾아올 때 "내 쪽에서는 그 성질지음에 대하여 아무런 작용도 하지 못하고 또 그 성질지음을 인식하지도 못하는 한에 있어서 나는 노예 상태에 있다"(375). 이것이 수동성의 의미이다.[26] 결국 한마디로 요약하면 사르트르와 레비나스에게 있어서 타자의 출현은 제한된 자유를 지닌 주체의 발생을 의미한다. 그러므로 표면에서 서로 다른 일을 하고 있는 사르트르의 비관적 타자론(타자의 노예가 됨)과 레비나스의 낙관적 타자론(타자를 위해 볼모가 됨)은, 그 뱃속을 서로 동일한 부품들로 채우고 있는 동종의 기계인 셈이다.

---

26) 내가 아무런 저항도 하지 못하고 전적인 수동성 속에 타자의 시선 앞에 내맡겨지는 것을 가리켜 사르트르는 '상처받음'이라고 표현했다. 타자의 시선이 나를 향할 때 "내가 직접적으로 포착하는 것은 [……] 나는 상처받을 수 있는 vulnérable 자라는 것"(298)이다. 이 '상처받을 수 있는 가능성 vulnérabilité'이라는 용어는 후에 레비나스에 의해서 타자와의 관계를 기술하기 위한 주요 용어로 채택된다. 레비나스도 사르트르와 마찬가지로, 나의 감성에 대한 고통받는 타자의 얼굴의 호소를 '상처'로 이해했다(2장 pp. 107~09 참조).

5. 타자의 여러 성격

I. 부재와 타자 존재의 필연성: 유아론 극복 II

이미 말했듯 나의 코기토는 타자의 존재와 불가분의 관계를 지니며, 따라서 나의 존재의 확실성은 타자 존재의 확실성을 보증한다. 그러나 이것으로 타자 존재의 개연성의 문제는 완전히 해결되었다고 말할 수 있을까? 만일 내가 헛것을 본 것이라면, "타자의 시선은 개연적이 되지 않을까?"(315) 내가 몰래 열쇠 구멍으로 엿보고 있을 때 내 뒤에 누군가의 발걸음 소리가 들렸다. 나는 타자의 시선을 느끼고 곧 수치심에 휩싸인다. 그러나 "나의 뒤에서 소리를 낸 그 사람이 나에게 시선을 던지고 있는지는 확실치 않다"(315). 또 내 배후에서 덤불 흔들리는 소리가 들렸을 때, 그것은 타자의 시선이 나를 보고 있음을 나타내지 않고, 그저 바람이 지나가며 그랬을 수도 있다. 즉 타자란 전적으로 '나의 착오의 산물'일 수 있다. 이럴 경우에 타자의 시선을 받고 있다는 나의 확신은 어떻게 되는 것일까? 사르트르도 그의 선배들과 마찬가지로 유아론을 극복하는 데 실패한 것일까?

이미 보았듯 타자는 나의 경험의 장 안의 대상이 아니다. 우리는 경험의 장 안의 대상(예컨대 타자의 눈, 신체)과는 인식적 관계를 맺지만, 타자와는 존재적 관계를 맺는다. 경험의 장 안의 대상은 회의론의 공격을 피할 도리가 없다. 그러나 우리는, 나의 손을 내가 볼 때 그 지각이 매번 잘못되었다는 이유로 나 자신의 존재를 의심하지는 않는다. 사르트르는 타자 존재의 문제 또한 동일하게 이해되어야 한다고 말한다. 타자의 시선이 타자의 신체에 연결되어 있지 않음은 나의 코기토가 나의 신체에 연결되어 있지 않음과 마찬가지이다. 생각하는 것 res cogitans으로서의 나가 신체와 연결되어 있음이 개연적인 것처럼 시선을 던지는 타자와 그의 신체(또는 발자국 소리 같은 신체적 표현들)가 연결되어 있음이 개연적이지, 코기토의 주체나 시선 자체가 개연적인 것은 아니라는 것이다. 착오를 일으키는 것은 경험의 대상이며, 개연적인 것은 타자 존재와 이 경험의 대상 간의 '관계'일 뿐이다. "한마디로 확실한 것, 그것은 '내가 시선을 받고 있다'는 것이며, 또 단순히 개연적인 것, 그것은 그 시선이 세계 내부의 이런저런 현전 présence과 연결되어 있다는 것이다"(316). 그러므로 타자 존재에 대한 회의론의 위협은, 우리가 경험의 장 안의 대상과 경험의 장 밖의 존재, 즉 외재적인 타자를 혼동한 데서 기인한다.

그럼에도 불구하고 우리는 타자 존재의 확실성을 여전히 의문에 부칠 수 있다. 열쇠 구멍을 엿보다 나는 돌연 발자국 소리를 듣는다. 수치에 휩싸여 나는 고요한 복도를 두리번거린다. 아무도 없다. 누가 있다고 느낀 것은 나의 착각이었다. 나는 안심한다. 여기서 수치는 착각에서 기인하는 하나의 "무산된 경험"(316)인가? 수치는 존재하지도 않는 타자에 대한 거짓 증언인가? 확실히 여기서 복도에 타자는 '부재 absence'했다. 그러나 사르트르는 이를 타자 존재의 확실성에 대한 부정으로 이해하기 전에 '부재'라는 말의 의미를 되새겨보자고 제안한다. "부재란 인간 존재가 스스로 자기의 현전을 통해 규정한 장소나 위치와의 관계에 있어서 인간 존재의 한 존재 양식으로서 정의된다. 부재란 하나의 위치와의 관계의 무 néant(無)는 아니다. 반대로 나는, 피에르가 부재이다라고 선언함으로써, 어떤 규정된 위치와의 관계에 있어서 그를 규정하는 것이다"(317). 부재에 대한 이 압축적인 정의는 두 가지 핵심적인 사항을 말해주고 있다. 첫째, 부재란 무를 나타내는 것이 아니라는 점이다. 타자가 어느 장소에서 부재 한다고 할 때, 이는 그가 존재하지 않음을 의미하지 않는다. 오히려 둘째, 부재는 존재 양식의 일종이다. 즉 어느 위치에서 피에르가 부재한다고 할 때 이는 그 위치에서 측정된 피에르의 존재 방식을 표현해 준다. 예컨대 테레즈에게 있어서 피에르가 부재한다고 할 때, 이는 피에르의 무를 표현하는 것이 아니라, 테레즈가 있는 위치와 피에르의 존재의 관계, 즉 테레즈의 위치와 피에르의 존재 간의 거리를 표현한다. 부재는 인간 존재 상호 간의 관계를 표현하거나, 하나의 위치와 그 위치를 점할 수 있는 인간 존재와의 관계를 표현하지, 존재와 무의 관계를 표현하는 것은 아니다. 테레즈 앞에 현전하거나 테레즈 앞에 부재하는 것은 피에르의 가능한 존재 방식 가운데 하나가 구체화된 것일 뿐이다. 이런 뜻에서 사르트르는 "부재와 현전이라는 이 경험적인 개념은 피에르의 테레즈에 대한, 또 테레즈의 피에르에 대한 하나의 근본적인 현전의 두 개의 특수화이다"(318)라고 말한다. 부재와 현전은 내 경험 안에서 타자가 존재하는 두 가지 방식일 뿐이다.

따라서 복도에 나를 엿보는 타자가 있는 줄 알았는데, 그것은 내 착각이었다. 타자는 부재한다고 할 때, 내가 착각을 일으킨 것, 부재하는 것은 오로지 타자의 경험적 사실성 facticité뿐이다. 다시 말해 내가 착각한 것, 내 앞에서 지금 부재하는 것은, 타자와 경험 안의 대상들(가령 발자국 소리) 간의 관계이다. 이 관계란 서로 합치될 수도 있고 그렇지 않을 수도 있는 근본적으로 우연적인 것일 뿐이다. 요컨대 "오로지 개연적인 것, 그것은 타자의 실재적인 거리 distance와 근접성 proximité[27]이다"(319). 타자는 거리상 내게서 부재할 뿐이지, 어디

---

27) 사르트르와 레비나스의 근접성 개념: 여기서 사르트르와 레비나스의 한 가지 차이점과 공통점을 지적할 수 있다. 우선 근접성이란 용어의 사용에 있어서 두 사람은 정반대이다. 사르트르가 '근접성'을 '거리의 떨어짐'과 마찬가지로 경험적 공간으로, 즉 타자의 존재 여부와는 별 관계없는 비본질적인 공간으로 보는 데 반해, 레비나스는 근접성을 타자와의 관계를 가능케 해주는 본질적인 공간으로 본다는 점이다. 레비나스에게서 근접성은 사르트르에게서와 달리 경험적 · 물리적 공간과는 다른, 타자와의 윤리적 만남이 이루어지는 공간이다. 기하학적 공간, 물리적 공간이 '무관심적'인 데 반해, 근접성은 타자에 대한 책임성을 가능케 하는 공간이다(레비나스의 근접성 개념에 대해선 E. Levinas, *Autrement qu'être ou au-delà de l'essence* [la Haye: Martinus Nijhoff, 1974], pp. 102~04 참조). 그러나 이처

든 존재한다. 그러나 거리나 근접성 같은 경험적 공간은 타자 존재에 대해 아무런 회의도 일으킬 수 없다("거리상 멀리 떨어져 있다는 사실이 〔피에르와 테레즈 사이의〕 본질적인 관계들을 변화시키지는 못할 것이다"(318)). 테레즈와 그녀의 정부(情夫)는 복도에서 남편 피에르의 발자국 소리를 듣고 당황과 함께 수치를 느낄 수 있다. 그러나 그것은 착각이었다. 남편 피에르는 지금 집에 없다. 그러나 부재하는 것, 그녀가 착각한 것, 그녀가 부정할 수 있는 것은 피에르의 존재가 아니라, 오로지 피에르의 경험적인 사실성일 뿐이다. "착각으로 밝혀지는 것〔즉 부재하는 것으로 밝혀지는 것은〕 타자의 사실성이다"(317). 그러므로 부재는 일정한 장소에서의 타자의 사실성과 대립하지만 타자 존재의 실재성 réalité과 대립하지는 않는다. 따라서 사실성의 부정이 실재성의 부정을, 즉 무를 함축하지는 않는다.[28] 그녀의 수치심이 확인한 것은 피에르의 실재성이며, 착각했음을 통해 그녀가 부정할 수 있는 것은 고작해야 피에르의 경험적 사실성이다. 따라서 착각했다고 해서 수치가 '무산된 경험,' 거짓된 경험으로 판명되는 것이 아

럼 용어 사용에 있어서 정반대임에도 불구하고 사실 두 사람이 뜻하고자 하는 내용은 동일한 것이다. 사르트르가 경험적 거리로서의 근접성을 타자와의 만남에 있어서 비본질적인 것이라 한 것이나, 레비나스가 무관심적인 기하학적 공간과 대립적인 의미에서 근접성을 타자와의 만남을 가능케 하는 윤리적 공간이라 한 것이나 결국 둘 다 공통적으로 물리적 공간, 경험적 공간 등은 타자와의 만남에 대해 아무런 본질적 영향도 끼치지 않음을 말하고 있다.

28) 들뢰즈 또한 이와 매우 유사한 개념법을 보여주고 있다. "잠재적인 것은 실재적인 것과 반대되는 것이 아니라 오로지 현실적인 것과 반대된다. 잠재적인 것은 충분한 실재성을 가지고 있다"(G. Deleuze, *Différence et répétition*, p. 269). 들뢰즈의 이 유명한 구분은 사르트르의 그것과 대응한다. 즉 들뢰즈의 현실성 actualité, 잠재성 virtualité, 실재성 réalité은 각각 사르트르의 사실성, 부재, 실재성에 대응할 수 있다. 따라서 사르트르의 사상을 들뢰즈의 개념법을 통해 표현해보면 다음과 같이 된다. '타자의 현실성은 타자의 잠재성과 대립하지만, 타자의 실재성과 대립하지는 않는다. 그러므로 타자의 현실성의 부정이 타자의 실재성의 부정을 함축하지는 않는다.'

니다. 수치와 착각은 서로 범주가 다른 두 가지, 타자의 실재성과 사실성을 각각 확인했을 뿐이니까 말이다. 결국 타자의 존재 여부에 대한 회의는 실재성과 경험적 사실성이라는 서로 다른 두 가지 범주를 구별하지 못한 데서 기인하는 오류이다.

Ⅱ. 타자의 초월성과 신의 관념

이상의 논변을 통해 우리가 깨달은 바는 "세계 안에서 타자의 현전은, 나에 대한 주체로서의 타자의 현전으로부터 분석적으로 나올 수가 없다"(317)는 사실이다. 세계 안의 존재로서의 타자(눈)와 나에게 시선으로 나타나는 타자 사이엔 아무런 필연적 관계가 없다. 결국 이 말은 타자의 신체(눈, 발자국 소리 등), 거리, 근접성 등은 세계 내부의 것임에 반해 타자 자체는 세계 내 존재가 아니라, 오히려 "초월적이며, 세계 저편의 존재 l'être-par-delà-le-monde"(317)임을 가리킨다. 사르트르는 매우 레비나스적인 표현을 사용하여, "타자의 시선에 의하여, 나는 세계의 하나의 저편 un au-delà du monde이 있다고 하는 구체적인 체험을 한다"(309)라고 말한다.

레비나스에게서도 타자는 세계 저편에 있는 존재이다. 레비나스는 이렇게 말한다. "무한자의 이념은 타자와의 관계 속에서 생긴다. 〔……〕 이 관계는 절대적으로 외재적인 대상으로 접근하는 데서 성립한다. 〔……〕 직접적으로 나타날 수 있는 것, 그러므로 또한 나에 대해서 외재적인 것의 현현을 우리는 얼굴이라 부른다."[29] 타자의 얼굴을 통해 세계 저편의 무한자는 현현한다. 우리는 세계 안의 대상을 우리의 것으로 소유할 수 있다. 즉 "대상은 동일자의 동일성에 통합된다"(같은 곳) 그러나 우리가 보았듯 표상되지 않는 타자는 한정지을 수 없는 것, 곧 무한자이다. "무한자의 외재성은 〔……〕 나의 모든

---

29) E. Levinas, *En découvrant l'existence avec Husserl et Heidegger*(Paris: J. Vrin, 1982), pp. 172~73(약호 DEHH).

힘과 대립한다"(DEHH, 173). 우리는 반성, 노동 등의 힘을 통해 세계 안의 대상들은 한정지을 수 있지만, 타자의 얼굴이라는 우리의 힘이 도대체 한정할 수 없는 자, 이런 의미에서 무한한 자는 세계에 대해 초월적이다. 요컨대 레비나스 또한 사르트르와 똑같이, 우리가 표상으로 세울 수 있는 세계 내의 대상과 반대되는 의미로 타자를 나의 힘이 어떻게 한정해볼 수 없는, 세계에 대해 초월적인 자로 이해하고 있다.

여기서 타자의 초월성과 관련하여 신의 문제를 잠깐 생각해보기로 하자. 신의 문제와 관련해서도 우리는 사르트르와 레비나스 사이의 공통점을 발견할 수 있을 것이다. 사르트르는 신을 '극한까지 밀어붙여진 타자 개념 concept d'autrui poussé à la limite'이라고 말한다(305). 이 말이 의미하는 바를 좀더 자세히 살펴보자. "만일 내가 구체적인 체험의 계기로서의 시선으로부터 방향을 돌려 인간적인 현전의 무한한 무차별성을 '공허하게' 생각하고자 한다면, 그리하여 결코 대상이 되지 않는 무한한 주관의 개념 밑에 이러한 무차별성을 통일하고자 한다면, 나는 타자의 현전에 대한 일련의 무한한 신비적인 체험을 가리키는 하나의 순수하게 형식적인 관념을 얻으리라. 어디든 현전하는 omniprésent 무한한 주관으로서의 신의 관념이 바로 그것이다. 그리고 나는 그러한 주관에 '대해서' 존재하게 된다"(320~21). 인간으로서의 타자의 개별적인 특정한 현전들을 무차별적으로 생각하고, 이 무차별적인 주관을 무한한 주관으로 간주할 때 우리는 신의 관념에 도달하게 된다는 것이다. 타자의 현전의 특정성을 무시하고, 타자의 현전 일반을 하나의 무한한 주관의 현전으로 간주함으로써 도달한 것이 신의 관념이라는 점에서, 신은 기만적인 것이다. 그러나 여기서 우리가 주목하고자 하는 바는 그것이 기만적인 관념이든 아니든, '무한자의 체험은 오로지 타자와의 관계 속에서 생겨난다는 점이다.' 그런데 이 점은 그대로 레비나스에게서도 발견된다. 레비나스는 다음과 같이 말한다. "나는 그 어떤 것도 신을 통해서 정의하고자 하지 않는다. 왜냐하면 내가 알고 있는 것은 인간이기 때문이다. 인간들 간의 관계를 통해서 내가 정의할 수 있는 것이 신이지, 그 반대는 아니다. 내가 신에 대해서 무엇인가 말하고자 할 때, 그것은 언제나 인간들 간의 관계에서 출발한다. 〔……〕 나는 위대하고 전능한 존재의 현존existence으로부터 출발하지는 않는다. 〔……〕 신의 추상적인 관념은 인간적 상황을 명백하게 해줄 수 없는 관념이다. 반대로 인간적 상황이 신의 관념을 명백하게 해준다."[30] 레비나스 철학은 인간들 간의 관계를 통해서 신의 개념(무한자)을 탐구할 뿐이지, 신의 개념에 합당한 전지전능한 존재를 탐구하지는 않는다. 물론 레비나스에게서 신은 기만적인 관념이 아니다. 사르트르와 달리, 개개 타자의 '특정한' 현현 속에서 무한자의 관념은 발견된다. 고통받는 이웃들, "가난한 자, 이방인, 과부와 고아"(TI, 229)는 모두 신의 흔적을 가지고 있으며, 신의 명령을 따르듯 자아는 이들의 고통받는 얼굴의 명령(가령, 나를 죽이지 말라)에 윤리적인 차원에서 복종한다. 즉 사르트르가 부정적인 입장에서 신의 이념을 타자와의 관계에서 파생한 일종의 기만적인 관념으로 간주하는 데 반해, 레비나스는 긍정적인 입장에서 타자와의 관계를 신의 이념이 적합하게 이해되고 실현될 수 있는 문맥으로 본다.[31] 그러나 '전지전능한 존재의 현존'의 차원에서가 아니라 오로지 '인격으로서의 타자와의 관계' 속에서만 신의 관념은 탐구되고 이야기될 수 있다는 점에서 레비나스는 사르트르와 목소리를 같이한다. 다시 말해 신은 현존existence이 아닌 관념idée으로 탐구되며, 그 관념은 오로지 타자와의 관계 속에서만 탐구될 수 있다

30) E. Levinas, "Transcendance et hauteur," C. Chalier & M. Abensour(eds.), *Emmanuel Levinas* (Paris: Éd. de Herne, 1991), p. 110(약호 TH).

31) 후에 보겠지만 타자와의 관계에서 나타나는 신의 관념에 대한 이러한 견해 차이는 두 사람 사이의 보다 근본적인 차이를 빚어낸다(각주 40 참조).

는 점을 레비나스는 사르트르로부터 배우고 있는 것이다.[32]

Ⅲ. 타자 출현의 우연성, 존재론은 형이상학을 전제한다

사르트르는 타자의 출현은 '우연적'이라고 말한다. "타자의 존재는 〔……〕 대자의 존재론적 구조에서 도출될 수 있는 귀결이 아니다. 타자의 존재는 분명 하나의 원초적인 사건이며 '형이상학적' 질서에 속하는 사건, 다시 말해 존재의 우연성에 속하는 사건이다"(336). 타자는 나의 존재론적 구조로부터 도출되지 않는다. 왜냐하면 타자는 나의 힘이 미칠 수 없는 세계 저편의 존재이기 때문이다. 세계 내의 대상이 아닌 세계 저편의 형이상학적 존재에 대해서는 그 존재의 존재 가능성을 정당화하기 위한 어떤 선험적 이론도 있을 수 없으며, 나에 대한 이 존재의 현전은 나의 힘이 어쩔 수 없는 근원적인 우연성에 맡겨져 있을 뿐이다.' 요컨대 "우리는 타자와 '마주치는' 것이지 타자를 구성하는 것은 아니다"(289).[33] 그러나 우리가 이미 보았듯 부재

32) 레비나스에게 있어서, 타자와의 인간적 관계 속에서 신을 탐구하는 것말고는 어느 경우라도 신 존재에 대해 논의하는 일은 불가능하다. 그의 철학은 신을 존재가 아니라 오로지 윤리적인 맥락 속에서의 관념으로만 탐구할 수 있을 뿐이다. 그렇기에 레비나스는 "결국 나의 출발점은 절대적으로 비신학적이다. 〔……〕 내가 하고 있는 것은 신학이 아니라 철학이다"(TH, 110)라고 말한다. 덧붙여 말하면 영미 철학의 '언어적 전회'에 비견될 만큼 큰 철학적 움직임인, 소위 프랑스 현상학의 '신학적 전회 tournant théologique' 이후 신적 계시의 '현상'을 해명하는 일에 현상학자들(마리옹 J.-L. Marion, 미셸 앙리 M. Henry 등)은 몰두하였는데, 레비나스의 현상학은 이러한 철학적 경향의 핵심에 놓여 있다. 물론 현상학의 이러한 작업은 전적으로 하이데거의 '존재-신학 비판'을 배경으로 하고 있다. 하이데거의 '존재-신학 비판' 이후의 세대는 결코 과거의 형이상학으로 되돌아가 신을 '존재자'로 탐구하려는 미련을 가질 수 없게 되었으며, 오로지 신적 계시라는 특수한 현상의 구조 해명을 목표로 하고자 한다.

33) 그러므로 세계 저편에 있는 타자는 결코 '현상학적 환원'의 대상이 될 수 없다. "나는 시선으로서의 타자를 현상학적 판단 중지의 대상으로 삼을 수 없을 것이다. 사실 현상학적 판단 중지는 세계를 괄호 안에 넣고 나서, 초월적인 의식을 그 절대적인 실재성 안에서 발견하는 것을 목적으로 하고 있다"(311). 그러나 "시선을

와 현전은 타자의 두 가지 경험적 현전 방식일 뿐이고, 타자 존재는 언제나 필연적이다. 이런 의미에서 역설적이게도 타자는 "우연적인 필연성"(289)을 지닌다.[34] 타자는 현전에 있어서 우연적이고 존재에 있어서 필연적이다.

타자가 세계 안에서 우연히 출현하는 세계 저편의 형이상학적 존재라는 점과 관련하여 형이상학이 존재론과 어떻게 대립적인 의미를 가지는지 잠깐 생각해보기로 하자. 여기서 다시 사르트르와 레비나스를 대질시켜보아야 할 것이다. 세계 저편으로부터 와서 동일자와 우연히 맞닥뜨리는 타자의 존재는 자연히 우리를 형이상학의 의미에 대해 다시 숙고하게끔 만든다. 사르트르는 존재론—사르트르와 레비나스가 근본적으로 문제시하는 존재론은 하이데거의 존재론이다—이 근본적인가에 대해 회의를 품으면서 형이상학이 가지는 의의에 대해 이렇게 말한다. "존재론은 존재자를 전체로서 붙들어, 이 존

던지고 있는 시선인 한에 있어서 타자는 세계 안에 속해 있지 않기 때문에"(312) 타자를 괄호치는 일은 불가능하다. 이 점은 타자로 인한 수치의 경우를 생각해보면 더욱 분명해진다. 타자의 시선으로 인한 수치를 환원시키고자 할 때 "현상학적 환원은 [……] 수치 그 자체를 그 절대적인 주관성 안에서 한층 더 잘 나타나게 하고자" 한다(312). 그러나 아무리 수치를 초월적 주관 안에서 드러내 보이고자 해도, 이 환원에서 타자는 전혀 드러날 수가 없다. 왜냐하면 수치는 나에 대한 수치이지 타자에 대한 수치가 아니기 때문이다. 그러므로 수치에 있어서 환원될 수 있는 것은 타자가 아니라 고작해야 나의 행위나 나의 상황뿐이다.

34) 우리는 들뢰즈의 기호, 레비나스의 타자의 얼굴, 사르트르의 타자의 시선 등을 모두 '트라우마,' 즉 '비표상적 상처'로서 유형화시킨 바 있다(2장 참조). 들뢰즈는 선험적으로 미리 그 가능성이 준비된 사유가 아니라, 기호의 자극을 통해 시작되는 사유의 문제를 자신의 주요 주제 가운데 하나로 삼고 있는데, 이 기호의 출현을 기술함에 있어서 우리는 사르트르의 지대한 영향을 발견할 수 있다. 들뢰즈 또한 기호를 필연성과 '우연한 마주침'으로 정의하고 있는데(1장 3. II 참조), 이는 전적으로 사르트르가 타자의 우연성을 논의할 때와 동일한 뜻에서이다. 사르트르는 세계에 대한 외재성과 그로 인한 우연성 때문에, 타자에 대한 이해가 "경험 가능성의 조건에 속하는 필연성, 혹은 존재론적인 필연성 가지고는 이루어질 수 없다"(289)고 말한다. 들뢰즈도 사르트르와 동일하게 기호와의 마주침은 선험적으로 필연적으로 조건지어진 '가능한 경험'이 아니라고 말한다.

재자의 존재 구조를 해명하는 것이라고 정의될 수 있을 것으로 우리에게는 보인다. 그러나 오히려 우리는 형이상학을 존재자의 현존 existence을 문제삼는 학문으로 정의할 것이다." 그 까닭은 "존재자의 절대적인 우연성 때문"이다(337). 존재자의 존재 구조를 해명하는 존재론은 인간 현존의 참 모습을 드러내주지 못한다는 것이 사르트르의 생각이다. 왜냐하면 타자는 '하나의 환원 불가능한 우연성'에 속하는 '형이상학적 존재'이기 때문이며(336), 존재 구조 해명을 가지고는 이러한 타자와의 만남을 보여줄 수 없기 때문이다. 타자의 시선이라는 우연성이 세계 저편으로부터 와서 나의 나됨, 곧 주체성의 성립에 개입하는 이상 인간 현존의 모습은 존재론이 아니라 형이상학을 통해 밝혀지리라. 결국 타자의 문제는 오로지 형이상학의 과제로서만 음미되고 해명될 수 있다.

타자와의 관계 해명과 관련하여 존재론과 형이상학을 대립시키고 형이상학에 우월성을 부여하는 이러한 사르트르의 사상을 레비나스는 그대로 이어받고 있다. 레비나스는 "형이상학은 존재론에 선행한다"(TI, 12)고 말한다. 그러나 "모든 인간이 존재론이다"(EN, 14)라는 말에서 볼 수 있듯이, 자기 필요besion 충족을 위해 세계 내의 대상을 먹고 마시고, 도구를 사용해 거처를 마련하는 인간 존재의 존재 구조 해명은 존재론이 담당한다는 사실을 레비나스는 부정하지 않는다. 존재론은 동일자의 필요를 위해 동일자의 지평 위에 개별적인 존재자들을 귀속시키는 일을 한다. 예컨대 "음식은 오로지 착취의 세계 속에서 〔현존재의〕 도구로만 해석될 뿐이다"(TI, 108). 여기엔 모든 것이 현존재Dasein의 존재 구조에 귀속된 채로, 현존재의 자산으로서 존재한다. 그러므로 현존재는 결핍을 모른다. 요컨대 "하이데거에게 있어서 현존재는 결코 배고픈 법이 없다"(TI, 108). 이런 존재론의 전체주의적 성격을 레비나스는 "존재론적 제국주의"(TI, 15)라 일컫는다. 그런데 동일자의 지평 위에 귀속시킬 수 없는, 동일자에게 근본적으로 결핍되어 있는 세계 외재적인 타자와의 만남은 이러한 존재 구조 해명을 통해서는 결코 그려낼 수가 없는 것이다("타자와의 관계는 존재론이 아니다"〔EN, 20〕). 사르트르에게서와 마찬가지로, 세계 저편으로부터 오는 타자와의 관계는 오로지 형이상학을 통해서만 이해될 수 있다. "존재론이 불가능한 이유는 〔……〕 존재 일반에 대한 이해는 타자와의 관계를 지배할 수 없기 때문이다. 〔……〕 타자에 대해 말하는 것은 모든 존재론에 선행한다. 〔……〕 존재론은 형이상학을 전제한다"(TI, 18). 존재 구조 해명은 결코 타자와의 관계를 기술할 수 없고, 따라서 타자와의 근본적인 관계 안에 있는 인간 존재자의 모습은 오로지 형이상학을 통해 이해될 수 있다는 사르트르의 생각을 이처럼 레비나스는 그대로 반복하고 있다. 따라서 우리는 존재와 존재자의 관계 해명을 통해서는 존재자와 존재자 사이의 관계, 즉 타자와의 관계는 제대로 조명될 수 없으며, 이런 까닭에 존재론으로부터 형이상학으로 전환하려는 최초의 시도를 수행한 공로를 레비나스가 아니라 사르트르에게 돌려야 마땅하리라.

6. 맺음말: 부빌의 초상화들과 타자의 시선, 역전 가능성

인식론적 차원에서 타자에 접근할 경우 타자와 나는 외적 관계밖에는 가질 수 없으며, 그러므로 유아론의 위협을 숙명적으로 피할 도리가 없다는 것이 사르트르의 생각이다. 사르트르의 독창성은 이러한 문제점을 인식하고서, 타자와의 존재적 · 내적 관계 속에서만 유아론으로부터 타자 존재를 구출할 수 있으리라는 착안을 한 점이다. 또한 그는 포스트구조주의적 경향의 현대 철학이 타자 문제와 관련하여 전통 철학에 대해 제기했던 도전들, 즉 고전 철학의 표상적 사유와 전체주의적 성격에 대한 비판, 고전 철학의 사유 양식과 대립하는 트라우마적 체험에 대한 부각 등등을 훨씬 먼저 깊이 숙고하고 있었다. 이런 점에서 사르트르는 포스트구조주의의 예언자적인 스승으로 자리매김될 수 있을 것이다.[35] 철학사적 관점에서 다시 정리하자면, 사르트르 철학의 절대적인 중요성은 무엇보다도 그가 서양 철학의 역사에 다음과 같은 전대미문의 두 가지 기념비를 세워놓았다는 데 있을 것이다. 첫째, 데카르트로부터 시작하는 근대 관념론은, 있음(나의 있음)은 생각(의식)과 그 근원에서 하나를 이루는 것으로 이해하고 있었다. 그러나 우리가 보았듯 사르트르는 이 두 가지는 결코 합치하지 않는다는 점, 결코 이 둘이 본래적으로 하나를 이루지 않는 점을 밝혀냈다. 순수 의식은 근원적으로 '익명적'일 뿐이며, '나'라는 존재는 이 의식의 대상으로서 뒤늦게 발생하는 것에 지나지 않는다. 둘째, 그리스 시대 이래로 서양 철학은 나의 생각하는 활동에 매개됨으로써만 비로소 나의 지평에 출현하는 타자, 결국 나의 생각의 양태에 불과한 타자, 타자라고 부를 수조차 없는 나의 표상에 불과한 타자 외에는 알지 못했다. 그러나 사르트르는 주관의 힘이 어떻게도 그의 지평 위에 자리잡게 할 수 없는, 어떤 표상의 형식 속에서도 거머쥘 수 없는 타자의 현존을 발견하였다. 이 글을 통해 우리는 이러한 점들을 여러 철학자들, 그 중에서도 특히 레비나스와의 비교를 통해서 살펴보고자 하였다.

---

35) 들뢰즈는 「그는 나의 스승이었다」라는 제목의 사르트르에 관한 글에서 현대 프랑스 철학의 스승으로서 사르트르를 평가하며, 그를 하이데거와 동류로 취급하던 당시의 관점을 비판한다. 그에 의하면 『존재와 무』는 '자기 기만'에 관한 이론, '타자' 이론, '자유'에 관한 이론, '실존적 정신분석학' 등 네 가지 사상에서 하이데거와 구별되는 독창적인 철학을 담고 있다(G. Deleuze, "Il a été mon maître," *Arts* [Octobre 28-Novembre 3, 1964], p. 9 참조). 특히 그는 타자 이론과 관련하여 "『존재와 무』에서 사르트르의 이론은 타자에 관한 최초의 위대한 이론이다"라고 평가한다(G. Deleuze, *Logique du sens*, p. 360). (또한 들뢰즈는 사르트르에 대한 비판을 하기도 하는데, 이에 대해선 5장 2 참조).

레비나스에게 있어서 타자는 나를 주체로 만든다. 사르트르에게 있어서 타자는 나를 대상으로 만든다. 그러나 이 연구를 통해 우리가 깨달은 바는 일견 상반돼 보이는 이 주체화와 대상화는 결국 똑같이, 타자의 출현으로 인하여 나는 한계지어진 자유를 지닌 주체로 탄생함을 뜻한다는 것이었다. 사실 레비나스의 타자 이론은, 타자의 얼굴의 헐벗음, 이웃에 대한 윤리적 책임성 등 사르트르가 주제화하지 못했던 내용들을 담고 있기는 하다. 그러나 후설과 하이데거에 대한 비판, '얼굴' 개념, 타자로 인한 주체의 '상처받을 수 있는 가능성,' '분리' 개념, 오로지 타자와의 관계 속에서만 신관념은 다루어질 수 있다는 생각, 타자의 초월성, 존재론에 대한 형이상학의 지위 등등의 사상과 개념에 있어서 레비나스는 사르트르를 그대로 이어받고 있다. 윤리적인 문맥을 타자 이론에 도입하였다는 점말고는, 서양 전통 철학의 타자 이론에 대한 비판에 있어서나 그 자신의 고유한 타자 이론을 창조하는 데 있어서나 레비나스가 사르트르에게 진 빚은 결정적인 것이라 할 수 있다.

사르트르의 타자 이론을 마무리함에 있어서 우리에겐 한 가지 석연치 않은 점이 남는다. 타자와의 투쟁적 관계, 시선으로 인한 수치심 등 사르트르가 기술한 타자와의 관계는 무척 비관적인 것이었다. 그러나 이런 부정적인 관계가 타자와의 모든 관계의 핵심에 자리잡고 있다고 의구심 없이 받아들이기엔 일상적인 경험 속에서 우리가 체험하는 타자와의 관계는 너무도 다양하고 풍요롭다. 그러므로 우리는 적어도 두 가지 측면에서 타자와의 관계가 왜 투쟁적인지 밝혀야만 하리라. 첫째, 우리는 사르트르가 어떤 사회적 맥락을 주로 염두에 두고 타자와의 관계를 사유하는지 살펴야 할 것이고, 둘째, 어떤 이론적 배경 때문에 타자와의 관계를 투쟁적이라 하는지 대답해야 할 것이다. 이러한 탐구 과정을 통해 우리는 사르트르와 레비나스 사이의 한 가지 차이점——비록 둘 사이의 풍요로운 유사성에 훨씬 못 미치는 것이긴 할지라도—또한 지적할 수 있으리라.

『존재와 무』가 출간된 이듬해 나온 「닫힌 문」이 타자에 관한 사상을 담고 있다는 점은 잘 알려져 있다. 그런데 『존재와 무』 이전에 이미 사르트르는 타자의 시선에 대한 매우 의미심장한 텍스트를 남겼는데, 『구토』의 한 대목이 바로 그것이다. 『구토』에는 로캉탱이 부빌의 미술관에서 부르주아들의 초상화를 구경하는 유명한 장면이 나온다. 구체적으로 이 대목은 '부르주아들의 시선'에 대한 기술로 꾸며져 있다. 부빌의 명사 가운데 하나인 장 파로탱의 초상화에 대한 묘사를 보자. "그의 시선은 비범했다. 그것은 추상적인 것 같았고 또 순수한 권리로 빛나고 있었다"(N, 119). 그 부르주아의 초상화 앞에서 사람들은 잔뜩 움츠러든다. "그들은 몇 걸음 나가더니 장 파로탱의 시선과 마주쳤다. 부인은 입을 쩍 벌렸으나 남자는 기를 펴지 못하고 공손한 태도를 취했다"(N, 121). 심지어 그 초상화의 노예가 되기까지 한다. "우리는 〔미술관의〕 이 거대한 방에서 훈련을 해야 하는 세 명의 졸병이었다"(N, 122). 또 다음과 같은 구절도 주목해야 한다. "나는 그 모든 근엄한 눈들의 초점이 모인 방 한가운데 있었다. 〔……〕 '아' 하고 갑자기 나는 말했다. '나다. 내가 바로 〔저들의〕 졸병이다!'"(N, 116~17). 요컨대 타자의 시선 앞에서 대상이 된 것이다. 그러나 이미 살펴보았듯 타자와의 만남은 내가 대상이 되거나 그가 대상이 되는, 시선끼리의 싸움이다. 로캉탱은 이 부르주아를 향해 싸움을 벌인다. "내가 경탄과 함께 바라보고 있는 그의 눈이 나에게 이제 꺼지라는 신호를 했다. 나는 떠나지 않았다. 나는 과감하게 불손해졌다. 〔……〕 권리로 빛나는 얼굴에다 정면으로 시선을 던지고 있으면 얼마 후 그 광채는 사라지고 창백한 찌꺼기만 남는다는 사실을 나는 알게 되었다. 〔……〕 파로탱은 대단히 저항했다. 그러나 갑자기 그의 시선이 소멸하면서 그림에 생기가 사라졌다. 〔……〕 장님 같은 눈과 죽은 뱀같이 엷은 입과 뺨만이 남았다"(N, 119~20). 이 구절은 시선으로서의 타자를, 투쟁을 통해 눈이라는 대상으로 환원시키는 과정을 잘 보여주고 있다. 초상화 자체가 부르주아들의 시선을 강화하기 위한 기재이다.[36] 그런데 로캉탱의 시선이 승리를 거두자 파로탱의 광채를 띤 '시선'(타자)은 장님처럼 먼 '눈'(대상)이 되어버린다. 이제 우리는 사르트르가 타자와의 관계를 투쟁으로 기술할 때 어떤 사회적 맥락을 배경으로 하고 있었는지 짐작할 수 있게 되었다. 적어도 그가 염두에 둔 타자와의 관계 가운데 하나는, '더러운 자식들 les salauds,' 곧 허위로 가득 찬 부르주아에 대한 투쟁적 관계였던 것이다.[37]

그렇다면 투쟁적 관계는 이론적 층위에서는 어떻게 조명될 수 있는가? 이런저런 맥락과 동기들에 의해 제약된, '자아가 가진 속성으로서의 의지의 자유' 뒤에는 무로부터의 창조, 자기 원인 등 신적인 성격을 가진 순수 의식의 절대적 자발성, 즉 절대적 자유가 도사리고 있음을 우리는 이미 보았다. 맹목적인 지향적 자발성을 가진 의식이 그와 동류의 다른 의식을 만날 때 양자의 절대적 자유는 서로에 대해

---

36) 『구토』의 이 초상화 장면은 사르트르의 에세이 「공식 초상화 Portraits officiels」(*Verve*〔5~6호, 1939〕, pp. 9~12; M. Contat & M. Rybalka〔eds.〕, *Les écrits de Sartre*, pp. 557~59에 재수록〔이 책으로부터 인용〕. 약호 PO)와 밀접한 관련을 가진다. 이 에세이에서 사르트르는 왕족과 부르주아들의 초상화를 초상화 속의 주인공의 나약함을 숨기고 권위를 강조하는, 말하자면 시선을 강화하는 장치로서 이해한다. "〔초상화에서〕 그리는 것은 결코 '사실'이 아니라, 항상 순수한 권리이다. 〔……〕 공식 초상화는 오로지 장점에만 관심을 기울인다"(PO, 558).

37) 여기서 우리가 깨닫게 되는 바는 사르트르의 타자 이론에는 서로 대칭적 관계를 지닌 동등한 주관들의 공동체에 기반을 둔 상호 주관성은 없다는 사실이다. 누가 주인이 되고 누가 노예가 되느냐 하는 '투쟁적 비대칭성'이 있을 뿐이다. 이 점은 그대로 레비나스에게도 옮아가는데, 레비나스에게서도 동등한 주관들의 상호 주관성은 없다. 레비나스에게선 무한자가 현현하는 타자의 얼굴을 마치 나의 주인처럼 모시고 '환대'하는 '윤리적 비대칭성'이 있을 뿐이다. 이런 점에서 사르트르와 레비나스는, 나와 타자와의 '평등한 대칭성' 및 상호 주관적인 공동체의 가능성을 모색하는 부버, 후설 등의 사상가들과는 결코 합치될 수 없는 길을 가고 있다.

구속으로 작용하며 서로의 관계를 투쟁적으로 만들 수밖에 없다. 사르트르에게서 의식은 그 근본적인 지향성 때문에 상대방을 대상으로 만들기 위해 서로 투쟁하는 관계를 형성한다. 즉 타자의 시선이 나를 공격해옴은 바로 의식의 근본적인 지향성에서 기인한다. 그의 지향성이 나의 지향성에 대해 승리를 거두었을 때 그는 내가 결코 표상으로서 나의 지평 위에 복속시킬 수 없는 형이상학적 존재로서, 나에게 공격을 해오는 자가 된다. 또 누구도 노예의 자리나 주인의 자리를 영원히 차지하지 못하는 까닭도 의식 각각은 지향성이라는 본성상 상대방을 늘 자기의 지평 위의 대상으로 만들고자 하기 때문이다. 동일자의 의식은 공격해오는 타자의 타자성의 뇌관을 제거하고 타자를 하나의 대상으로서 동일자에 귀속시키고자 투쟁한다. 마찬가지로 내가 설령 승리하여 타자를 대상으로 만들었을지라도, 그 '대상-타자'는 여느 다른 대상처럼 대상으로 머물러 있는 것이 아니라, 언제건 투쟁을 통해 나를 대상으로 만들어버릴 수 있다. "그렇기에 대상으로서 타자는 내가 두려워하며 다루는 폭발물과도 같다"(336). 즉 지금은 노예이지만 언제건 주인이 될 수 있는 역전 가능성 réversibilité이 타자와의 관계 속에는 도사리고 있다.[38] 물론 레비나스에게서와 마찬

---

38) 존재자들 간의 관계가 근본적으로 상대방을 표상 활동을 통해 자기 소유물로 삼고자 하는 지향적 의식들 간의 투쟁적 관계라는 점은 프루스트의 소설을 예로 들어 설명하면 보다 이해하기 쉬울 것이다. "정부를 자기 집에 살도록 해놓은 프루스트의 주인공은, 날마다 어느 때든 그녀를 보고 소유할 수 있다. 또한 물질적으로 그 여인을 완전히 [자기에게] 의존케 할 줄 알았으므로 그는 불안에서 해방되었어야 했다. 그럼에도 불구하고, 반대로 그는 근심으로 괴로워했음을 우리는 잘 알고 있다. 마르셀이 알베르틴의 옆에 있을 때에도 알베르틴은 자기의 의식을 통해서 마르셀로부터 달아난다. 이런 까닭에 마르셀은 알베르틴이 잠든 동안 그녀를 응시할 때 이외에는 휴식을 얻지 못한다. 그러므로 사랑이 '의식'을 포로로 삼고자 한다는 점은 분명하다"(406~07). 사르트르가 예로 삼고 있는 마르셀의 이 에피소드는 지향적 의식이 추구하는 바는—타자의 신체가 아니라—무엇보다도 타자의 의식을 소유하는 것이며, 그럼에도 불구하고 타자의 의식은 영원히 소유되는 것이 아니라, 나로부터 빠져 달아날 수 있다는 점을 잘 보여주고 있다. 프

가지로, 타자가 형이상학적 존재로서 나에게 '상처'를 입힐 때만 타자는 그 타자성에 손실을 입지 않고 타자로서 체험될 수 있다. 다시 말해 내가 주인이 되는 순간 더 이상 타자란 없다. 그때 타자란 그저 나의 지향적 광선을 통해 동일자의 지평 위에 복속된 인식 대상이지, 지향적 대상이라는 형태의 '타자'로서 존재하는 것은 아니다. 요컨대 "내가 명증성과 함께 타자를 체험한다면 나는 그를 인식할 수 없고, 내가 그를 인식한다면, 또 그에 대해 작용한다면, 나는 그의 대상으로서의 존재에밖에는, 그리고 세계 안에서의 그의 개연적인 현존에밖에는 도달할 수 없다"(341).

반면 레비나스에게 있어서는 타자는 그의 헐벗음을 통해 윤리적 호소로서 나를 공격해오지, 결코 지향적 광선으로서 공격해오지는 않는다. 또한 나의 지향적 의식은 결코 타자의 헐벗은 얼굴을 나의 지평 위의 대상으로 복속시키지 못한다. 예컨대 나는 급료를 지불하고 그의 노동력을 나의 지평 위의 대상으로 혹은 도구로 삼을 수 있다. 그러나 얼굴로서의 타자는 어떤 경우, 어떤 방식으로도 나의 대상이 되지 않는다. 지향적 광선은 타자의 얼굴에 대해선 '언제나' 좌초하고 만다. 결국 레비나스에게 있어서 인간 존재자들 간의 관계에는 근본적으로 지향적 의식이 자리할 곳이 없다. 그러므로 타자는 언제나 무한자로서 나의 주인이고 나는 무한자의 종으로서 그를 환대하는 것이지, 역전 가능성을 통해 내가 그의 주인이 될 수 있는 것은 아니다. "타자에 대한 관계는 역전시킬 수 없는 irréversible 관계이다"[39]

루스트의 소설에서 왜 잠든 여인만이 완벽하게 소유될 수 있는지 사르트르의 의식 이론만큼 잘 설명해낸 것은 없을 것이다. 의식을 가진 자는 의식의 근본적 자발성(자유)으로 인하여 결코 영원히 나의 소유물로 머무르지는 않는다는 점을 사르트르는 통찰하고 있다. 다른 한편 재미있게도 레비나스 또한 사르트르와 똑같이 마르셀과 알베르틴의 이 에피소드를 통해 '나로 환원되지 않는 타자'에 관한 사상을 펼치고 있다(2장 2 참조).

39) E. Levinas, *De l'existence à l'existant* (Paris: J. Vrin, 1963; 초판: Fontaine, 1947), p. 12.

라고 레비나스는 사르트르와 정반대로 이야기한다. 그러므로 타자는 '언제나' 나의 주인이며, 주인으로서밖에는 내 앞에 나타나지 않는다.[40] 우리 심성의 차원에서 말하자면, 사르트르에게서 타자의 체험은 나의 '지향성의 실패'를 조건으로 하지만, 레비나스에게서 타자의 체험은 나의 지향성의 실패뿐 아니라 저편으로 초월하고자 하는 나의 '형이상학적 욕망'을 조건으로 한다. 다시 말해 사르트르에게서 타자의 체험은 나의 지향성이 좌절하고 내가 타자의 지향성에 포착되는 전적인 실패를 의미하지만, 레비나스에게서 타자의 체험은 세계 저편으로 초월하는 구원의 의미를 지닌다. 이러한 차이점이 사르트르의 지나치게 어두운 관점과 레비나스의 지나치게 성스러운 관점 사이의 거리를 빚어내고 있는 것이다.[41]

---

40) 이미 다루었듯 사르트르에게서는 오로지 신만이 나에 대해서 영원히 대상이 될 수 없는 주관이다(321). 사르트르에게서 타자와의 관계를 통한 이러한 무한자의 체험은 기만적인 것이지만, 반대로 레비나스는 타자의 얼굴에서 진정한 무한자의 흔적을 발견한다. 따라서 사르트르와 달리 레비나스에게서 타자의 얼굴은 결코 지향적 대상으로 환원될 수 없으며, 오로지 나의 주인으로서만 나타날 수 있는 것이다. 이렇게 볼 때 두 사람 간의 편차는 타자의 얼굴을 통해 나타나는 무한자의 이념이 기만적인 것이냐 진실된 것이냐에 대한 견해 차이로부터 비롯된다고도 할 수 있다.

41) 타자 이론에서 레비나스가 사르트르에게 영향을 입고 있다는 것은 부정할 수 없는 사실이며 아무리 강조해도 지나치지 않다. 그러나 서로 비슷한 시기에 각자의 철학을 전개한 두 사람의 영향 관계 전반은 우리가 기록한 것보다 복잡한 양상을 띤다. 가령 '구토'와 '수치'에 대한 분석은 사르트르 철학의 가장 독창적인 영역을 이루고 있는데, 사실 레비나스는 초기 작품인 『탈출에 대해서*De l'évasion*』(1935)에서 이 두 개념에 대한 현상학적 분석을 먼저 수행하였다. 물론 분석의 내용에 있어서는 두 사람 사이에 차이가 있지만, 이 개념들에 대해 분석을 시도했다는 점에서만은 레비나스가 앞서고 있다. 이 두 개념을 중심으로 사르트르와 레비나스가 서로 얼마나 닮아 있으며 또 얼마나 멀리 떨어져 있는지를 자세히 비교하는 일은 다음 기회로 미룰 수밖에 없겠지만, 또 하나의 흥미로운 작업이 될 것만은 틀림없다.

제5장

들뢰즈의 주체 개념
—눈[目] 대 기관 없는 신체

1. 1960년대 풍경: 주체, 타자, 시선

어떤 의미에서 원하든 원치 않든 현상학은 주체와 타자의 문제와 관련하여 1960년대 초 프랑스 철학자들이 앓던 공통적인 열병의 병원체 같은 것이었다. 들뢰즈 또한 그의 삼사십대를 1960년대에 보냈으므로 그 시절 그의 저작 속에는 뭔가 시대가 처했던 운명의 흔적 같은 것이 새겨져 있을지도 모른다. 그러므로 이 글은 어쩌면 들뢰즈가 화석처럼 그의 지층 속에 간직하고 있을지도 모를 한 시대의 추억, 곧 1960년대 현상학자들이 하고자 했던 일이 무엇이었는지 살펴보는 것으로부터 출발하고자 한다.

이런 질문과 더불어 시작할 수 있을 것이다. 무엇이 가시성 visibilité의 원천인가? 무엇이 우리가 지금 보고 있는 대상 세계를 가능케 해주는가? 후설식으로 답하자면 표상적 대상들의 원천은 우리의 초월적 주관이다. 현상학적 환원은 지향적 대상에 의미를 부여해주는 것은 우리의 초월적 주체성임을 밝힌다. 그러나 항상 보다 근원적인 것으로 나아가고자 하는 현상학 자체의 운명에 따라 후설의 후계자들

* 이 글은 『현대 비평과 이론』(14호, 1997)에 발표된 글을 수정 · 보완한 것이다. 이 장은 3장 3에 대한 이해를 전제로 한다.

은 초월적 주관에 머무르지 않고 그 배후로 거슬러올라가, 무엇이 대상 세계의 가시성뿐 아니라 그에 대응하는 주체의 발생조차 가능케 해주는가 묻고자 했다. 그것은 레비나스의 경우는 '고통받는 타자의 얼굴'이며, 사르트르, 메를로-퐁티, 라캉의 경우는 타자의 '시선 regard' 이다. 예컨대 사르트르의 경우 타자는 후설에서와 달리 초월적 주체가 구성해낸 대상이 아니다. 오히려 타자는 시선이라는 형태를 빌려 출현해, 자아의 발생을 가능케 한다. 타자의 시선 앞에서 발가벗겨진 듯 내가 수치를 느낄 때, 그 수치 속에서 체험되는 것은 바로 수치를 느끼고 있는 자아이다. 수치를 통한 자아에 대한 체험은 언제나 타자의 현존 속에서, 나를 발가벗기는 듯한 타자의 시선 속에서 이루어진다. 즉 타자의 시선은 나의 자아가 탄생하는 장소인 수치라는 장을 구성해준다(자세한 논의는 4장 참조). 『존재와 무』에서 전개된 사르트르의 타자 이론은 사실 1940년대의 산물이지만, 여기서 이미 우리는 이후 1960년대 프랑스 현상학의 주체와 타자에 대한 여러 사유가 공유하는 두 가지 특징을 발견할 수 있다. 그것은 1) 나는 인식과 세계의 지반으로서 미리 전제되어 있는 것이 아니라, 타자의 개입을 통해 비로소 발생한다는 점이며, 2) 이때 타자는 다른 어떤 감각 기관보다도 '시각'의 상관자로서 출현한다는 점이다.

레비나스의 경우는 어떤가? 레비나스에게서 타자는 얼굴의 모습으로 현현한다. 고통받는 타자의 얼굴에 직면할 때 나의 윤리적 이기성, 존재론적 폐쇄성은 깨어지고 나는 타자에 대한 윤리적인 책임을 지닌 주체로서 탄생하게 된다. 플라톤에 따르면 선의 이데아는 모든 존재자가 지향하고 욕망하는 바이다. 레비나스는 이 무한자에게로 초월하고자 하는 욕망을 '사회적 관계' 안에서 재정립하고자 한다. 고통받는 타자의 얼굴은 주관이 어떤 식으로도 인식적 자산으로 삼을 수 없는, 즉 어떤 식으로도 표상할 수 없는 것이다. 그것은 모든 규정을 '초과'한다. 그러므로 어떤 방식으로도 규정되지 않는 타자의 얼굴은 무한자가 출현하는 지평이라고 할 수 있다. 플라톤이 일깨운 바 모든 존재자가 가지고 있는 '무한자에게로 초월하고자 하는 욕망'은, 바로 이런 타자의 얼굴과의 만남이라는 사회적 관계 속에서 윤리적 책임감의 형태로 나타나게 되는 것이다. 그런데 레비나스는 이 타자에게로, 즉 무한자에게로 초월하고자 하는 욕망을 '보이지 않는 것에 대한 욕망 Désir de l'invisible'이라고 부른다.[1] 즉 무한에 대한 욕망은 시각적인 욕망인 것이다. 요컨대 레비나스에게 있어서도 타자는 우선, 우리의 다른 어떤 감각 기관보다도 시각적 기관의 상관자로 기술되고 있다.[2]

메를로-퐁티의 마지막 저작들[3]에서도 우리는 타자의 개입을 통한 주체의 발생, 보다 정확히는 주체의 시야 vision의 발생을 기술하려는 시도를 발견할 수 있다. 메를로-퐁티는 과학적 인식이란 결코 세계에 대한 참다운 앎이 아니라는 과학 비판에서 출발한다. "과학의 선입관은 모든 존재를 '대상 일반'으로서 취급한다. 동시에, 말하자면 우리에게 아무런 의미도 지니지 않음에도 불구하고 우리의 기술 artifice에 그 존재의 운명이 달려 있는 것처럼 취급한다"(OE, 9). 과학의 범주들은 인식 주관의 인위적인 틀에 불과하며, 그 범주들을 통해 세계를

1) E. Levinas, *Totalité et infini* (la Haye: Martinus Nijhoff, 1961), p. 3.

2) 보이지 않는 것이라는 말로 레비나스는 타자의 비표상성을 의미하고자 한다. 그렇다면 보인다는 것은 타자의 표상됨을 뜻할 것이다. 타자가 표상된다는 것은 무슨 뜻인가? 이론적인 측면에서 말하자면, 그것은 타자를 어떤 방식으로든 나의 개념적 틀을 통해 거머쥐고 나의 인식적 자산으로 삼을 수 있다는 의미이다. 실천적인 측면에서 말하자면, 가령 타자의 노동력을 어떤 방식으로든 나의 필요를 위해 내가 이용할 수 있다는 의미이다. 그러나 표상되지 않는 타자란, 이러한 나의 모든 규정으로부터 독립해 있는 자를 말한다. 이런 타자를 레비나스는 '신비 mystère' '높이 있는 자 hauteur' '흔적 trace' '무한 infini' '호소 appel' 등의 용어로 표현했다.

3) 『현대 *Les temps modernes*』(1961)에 발표되었다가, 몇 년 뒤 출간된 M. Merleau-Ponty, *L'œil et l'esprit* (Paris: Gallimard, 1964; folio판, 1985[약호 OE])와 유작인 *Le visible et l'invisible* (Paris: Gallimard, 1964)의 "L'entrelacs—le chiasme" 장(章) 참조.

재단(裁斷)한 나머지, 존재의 다양한 모습들은 모두 '대상 일반'으로 취급되어버렸다는 것이 비판의 요지이다. 메를로-퐁티가 비판하는, 인식 주관의 주관적 범주들을 통해서 세계를 인식하려는 시도를 가장 잘 보여주는 예는 아마도, "이성은 그 자신이 자기의 계획에 따라서 산출한 것만을 통찰한다"(『순수 이성 비판』, Bxiii)라는 칸트의 기획일 것이다. 메를로-퐁티는 이런 방식의 인식에 선행하는 원초적인 세계에 대한 우리의 인식 혹은 그런 자연에 대한 우리의 비전(시야, vision)이 어떻게 발생할 수 있는가에 관심을 두고 있다. 다시 말해 그는 지성의 주관적 개념들에 따라서가 아니라, 자연의 원초적인 본질 essences sauvage 혹은 사물의 보이지 않는 살 chair에 '따라서 selon' 세계를 바라보는 우리 시야의 발생을 기술하는 데 관심을 두고 있다.

그는 우리 시야에 드러나는 모든 외관의 배후를 형성하는, 그 외관이 가시적이 되기 위한 본질, 즉 (그의 용어대로 하자면) 사물의 '살'을 가리켜 '보이지 않는 것 l'invisible'이라 불렀다. 그런데 우리의 주관적 범주인 과학적 개념에 따라 자연을 재단하는 동안 우리가 망각해버린 세계의 원초적인 본질, 이 '보이지 않는 것'에 '따라서' 세계를 보는 일을 어떻게 회복할 수 있을까? 메를로-퐁티는 화가의 작업으로부터 그 가능성을 찾고 있다. 그림은 손이 그리는 것이다. 그러나 손 이전에 눈의 활동이 있다. 그림을 그릴 때 "눈은 세계의 어떤 충격에 의해 움직인다. 그리고는 눈은 손의 궤적을 통해 그 세계를 가시적인 것으로 회복시킨다"(OE, 26). 세계가 눈에 주는 '충격'은 사물이, 그 사물을 보고 있는 사람을 바라보는 '시선'으로부터 온다.[4] 예컨대 생 빅토르 산이 세잔을 '보았을 regarder' 때, 세잔의 눈은 그

4) 메를로-퐁티에 따르면 우리의 몸은 보며, 동시에 (사물에 의해) 보여지는 존재이다. "나의 신체가 보며 voyant 동시에 보여지는 visible 것이라는 점은 수수께끼이다"(OE, 18).

산의 시각적 부정합성, 이질적인 요소들이 결합된 덩어리에 충격을 받는다. 그 산을 구성하는 요소들의 부정합성이나, 이질적인 부분들의 결합 양태는 과학적인 방식으로는 어떻게도 질서지을 수 없는 것이었다. 자기를 쳐다보고 있는 그 산의 '시선'이 세잔의 손을 움직여 그 요소들을 화폭 속에 그리게 한다. 그 그림을 볼 때 우리에겐 무슨 일이 일어나는가? 이미 말한 대로 인식 주관의 과학적 범주들을 통해 세계를 보던 태도를 버리고 그림 속에 그려진 산의 원초적인 본질에 '따라서' 그 산을 보게 된다. "나는 그림을 본다기보다, 그림을 따라서 selon 혹은 그림과 함께 avec 본다"(OE, 23).[5] 우리가 그림을 감상할 때 우리의 가시성의 배후를 형성하는 비가시적인 것, 즉 과학적 방법으로는 표상되지 않는 산의 부정합적인 구성 요소에 따라 산을 바라보는 시야를 얻게 되는 것이다. 다시 말해 그림은, 타자(사물)의 개입을 통해 (과학적 인식에 선행하는) 세계에 대한 주체의 시야가 어떻게 발생하는가를 보여주고 있다. 이때 타자(사물)는 어떤 방식으로 나의 주체의 시야의 발생에 개입하고 있는가? 여기서도 역시 타자는 우리 시각의 상관자로서 개입하고 있는 것이다.

시각적인 것에 대한 집착은 라캉에게서도 발견된다. 라캉은 주체의 발생과 타자의 문제를 1964년에 행해진 『세미나 XI』(출간은 1973년)에서 다루고 있다. 이 세미나의 요지는, 시각적 충동 pulsion이 그

5) 여기서 우리는 메를로-퐁티의 하이데거적 측면을 발견할 수 있다. 하이데거에게 있어선 사유와 대상과의 일치 adequatio로서의 진리, 즉 표상의 확실성으로서의 진리가 문제가 아니라, 존재자의 비은폐성으로서의 진리가 문제이다. 일치로서의 진리 개념은 그 진리의 근원적 전제로서 존재자의 비은폐성을 요구한다. 이와 매우 유사하게, 메를로-퐁티에게선 인식 주관의 개념들과 '보이는 것'과의 일치로서의 진리 개념이 문제가 아니라, 그보다 근원적인 전제로서, 그 '보이는 것'이 어떻게 보이는 것으로 출현했는가가 문제이다. '보이는 것'과 '보이지 않는 것'이란 개념은 각각 하이데거의 '존재자'와 '존재'에 대응하는 것이다. 세계가 보이는 것으로 출현하기 위한 조건으로서의 보이지 않는 배후와 '함께' 그 배후를 '따라서,' '보이는 세계'를 사유해보고자 하는 것이 메를로-퐁티의 기획이다.

것이 추구하는 바인 타자의 시선[6]에 도달할 수 없는 좌절을 겪음으로 해서, 결핍된 자아로서의 주체가 탄생한다는 것이다. 즉 주체는 스스로를 타자의 결핍이라는 장 속에서 체험한다. 그러므로 라캉에게 있어서도 주체와 객체라는 관계는 '사실'로서 주어지는 것이 아니라 오히려 충동, 더 정확히는 좌절하도록 운명지어진 충동을 통해서 발생하는 것이며, 물론 여기서도 타자는 나의 나됨, 즉 나의 주체성의 발생에 시각적인 것, 곧 시선의 형태로 개입한다.[7]

1960년대 이루어진 이 모든 철학적 업적들은, 대상 세계의 최후 근거로서의 초월적 주체에서 눈길을 돌려, 타자의 개입을 통해 비로소 발생하는 주체를 그리고자 했다. 그런데 이 모든 이론에 있어서 타자는 우리의 다른 어떤 감각 기관도 아닌, 시각의 상관자로서 출현한다. 1960년대 초 현상학과 직·간접적으로 연관을 맺고 있던 프랑스 철학자들은 마치 전염병을 앓듯 공통적으로 타자를 시각적인 측면에서 다루는 작업에 몰두하고 있었던 것이다. 들뢰즈의 경우는 어떤가? 결론부터 말하자면, 1960년 후반에 발표된 들뢰즈의 주체와 타자에 관한 이론은 우리가 살펴본 그의 선배 철학자들의 눈에 관한 사유를 비판적 표적으로 삼고서 전개된다. 들뢰즈의 주체 개념을 논의하기에 앞서 이렇게 장황하게 1960년대 지성의 풍경을 다룬 까닭이 여기

6) 이 세미나에서 라캉은 대상 a(objet petit a) 가운데 하나로서 '시선'을 다룬다. 엄밀히 말해, 나의 시각적 충동이 추구하는 이 시선은 타자에 귀속한다기보다는 오히려 나의 신체의 일부와 같은 것이다. 대상 a로서의 시선과 주체의 발생에 관한 자세한 논의는 7장 3 참조.

7) 라캉은 현상학자는 아니지만, 메를로-퐁티와의 교류는 그의 사상 형성에 있어서 간과할 수 없는 큰 영향을 끼쳤다. 『현대』지의 메를로-퐁티 사망 특집호(No. 184~85, 1961)에 기고한 「모리스 메를로-퐁티」(pp. 245~54)라는 짧은 글에서 라캉은 주로 메를로-퐁티의 시선 이론을 다루고 있다. 더욱이 이미 소개한, 라캉의 시선에 관한 이론을 담고 있는 1964년의 세미나에서는 직접적으로 메를로-퐁티와 사르트르의 시선 이론과의 연관 아래서 자신의 작업을 전개한다(J. Lacan, *Le séminaire* XI〔Paris: Éd. du Seuil, 1973〕, VI, VII장 참조).

에 있다.

2. 들뢰즈에서 주체의 발생

사유의 문제를 다루든 욕망의 문제를 다루든 신체의 문제를 다루든, 언제나 들뢰즈는 특권적인 지위를 갖는 것으로 미리 전제된 모든 공리, 모든 기관들을 거부해왔다. 고대 이래 철학의 사유에 있어서 '임의적으로' 미리 전제된 것은 1) 선의지의 공리, 2) 공통 감각의 공리, 3) 재인식의 공리 등이다.[8] 욕망의 경우는 어떤가? 정신 의학은 우리의 욕망도 무형의 질료적인 에너지로 발산되는 것이 아니라, 하나의 표상 혹은 기관을 통해서만 발현된다는 점을 밝혔는데, 그 기관이 오이디푸스이다. 들뢰즈의 주요 과제 가운데 하나는 욕망에 달린 기관, 즉 욕망이 표상되는 형식인 이 오이디푸스라는 가족주의적 도식이 자연적인 것이 아니라 한낱 임의적인 전제임을 보이는 것이었다. 그러므로 1960년대 현상학자들이 눈을 타자의 출현과 주체의 발생을 가능케 하는 인간 신체의 특권적인 기관으로 보았을 때, 이 눈이라는 기관이 누리는 특권에 대해서도 들뢰즈가 의심의 눈초리를 던졌을 것이란 점을 우리는 쉽게 짐작할 수 있다. 철학자들이 그들의 사유에 임의적인 공리가 내재해 있는 것을 몰랐고, 정신분석학자들이 한낱 임의적일 뿐인 가족주의의 도식을 당연한 것으로 여기고 욕망에 접근했듯, 주체와 타자의 문제와 관련하여 눈이란 기관에 주어졌던 특권도 혹시 임의적인 것은 아닌가? 실제로 들뢰즈는 주체와 타자에 관한 이론에 있어서 사르트르의 선구적 지위를 높이 평가하면서도, 또 다음과 같이 그의 시선 이론을 비판한다. "『존재와 무』에서

8) G. Deleuze & C. Parnet, *Dialogues* (Paris: Flammarion, 1977; 증보판, 1996), p. 32. 이에 대한 자세한 논의는 1장 1 참조.

의 사르트르의 이론은 타자에 관한 최초의 위대한 이론이다. [……] 그러나 그는 이 구조[이 문맥에선 '타자'를 말함]를 '시선'으로 정의함으로써, 다시 대상과 주체라는 범주로 떨어져버리고 만다."[9] 오히려 들뢰즈는 특권화된 기관으로서의 눈보다는, 어떤 기관도 특권을 행사하도록 전제되어 있지 않은 상태, 즉 '기관 없는 신체'를 내세운다. 아무런 기관도 전제되어 있지 않은 이런 신체의 상태를 설명하기 위한 메타포로서 그는 알[卵]을 제시하기도 한다. "우리는 기관 없는 신체를, 기관들이 기관화[유기체화]되기 이전의, 그리고 층들strates이 형성되기 이전의 알로 다룬다."[10] "우리는 알이 유기적으로 되기 '이전의' 신체의 상태를 나타내준다는 것을 안다. [……] [알은] '입도, 혀도, 이도, 후두도, 식도도, 위도, 배도, 항문도 없다.' 유기적이지 않은 생명 전체일 뿐이다."[11] 그런데 1960년대에 주체와 타자의 문제와 관련하여 주목할 만한 논문[12]을 썼을 때, 특정 기관에 특권을 부여하지 않는 기관들 없는 신체에 대한 사유의 단초들을 내비치면서도, 들뢰즈는 타자의 개입을 통한 주체의 발생을 기술함에 있어서는 눈이란 기관에 특권을 부여했던 그의 선배들을 그대로 따르고 있었다.

우리는 이미 3장에서 주체성이란 타자의 출현을 통해 발생한다라는 들뢰즈의 사상을 다루었다. 그 결론적 논점만을 정리해보자면, 공간성의 측면에서 1) 타자는 나의 공간적 지각을 가능케 해주는 조건

---

9) G. Deleuze, *Logique du sens* (Paris: Éd. de Minuit, 1969), p. 360(약호 LS).

10) G. Deleuze & F. Guattari, *Mille plateaux* (Paris: Éd. de Minuit, 1980), p.190(약호 MP).

11) G. Deleuze, *Francis Bacon: logique de la sensation*, Tome. I(Paris: Éd. de la différence, 1981), p. 33(약호 FB).

12) G. Deleuze, "Une théorie d'autrui," *Critique* (No. 241. 1967), pp. 503~25. 이 글은 후에 수정을 거쳐 "Michel Tournier et le monde sans autrui"라는 제목으로 LS의 부록으로 실린다.

이라는 점에서 "선험적 타자 Autrui a priori"이고(LS, 369), 2) 같은 말이 되겠지만, 나의 지각을 가능케 해준다는 점에서 "지각장의 구조 structure du champ perceptif" (LS, 357)이며, 3) 내가 타자의 얼굴을 봄으로써 내게는 보이지 않지만 타자에게는 보이는 잠재태 혹은 가능 세계를 인식하게 된다는 점에서 "가능 세계의 표현 expression d'un monde possible" (LS, 360)이다. 시간성의 측면에서 4) 타자는 나의 과거를, 즉 나의 시간 의식의 탄생을 가능하게 해준다. 이렇게 정의된 타자는 상호 주관성을 보장해주는 나와 동류의 또 다른 주체도 아니요, 내가 지각하는 대상도 아니라는 것이 들뢰즈의 생각이다. 사르트르에게 있어서 타자는 그의 시선을 던짐으로써 수치라는 장을 형성하고, 그 장 속에서 수치심의 대상으로서 나의 코기토가 탄생한다. 이런 이유로 들뢰즈는 나의 나됨을 가능케 해주는 자가 바로 타자라는 것을 발견한 선구자로서 사르트르를 높이 치켜세운다(LS, 360). 그런데 사르트르에게 있어서 나와 타자와의 관계는 본질적으로 헤겔적인 변증법적 관계이다. 다시 말해 내가 타자의 시선에 먹이처럼 포획된 대상이 되느냐 아니면 나의 시선이 타자를 발가벗겨 대상으로 만드느냐 하는 투쟁적 관계이다.[13] 결국 사르트르에게서 타자는 언제나 '주체 혹은 대상'일 뿐이다. 서양 철학의 전통에서 타자는 상호 주관성을 보장해주는 나와 동류의 또 다른 주체이거나 혹은 나의 지각장 속의 대상, 또는 후설에게서 보듯이 일종의 유사(類似) 대상이었다. 들뢰즈는 사르트르가 주체와 타자에 관한 그의 선구적인 통찰에도 불구하고, 타자를 주체 혹은 대상으로 보았다는 점에서는 이런 서양 철학 전통의 타자에 대한 정의에서 벗어나지 못했다고 비판한다(LS, 360). 타자가 나와 동일한 또 다른 주체일 뿐이라면, 그는 나와 '다른' 자(곧 타자)라기보다는 '개체적으로 복수화된 동일자'[14]에 불과할

13) 이 문제를 우리는 4장 6에서 '역전 가능성'이라는 주제 아래 자세히 다루었다.

것이다. 또한 타자가 나의 지각의 대상이라면, 그는 나의 표상 활동이 거머쥔 나의 인식적 자산, 곧 나의 소유물에 불과할 것이다. 어느 경우건 타자는 동일자에 종속된 형태로밖에 사유되지 않는다. 바로 이런 이유로 들뢰즈는 타자의 타자성을 올바르게 밝히려면 주체로서의 타자나 대상으로서의 타자라는 정의에서 떠나야 한다고 생각하는 것이다. 어찌되었든 철학사적 맥락에서 보자면, 들뢰즈의 타자 이론은 표면적으로 1) 주체를 발생적으로 기술하려 하고, 2) 이 발생은 타자의 개입을 통해서만 가능하다고 주장한 1960년대 프랑스 철학의 큰 흐름의 일부를 이루고 있다.

그런데 우리가 가장 주목해야 할 점은 들뢰즈도 주체의 발생에 관심을 두고 있던 다른 1960년대 철학자들과 마찬가지로 '눈'이라는 기관에 특별한 지위를 부여하고 있다는 점이다. 타자의 출현을 기술하는 다음과 같은 표현들, 즉 '내가 보지 못하지만 타자에 의해 보여지는 세계' '타자가 부재할 때의 암흑' '주의력의 변두리에 위치하는 대상들의 세계에 희미한 빛을 던져준다' '보이지 않는 대상' 등등의 표현들—이런 표현은 수도 없이 발견되는데—은, 들뢰즈가 기술하려 한, 타자의 출현을 통해 비로소 가능케 되는 주체의 지각장은 바로 '시각적인 것'임을 말해주고 있다(3장 3 참조). 들뢰즈에게 있어서도 타자는 나의 시각적 기관, 즉 눈의 상관자로 현현하는 자이다(이 점을 가장 잘 드러내주는 것은 아마도 들뢰즈가 들었던 예인 '무서워하는 얼굴'일 것이다.[15] 무서워하는 얼굴은 레비나스의 고통받는 얼굴, 비트겐

---

14) '개체적으로 복수화된 동일자'란 말은 사실 미숙한 표현이다. 타자가 나와 '동류'의 주체일 때, 여기서 타자성을 규정하는 것은 오로지 개별화의 원리일 뿐이지, 그 외에 타자성이 가지는 다른 함의는 아무것도 없고 이런 점에서 결국 타자는 나와 '동일한 자'일 뿐이라는 점을 나타내기 위해 우리는 이 말을 사용한다. 그러나 이 표현 자체는 불완전하기 짝이 없는데, 왜냐하면 동일자가 복수라는 것은 논리적 모순이기 때문이다.

15) p. 150 참조.

슈타인의 찌푸린 얼굴과 마찬가지로 절대적으로 '시각적인 것'이다[16]). 요컨대 들뢰즈는 적어도 표면적으로는, '시선'에 특권적인 지위를 부여했던 1960년대 현상학자들과 마찬가지로 시각적인 것에 대한 열광을 결코 떨쳐버릴 수 없는 시대의 귀울림처럼 유지하고 있었던 것이다.

보충적 논의: 들뢰즈와 비트겐슈타인

우리는 좀 전에 비트겐슈타인의 이름을 거론했다. 들뢰즈의 타자 이론과 비트겐슈타인의 관계에 대해서도 한 마디 덧붙여야겠다. 나의 지각장의 질서를 구성해주는 타자, 즉 나의 지각의 문법을 가능케 해주는 타자라는 들뢰즈의 논의는 많은 부분 비트겐슈타인과도 관련이 있는 것으로 보인다. 비트겐슈타인은 다음과 같이 말한다. "'만일 사람들이 고통을 밖으로 내보이지 않는다면(신음하지 않거나, 얼굴을 찌푸리지 않거나 등등) 어떻게 될까? 그러면 우리는 어린아이에게 '치통'이라는 낱말의 용법을 가르칠 수 없을 것이다.'—자, 그 어린아이가 천재이고 스스로 그 감각에 대한 이름을 발명한다고 가정해 보자!—그러나 물론, 그 아이는 이 낱말을 쓸 때 자기 자신을 남에게 이해시킬 수 없을 것이다. 〔……〕 그가 '자기 고통을 명명했다'는 것은 무슨 뜻인가?—그는 어떻게 고통에 이름 붙이는 일을 했는가?! 〔……〕 '그는 감각에 이름을 주었다'고 말할 때, 우리는 단순한 명명이 의미를 지니려면 많은 것이 언어에 준비되어 있어야 한다는 점을 잊어버린다. 그리고 우리가 어떤 사람이 고통에 이름을 준다고

---

16) 들뢰즈가 눈 외의 다른 기관을 환기시키지 않는 것은 아니다. 그는 타자의 "눈은 가능한 빛의 표현이며 귀는 가능한 소리의 표현이다"(G. Deleuze, *Différence et répétition* 〔Paris: P.U.F., 1968〕, p. 334)라고 말하기도 한다. 그렇다고 해도 들뢰즈의 텍스트에서 타자의 개입은 압도적으로 시각적인 차원에서 다루어진다. 들뢰즈는 공간 지각과 시간 의식의 형성에서 시각적 차원을 통해 등장하는 타자의 효과를 다른 어떤 감각에 비할 수 없는 절대적인 것으로 기술하고 있다.

이야기할 때, 여기서 준비되어 있는 것은 '고통'이란 낱말의 문법의 현존이다. 그것은 그 새로운 낱말이 놓여질 자리를 보여준다."[17] 비트겐슈타인이 일러주듯 '고통'이란 단어의 습득은 '찌푸린 얼굴을 한 타자'의 개입을 통해 이루어진다. 고통이란 낱말의 의미는 그 낱말이 사용되기 위한 문법, 다시 말해 그 낱말의 사용이 안착할 용법적 지평을 전제하며, 타자의 찌푸린 얼굴은 한 개인이 이 지평을 습득하기 위한 선험적 조건인 것이다. 그리고 언어의 습득 과정과 자아의 형성 과정을 동일한 것이라고 한다면, 우리는 비트겐슈타인에게 있어서도 주체의 발생은 타자의 개입을 통해 비로소 가능하다라고 말할 수 있을 것이다(이렇게 볼 때 현대 철학은 주체의 탄생을 위해 얼굴의 형태로 개입하는 세 가지 타자를 만나는 셈이다. 레비나스의 고통받는 타자의 얼굴, 들뢰즈의 무서워하는 얼굴, 비트겐슈타인의 치통으로 찌푸린 얼굴……). 이제 우리는 들뢰즈와 비트겐슈타인 사이의 재미있는 유사성을 이렇게 정리할 수 있다. 비트겐슈타인은 어떤 감각을 고통이라고 명명하려면, 미리 그 낱말의 문법이라는 하나의 구조적 장이 있어야 한다고 말한다. 이 구조적 장이 그 낱말이 놓여질 자리를 지정해준다. 이 구조적 장의 형성을 가능케 해주는 것은 바로 치통으로 얼굴을 찌푸린 타자의 현존이다. 다른 한편 들뢰즈는 타자를 지각장의 구조라고 정의했다. 즉 내 지각이 놓일 자리를 지정해주고, 내 지각들을 질서잡아주는 구조는 타자에 의해 가능한 것이다. 여기서 두 철학자들 사이엔 하나의 재미있는 대응 관계가 성립하는데, 주체가 주체로서 설 수 있는 자리인 문법이라는 구조(비트겐슈타인)와 지각장이라는 구조(들뢰즈)의 대응이 그것이다. 그리고 이 두 가지 모두는 타자의 현존을 통해 구성된다.[18]

17) L. Wittgenstein, G. E. M. Anscombe(tr.), *Philosophical Investigation*(Oxford: Basil blackwell, 1958), p. 92.

18) 들뢰즈의 타자 이론은 프랑스 현상학자들말고도 확실히 비트겐슈타인에게 얼마

3. 기관 없는 신체, 비인칭, 고백체와의 대결

그렇다면 들뢰즈 철학의 목적을 주체의 발생에 대한 기술이라고 결론지어야 할까? 다음 구절들을 읽어보자. 1) "특정성들 singularités은 개별적이거나 인격적인 것이 아니라, 개별자들 individus과 인격들 personnes의 발생을 주재한다"(LS, 125). 2) "인격들의 놀이는 〔……〕 그것이 펼쳐지는 개별자 이전적이고 비인격적인 의미 및 중립적 장을 전제한다"(LS, 149). 3) "내재성의 구도 자체는, 그것이 떠맡는 대상과 주체 속에서 현실화한다."[19] 이러한 구절들은 들뢰즈가 비인격적인 특정성들로부터 주체성이 어떻게 탄생하는가를 기술하고자 한다는, 말하자면 주체성을 옹호하고자 한다는 인상을 준다. 들뢰즈에게서 개별자와 인격은 동치이며, 이 두 가지는 주체성의 개념을 통해 이해될 수 있는 것인 반면, 특정성은 이 두 가지에 선행하는 비인격적인 것이다.[20] 다음 절에서 보다 자세히 다루겠지만, 이 특정성 개념

간 빛을 지고 있는 것으로 보인다. 그러므로 그는 타자 이론과 관련하여 비트겐슈타인을 언급하지 않고 넘어갈 수는 없었을 것이다. 그러나 불행히도 다음과 같이 불명확한 말로 얼버무림으로써 우리로 하여금 진상을 알 수 없게 만들어버리고 있다. "비트겐슈타인은 무서움이나 고통을 나타내는 명제들을 검토할 때조차 타자의 입장에서 표현될 수 있는 양태들을 보지는 않는다. 왜냐하면 그는 타자를 또 다른 주체와 특별한 객체 사이에서 갈피를 잡지 못하도록 내버려두기 때문이다" (G. Deleuze & F. Guattari, *Qu'est-ce que la philosophie?*〔Paris : Éd. de Minuit, 1991〕, p. 23, 약호 QP). 우리는 들뢰즈가 타자란 지각장의 구조이거나 가능 세계의 표현이지, 나와 동류의 또 다른 주체도, 내 지각장 안의 대상도 아님을 계속해서 강조했음을 안다. 그리고 이와 관련해 사르트르를 비판할 때의 논점은 매우 분명하였다. 사르트르의 선구성에도 불구하고 그가 여전히 타자를 주체나 대상으로 보았다는 점이 비판의 요지였다. 그러나 위의 인용에선, 비트겐슈타인도 동일한 비판의 표적이 된다는 것인지, 아니면 그 반대라는 것인지 도무지 진의를 파악할 수가 없다.

19) G. Deleuze, "L'immanence : une vie ……," *Philosophie* (No. 47, 1995), p. 6(약호 IV).

20) 이 점은 다음 구절들이 명확하게 보여주고 있다. "특정성들은 개별자 이전인 것이

의 외연을 이루는 것은 주체, 대상 등 명사적인 substantive 것, 실체적인 것이 아니라, 비실체적이고 비명사적인 '사건들'이다. 내재성의 구도는 이러한 비인격적인 사건들로 이루어져 있다. 들뢰즈는 이 비인격적인 사건들로부터 어떻게 주체가 탄생하는지, 어떻게 주체성이 비인격적인 사건들을 지배해서 주체라는 '실체'의 '속성'으로 만들어 버리는지를 기술하고자 하는 것인가? 마치 레비나스에게서 존재자(주체)가 자기 정립 hypostase을 통해 비인격적인 힘들로 가득 차 있는 존재(익명적 존재)의 소유자가 되듯이?

오히려 그 반대이리라. 들뢰즈가 하고자 하는 바는 "순수 특정성들을, 그것들을 구현하거나 현실화하는 개별자들 및 인격들과 독립적으로"(LS, 161) 포착해보자는 것, "주체성과 대상성으로부터 자유로워진 순수 사건"(IV, 5)을 포착해보자는 것이다. 그러므로 '그 기술에 있어서' 1960년대 현상학자들과 마찬가지로, 들뢰즈가 시각의 상관자로서의 타자의 개입을 통한 주체의 발생을 서술했을 때는, '그 목적에 있어서는' 1960년대 현상학자들과는 정반대로—혹은 그들을 표적으로 삼아서—이렇게 탄생한 주체란 한낱 유명론적인 '이름'에 불과하다는 것, '나'라고 말하는 습관에 불과하다는 것을 폭로하고자 했던 것이다.[21] 즉 주체란 존재론적 지위는 가지지 않으며, 오로지 문법상의 주체(주어)의 지위만을 가진다는 것이다(시선에 대한 현상학적 작업들은 이런 방식으로 풍자되고 패러디된다). 위에서 들뢰즈가 "내재성의 구도 자체는, 그것이 떠맡는 대상과 주체 속에서 현실화한다"라고 말했을 때, 여기서 주체와 대상이란 이런 뜻에서, 즉 존재론적 지위는 없는 유명론적 이름이라는 뜻에서만 이해되어야 할 것이

다"(LS, 135). "비인격적이고 개별자 이전인 것, 그것이 바로 자유롭고 노마드적인 특정성들이다"(LS, 166).

21) "주체, 그것은 하나의 아비투스, 하나의 습관, 내재성의 장 속에서의 하나의 습관, 나라고 이야기하는 습관이다"(QP, 49).

다. 그러므로 비인격적인 사건들은 개별자(주체) 속에서 이해되기보다는 오히려 반대로 "개별자는 그 자신을 〔비인격적인〕 사건으로 파악해야 할 것이다"(LS, 208).

들뢰즈가 남긴 수많은 페이지들은 현상학자들이 열광했던 시각적인 것의 근원성을 그가 허물고자 했음을 다양한 방식으로 증언하고 있다. 들뢰즈가 현상학자들에 대립해서 눈이라는 기관이 가지는 임의적인 특권을 얼마나 박탈하고자 노력하였는지는 1986년에 출간된 『푸코』에서 잘 나타나고 있다. 다른 현상학자들의 저작과 마찬가지로 역시 1960년대 저작인 푸코의 『임상 의학의 탄생』(1963)의 부제는 '의학적 시선regard의 고고학'이었다. 그런데 푸코는 후에 이 부제를 폐기해버렸다고 한다. 왜 그랬을까? 들뢰즈의 궁금증은 바로 여기서 출발한다. "우리는 왜, 그리고 어떤 점들을 푸코가 폐기하고 있는가를 질문하지 않으면 안 된다. 그런데 폐기의 요점, 그것은 분명히 우위성의 문제이다."[22] 무엇의 무엇에 대한 우위성인가? '시각적인 지각'에 대한 '언표énoncé 체계'의 우위성이다. "말한다는 것은 보는 것이 아니다"(F, 68). 그러므로 당연하게도 "가시성은 〔언표로〕 환원불가능한 것"이다(F, 68). 마치 칸트에게서 지성과 감성이 인식의 두 이종적인 원천으로서 서로 환원되지 않는 것처럼 푸코에게서도 가시적인 것과 언표적인 것은 각각 환원될 수 없는 고유성을 지닌다. 다만, 가시적인 것의 고유한 형태는 언표 가능한 것으로 환원되지 않지만 언표 체계에 의해 규정된다(F, 57). "두 형태의 성격이 본성상 다를지라도 규정은 언제나 언표로부터 온다"(F, 74). 요컨대 "언표만이 규정자이며 보게 하는 것이다"(F, 74).[23]

---

22) G. Deleuze, *Foucault* (Paris: Éd. de Minuit, 1986), p. 57(약호 F).

23) 어떤 점에서 언표는 가시적인 것에 대해 우위에 있는가? 혹은 어떤 점에서 언표는 가시적인 것을 규정하는가? 가시적인 것은 수동적이다. 왜냐하면 빛이 비추어 줄 때만 모습을 나타내기 때문이다. 반면 언어 체계는 스스로 움직이는 유기체처

우리가 살펴본 바처럼 현상학자들에게 있어서 시각적인 것은 가장 원초적인 체험을 이루는 것이었다. 그런데 "푸코가 『광기의 역사』에 대해 반성하게 되는 점은, 그 책이 여전히 현상학적인 방식으로 원초적인 체험을 환기시키려 했다는 것이다. [……] 사실 지식보다 우선하는 것은 없다"(F, 58). 우리의 시선은 근본 체험이 아니라 일종의 지식이다. 시선이 지식이라는 것은 도대체 무슨 뜻인가? 그것은 시선의 배후엔 무엇인가 시선보다 우선적인 것이 도사리고 있다는 뜻이다. 시선은 가장 근원적인 층위에 놓일 수 없고, '시선으로부터' 지식, 지각장, 주체 등이 구성되지도 않는다. 오히려 언표가 선행하며 이 언표에 의해 시선은 규정된다. 다시 말해 시선을 통해 나타나는 가시성은 원초적인 것, 야생적인 것이라기보다 언표 체계에 의해 규정된 지식이다. 가령 사물들을 유사한 것으로 보거나 동일한 것으로 보거나 유비적으로 보거나 서로 다른 것으로 보거나 하는 것은 원초적인 체험이 아니라 유사성, 동일성, 유비, 차이성 등 언표적 개념 체계에 의해 규정된 '지식'일 뿐이다. 그렇다면 "가시적인 것은 언표 가능한 것과 마찬가지로 현상학의 대상이 아니라 [푸코적인 의미의 담론 분석으로서의] 인식론의 대상이다"(F, 58). 그리고 이런 관점에서 다루자면, 고통받는 타자의 얼굴(레비나스), 나를 수치스럽게 하는 타자의 시선(사르트르), 세잔을 바라보는 생 빅토르 산의 시선(메를로-퐁티) 등 우리가 살펴본 것들은 '근본 현상 phénomène profond'이 아니라, 보다 근원적인 언표 체계에 의해 규정된 지식에 불과하다는 결과가 나온다. 이제 우리는 왜 푸코가 '시선의 고고학'이란 제목을

럼 자발적이다. 그러므로 이 자발적인 언어 체계가 바로 가시성을 규정해주는 '빛'으로 고려되어야 한다. 이것이 들뢰즈 논변의 기본 구조이다. 이러한 들뢰즈의 언표 체계와 가시성의 관계 설정은, 칸트가 수립한 지성의 능동성과 감성의 수동성의 관계를 모방한 것이다(F, 75 참조). 칸트에게서 지성이 감성을 규정하듯 푸코에게서는 언표가 가시성을 규정한다.

폐기했는지 짐작할 수 있게 되었다. 임상 의학의 발생을 기술하려 할 때 다른 1960년대 현상학자들처럼 그는 시선과 관련하여 문제를 제기하였을 것이다. 그러나 후에 그는 그 책에서 정말 강조되어야 했던 것은 시선이 아니라, 우리의 시선을 하나의 지식으로 낳아놓는 언표라는 점을 깨달았던 것이다[24](우리는 조금 뒤에 들뢰즈의 푸코에 대한

---

24) 각주 23에서 밝혔듯 들뢰즈는 칸트적인 사고 방식에 입각해 자발적인 것으로서 언표와 수동적인 것으로서 가시적인 것이 어떻게 규정하는 자와 규정될 수 있는 것으로 이해되는지를 다룬다. 칸트의 지성과 감성처럼 언표와 가시적인 것은 서로 본성상 다른 것이며, 상상력의 도식 작용이 지성과 감성을 매개하듯, 푸코에서는 권력 관계가 언표와 가시적인 것을 매개한다는 것이 들뢰즈의 생각이다(F, 75, 88 참조). 그런데 들뢰즈가 칸트에게서 영감을 받아 이러한 해석을 하는 동시에, 보다 근본적으로는 가시적인 것과 언표의 관계를 스피노자와 라이프니츠적 사유 구도 안에서 이해하고 있다는 점은 일면 매우 기이하게 느껴진다.

스피노자주의자답게 들뢰즈에게 있어서 존재의 속성들은 서로 환원 불가능한 '차이'를 지닌다. 가령 사유도 '존재하고,' 연장도 '존재하지만' 이 양자 사이엔 스피노자에게서처럼 인과율을 비롯한 아무런 관계도 없다. 즉 양자 사이엔 '비관계'가 있다(비관계란 용어는 원래 블랑쇼의 것을 푸코가 빌린 것으로서〔F, 69〕, 스피노자가 데카르트의 수적 구별에 대항하여 사유와 연장 사이에 수립한 '실질적 구별'과도 동의어이다). 그러나 "비관계는 여전히 하나의 관계이며, 심지어 가장 근본적인 관계"(F, 70)이기까지 하다. 왜냐하면 속성들은 서로 간에 '우월한' 관계(가령 연장에 대한 정신의 우월)를 맺는 것이 아니라, 각각의 속성이 중립적인 일자(실체)와만 관계맺기 때문이다. 속성들은 서로 '평행적'일 뿐이다. 이와 동일한 맥락에서 서로 이종적인 언표와 가시적인 것은 서로 아무런 본질적 관계도 가지지 않으며, 각각이 존재에 대해 관계를 가질 뿐이다(빛이 '존재하고' 언어가 '존재한다.' 그리고 이 둘 각각은 고립적이다〔F, 116~17 참조〕). 이처럼 서로에 대해 고립적인 이 두 가지의 관계를 들뢰즈는 '이접(배타적 분리, disjonction)'이라 부른다(F, 71).

요컨대 들뢰즈는 칸트식으로 가시적인 것과 언표를 각각 규정될 수 있는 것과 규정하는 것으로 이해하기도 하지만, 스피노자식으로 인과성이 없는 '상호적 정합성 co-adaptation' 혹은 라이프니츠식으로 고립적이지만 서로 조화를 이루는 모나드들로 이해하기도 하는 것이다(F, 68, 100, 117 참조). 칸트와 스피노자, 혹은 라이프니츠를 이런 식으로 연결짓는 사고 방식은 들뢰즈의 독특한 칸트 해석에 대한 이해를 전제하지 않는다면 괴상하고 모순되게 보일 것이다. 들뢰즈는 칸트를 라이프니츠식의 문제틀 안에서 이해하려는 경향을 보여주는데, 그러한 해석의 시도는 다음과 같은 칸트 자신의 주장에 근거한다. "라이프니츠가 〔예정 조화론

이러한 해석이 주체에 대한 들뢰즈 자신의 고유한 입장과 어떻게 연관되는지 보게 될 것이다).

들뢰즈가 푸코의 텍스트에 세들지 않고서 시각적인 것을 비판한 적은 없었던가? 물론 있다. 그 비판은 이미 예고했던 기관 없는 신체라는 들뢰즈 고유의 용어와 함께 진행된다. 타자의 시각적인 개입을 통한 주체의 발생 문제를 라캉은 회화를 통해 설명하기도 했다.[25] 시각 예술인 그림과 눈의 상관적인 관계로 볼 때 그와 같은 시도는 매우 자연스러운 것일 수 있다. 그러나 이제 들뢰즈는 회화에 있어서조차 눈이라는 기관이 가지는 특권을 부정한다. "'회화는 눈을 고정된 기관으로 취급하지 않는다'. 회화는 〔……〕 유기체에 종속되어 있는 눈을 해방시키고, 고정된 기관이라는 눈의 특성으로부터 해방시킨다. 눈은 잠재적으로 여러 기능을 가진 미규정적 기관이 된다. 〔……〕 회화는 눈을 우리의 귓속에 뱃속에 허파 속에, 하여튼 도처에 놓는다" (FB, 37).[26] 다른 철학자들이 유기체의 한 신체적 기관으로서의 눈의

에서〕 염두에 두었던 것은 〔두 존재의 조화가 아니라〕 한 존재의 두 능력의 조화였다고 믿는다. 하나의 동일한 존재 속에서 경험 인식을 가능하게 하기 위해 감성과 지성은 서로 일치한다"(「헤르츠에게 보내는 편지」〔1789. 5. 56〕). 칸트 스스로도 자신의 이론 철학을 라이프니츠의 단자론에 대한 해명으로 소개하기까지 한다(1장 각주 19 참조). 이러한 배경 아래서 들뢰즈는 언표와 가시적인 것을 칸트식으로 서로 이종적인 두 능력(규정하는 지성과 규정될 수 있는 감성)의 관계와 유비적으로, 스피노자식으로 서로 실질적으로 구별되나 평행적인 사유와 연장의 관계와 유비적으로, 라이프니츠식으로 서로 고립적이나 조화를 이루는 모나드들의 관계와 유비적으로 이해하는 것이다.

25) 라캉의 경우, 각주 6에서 밝힌 대로 시선은 '대상 a'이다. 이 대상 a로서의 시선이 주체 발생에 어떤 역할을 하는가를 라캉은 회화에 있어서의 왜상 Anamorphose(歪像)을 통해 설명한다. 구체적으로 그는 한스 홀바인의 「대사들 Les Ambassadeurs」을 분석의 대상으로 삼는다(7장 3 참조).

26) 들뢰즈의 회화론은 어떤 점에선 메를로-퐁티의 영향을 입고 있는 것으로 보인다. 우리는 메를로-퐁티에게서 회화의 기능이 보이는 것을 가능케 해주는 보이지 않는 배후를 드러내주는 것이라는 점을 이미 보았다. 메를로-퐁티의 이 사상은, '회화의 기능은 보이는 부분을 복원시키는 것이 아니라 보이지 않는 것을 보이는 것

존재를 의심하지 않고, 이 유기체의 기관인 눈이 지지해주는 시각성으로부터 주체성의 발생을 기술하려 했던 반면, 들뢰즈는 눈을 기관으로서의 발생 이전의 상태로 돌려 '잠재적으로 여러 기능을 가진 결정되지 않은 기관'으로 본다. 다시 말해 인간 신체 자체를 이런저런 기관이 준비되지 않은, 생물학적으로 말하자면, 개체 발생의 원시적 단계 혹은 '알'의 형태로 보고자 한다. 이미 말했듯 들뢰즈는 사유의 문제에 있어서나 욕망의 문제에 있어서나 우리가 근원적인 전제로 삼아왔던 것을 의심하고 보다 심층적인 단계가 없는지 혹은 무전제에서 출발하는 것이 가능하지 않은지 숙고하고자 하였다. 그는 신체의 문제에 있어서도 보다 근원적인 층위로 거슬러올라가 기관이 아직 발생하지 않고 잠재적으로 머물러 있는 상태, 즉 기관이 아직 없는 상태를 사유해보고자 한다. 왜냐하면 기관이란 고전주의 시대의 임의적인 발명품에 지나지 않기 때문이다. 고전주의는 인간의 힘을

으로 만든다'는 클레의 생각으로부터 영감을 얻은 것이다(OE, 85 참조). 들뢰즈도 동일하게, "'보이는 것을 보게 하는 것이 아니라, 보이지 않는 것을 보이게 만든다'는 클레의 유명한 정식은 다른 것을 의미하는 것이 아니다. 회화의 일이란 보이지 않는 힘들을 보이게 만드는 시도로 정의된다"(FB, 39)라고 말한다. 여기서 들뢰즈가 의미하는 보이지 않는 힘들이란, 기관이 형성되기 이전의 신체를 꿰뚫는 힘이다. 중량, 압력, 인력 등도 이런 힘에 속한다. 예컨대 밀레는 빵을 감자 자루처럼 그렸는데, 이 경우 밀레가 진정 그리고자 한 바는 '가시적인' 빵도 감자 자루도 아니라, 그 두 대상이 공유하는 '보이지 않는' 중량감이라는 힘이었다(FB, 39 참조). 보이는 것 이면의 것을 포착하고자 한 들뢰즈처럼, 메를로-퐁티도 세잔을 예로 들며 외적인 것(예컨대 세잔의 과일 그릇)은 껍데기에 불과하며, 회화는 그 껍데기가 감싸고 있는envelopper 보이지 않는 본질을 드러내는 임무를 띠고 있다고 말한다(OE, 65~66 참조). 이러한 점들과 관련하여 들뢰즈는 메를로-퐁티로부터 받은 영향을 후에 보다 분명하게 증언한다(QP, 169 참조). 그러나 '눈의 문제'에 있어서만큼은 미묘하게 메를로-퐁티와 거리를 두고 있다. 회화의 모험은 오직 눈에만 의존한다고 메를로-퐁티와 차이점을 발견할 수 없도록 말하면서도, 이 때 눈이란 '여러 기능을 가진 기관organ polyvalent,' 다시 말해 귀, 배, 허파의 기능도 담당할 수 있는 기관(이는 실은 기관이 발생하기 이전의 기관 없는 신체와 별반 다를 것이 없다)을 의미한다라고 메를로-퐁티의 원래 의미를 뒤틀어버린다(FB, 37~38 참조).

들여다보기 위한 기구들을 발명했는데, 그것이 생물학, 정치 경제학, 언어학이다. 이 세 가지 규정자가 규정해줄 때만 인간은 지식의 대상으로 표상될 수 있었다. 다시 말해 "생명은 '기관화〔유기체화, organisation〕'를, 노동은 '생산'을, 언어는 '계통'을 발견하였다"(F, 94). 여기서 생명의 경우에 주목해보자면, 생물학은 바로 생명이 지식의 대상으로 표상될 수 있도록 생명에 기관을 붙여주는, 혹은 생명을 기관화하는 도구이다. 그런데 고전주의 시대의 이러한 생물학의 규정은 한낱 임의적일 뿐이라는 것이 들뢰즈의 생각이다(F, 94, 134 참조).[27]

그러나 기관이 없다면 무엇을 통해서 세계와 조우할 수 있단 말인가? 우리에겐 정말 기관이 없는가? 도대체 기관이 없다는 것은 무엇을 의미하는가? 이제 우리는 기관 없는 신체를 좀더 신중하게 정의해야 할 필요를 느낀다. "기관 없는 신체는 기관에 반대된다기보다는, 우리가 유기체라고 부르는 기관들의 유기체화 organisation에 더 반대된다. 〔……〕 유기체란 생명이 아니라 생명을 가두고 있는 것이다"(FB, 33). 즉 기관 없는 신체란 외부와 소통할 수 있는 기관들이 없다기보다, 이 기관들이 '미리' 유기적으로 질서잡혀 있지 않다는 뜻이다. 프랑스 현상학자들은 초월적 주체의 이면으로 파고들어가 그 주체의 발생을 가능케 하는 보다 근원적인 것을 찾고자 하였다. 그리고 그들은 시각적인 것이 '근본 현상'으로서 근원적인 지위를 얻어야 한다는 점을 깨달았다. 다시 말해 눈이 특권적인 지위를 누리도록 '미리' 질서가 잡힌 유기체를 '전제'하고서 현상학자들은 출발했다고 말할 수 있다. 그러나 누가 그렇게 정해놓았단 말인가? 눈이 특권화돼 있는 유기체는 혹시 '임의적인' 발명품이 아닌가? 들뢰즈가 유기적 질서가 없는 신체, 곧 기관 없는 신체를 내세울 때는 이런 의문들이

27) 고전주의 시대의 이 임의성의 문제는 1장 2. Ⅳ 참조.

숨겨져 있는 것이다.

들뢰즈는 재미있게도 이 기관 없는 신체를 프루스트의 『잃어버린 시간을 찾아서』의 화자와 주인공(마르셀)에게서 발견한다. "이 화자에게는 기관들이 없다. [……] 화자는 하나의 거대한 기관 없는 신체이다. 그러면 기관 없는 신체란 무엇인가?"[28] 기관 없는 신체로서 화자와 주인공을 살펴보기에 앞서 한 가지 밝혀두어야 할 것은 들뢰즈는 프루스트의 소설에서 화자와 주인공을 따로 구별하지 않는다는 점이다. 상식적으로 소설에서 화자는 언표 행위énonciation의 주체요, 주인공은 언표énoncé의 주체이다. 그러나 "우리는 화자와 주인공을 각각 언표 행위의 주체와 언표의 주체라는 두 가지 주체로 구별해야 할 필요성을 전혀 느끼지 못한다. 왜냐하면 이런 구별을 할 경우 『잃어버린 시간을 찾아서』는 주체성의 체계(둘로 나눠진, 분리된 주체의 체계)와 결부될 터인데, 사실 이것은 『잃어버린 시간을 찾아서』와는 별로 상관이 없는 체계이기 때문이다"(PS, 276). 주체는 이런 저런 소여를 하나의 경험으로 통일해주는 지반이다. 마찬가지로 소설의 화자는 언표들을 통일시켜 소설을 하나의 통일적인 세계로 만들어준다. 그런데 프루스트의 소설에는 이런 기능을 해주는 통일성의 지반으로서의 화자도 주인공도 없다는 것이다. 따라서 수천 페이지를 채우고 있는 이 소설의 언표들은 '주인이 없는 말들'이다. 이 점을 들뢰즈는 이 언표들의 주인이 가변적이다라는 말로 표현하기도 한다. "언표와 어떤 가변적인 주체와의 관계는 그 자체 언표에 내재하는 하나의 변수이다. '오래 전부터 나는 일찍 잠자리에 들어왔다'라는 문장은 구문으로서는 동일하다. 그러나 언표로서는 동일하지 않다. 이 문장이 어떤 주체에 결부되느냐, 혹은 이 문장으로 소설을 시작하면서 이 문장을 화자로 하여금 말하게 하는 작가 프루스트에

28) 질 들뢰즈, 서동욱 외 옮김, 『프루스트와 기호들』(민음사, 1997), p. 277(약호 PS).

게 결부되느냐에 따라, 언표로서는 다르다"(F, 16). 이런 이유로, 우리의 이해를 위해선 여전히 상식적인 수준에서 화자와 주인공을 구별할 필요가 있는 곳에서 가끔 용어의 혼동이 일어난다. 주인공이라고 썼으면 좋을 곳에 들뢰즈는 더러 화자라는 용어를 쓰는 경우가 있다. 그러므로 우리는 필요에 따라서는 문맥에 맞추어 화자를 주인공으로 바꾸어 쓰도록 할 것이다.

이 소설은 '기호 해독'에 관한 작품이다. 그런데 누가 이 수많은 기호의 해석을 담당하는가? 해석의 주체가 누구인가? 없다. 오로지 '다양한 기호를 해석하는 다양한 활동'만이 있다고 들뢰즈는 답한다. "하나의 순수 '해석,' 순수 선택이라는 활동이 정말로 존재한다. 이 활동은 활동의 주체뿐 아니라 활동이 실행될 대상도 가지고 있지 않다. 왜냐하면 이 활동은 해석자만큼이나 해석할 사물, 기호, 그리고 '그 기호를 해독하는' 자아를 선택하기 때문이다"(PS, 197). 기호를 해석하는 주체는 없고, 오로지 각각의 해석하는 활동이 있는데, 그 활동이 매번 활동의 주체조차 선택한다는 것이다. 도대체 우리는 이 말을 어떻게 이해해야 할까?

이 문제를 해결하기에 앞서 우선 이 소설의 화자가 사용할 수 있는 능력들이 무엇인지부터 알아보아야 한다. 그것은 상상력, 기억력, 감성, 지성 등이다. 이것들은 칸트 철학이 제시하는 능력들과 유사하다(프루스트와 칸트의 관계에 대해선 1장 참조). 칸트의 사변 철학의 경우, 수용 능력인 감성을 통해 다양이 주어지며, 이에 대해 지성이 자신의 개념들을 가지고 입법하는 활동을 통해 현상은 인식 대상이 된다. 지성과 감성이 서로 이종적이므로 중간에서 상상력이 매개자의 역할을 해준다. 이렇게 칸트의 사변 철학에서 지성, 감성, 상상력은 서로 조직적으로 조화를 이루도록 되어 있다. 다시 말해 각각의 능력들은 '미리' 하나의 유기체를 이루도록 조직화, '기관화(유기체화)'되어 있다. 그러나 프루스트는 이 사유 모델을 뒤흔들어놓는다. 프루스트의 "화자는 뛰어난 감수성이나 비상한 기억력을 가지고 있지만, 이 능력들을 자발적이고 조직적으로 사용할 수 없는 만큼 화자에게는 기관이 없는 것이다. 그 대신 하나의 능력은 강요될 때에야 비로소 화자 안에서 실행된다. 그리하여 이때 그 능력에 대응하는 기관이 화자에게 주어지는데, 그것은 '강도 높은 미약한 싹'으로서의 기관일 뿐이다"(278). 프루스트에게선 모든 능력들은 유기체의 기관으로 주어져 있다기보다는 잠재적인 상태에 있다. 우연히 마주친 기호가 폭력[29]을 행사할 때 주인공의 능력들은 그 자극으로 인해 비로소 그 잠재 상태로부터 기호들을 해석하기 위해 움직인다. 특정한 기호와 마주칠 때마다 그 기호 해석에 알맞은 특정 능력이 기관으로서 발생하는 것이다(즉 칸트에게서 볼 수 있었던 것 같은 지성, 감성, 상상력의 '미리 준비된' 유기체적 조화는 여기에 없다). 이렇게 해서 프루스트의 소설은 적어도 네 가지 기호 유형에 따른 네 가지 해석의 형태를 보여준다. "사교계의 기호에 대해서는 지성이 기호를 설명하고 해석하고 전개시키는 일을 한다. 다른 방식으로이긴 하지만 사랑의 기호에 대해서도 여전히 지성이 이 일을 떠맡는다. [……] 감각적 기호에 대해서는 때로는 비자발적인 기억이, 때로는 욕망으로부터 태어난 상상력이 이 일을 수행한다. 예술의 기호에 대해서는 본질들에 관한 능력인 순수 사유가 이 일을 떠맡는다"(PS, 132). 그런데 오로지 각각의 상황에서의 이런 각각의 기호들에 대한 여러 해석 활동이 있을 뿐, 화자는 이를 통일적인 경험으로 연결시켜주는 주체로서는 기능하지 않는다는 것이다. 화자는 『잃어버린 시간을 찾아서』라는 세계를 통일적으로 보지도 못하고, 통일적으로 이해하지도 못하는 자이다(PS, 277). 오히려 소설 안에서 벌어지는 각각의 해석 행위에 대응하는 각각의 주인공이 파편처럼 흩어져 있다고 말하는 편이 옳다. 그때 그때 이런 해석의 주

29) 기호의 폭력에 대해선 1장 3 및 2장 1, 2 참조.

체, 저런 해석의 주체로 변신하는 이 파편화된 주인공이, 바로 유기체적 질서를 가지지 않는 기관 없는 신체의 의미이다.

그렇다면 화자가 존재하지 않는, 혹은 무수하게 파편화된 화자만이 있을 뿐인 이 소설의 방대한 언표들은 누구의 것인가? 이미 말했듯 누구의 것도 아니다. 그 언표들은 누군가 말한다 on parle라고 할 때의 그 익명의 중얼거림에 불과하다. "이런 활동〔위에서 설명한 주체가 부재하는 기호 해석 활동〕이 바로 '해석'에 있어서 '우리 nous'라는 것이다. 그러나 '우리'라고 말할 수조차 없다. 〔왜냐하면 우리라는 이 개념은 구체적인〕 내용물〔예컨대, 우리라고 불릴 수 있는 이런저런 사람〕이 들어 있지 않은 텅 빈 '우리'이기 때문이다"(PS, 197). 이 소설에서 언표 행위의 주체는 어떤 자아가 아니라 내용 없는 우리, 익명의 우리이다. 이 점은 우리가 이미 살펴보았던 들뢰즈의 푸코론이 주체 문제와 관련하여 동일하게 도달하는 결론이기도 하다. 『푸코』에서 시선은 원인이 아니라, 언표 체계의 결과물이며, 규정자가 아니라 언표 체계에 의해 규정되는 것이었다. 그렇다면 여기서 가장 근원적인 최종 지반으로서의 언표 체계는 어떤 성격의 것인가? "우선 존재하는 것은 '누군가가 말한다 ON PARLE'는 것이며 익명의 중얼거림이다"(F, 62)라고 들뢰즈는 말한다. 무전제에서 출발하고자 하는 들뢰즈 철학은 '말이 있다'라는 명제로 표현될 이 익명의 거대한 언표 덩어리를 결국 더 이상 제거할 수 없는 최종적인 '사실 facticité'이자 주체의 대용물로 받아들이고 있는 것이다. 이 점은 다음과 같은 말에서도 확인된다. "『잃어버린 시간을 찾아서』에서의 '주체'는 결국 어떤 자아도 아니다. 이 소설의 주체는 '내용물이 없는 텅 빈 우리'이다"(PS, 198). 들뢰즈는 주체를 대체하는 것은 결국 우리, 아니 우리라고 표현할 수도 없는 익명의 중얼거림일 뿐이라고 본다(들뢰즈는 '우리 nous' '누군가 on,' 비인칭의 '그것 il'(F, 17) 등 서로 다른 표현들을 사용하지만 궁극적으로 이 모든 대명사들이 지칭하는 바는 주인(주체)이 부재하는 익명적인 언표의 덩어리이다). 정리해보면, 주체를 대신하는 것을 소설의 주인공의 측면에서 말하면, 이런 해석 활동, 저런 해석 활동마다 그것에만 알맞은 기관을 '발생적으로' 갖추고 나타나는 분열된 자아들이다(그러므로 우리 삶에서 주체의 이러한 새로운 대리자의 모델을 찾자면, 그것은 '분열증 환자'일 것이다〔PS, 278 참조〕[30]). 언표 활동의 측면에서 말하면 '말이 있다'라는 '사실'로밖에는 기술될 수 없는 비인칭적 중얼거림이다. 이것들을 통틀어, 기관들의 질서와 위계를 가지고 있는 유기체와 상반된 것, '근본 현상'의 상관자로서의 특권화된 눈보다 더 근원적인 것, 바로 '기관 없는 신체'라고 부른다.

보충적 논의: 익명적 중얼거림 대 고백체

언표 활동에 있어서 주체를 익명의 중얼거림으로 환원시키는 작업이 철학과 언표 양식의 역사에서 가지는 의의에 대해서도 잠깐 언급해두어야 할 것이다. 익명적 중얼거림으로서의 언표는 철학 텍스트와 문학 작품에 있어서 고백체와 직접적으로 대립한다. 푸코는 다음과 같은 재미있는 '가설'을 내놓은 적이 있다. 중세 이후 강화된 고백성사, 그리고 심문·조사 방법의 발전의 결과에 대해 그는 다음과 같이 말한다. "거기에서 아마 문학상의 변화가 유래했을 것이다. 즉 〔기

30) 들뢰즈는 '기관 없는 신체'로서의 정신분열증에 대해 이렇게 말한다. "'분열증적 신체'는 기관들에 대항하여 활발한 내적 투쟁을 벌인다. 〔……〕 '인간 신체는 수치스럽도록 비능률적이다. 왜 입과 항문 대신 〔……〕 영양 섭취와 배설을 위해 여러 기능을 가진 하나의 구멍을 가지면 안 되는가?'" (MP, 186) 여기서 중요한 것은 기관 없는 신체로서의 분열증은 병리적 현상으로서의 분열증과는 구별된다는 점이다. 다시 말해 분열증자가 자기 몸을 유기체적 질서로부터 벗어난 기관 없는 신체로 이해할 때, 들뢰즈는 이것을 정신질환자의 판타지로 보지 않고, 하나의 전복적인 '프로그램'으로 이해한다. "기관 없는 신체는 판타지와는 아무런 관련이 없다. 거기엔 아무런 해석할 것이 없다" (MP, 189). "그것은 판타지가 아니라 하나의 프로그램이다" (MP, 188). 즉 분열증은 질병으로서의 의미를 가지기보다는 모든 형태의 유기체화에 도전하고 싸우기 위한 프로그램인 것이다.

사들의〕 무공 혹은 〔성인들의〕 성덕의 '시련'에 관한 영웅담이나 초자연적인 이야기에 집중되어 있던 이야기하고 듣는 즐거움으로부터, 고백이라는 형식 자체가, 뚫기 어려운 것으로서 비추어대는 진실을 자기 자신의 내면으로부터 말들 사이로 떠오르게 하려는 한없는 노력에 따라 규제되는 문학으로 이행된 것이다. 거기에서 또한 이 새로운 방식의 철학하기, 즉 〔……〕 그토록 수많은 인상들을 가로질러 의식의 근본적 확실성을 구해내는, 자기 자신에 대한 검토를 통해 진리와의 근본적 관계를 탐구하는 작업이 출현하게 되었다."[31] 종교적 차원에서 고백 성사의 법제화, 사법적 차원에서 심문 방식의 발전 등은 고백체라는 문학상의 형식을 강화시켰다. 또한 그것은 철학의 형식을 근본적으로 변화시켰는데, 진리를 자연 속에서 혹은 논리적 형식 속에서 찾아내는 것이 아니라, 바로 고백의 형식을 통해서 자기의 내면에서 끌어내려는 노력, '자기 의식의 본질적 확실성'을 밝혀내려는 철학상의 노력의 출현을 초래하였다. 이러한 '새로운 방식의 철학하기'의 대표자로는 물론 의심의 여지없이 데카르트를 지목해야 할 것이다. 사람들은 근대적 주체 개념을 확립시킨 최초의 사람들 가운데 하나가 데카르트라는 것은 잘 알고 있으면서도, 그의 대표작인 『방법 서설』과 『성찰』이 날짜의 질서에 따르는 일기체, 즉 가장 대표적인 고백 문학의 형식으로 씌어졌으며, 그가 최초로 일인칭의 고백하는 화자를 철학 텍스트에 도입하였다는 사실에는 주목하지 않는다. 데카르트는 자기 내면의 목소리는 오로지 '나'라는 화자가 가장 잘 알아들을 수 있다고, 다시 말해 내면 속에서 진실을 밝혀내기 위한 가장 적합한 형식은 일인칭 화자와 일기체라고 믿은 것이다("코기토는 〔……〕 일인칭 형식 속에서 '자아'와 동사가 맺고 있는 유일무이한 관계의 친밀성이다"[32]). 끊임없이 우리의 내면을 끌어내기 위해 고백에 적합한 나라는 화자

31) M. Foucault, *La volonté de savoir* (Paris: Gallimard, 1976), p. 80(약호 VS).

를 도입하고 일기체라는 글쓰기——혹은 군대 생활 등 개인적인 과거 지사를 늘어놓는다는 점에서는 자서전——의 형식을 채용한 것은 근대 철학 이전에는 전무한 일이었다. 아마도 철학을 사사로운 나의 고백의 넋두리 속에서 꽃피우려는 시도는 근대 철학만의 가장 독특한 특성 가운데 하나일 것이다.[33] 그러므로 근대적 주체성은 '나'라는 일인칭 화자 및 고백체(일기체)와 쌍둥이 형제처럼 함께 탄생했다고 말할 수 있다. 그리고 푸코의 가설에 따르면 이러한 철학하기의 변모(내면에 대한 탐구로 눈길을 돌린 일)와 철학적 글쓰기의 변모(철학을 사사로운 경험의 토로, 즉 일기 쓰기 속으로 끌어들인 일)는 종교적·정치적·사법적 차원에서 일어난 고백의 강요라는 거대한 프로그램의 일부를 이루고 있는 것이다. 근대 세계에 와서 인간은 "고백의 동물 bête d'aveu"(VS, 80)이 되었으며, 데카르트는 일기 쓰기를 통해 철학을 고백의 동물의 일거리로 만들어버렸다. 코기토는 바로 "진리가 우리 자신의 가장 비밀스러운 곳에서 밖으로 드러나기만을 종용하는"(VS, 80) 고백의 시대의 요구에 대해 철학이 할 수 있었던 응답이었다. 즉 철학에서 '인식 주체-나'의 문제를 최초로 제기한 데카르트의 이 천재적 착상은, 당대의 제도적 장치의 산물인 '고백의 동물' '고백해야 할 내면을 가진 동물'의 출현에서 유래할 수밖에 없었던 당연한 결과였다.

그러므로 이제 우리는 들뢰즈가 발견해낸 '익명적 중얼거림'의 위

---

32) E. Levinas, *De l'existence à l'existant* (Paris: J. Vrin, 1963; 초판: Fontaine, 1947), p. 137.

33) 가령 스피노자의 『지성 개선론』은 일인칭의 '나'를 주어로 삼고서 사적인 경험들을 고백하면서 시작한다. 누군가에게 저자의 이름을 가린 채 이 책의 처음 몇 페이지를 읽혀보라. 그 독자는, 분명 이것은 부, 명예, 감각적 쾌락이 지배하는 사회에 적응하지 못하는 어느 나약한 젊은이의 일기이다!라고 저자의 정체에 대해 추측할 것이다. 오늘날 스피노자는 주체성의 체계와는 가장 거리가 먼 철학의 대표자로 추앙받으면서도, 역설적이게도 『지성 개선론』의 형식에 있어선 가장 근대적인 철학자의 모습, 즉 개인의 경험을 '고백'하는 자의 모습을 띠고 있다.

상과 의의를 보다 잘 이해할 수 있게 되었다. 그것은 고백의 강요가 출현시킨 '자아,' 그리고 이 자아를 탐구하기 위한 형식으로서의 일인칭 화자와 고백체에 대한 직접적인 반항이다. "고백이란 말하는 주체와 언표의 주체가 일치하는 담론의 규칙이다"(VS, 82). 반면 들뢰즈의 '익명적 중얼거림'의 이론에선, 주체의 내면을 감시하기 위해 고백을 강요하는 전짓불, 푸코의 가설에 따르면 종교적 · 정치적 감시 체계의 일부를 이루는 감시의 전짓불은 이제 그 표적을 잃어버리게 된다. 왜냐하면 말하는 주체란 한낱 유명론적인 이름, '나'라고 말하는 습관일 뿐이요, 언표의 주체란 그 내용물이 하나도 없는 익명의 우리 nous, 누군가 on, 혹은 그것 il이기 때문이다. 이제 고백해야 할 내면도 고백할 주체도 없으며, 따라서 감시의 대상도 없다. 들뢰즈의 '주체의 사라짐'이라는 프로그램, 주체라는 유기체 organ-isme를 해체한다는 것, 곧 말뜻 그대로 기관 organe 없는 신체로 만들어버린다는 것의 효과 가운데 한 가지는, 이처럼 고백이라는 감시 기재를 무화시키는 것이다.

4. 주체 이후엔 누가 오는가?

그렇다면 주체 없는 삶이란 어떤 것인가? 우리는 주체 아닌 것으로서, 인간 아닌 것으로서 살아갈 수 있는가? 주체 개념이 철학에서 담당해왔던 역할을 포기할 수 있는가? 도대체 주체 없는 철학은 어떤 '대안'을 가지고 있는가? 1980년대가 저물 무렵 한 철학자가 세계 유수의 철학자들을 대상으로 다음과 같은 질문을 던진 적이 있다. '주체 이후엔 누가 오는가?'[34] 블랑쇼, 레비나스, 데리다, 료타르, 마리옹, 발리바르, 낭시, 라쿠-라바르트 등등 질문에 응해온 응답자들 가운데는 들뢰즈도 끼여 있었다. 여기서 들뢰즈는 '주체 개념 없는 철학'은 주체 개념을 대신해줄 수 있는 새로운 개념들을 대안으로서 제시할 수 있을 때 비로소 성공적으로 완성될 수 있다고 말한다. "하나의 개념은 누군가 그것을 죽여버리길 원할 때 죽는 것이 아니다. 새로운 영역들에서 새로운 기능들이 그 개념을 방출할 때 죽는다. 또한 이런 까닭에, 하나의 개념을 비판하는 것은 결코 흥미로운 일이 되지 못한다. 그 개념을 무용하게 하거나 적합치 못하게 만드는 새로운 기능들과 새로운 영역들을 건설하는 것이 보다 낫다. 주체 개념도 이 규칙을 벗어나지 못한다."[35] 즉 주체 개념 폐기의 성공 여부는 주체 개념이 했던 일을 대체해줄, 보다 유용한 새로운 기능을 가진 개념을 창조해 주체 개념과 경쟁시킴으로써 전망해볼 수 있다는 것이다.[36]

그런데 무엇이 주체 개념이 해왔던 기능을 대신할 수 있을까? 이 물음은 자연히 선행해야 할 작업을 요구하는데, 그것은 철학의 역사를 통해 주체 개념이 떠맡았던 기능이 무엇인가에 답하는 일이다. 들뢰즈는 주체가 떠맡았던 기능을 다음 두 가지로 요약한다. "주체 개념은 오랜 세월 두 가지 기능을 수행해왔다. 첫째는 〔……〕 보편화의 기능이다. 그리하여 흄은 주체의 철학에 있어서 중요한 순간의 하나로 기록된다. 왜냐하면 그는 주어진 데이터를 넘어서는 행위들을 요구했기 때문이다(내가 '항상' 혹은 '필연적으로'라고 말할 때 도대체 무슨 일이 일어나는가?). 그렇다면 〔이 주체에〕 대응하는 장소는 정확하

34) 1988년 9월 *Topoi*가 낭시를 게스트 에디터로 내세워 이 화두 아래 글을 모았다. 이 글들은 이후 한 권의 단행본으로 묶여 나오기도 했다(E. Cadava, P. Connor, J-L. Nancy〔eds.〕, *Who comes after the Subject?*〔NewYork: Routledge, 1991〕).

35) G. Deleuze, "A Philosophical Concept……," 같은 책, p. 94(약호 PC). 참고로 밝혀두면 이 글은 처음 선보일 당시 영문(쥘리앵 들뢰즈Julien Deleuze 옮김)이었으며, 프랑스어로 된 원본은 분실되어 후에 프랑스어 판으로 간행될 때는 르네 마조르René Major가 다시 프랑스어로 옮겼다.

36) 이런 맥락에서 우리는 왜 들뢰즈가 관조, 반성, 소통이라는 철학의 내용적 활동을 도외시하고, 철학을 순전히 '새로운 개념을 창조하는 일'로 정의했는가를 이해할 수 있다.

게 지식의 영역이 아니다. 오히려 지식을 위한 새로운 토대로서의 '믿음'의 영역이다"(PC, 94). 그러므로 근대 철학이, 그 가운데서도 특히 칸트가 주체의 이 첫번째 기능과 관련하여 쟁점으로 삼았던 가장 큰 화두는 자연히, "내가 인식을 위해 나에게 주어진 것 이상을 이야기하려고 할 때마다, 어떤 조건 아래서 믿음은 적법한 것으로 고려되는가"(PC, 94)라는 물음이었다.

"둘째, 주체는 개별적인 것이 더 이상 하나의 사물이나 영혼으로 고려되지 않고, 대신 인격, 살아 있고 마음이 있고 말 상대가 되고 또 나에 대해서 언급하기도 하는 인격(나-너)으로 고려되는 장에서 개별화의 기능을 수행한다. 주체의 이 두 양상, 보편적 '자아'와 개별적인 '나'는 필연적으로 연관되는가? 만약 그렇다면, 즉 둘 사이엔 아무런 불화가 없다면 어떻게 이 필연적 연관의 문제는 해결되는가?"(PC, 94) 이 두번째 기능은 첫번째 기능과 충돌하지는 않을지라도 해결해야 하는 하나의 문제를 제기한다. 보편적인 자아와 개별적인 나 사이의 관계는 어떤 것인가? 예컨대 데카르트가 '나는 생각한다, 고로 존재한다, 나는 생각하는 것 res cogitans이다'라고 했을 때, '나는 생각한다'는 '규정'이며 '생각하는 것'은 그 규정을 통해 출현한 '현존'이다. 그러나 들뢰즈에 따르면, 칸트는 데카르트의 이 해법이 심각한 문제를 끌어안고 있다고 생각했다. 규정이라는 것은 형식을 주거나 혹은 적어도 어떤 형식을 통해서야 가능한 일이다. 형식이 없다는 것은 규정이란 말과 모순된다. "그런데 어떤 형식을 통해 이 현존[나는 존재한다]이 '나는 생각한다'를 통해 규정되는지에 대해서 지금껏 아무것도 이야기된 바가 없다."[37] 데카르트는 규정자인 생각함과 피규정자인 존재함 사이에 끼여들어 둘의 필연적인 관계를 가능케 해줄 형식을 제시하는 데 실패했다. 요컨대 보편적 '자아'(생각하는 나)와

37) 질 들뢰즈, 서동욱 옮김, 『칸트의 비판 철학』(민음사, 1995), p. 139(약호 PCK).

개별적인 '나'(존재하는 나)가 어떻게 연관되는지 해명하지 못하고만 셈이다. 그리하여 칸트는 코기토에 새로운 요소를 도입했는데, 바로 데카르트가 거부했던 시간이 그것이다. 시간의 형식 속에서만 나의 규정되지 않은 현존은 규정될 수 있다. "이 현존은 오로지 시간 속에서, 시간의 형식 아래서 현상적이고 수용적이며 변화하는 나의 현존으로 규정 가능하다"(PCK, 139). 이처럼 칸트의 시간 규정을 통해서야 비로소 보편적 자아와 개별적 나는 필연적 연관을 성취하게 된다.

이와 같이 근대 철학은 보편성과 인격적 개별성이라는 주체의 두 가지 기능과 이와 관련된 두 가지 화두를 가지고 있었다. 이 주체 개념을 폐기하기 위해 들뢰즈는 두 핵심어인 '보편성'과 '개별적 인격'에 대해 각각 새로운 기능을 대질시킨다. "특정성 singularité의 기능은 (보편적인 것을 위한 아무런 쓰임이 없는 영역에서) 보편성의 기능을 대체한다"(PC, 95). 특정성이란 무엇인가? "특정성은 보편적인 것에 반대되는 어떤 것을 의미할 뿐 아니라 〔……〕〔다른 요소와〕 서로 연관을 지닐 수 있는 어떤 요소도 의미한다"(PC, 94). 즉 보편적인 것으로 환원되지는 않되 어떤 식으로든 서로 연관을 맺을 수 있는 것들을 우리는 특정하다고 일컬을 수 있다. 들뢰즈는 특정성의 예로, 법에 있어서 동일한 하나로 환원되지는 않지만 서로 연관을 맺고 있는 '판례들'을 든다.

주체의 또 다른 함의인 인격적 개별성을 대체하는 것은 무엇인가? "인격적이지 않은 개별화의 유형들"(PC, 95)이 그것이다. 인격적이지 않은 개별화의 유형들이란 곧 '익명적인 사건들'을 말한다. 들뢰즈가 사건의 예로 드는 것들은 "하나의 삶, 한 계절, 바람 하나, 한 번의 전쟁, 5시" 등 너무도 이해하기 쉬운 것들이다(PC, 95). 사건들은 비인격적 개별성을 나타내주며, 인격화한 주체는 없고 오로지 이런 개별적 사건들만이 세계를 채우고 있다. 이는 매우 새로운 사상 같지만, 들뢰즈 자신이 밝히듯 철학에 있어서 "더 이상 자아를 구성하지 않는 개별화"(PC, 95)는 그리 낯선 것이 아니다. 들뢰즈는 영미 철학에서 이런 자아 없는 철학의 원형을 찾는다. "이 관점〔비인격적 개별성〕에서 볼 때 영미의 철학과 문학은 특히 흥미롭다. 왜냐하면 그들은 문법적 허구로서의 '나'말고는 '나'라는 단어에 다른 의미를 부여할 수 없다는 것을 잘 알고 있었기 때문이다"(PC, 95).

요컨대 들뢰즈가 주체의 보편성과 개별적 인격에 반해 내세우는 개념은 개별적 특정성과 비인격적 개별성이다.[38] 그리고 이 두 가지 개념들의 외연은 '익명적 사건들'이다. 이 익명적 사건들이란, 가령 이미 위에서 푸코와 프루스트를 통해서 그 일면을 소개했던, 주체 없는 익명적 웅성거림이다. 무전제에서 출발하고자 하는 들뢰즈 철학은 '사건이 있다'라는 명제로 표현될 이 익명의 거대한 사건 덩어리를 결국 더 이상 임의적인 전제로서 제거할 수 없는 최종적인 '사실'로서 받아들이고 있다. 들뢰즈는 이 사건들의 덩어리에 대해 "모든 인격주의, 심리학, 즉 언어학에 반대하여, 사건들은 3인칭, 심지어 '4인칭 단수,' 비인칭, 즉 '그것 It'의 개념을 장려한다"(PC, 95)라고 말한다(사건의 이러한 익명성은 이미 살펴본 대로 '우리' '누군가' 등의 대명사를 통해 표현되기도 한다). 그리고 그는 이 모든 형태의 익명성을 통틀어 '있음 il y a'이라는 용어로 칭한다(F, 63).[39]

---

38) 이 개념들을 설명해주는 좋은 예로 갓난아이들을 들 수 있을 것이다. 갓난아이들은 얼굴을 비롯한 인격적 징표를 통해서는 개별화되지 않는다(병원에서 아기가 뒤바뀌는 사건이 종종 일어나는 것은 이러한 사정을 잘 대변해준다). 그러나 그들은 서로가 개별자로서 구별되는데, 이런 구별을 가능케 해주는 것은 오로지 인격적이지 않은 특정성뿐이다. 들뢰즈는 갓난아이들이 가지는 개별적 특정성과 비인격적 개별성을 다음과 같이 요약하고 있다. "모든 갓난아이들은 서로 닮았으며, 〔인격적〕 개별성에 귀속되지 않는다. 그러나 그들은 특정성에 귀속되며, 〔각각 특정하게〕 웃고, 움직이고, 찡그린다. 〔이런〕 사건들은 주체적인 것의 특성에 속하지 않는다. 모든 갓난아이들은, 순수한 힘이자 고통과 허약함을 가로지르는 축복이기조차 한 내재적 삶의 횡단들이다"(Ⅳ, 6).

39) '있음 il y a'의 여러 의미들: '있음'이란 말을 통해 사람들은 레비나스를 떠올리

주체를 대신하겠다고 나선, 특정한 비인격적 개별자들인 익명의 사건들로만 채워진 세계 안에서도 우리는 행복할 수 있는가? 들뢰즈는 주체의 두 기능인 보편화와 인격적 개별화에 비해 사건의 특정성과 비인격적 개별성이 우월하다는 것을 보여주는 대표적인 예로 판례법을 든다. "'판례'라는 사법적 개념 혹은 '일련의 판결 기록'은 특정성의 방사 emissions의 이점을 내세우며, 보편적인 것을 내쫓아버린다. 〔……〕 일련의 판결 기록들에 기반하는 법 개념은 공민권의 '주체'를 요구하지 않는다. 반대로, 주체 없는 철학은 판결 기록들에 기

겠지만, 이 개념을 레비나스 철학만이 독점하고 있는 것은 아니다. 사실 많은 프랑스 철학자들이 이 개념을 사용하고 있다. 예컨대, 메를로-퐁티는 그가 '원초적 본질'이라고 부른 세계의 '사실 facticité'을 일컬어 '있음'이라고 했다. 이는 과학자들이 대상으로 삼는 '사실'과는 다르다. 주체의 표상 활동을 통해 과학적 범주들 속에 포착되기 이전의 보다 근원적인 '사실'을 가리켜 메를로-퐁티는 '있음'이라 일컬었다. 사르트르의 경우 '있음'은 내가 아닌 존재자들, 즉 시간성, 공간성 등의 제약 안에 있는 대상들을 가리킨다. 즉 명사화될 수 있으며, 여러 범주들(시간, 공간, 양, 기구성 등)을 통해 규정되어 있는 존재자들이 '있음'이다(J-P. Sartre, *L'être et le néant* 〔Paris: Gallimard: Tel판, 1995〕, p. 254). 레비나스의 '있음' 개념은 사르트르의 그것과 정반대이다. 레비나스에게서는 어떤 규정도 없는 비명사적이고 익명적인 존재를 가리켜 '있음'이라 한다. 즉 '있음'은 흔히 불면의 상태를 예로 설명되는, 존재자들 사이의 구별 및 분절이 없는, 주체와 대상들이 출현하기 이전의 존재이다. 이 '있음'을 레비나스는 "귀가 먹어 아무것도 분명하게 들리지 않는 듯이 막연하고 익명적인" 상태에 가득 차 있는 "희미한 잡음" 혹은 "죽은 자가 남긴 텅 빈 장소를 가득 채우고 있는 그를 시중들던 이의 중얼거리는 소음" 등에 비유하기도 한다(E. Levinas, *Autrement qu'être ou au-delà de l'essence* 〔la Haye: Martinus Nijhoff, 1974〕, p. 3). 결국 들뢰즈, 메를로-퐁티, 레비나스 이 세 사람의 경우 공통적으로, '있음'은 비가 오다 il pleut, 누가 말하다 on parle라는 표현에서 볼 수 있는 '주체가 없는 익명적인 있음'이며, 사르트르의 경우는 정반대로, 분절되고 범주적 규정이 이루어진 존재자들을 가리키는 개념이 '있음'이다.

여기서 흥미로운 점을 하나 발견하게 되는데, 레비나스는 이 익명의 '있음'으로부터 어떻게 주체가 정립 hypostase되는가를 기술하려 하지만, 들뢰즈는 오히려 그 주체를 해체해 익명의 '있음'으로 되돌려놓고자 한다는 것이다. 무한의 이념에 근거한 주체성을 변호하겠다는 철학자와 아예 철학 판에서 개념으로서의 주체를 몰아내겠다는 철학자의 상반된 태도는 이처럼 '있음'과 '주체' 사이의 도로를 서로 반대 방향으로 오가는 현상으로 나타난다.

반하는 법 개념을 가지고 있다"(PC, 95). 판례법은, 보편적인 것으로 묶일 수 없으나 서로 연관을 가지는 특정한 개개의 '사건들'만을 가지고도 판결을 내리는 데 문제가 없음을 보여준다. 여기서 보편적인 것으로서의 권리의 담지자인 공민권의 주체는 아무런 역할도 가지지 않는다. 결론적으로 들뢰즈는, 주체의 기능을 대신하는 특정성과 비인격적 개별성이라는 이 새로운 기능들과 함께 "우리는, 나와 당신 사이의 공허한 교류에서 보다 더 잘 우리 자신과 우리 공동체를 이해할 수 있다"(PC, 95)고 말한다. 주체 없는 사건만 가지고도 법의 세계가 침윤되지 않는다는 것을 보여준 판례법의 예를 볼 때 이 말은 어느 정도 타당성을 가지는 듯싶다. 파편적인 조각들과 같은 판례들을 어떻게 잘 정돈, 배열해서 그 조각들로부터 올바른 판결을 이끌어내는가가 관건이듯, 익명의 파편 같은 언표들, 파편 같은 사건들을 가지고 노는 철학도 파편을 어떻게 정돈, 배열시키느냐의 문제를 최대의 과제로 떠맡는다("인식과 심지어 믿음조차 '정돈agencement' 혹은 '배열dispositif' 같은 개념과 대치된다"[PC, 95]). 요컨대 주체 없는 철학의 궁극적인 과제는 이 '정돈의 문제'로 집중되는 것이다.

5. 맺음말: 비밀리에 보고 있는 시선의 종말

너의 아버지는 너를 비밀리에 본다videre in abscondito, en tō kryptō blepein. 「마태복음」의 말이다.[40] 이 한 마디는, 초월자와 대면키를 욕망할 때 늘 시각에 특권을 주었던 그리스와 유대 세계에 원천을 둔 서양 철학이 그 오랜 역사를 통해 겪을 운명에 대한 탁월한 예언이

40) 이 구절이 지니는 철학적 함의에 대해선, J. Derrida, *Donner la mort* (Paris: Galilée, 1999)의 첫번째 논문 4장 참조(약호 DM). 여기서 데리다는 서양 철학의 윤리적 전통과 관련하여 '특권화된 시각적 영역'에 대한 분석을 한다.

다. 플라톤이 태양의 유비를 통해 설명한 선의 이데아는 모든 존재자들을 가시적으로 만들어주지만, 그 자체는 보이지 않는 것이었다. 즉 보이는 것을 가능케 해주는 보이지 않는 원천이었다. "그러나 〔선의 이데아〕 그 자체는 〔존재자들을 바라보는〕 눈은 아니다. 그것은 철학을 넘어서서, 기독교적 믿음에 이르러 시선이 된다"(DM, 129). 야훼는 늘 보이지 않는다. 그는 불타는 떨기나무 뒤에 숨고, 시나이 산의 불과 연기 뒤에 모습을 감춘다. 그러나 신은 늘 어디선가 우리를 보고 있다가 '아브라함아, 그 아이에게 손을 대지 말라. 머리 털 하나라도 상하지 말라'라고 외친다. 그의 신이 잠시라도 눈길을 떼고 있었더라면 아브라함은 아들을 죽였을지도 모른다. 숨어서 보고 있던 주인의 시선이 그의 종을 살인으로부터 구했다. 우리 존재의 원천인 보이지 않는 신은 또한 이런 엿보기의 방식으로 우리 도덕의 원천이 된다. 이것이 '비밀리에' 보고 있는 아버지의 의미이다. 그리스의 초월자는 유대인들의 에피소드를 거치면서 기독교 세계에 와서 보이지 않는, 그러나 늘 우리를 보고 있는 시선이 되었다.

그리스와 유대의 아들인 철학의 운명도 보이는 세계의 이면에서 나의 나됨에 개입하는 보이지 않는 시선을 만난다. 물론 '보이는 것'의 짝 개념인 '보이지 않는 것'은 여전히 시각적인 것이다. 보이지 않는다는 것은 오히려 표상되지 않는다는 뜻이다. 표상 re-présentation이란 말은 여러 가지로 풀이될 수 있지만 그 가운데 한 가지로, '보이는 것, 나타난 것 présentation'을 다시 re 거머쥐어 (인식적으로든 실천적으로든) '내 소유로 삼는다'는 뜻으로 이해될 수 있다. 그러므로 보이지 않는다는 것은 나에게 표상되지 않으며 어떻게도 나의 소유물이 될 수 없다는 뜻을 담고 있다. 그러나 보이지 않는 것은 여전히 숙명적으로 나의 시각과 관련을 맺고 있고, 나의 시각적 욕망이 추구하는 것이다. "〔보이지 않는 것의〕 비밀을 알아내는 일은 듣는 것도 냄새맡는 것도 만져보는 것도 아니라 시선이, 눈이, 관찰이 떠맡는다"

(DM, 122). '흔적'으로만 남은 신비로서의 얼굴(레비나스), 잃어버린 대상으로서의 시선(라캉), 나를 보고 있는 생 빅토르 산(메를로-퐁티)—이 모든 보이지 않는, 그러나 여전히 시각적인 것들이 어떻게 나의 나됨에 개입하는지를 현상학자들은 집요하게 추궁하였다.

들뢰즈는 그의 주체 발생과 타자에 관한 이론을 통해 현상학자들의 1960년대, 이 눈의 에피소드를 은연중 거쳐갔다. 그러나 궁극적으로 그는 눈이란 기관을 신체로부터 도려내 우리를 기관 없는 신체로 만들어버린다. 그러자 불행한 운명을 통해 신이 그의 눈을 없애버린 삼손처럼 주체도 그의 괴력을 잃고 조각조각 파편이 되어버렸다. 비밀리에 보고 있을 아버지를 저버렸을 때, 삼손은 저 자신의 주체도 떠난 것이다. 주체는 과거 철학이 가졌던 막강한 삼손의 힘을 상실해 버렸다. 이제 삼손은 블레셋의 어린아이들조차 우습게 여기는 하찮은 존재, 이름과 고향을 잃어버린 비인격적 파편, 그저 '있음il y a'일 뿐…… 그러나 '인간 아닌 특정성'으로서 살기를 원하는 그는, 후회할 필요도 기도할 필요도, 용서를 구할 까닭도 없다.

제3부 법과 사회: 억압에 대항하는 싸움

제6장

들뢰즈의 법 개념*

알 수 없는 법에 의해 지배되는 것은 얼마나 큰 고통인가
—카프카

구조주의와 그 주변을 형성하는 현대 프랑스 철학의 일반적인 특성 가운데 하나는 법의 본성에 대한 광적인 집착이다. 대표적인 예로 친족 체계 안에서 금지와 허용이라는 법의 보편적 메커니즘을 읽어내려는 레비-스트로스와 유아(乳兒)가 아버지라는 법이 지배하는 상징적 질서 속에 들어섬으로써 인간으로 정립되는 과정을 성찰하는 라캉을 들 수 있을 것이다. 인류학에 관심을 기울이건 정신분석학적 해법을 불러오건, 이들의 관심은 우리 생활 세계에서 인정되는 법들이 어떻게 정초(定礎)되었는가를 선험적으로 밝혀내려는 데 있다.[1] 들뢰즈도 자기만의 독창적인 시각을 가지고 법의 본성을 탐구하는

* 이 글은 『문학과 사회』(겨울호, 1997)에 발표된 글을 보완한 것이다.

1) 법에 대한 관심은 데리다에게서도 찾아볼 수 있다. Cardozo Law School이 개최한 '해체주의와 정의의 가능성'이란 콜로키움(1989. 10)에서 데리다가 발표한 「법의 힘: '권위의 신비적 정초'Force de loi: Le "fondement mystique de l'autorité"」 같은 논문은 그의 법에 대한 관심을 잘 나타내준다.

철학자 중의 한 사람이다. 근대 법 개념의 성격에 관한 성찰은 초기 저작에서 후기 저작에 이르기까지 끊임없이 반복되는 그의 주요 테마이다. 내용적인 측면에서 살피자면 들뢰즈가 법 loi이라고 할 때 그것은 스피노자적 의미에서 자연을 지배하는 원인과 결과로서의 법칙, 칸트적인 의미에서의 도덕 법칙, 카프카 소설에서 빈번히 출현하는 사법적인 의미에서의 법률 등 다양하기 이를 데 없다. 그래서 이러한 다양한 분과 영역에서의 여러 가지 의미의 법들, 도저히 동일한 층위에서는 다루어질 수 없을 것 같은 법들을 하나의 얼개로 엮어내려는 들뢰즈의 기획은 자칫 피상적인 수준에 머물러버리는 것이 아닌가 하는 우려를 낳을 수도 있다. 혹은 그가 'loi'라는 말의 다양한 의미를 그때 그때 자기 편의대로 해석하는 것이 아닌가 하는 의심을 낳을 수도 있다. 그러나 들뢰즈의 근본적인 관심은 여러 맥락에서 통용되는 법의 이런저런 구체적인 의미에 있지 않고, 근현대 세계에 있어서 법 일반의 성격과 그것이 행사되는 원리를 비판하는 데 있다. 그것은 법의 선험적 정초를 위한 비판이 아니라 기존의 통용되는 법을 파괴하기 위한 비판이라는 점에서 이미 언급했던 여러 철학자들의 작업과 구별되는 저만의 개성을 지닌다. 우리는 그의 특이하게 씌어진 법의 역사를 통해 근현대 세계의 법 개념이 어디서 탄생했는지, 그가 수행하는 법에 대한 모든 비판의 심층에 자리잡고 있는 현자(賢者)가 누구인지, 그리고 우리 세계의 법 안에 살고 있는 망령이 얼마나 해묵은 나이를 자랑하는지 보게 될 것이다.

1. 법과 선(善)의 관계

들뢰즈는 근대적인 의미의 법 개념의 정립을 칸트로부터 찾는다. 칸트의 사고 방식의 혁명은 인식론뿐 아니라 법의 영역에서도 일어났는데, 바로 고대 그리스 이래의 법과 선Bien의 관계의 전도가 그것이다. 플라톤 이래의 법과 선의 고전적인 관계란 무엇을 두고 하는 말인가? 들뢰즈는 이를 다음과 같이 설명한다. "법에 대한 하나의 고전적인 이미지가 있다. 플라톤은 그 이미지를 완성했으며, 장차 그것은 기독교 세계에서 인정될 것이었다. [……] 법은 근본적인 것이 아니다. 법은 부차적인 것, 선의 대리자에 불과하다. 즉 법은 선이라는 최상 원리에 의존하고 있다. 선이 무엇인지를 알았다면, 그리고 어떻게 선에 순응하는지를 알았다면 인간에게는 법이 필요없었을 것이다. 법은 선이 떠나버린 세계에서의 선의 대리자일 뿐이다. 그 결과 [……] 법에 복종하는 것이 '최선 le mieux'이며, 최선은 선의 이미지이다."[2)]

법과 선의 고전적인 관계에 있어서 법이란 선에 비해 부차적인 것, 혹은 선을 닮기 위해 우리가 취하는 수단이라고 말할 수 있다. "법은 그저 '이차적인 수단,' 신들이 버린 세계 속에 있는 선의 유사물"이며, 신들의 "진정한 정치가 부재할 경우, 인간이 그에 의존해 스스로를 인도해야 하는 일반적인 명령" "말하자면 최상의 원리인 선의 모조품"일 뿐이다.[3)] 즉 최고 선 혹은 플라톤식으로 표현하면 '선의 이데아'를 따르기 위해 그것을 모방하는 것이 현상계의 인간들이 할 수 있는 '최선'이며, 구체적으로 이 모방은 바로 선의 모조품인 법을 따르는 것이다. 이런 의미에서 "법은 법 자신을 초월하는 어떤 것[선]에 대한 인식을 제공할 때만, 그리고 '최선'의 형태를 규정해줄 때만 가치를 지닌다."[4)]

---

2) G. Deleuze, *Présentation de Sacher-Masoch*(Paris: Éd. de Minuit, 1967), p. 71(약호 PSM).

3) 질 들뢰즈, 서동욱 옮김, 『칸트의 비판 철학』(민음사, 1995), pp. 142~43(약호 PCK).

4) 질 들뢰즈, 서동욱 외 옮김, 『프루스트와 기호들』(민음사, 1997), p. 202(약호 PS).

그러나 근대 세계에 와서는 이러한 선과 법의 주종 관계는 정반대로 뒤바뀌는데, 들뢰즈에 따르면 그런 혁명의 실마리는 칸트의 『실천 이성 비판』이 제공하고 있다. "우리는 칸트의 『실천 이성 비판』에서 준엄한 언명을 찾을 수 있다. 칸트에 따르면 그의 방법의 새로움이란 법은 더 이상 선에 의존하지 않고, 오히려 선 자체가 법에 의존하도록 되어 있다는 것이다. 이는 법은, 법의 옳고 그름을 좌우하는 어떤 상위의 원리에 근거하지 않고, 할 수도 없음을 의미한다. 또한 이는 법은 그 자체를 통해 타당성을 획득하며 그 자체에 근거함을 의미한다. [……] 고전적인 이미지는 선의 영역들에 따라, 그리고 최선의 상황들에 따라 이렇게 저렇게 특수화된 법들 외에는 알지 못했다. [……] 칸트의 도덕법은 순수 형식의 표상이며, 내용이나 대상이나 지역, 상황들과는 무관한 것이다. 도덕법은 [……] 법의 형식이며, 그것을 근거지을 수 있는 모든 상위의 원리를 배제한다. 이런 의미에서 칸트는 법의 고전적 이미지에서 벗어나서 우리에게 근대적인 법 이미지를 제공해준 최초의 인물 가운데 한 사람이다"(PSM, 72).

선에 도달하기 위한 수단에 불과하며, 따라서 이차적인 지위에 머물고 있던 법, 선의 원리를 통해서만 그 존립이 근거지어지던 법이 어떻게 칸트에 와서는 별도의 최상의 원리에 의존하지 않고 저 스스로 근거지어질 수 있게 되었는가? 이는 칸트가 인식의 영역에서뿐만 아니라 행위의 영역에서도 사고 방식의 변혁을 꾀했기에 가능했다. 『순수 이성 비판』의 코페르니쿠스적 혁명은 사고가 대상의 성질에 준거한다는 종래의 생각을 전도시켜 대상이 사고의 주위를 맴돌게 하고서 인식의 문제를 풀어보려는 기획이다. 그런데 들뢰즈는 법이 선의 주위를 맴도는 것이 아니라 "선이 법의 주위를 맴돌게 한 『실천 이성 비판』에서의 코페르니쿠스적 혁명이 확실히 더욱 중대하다"(PSM, 73)고 평가한다. 칸트 이전에는 윤리성은 행복, 신의 의지 등에서 찾을 수 있었다. 법(예컨대, 살인하지 말라)은 행복, 신의 의지

등 법의 상위에 자리잡고 있는 선을 추구할 때만 도덕적으로 가치가 있는 것이었다. 그러나 이런 식으로는 각양각색으로 저마다 선을 모사한다고 자처하는 법들의 객관적 타당성이 확보될 수 없었기에 오히려 칸트는 거꾸로 주체의 심성 안에 있는 보편적 형식으로서의 법에 근거하여 선을 설명하고자 한다. 이제 칸트와 더불어 "인식의 대상이 주체(나) 주위를 공전하는 것과 같은 식으로, 선은 주체의 법 주위를 공전한다"(PCK, 143).

선에 의해 근거지어지는 것이 아니라 오히려 선을 근거짓는 칸트의 절대적인 법, 바로 정언명법은 다음과 같이 이해될 수 있겠다. "도덕법은 우리가 무엇을 해야만 하는지 말해주지 않고, 우리의 행위가 어떤 것이든간에 우리가 순응해야 하는(주관적) 규칙이 무엇인지 말해준다"(PCK, 143). 종래에는 특정 내용으로 된 준칙, 예를 들면 '살인하지 말라' '도둑질하지 말라' 같은 것은 그것 자체에 의해서가 아니라 그 보다 상위에 있는 '선'을 통해 근거지어졌었다. 즉 어떤 준칙을 따랐을 경우 선에 부합할 수 있기 때문에 그 준칙은 도덕적으로 올바른 것이었다. 이와 달리 칸트의 정언명법에는 살인하지 말라, 거짓말하지 말라 등 우리의 구체적인 행위를 지시해주는 내용이 전혀 들어 있지 않다(이런 의미에서 이 법은 속이 텅 비어 있다). 오직 우리의 행위가 순응해야 하는 형식적 규칙으로서의 법만이 제시된다. 예를 들자면 그 법은 '네 의지의 준칙이 보편적인 입법의 원리로서 타당하도록 행위하라'와 같은 언명으로 표현될 수 있다. 이 법은 어떤 행위가 모순 없이 보편적인 것으로 생각될 수 있다면 그 행위는 선하다는 것을 말하고 있다. 가령 '거짓말은 해도 된다'는 준칙은 형식적인 면에서 모순 없이 보편적으로 생각될 수 없다. 왜냐하면 '거짓말은 해도 된다'는 것을 모두가 따라야 하는 보편적인 준칙이라고 할 때, 이 준칙은 그것을 믿는 사람들을 함축하며, 적어도 그것을 믿고 다른 사람에게 이것을 준칙으로 제시함에 있어서 그 사람들은 거짓

말하는 것이 아니기 때문이다. 다시 말해 거짓말은 법의 형식, 곧 법들의 법인 정언명법에 위배되며, 따라서 선한 행위를 표현하고 있지 못하다. 선하게 살기 위해 따라야 하는 준칙은 이 무조건적인 정언명법에 부합하는 것이어야만 한다. 이런 뜻에서 이 무조건적인 법에 복종하는 것이 바로 선이다. 선을 따르기 위해 법에 복종하는 것이 아니라, 이제 법에 복종하는 것이 곧 선이 되는 것이다. 이와 같은 방식으로 근대 세계에 들어와서 칸트를 통해 법과 선의 주종 관계는 전도된다. "법은 더 이상 이미 존재해 있는 선에 의존하지 않는다. 〔……〕 법은 순수 형식이며 〔오히려〕 선이 이 형식에 의존한다."[5] "법으로부터 선이 도출되는 것이지 그 역은 아니다"(PCK, 144). 들뢰즈는 고대 그리스적 법 개념으로부터 칸트적인 법 개념으로의 이러한 이행을 "기독교 세계 저편의 유대교적 교리로의 복귀"(PSM, 73)라고 표현한다. 후에 자세히 보게 되겠지만, 칸트에게서 찾아볼 수 있는 법의 절대성은 율법의 절대성을 강조하는 유대교의 특징과 어떤 점에서 일맥 상통하는 면이 있다.

2. 카프카와 우울증적 법 의식

들뢰즈는 도덕 철학의 영역에서 일어난 이러한 법과 선의 전도, 법의 절대성을 근대의 사법 제도 속에서도 발견한다. 칸트가 정립한 법, 선의 상위로 올라가 그것의 근거로까지 부상한 법의 절대성을 근대 사법 제도 속에서 읽어내고 누구보다 빨리 그것이 숨기고 있는 폭력성을 간파한 작가가 바로 카프카이다. "법에 대한 현대적 의식은 카프카와 더불어 특별히 섬세한 형태를 갖추게 되었다"(PS, 205). 카

5) G. Deleuze, *Kafka: pour une littérature mineure*(Paris: Éd. de Minuit, 1975), p. 79(약호 K).

프카의 법에 대한 이해는 칸트와 놀랄 만한 유사성을 보여준다. 우선 카프카도 칸트와 마찬가지로 법을 내용이 없는 순수 형식으로 파악한다. "『심판』(이와 더불어 「유형지에서」 「만리장성 축조 시에」) 같은 유명한 작품에서 법은 내용이 없는 텅 빈 순수 형식으로 나타난다" (K, 79). 앞서 보았듯 칸트의 정언명법은 우리가 해야만 하는 이런저런 것에 대한 내용을 담고 있지 않은 텅 빈 형식이다. 그것은 '너는 해야만 한다'라고 무조건적으로 명령할 뿐이다. 카프카의 작품 속에 등장하는 법들도 그 구체적인 내용을 알아낼 수 없다는 점에선 마찬가지다. 무엇이 문제가 됐는지, 판결의 내용이 무엇인지 알려주지 않고 그저 무조건적으로 집행될 뿐이다. 법의 이러한 인식 불가능한 성격을 무엇보다도 잘 드러내주는 작품이 바로 「만리장성 축조 시에」이다. 이 소설의 후반부에는 유명한 황제의 밀지(密紙)에 관한 에피소드가 나오는데, 여기서 황제의 명령은 이유나 조건이 없이, 마치 정언명법처럼 무조건적이다. 사신은 이 무조건적인 명령에 따라 황제의 밀지를 전달하는 일을 떠맡는다. 그런데 아무런 조건도 없이 이 명령은 실행되지만, 그 밀지 안에 들어 있는 내용(법의 내용)은 결코 알려지지 않는다. 명령도 있고 법의 실행도 있지만 법의 내용은 도무지 알려지지 않는 것이다. 이런 의미에서 황제의 밀지는 칸트의 정언명법이 예고했던 법의 인식 불가능한 성격을 드러내주고 있다고 할 수 있다.

그런데 카프카의 대가다움은 이러한 칸트적인 순수 형식으로서의 법이 행사될 때 수반하는 폭력성을 밝혀내고 있다는 점이다. 칸트의 정언명법은 그 법의 실현의 측면에서 다음과 같이 설명될 수 있다. "그것〔정언명법〕은 카프카의 「유형지에서」처럼 순수하게 실천적이나, 이론적이지는 않은 규정이다. 법은 인식되지 않는다. 왜냐하면 법안에는 '인식'할 것이 없기 때문이다. 우리는 오직 행위를 통해서만 이 법과 만나며, 법은 오직 판결과 법의 실행을 통해서만 작용한다.

법은 판결과 구별될 수 없고 판결은 법의 적용과 구별될 수 없다. 우리는 우리의 심성과 육신에 밴 법의 흔적을 통해서만 법을 알 수 있다"(PCK, 144). 이 인용이 시사하는 바대로 카프카의 작품 속에는 재미있게도, 이와 같은 칸트의 정언명법의 실행 메커니즘을 물리적으로 가시화한 듯한 기계가 등장하는데, 바로 「유형지에서」에 나오는 형벌 기계가 그것이다. 이 형벌 기계 안에서 처형되는 사람은 자신의 죄를 모른 채, 즉 자신에 대한 판결 내용을 모른 채 처벌을 받는다. 그 처벌이란 다름아니라 그 사람의 죄를 그의 몸뚱이 위에 바늘로 기록하는 일이다. 그런데 어떤 의미에서 이 기계의 작동 방식이 정언명법의 작동 방식과 동일하다고 말할 수 있을까?

이미 말했듯 정언명법은 인식할 수 있는 그 무엇도 내용으로 가지고 있지 않은 순수 형식일 뿐이다. 그것은 우리가 행위했을 때 그 행위를 통해서만 실행되며, 또 바로 그때 우리의 행위는 정언명법에 부합되는지 안 되는지에 따라서 도덕적이었는지 아니었는지가 판결된다. 정언명법과 마찬가지로 카프카의 형벌 기계도 법의 집행(형의 실행, exercice)과 형의 언도(판결, sentence)를 통해서만 실행된다. 우리가 행위했을 때 도덕법이 '실행'되며 또 그와 동시에 우리의 행위가 도덕법에 부합하는지 않는지 '판결'되는 것처럼, 형벌 기계에 있어서도 우리 행위에 대한 법의 '집행'과 형의 '언도'는 동시적으로 이루어진다. 이 기계가 수행하는 법의 집행은 바늘로 몸을 찌르는 사형이며, 언도된 형의 내용은 바늘이 몸에 새기는 죄명이다. 그런데 죄수 자신은 결코 이 죄명을 읽을 수 없는(인식할 수 없는) 것이다. 이처럼 카프카에게 있어서 법은 행위한 다음(죄지은 다음), 몸에 새겨지는 흔적, 즉 신체에 가해지는 형벌을 통해서만 깨닫게 되는 것이지 결코 그 자체로 인식될 수 있는 것이 아니다. "우리는 법이 우리 육신에 흔적을 남기고, 〔언도된 형의 내용에 앞서〕 형벌을 먼저 집행하는 방식으로만 그 법이 무엇인지를 깨닫는다"(PS, 204). 정언명법에서나 형벌 기계에서나 우리는 우리의 행위를 통해 이 법들을 실행되게 만듦으로써만 법을 체험한다. 이러한 측면에서 우리는 칸트의 정언명법과 카프카의 형벌 기계의 작동 메커니즘의 동일성을 이야기할 수 있다.[6)]

그런데 이런 법에 복종했을 때 우리가 얻는 바는 무엇인가? 고대 그리스 세계에서 법을 지킨다는 것은 선을 따를 수 있는 '최선'의 방책을 실천하는 정의로운 일이었다. "정의로운 자란 자기가 태어나서 살고 있는 나라의 법에 복종하는 자이다"(PSM, 71). 설령 "어떤 지역, 어떤 순간 등 구체적인 사항들에 대해서, 로고스를 통해, 선이 취하는 양상들을 규정해주는"(PS, 202) 법들 가운데, 자기 지역의 법이 가장 못나게 선을 모사한 법일지라도 말이다. 바로 이런 뜻에서 소크라테스는 자기가 태어난 고장의 못난 법, 그러나 어쨌건간에 선의 이데아를 모사하고 있는 법에 순종해 독배를 마셨다. 선과 법의 관계가 전도된 근대 세계에 있어서 법에 복종한다는 것도 동일한 의미를 지닐 수 있을까? 법을 따른다는 것은 여전히 정의로운 자가 되는 길일까? 결론부터 말하면 이제 법에 대한 복종은 우리에게 정의와는 정반대의 것을 안겨준다. "법에 복종하는 사람은 복종하는 그만큼 정의로

---

6) 정언명법과 카프카가 다루는 법이 모두 인식되지 않는다는 것은 사실이다. 정언명법은 우리의 개개 행위를 지시하는 개별적인 내용을 담고 있지 않다는 점에서 인식할 만한 내용을 담고 있지 않다. 한편 카프카를 고통스럽게 하는 근대 법은 그 법조문의 전문화, 절차의 복잡화로 인하여 '법에 복종하라'라는 근본 이념과 그 법을 구성하는 세부적인 내용이 분리되어버렸다. 따라서 '법에 복종하라'라는 이념은 언제나 우리에게 강요되는 것이되 그 법의 세부적인 내용과 절차는 일반인의 인식 범위를 벗어나버렸다. 이런 의미에서 카프카가 기술하는 법은 정언명법과 마찬가지로 인식 불가능하다고 말할 수 있다. 이 둘 사이엔 이러한 유비적인 동일성이 있기는 하지만, 사실 들뢰즈가 둘 사이의 필연적인 논리적 연관성을 제시했다고 보기는 힘들 것 같다. 칸트와 근대 사법이 서로 인과 관계를 가지는 것이 아니라, 오히려 칸트와 카프카가 발견한 법이 동일한 하나의 전통 위에서 이해될 여지가 있기 때문에 이 둘 사이에 유사성이 발견된다고 보아야 할 것이다. 이 글의 마지막에서 우리는 그 공통적인 하나의 전통, 곧 법에 있어서의 유대주의를 다루게 될 것이다.

운 자가 되거나 정의로움을 느끼는 것이 아니다. 반대로 〔……〕 미리부터 죄의식에 사로잡히며, 또 법에 엄격히 복종할수록 죄의식은 더욱 커진다"(PSM, 74). 고대 세계에서는 법에 복종하는 것이 정의였지만, 반대로 근대에 와서는 준법은 곧 죄의식을 불러온다는 것이다. 선의 원리에 근거하는 선의 대리자로서의 법, 그리고 최선 혹은 정의로움을 규정해주는 것으로서의 법이라는 법의 고대적인 두 가지 함의는 이제 폐기되기에 이른다.

법에 대한 복종과 죄의식의 증가의 관계를 들뢰즈는 양심에 관한 프로이트의 학설을 빌려 설명한다. "프로이트는 도덕적 의식이 가진 기이한 역설을 밝혀낸 사람이다. 법에 복종하는 만큼 정의로운 느낌을 가지기는커녕, '덕망이 높은 사람일수록 도덕적 의식은 〔그의 마음속에서〕 엄격함과 더불어 작동하고 경계심을 늦추지 않는다. 〔……〕 법에 순종적인 선량한 사람일수록 도덕적 의식은 지나치리만큼 엄격하다'"(PSM, 74). 도덕적 의식(더 정확히는 죄에 대한 의식)의 엄격성은 충동적 삶의 포기 정도에 비례해서, 즉 법에 대한 준수 정도의 엄격성에 비례해서 그 강도가 증대한다는 것이 프로이트의 발견이다. 결국 법은 그 법을 하찮게 여기고 뛰어넘는 위법자보다는 그것의 요구를 진지하게 고려하는 사람을 점점 더 죄인으로 만들어간다는 것이다(물론 심리적인 층위에서 그렇다. 그러나 죄 자체가 애초에 심리적인 개념임을 상기하라). 이런 뜻에서 들뢰즈는 "우리는 우리의 유죄를 통해서만 법의 요구에 응할 수 있다"(PS, 204)라고 말한다. 결국 법이란 다름아닌 우리의 죄를 증명해나가는 절차가 되는 것이다. 법의 준수와 유죄성의 증대라는 이 특이한 함수 관계는 카프카의 『심판』에서 극단적인 형태를 갖추고서 나타난다. 전혀 인식되지 않는 법의 요구에 대해 『심판』의 주인공 K만큼 진지하게 응답하려는 사람은 없었고, 그럴수록 죄의 구렁텅이에 빠져드는 사람도 없었을 것이다. 이 소설에서 법의 진지한 준수와 유죄성의 증대라는 함수 관계는 긴

여정 끝에 K의 처형이라는 형태로 결말을 본다. 들뢰즈에 의하면 K의 처형은 "프라하의 유대인이 그를 괴롭히는 자기의 유죄성을 결국 인정할 수밖에 없다는 것"(K, 81)을 표현한다. K는 소송을 하찮은 오해에서 비롯된 것이라고 여기지만 사실 이는 표면적인 의식에 불과하고, 심층으로부터 그는 시종일관 법의 요구에 대해 지나치리만큼 민감하다. 이러한 법의 요구에 대한 엄격성과 그로 인해 증대되는 죄의식의 사건적 표현이 바로 그의 처형이라는 것이다.

결국 근대 세계에 있어서 스스로의 내면에서 도덕적 의식이 명령하는 법의 준수에 대한 요구란 결과의 측면에서 말하자면 죄의식을 가지고 살 것을 요구하는 일이다. 요컨대 "죄를 지어야만 우리는 법에 복종할 수가 있다"(PS, 204). 이와 같은 법의 준수에 대한 강박관념과 그에 따른 죄의식의 증대를 가리켜 들뢰즈는 "법에 대한 우울증적 의식"(PS, 205) 혹은 "법의 우울증적이고 광적인 면모"[7]라고 이름 붙인다. 결국 칸트를 통한 선과 법의 관계의 전도, 내용이 없는, 따라서 인식할 것이 없는 텅 빈 형식으로서 법의 정립은 카프카라는 렌즈를 통해 보자면, 법의 준수에 대한 도덕적 의식의 강요와 그에 따른 죄의식의 비례 관계라는 우울증적인 형태로 근대 사법 제도 안에 등장한다.[8]

---

7) G. Deleuze, *L'anti-Œdipe*(Paris: Éd. de Minuit, 1972), p. 251.

8) 들뢰즈에 의하면 근대 법은 두 가지 독특한 면모를 지니는데, 하나는 여기 소개한 '우울증적 법 의식'이고, 다른 하나는 '분열증적 법 의식'이다. 들뢰즈는 이 두 가지를 다음과 같이 요약하고 있다. "1) 법의 분열증적 · 편집증적 면모(환유)—이에 따르면 법은 전체화할 수도 없고 전체화되지도 않는 부분들을 지배한다. 그러면서 이 부분들을 칸막이친 듯 분할하고 벽돌처럼 조직하며 이것들의 간격을 측정하며 소통을 금한다. 2) 법의 우울증적이고 광적인 면모(은유)—이에 따르면 법에 대해선 아무것도 인식할 수 없고 또 법은 인식할 수 있는 대상을 가지고 있지도 않다. 여기선 형의 언도〔판결〕가 형의 집행〔법의 실행〕에 선행하지도 않고, 법조문(法條文)이 형의 언도에 선행하여 존재하지도 않는다. 카프카는 법의 이러한 두 가지 성격을 매우 강하게 전개시키고 있다"(G. Deleuze, *L'anti-Œdipe*, p. 251). 그에

3. 법에 대한 대항의 두 형태: 사드와 마조흐

이런 우울증적인 법은 어떤 식으로 극복될 수 있을까? 카프카가 법이 어떻게 실행되는지 집요하게 추적해서 형의 언도와 집행의 메커니즘을 폭로한 작가라면 사드와 마조흐는 이 메커니즘을 어떻게 전복시켜야 하는지를 보여준 작가들이다. 그런데 사디즘과 마조히즘의 근본 원리가 다른 만큼 이들이 법에 대항하는 방식 또한 완전히 반대되는 형태를 취하리라는 사실은 쉽게 짐작할 수 있다.

먼저, 사드의 경우는 어떤가? "법만이 폭정을 행할 수 있다. (……) 폭군은 법의 언어로 말하며 그 외에는 아무런 언어도 사용하지 않는다. 폭군은 '법의 그늘' 아래 있을 필요를 느낀다. (……) (그러므로) 법의 지배는 불완전한 것이며 그것은 무정부 상태보다 열등하다. (……) 법은 그것을 전복시키고 그 권력을 부정하는 원리에 의해서만 극복될 수 있다"(PSM, 76~77). 이 인용은 사드가 법에 접근하는 시각을 단적으로 드러내주고 있다. 중요한 것은 사드가 법이 폭군의 손에 들어갔을 경우를 비판하거나 우려하는 것이 아니라, 법을 그 본성상 폭군으로 본다는 것이다. 사드는 카프카가 밝혀낸 인식되지는

의하면 카프카의 「만리장성 축조 시에」는 법의 이 두 가지 면모를 잘 요약해주고 있다(PS, 205). 이미 설명했듯 이 소설의 '후반부'는 '황제의 밀지'와 관련하여 법의 인식 불가능한 성격, 형의 언도와 집행의 동일성을 보여준다. 들뢰즈의 용어법에 따르자면 이 인식 불가능성은 '법의 우울증적 면모'라 불린다. '법의 분열증적 면모'는 만리장성의 축조 과정을 다루고 있는 이 소설의 '전반부'의 테마이다. 황제의 명령에 의한 만리장성의 축조는 중국의 여러 지방에 따라 공간적 시간적으로 파편적 부분적인 양식을 통해 이루어진다. 이러한 성벽의 파편적 성격 혹은 성벽 건축의 파편적 양식은 전체화되지 않는 부분들을 지배하는 법의 분열증적 면모를 보여준다는 것이다. 법의 분열증적 면모에 대한 구체적인 분석을 들뢰즈는 『프루스트와 기호들』 2부 3장에서 수행하고 있다. 법의 '분열증적 면모'는 그 자체로 흥미로운 주제가 될 테지만 '우울증적 면모'와는 완전히 다른 종류의 것이므로, 이 글의 성찰 대상에서는 제외하기로 한다.

않으면서 무조건적으로 명령만 하는 근대 사법 자체의 본성을 폭군으로 파악하고 있으며, 이런 법은 명령과 복종이라는 그 원리 자체를 전복시킬 때만 극복될 수 있다고 본다. 요컨대 제도적인·개혁을 통해서만 법에 의한 통치는 전복될 수 있으며, 그 제도란 바로 무정부주의라는 것이다. "법은 제도로서의 무정부 상태를 통해서만 극복될 수 있다고 사드는 자주 말하곤 한다"(PSM, 77). 그렇다면 어떤 방식으로 그것은 가능한가? 법의 원리를 전복시키기 위해 사드는 '상위 원리와 그에 종속하는 법'이라는 고대적인 도식을 되살려낸다. 그러나 이번엔 항(項)이 바뀐다. 고대 세계에서는 선의 원리를 최상에 놓고 그것을 추구하기 위해 법이라는 이차적인 수단에 복종했지만, 사드는 선 대신에 악을 최상의 원리로 상정하고 그것을 추구하는 수단으로서 법을 따르고자 한다. 이제 "법을 근거지어주는 선이라는 최상의 원리를 향하는 방식이 아니라, 반대로 법을 전복시키는 사악함의 최고 상태, 바로 악의 이념"(PSM, 76)이 채택되는 것이다. 그래서 사드의 주인공들은 악을 원리로 삼고 그 악을 추구하기 위해 악의 모사품으로서 법을 따른다. 구체적으로 그 법은 사드의 주인공들이 악의 원리를 모사해서 스스로의 행동 원리로 입법한 '남을 괴롭히기'라는 법일 것이다. 고대인들이 선의 모사품으로서의 법을 따랐을 때 쾌락의 감정을 느꼈듯 사드의 주인공들은 악의 모사품으로서의 법을 따르면서 쾌락의 감정을 누린다. 그러나 악법의 준수를 통해 악의 원리에 계속 다가가는 것이 사드의 근본 목적은 아니다. 그것은 그저 방법적인 수단에 불과하다. 악의 원리와 그에 종속하는 법의 정립을 통해 얻고자 하는 바는 이미 밝혔듯 폭군으로서의 법을 제도적으로 전복시키는 것이다. 다시 말해 악을 원리로 삼는 법에 대한 복종이 불러오는 무정부주의를 통해 기존의 법 제도를 허물어버리자는 것이다.

사드가 고대인들의 방법을 따라 법을 규정하는 최고 원리(악)를 지향함으로써 법을 전복하려고 했던 반면, 마조흐는 하위 요소인 법 자체에 철저히 집착함으로써 법을 전복시키려고 한다. 그의 방법은 법에 지나치리만큼 복종함으로써 법을 와해하는 것이다. "우리는 〔법에 대한〕 지나친 열성을 통해 법을 조롱할 수 있는 모든 방법을 알고 있다. 법을 꼼꼼하게 적용함으로써 오히려 법의 부조리를 증명할 수 있다"(PSM, 77). 법에 대한 지나친 준수는 그 법 자체를 우스꽝스럽게 만들어버린다. 요컨대 마조흐의 방법은 법에 대한 철저한 복종을 통해 그 법에 의해 생겨날 수 있는 "결과들로 깊이 파고듦"으로써 "법의 부조리를 폭로하고자 하는 논증"이다(PSM, 77~78). "마조히스트는 순종을 통해 불손해지고 복종을 통해 반란을 일으키는 자들이다"(PSM, 78). 법에 대한 이런 저항의 관점에서 본다면 마조히스트는 처벌이나 형의 집행의 괴로움 자체에서 쾌락을 얻는 것이 아니다. 처벌에 대한 복종은 쾌락을 위한 예비적인 단계에 지나지 않는다. "진정한 쾌락은 처벌 이후 〔처벌에 의해〕 가능해진 어떤 것에 있다"(PSM, 78). 부조리한 법의 철저한 준수, 즉 법이 야기할 수 있는 가장 자질구레한 결과까지 철저히 추구함으로써 그 법 자체를 우스꽝스러운 것으로 만드는 과정을 통해 마조흐는 법의 엄숙성과 권위를 와해시켜버린다. 이런 법의 와해 뒤에 주어지는 자유가 바로 마조히스트가 느끼는 진정한 쾌락이라는 것이 들뢰즈의 생각이다. 이런 의미에서 들뢰즈는 법이 주는 "고통은 쾌락의 원인이 아니라 쾌락의 도래에 앞서서 마련되어야 할 필수적인 조건"(PSM, 78)이라고 말한다.

이처럼 사드와 마조흐는 법을 중심에 놓고 서로 반대되는 극단을 추구함으로써 법을 와해시키고자 한다. 사드는 악의 이념이라는 최상의 원리를 향해 상승하며 마조흐는 법이 야기할 수 있는 가장 자질구레한 결과들이라는 하위 요소로 하강한다. 또한 이들이 보여준 방법은 각각 근대법의 두 가지 본질적인 특성을 허물어뜨린다. 사드는 고대인들처럼 법을 최고 원리(악의 이념) 아래에 종속된 것으로 고려함으로써, 법의 형식 그 자체를 절대적인 것으로 삼고자 했던 칸트의 유산을 부정한다. 마조흐는 법에 대한 철저한 복종이 그 극단으로 치받고 들어가면 법을 한낱 우스갯거리로 만들어버릴 수 있다는 통찰을 통해, 카프카가 파악했던 '법에 대한 복종과 죄의식의 증대의 비례 관계'를 넘어서버린다. 죄의식을 넘어서면 거기엔 바로 유머가 있다는 것이 마조흐의 통찰이다.

그러나 들뢰즈의 법에 대한 사유가 여기서 끝나는 것은 아니다. 사드와 마조흐의 이론을 도입해서 폭력적인 법을 와해시킬 수 있는 가능성을 열어주었지만, 그는 보다 본질적 층위로 탐구의 시야를 돌린다. 그의 시선은 법의 본성 자체를 다시 사유하는 데 가 닿는다. 고대적인 의미에서 선의 원리에 근거한 부차적인 수단으로서의 법, 칸트와 더불어 그 절대성을 확보하고 근대 사법 제도를 통해 그 폭력적인 힘을 행사하는 무조건적인 명령으로서의 법—이런 것들과는 전혀 다른 본성을 지닌 법을 상상했던 이가 있는데, 그가 바로 스피노자이다. 결론부터 말하자면, 들뢰즈의 법 비판은 스피노자의 유대법 비판의 현대적 패러디 외에 다른 것이 아니다. 이런 의미에서 우리는 들뢰즈가 그의 근본 관점을 어디서 배워왔는지, 그의 뿌리를 살펴볼 필요가 있다.

4. 유대주의 대 스피노자주의

스피노자적 법 이해에 비한다면 사드와 마조흐의 해결 방식은 표면적인 층위에서의 대항 모델들이라고 보아도 좋을 것이다. 왜냐하면 사드와 마조흐는 칸트에 의해 그 성격이 정립된 근대 법의 원리와 성격 자체를 문제시했다기보다는, 실제적인 측면에서 그 법의 작동을 마비시키고자 하는 실천적인 관심만을 가지고 있었다고 볼 수 있기 때문이다. 그러므로 우리는 근대 사법 제도의 법, 칸트의 법, 그리고 보다 근원적으로는 유대주의의 법이, 카프카가 보여주었듯 왜 사회적인 우울증을 낳는지 왜 죄의식의 증가를 초래하는지 그리고 '어떻게 발생하였는지' 그 본성의 측면에서 살펴보아야 한다. 유대주의적 법 전통에 대한 스피노자의 비판은 본질적인 것을 건드린다.

스피노자에게 있어서 자연은 필연적인 원인과 결과의 법(칙)으로 이루어져 있으며, 인간을 포함한 모든 개별자는 이 법칙 아래 있다. 이 원인과 결과의 관계는 개별자의 생산(능산적 자연〔신〕으로부터 소산적 자연〔개별자〕의 펼쳐짐)[9]을 주관하는 존재론적 법칙이자 동시에 논리적인 법칙이다. 우리가 자연 안의 이러한 원인과 결과의 관계를 인식하는 것이 바로 '적합 관념 idée adéquate'을 가지는 일이며 이에 따라 행위할 때 우리는 자유인으로서 살 수 있다. 반대로 자연의 필연적인 법칙을 인식하지 못하고 그릇된 원인과 결과의 관계인 '부적합 관념'에 따라 행위할 때 우리는 예속적인 삶을 살게 된다. 그러므로 스피노자에게서 자유로운 삶은 자연의 필연성, 즉 자연의 필연적인 법을 인식하고 그에 따름으로써 얻어질 수 있는 것이지 자유로운 의지를 통해 얻어지는 것은 아니다. 이처럼 스피노자에게선 자유와 필연이 모순적인 개념이 아니라 양립적인 개념이다. 또한 자연의 법을 따르는 것이, 다시 말해 신(자연)과 일치하는 것이 참된 선이고 '영원토록 지속하는 최고의 행복'을 누리는 길이므로 스피노자에겐 논리적 '사실'(~이다)로서의 법칙과 도덕적 '당위'(~해야 한다)로서의 법은 동일한 하나를 이룬다. 그런데 자연을 구성하고 있는 이 법은 다름아닌 원인과 결과의 '필연적인' 관계이기에 이 자연 안에는 신의 의지, 선 혹은 악의 원리, 또는 이런 원리들과 관련된 '당위' '강

---

9) 스피노자에게 있어선 '신은 곧 자연'이다. 개별자들은 소산적 자연이라 불리며, 이 개별자들을 필연적인 원인과 결과의 법칙에 따라 산출하는 내재적 신은 능산적 자연이라 불린다. 필연적인 법칙에 의존하는 이 신은, 그러므로 자신의 의지를 통해 개별자를 창조하고 피조물에 대해 '명령'하는 유대교의 신과 본질적으로 다르다.

제'로서의 도덕 법 같은 것이 끼여들 필요도 여지도 없다.

자연이 이런 것일진대 우리는 어떻게 무조건적인 명령을 하는 당위와 강제로서의 법에 따라 살게 된 것일까? 스피노자는 이 점을 성서적 테마를 빌려 다음과 같이 우의적으로 설명한다. "신은 아담에게 선악과를 먹으면 타락할 것이라는 비밀을 알려준다. 왜냐하면 그 과일은 부패된 관계를 통해 그의 신체에 영향을 미칠 것이기 때문이다."[10] 그것은 원인으로서의 사과는 결과로서의 아담의 신체에 나쁜 영향을 줄 것이라는, 다시 말해 이 원인은 이 결과에 대해 '적합한 원인'이 아니라는 말이었다. 보다 단순화시키면 선악과(원인)는 아담의 몸 혹은 그 과일을 먹음으로써 아담이 갖게 되는 몸의 상태(결과)에 적합한 과일이 아니라는 뜻이었다. 이런 의미에서 선악과는 피해야 할 것이었다. "그러나 아담은 결핍된 지성을 가지고 있기 때문에, 결과를 처벌로 해석하고, 원인을 도덕법으로, 다시 말해 명령과 금기를 통해 수행되는 최종 원인으로 해석해버린다(「스피노자의 편지」, XIX, 블옌베르흐에게). 아담은 신이 자신에게 기호signe를 제시했다고 생각한다. 이런 식으로 해서 도덕은 법에 대한 우리의 모든 개념과 연루되게끔 되었다. 혹은 도덕 법칙은 올바른 원인 개념과 영원한 진리들(관계들의 구성과 해체의 질서)을 일그러뜨려버렸다. 법칙이란 말 자체가 이런 식으로 그것의 도덕적 원천과 연루되어버린다(『신학 정치 논고』, 4장). 우리는 여기서 전개〔펼침〕의 규칙(원인과 결과의 일의적 관계) 대신에 힘의 경계를 본다. 또 영원한 진리를 잘못 이해하게 된다. 다시 말해 〔원인-결과의〕 관계들의 구성을 〔도덕적〕 명령으로 해석하게 된다"(SPP, 144). 자연을 구성하는 원인과 결과의 관계로서의 법은 그릇된 기호 해독을 통해 '명령으로서의 법'이 되어버린다. 스피노자에게 있어서 기호란 "원인 자체이다. 단 우리가 그 원인의 본

10) G. Deleuze, *Spinoza: philosophie pratique*(Paris: Éd. de Minuit, 1981), p. 144(약호 SPP).

성, 그리고 그것의 결과와의 관계를 이해하지 못한다는 조건 속에서 파악된 원인 자체를 말한다"(SPP, 144).[11] 애초 법이란 원인과 결과의 관계로서 자연의 영원한 진리를 형성하는 것인데, 인간의 유한한 지성이 그에 대한 기호 해독을 잘못함으로써, 즉 결과와의 관련 아래서 원인을 이해하지 못함으로써 법은 도덕적 명령이 되어버렸다. 말하자면 '원인: 사과→결과: 신체적 악영향'이라는 자연의 법칙이 '원인: 금지 혹은 명령→결과:처벌'이라는 윤리적 도식으로 오해된 것이다. 결국 법은 더 이상 인식의 대상인 자연의 영원한 원리가 아니라 명령을 하며 또 그 아래 복종해야 할 도덕적 원천이 되었다.[12] 유대인들은

11) 스피노자에게 있어서 '기호'는 '표현'의 대립 개념으로 언제나 부정적인 것이다. 원인과 결과는, 자연으로부터 개별자의 펼쳐짐, 자연 안으로 개별자의 함축을 나타내는 표현적 관계, 곧 적합 관념이다. 이 표현적 관계가 실체와 속성, 속성과 양태, 능산적 자연과 소산적 자연 사이를 주관한다. 반면 "부적합 관념의 고유성은 그것이 바로 기호라는 점이다"(SPP, 145). 스피노자의 '기호'와 '표현' 개념에 대한 자세한 논의는 1장 3. Ⅳ 참조.

12) 이 아담의 일화는 인간 사회 일반의 극복하기 어려운 예속적 본성을 가장 정확하게 드러내주고 있다. 아담의 유한한 지성은 그의 개인적 무능력이 아니라 극복하기 어려운 인간 지성 자체의 유한성으로 이해되어야 함은 물론이다. 그렇다면 자연의 원인과 결과에 대한 적합 관념보다는 부적합 관념을, 원인과 결과 사이의 명증한 관계인 '표현'보다는 '기호'를, 자연 법칙에 순응하는 자유인의 삶보다는 도덕법에 순응하는 예속적 삶을 우리가 갖게 되는 것은 인간종으로서 피하기 어려운 일이 아닌가? 그렇다면 기호란 아마도 인간 사회에서 완전히 제거할 수도 피할 수도 없는 것이며, 사회란 자유인의 공동체이기보다는 오히려 기호에 기반하는 명령과 복종의 감옥일 것이다. 이 점과 관련하여 들뢰즈는 한 강의에서 다음과 같이 말한다. "스피노자가 동의하는 것은 다음과 같은 사실이다. 우리〔일반인들〕는 철학자가 아니기 때문에, 그리고 우리의 이해는 제한되어 있기 때문에, 우리는 항상 몇 가지 기호들을 필요로 한다. 기호는 극히 필수적이다. 왜냐하면 우리는 세계 안의 몇 가지 것들밖에는 모르기 때문이다. 이런 방식으로〔이렇게 기호를 인정하는 방식으로〕 스피노자는 사회를 정당화한다. 사회는 살아가는 필수불가결한 최소한의 기호들의 설립 기관이다"(뱅센Vincennes에서 1981년 1월 13일 강의; http://www.imaginet.fr/deleuze/TXT/130181.html). 이런 까닭에 인간 사회에는 최소한의 것일지라도 숙명적으로, 부적합 관념인 기호에 기반하는 관계들이 내재할 수밖에 없는 것이다(같은 곳 참조).

자연의 법칙을 '당위'로 오인하고 그로부터 명령의 형식을 꾸며냈다. 그리스인들이 선에 이르기 위한 수단으로서 법을 고안하고 있을 무렵 유대인들은 이처럼 유일신의 절대 명령과 처벌로서 율법을 고안하고 있었던 것이다.

이제 우리는 들뢰즈의 법 비판의 심층에 숨은 표적이 무엇인지 깨닫게 되었다. 법에 있어서의 이런 유대주의는, 들뢰즈의 해석을 통해 보았듯 칸트를 통해 세련된 형식을 획득하며 카프카의 작품이 보여주듯 근대의 사법 제도 안에 우울한 형태로 자리잡았던 것이다.[13] 이런 의미에서 근대의 형벌 기계 속에서 "알 수 없는 법에 의해 지배되는 것은 얼마나 큰 고통인가"라고 말하는 프라하의 고독한 유대인은, 유대인 사회로부터 영혼의 죽음을 선고받은 암스테르담의 또 다른 유대인, 『에티카』의 저자와 시공을 넘나들며 공명한다. 근대 사법 제도의 우울한 면모를 비판하는 들뢰즈의 근저에는 바로 스피노자의 유대주의 비판이 자리잡고 있다. 율법으로부터 영혼의 죽음을 선고받았던 스피노자는 들뢰즈의 몸을 빌려 다시 살아나 근대 법의 유대주의를 비판하고 있는 것이다.

---

13) 이런 면에서 볼 때 레비나스는 들뢰즈와 전혀 다른 법 개념을 가지고 있다. 레비나스는 철학에 있어서 유대주의의 법 전통을 극단적으로 밀고 나가는 철학자이다. 사실 법 개념에 있어서 유대주의의 전통을 찾자면, 명백히 칸트보다는 오히려 레비나스가 그 대표자이다. 레비나스는 타인의 고통받는 얼굴 속에서 법을 찾는다. 고통받는 자의 얼굴은 나보다 높은 곳에 있는 나의 주인처럼 내가 윤리적으로 행위하기를 명한다. 그 명령은 조건이 없는 절대적인 명령이다. 타인으로부터 오는 이러한 절대적인 법 앞에 나는 철저하게 수동적으로 복종하고 그를 위해 나 자신을 희생해야 한다. 요컨대 레비나스에게선 타인의 얼굴이 곧 율법이 나타나는 지평인 것이다. 레비나스는 스피노자, 들뢰즈, 카프카와는 정반대되는 관점에서 오히려 유대주의적 법의 철저화를 통해 인간의 윤리성을 촉구하고자 한다. 이러한 타인의 명령으로서의 법이 시민 사회의 법의 근간에 원리로서 놓여 있다는 것이 그의 생각이다. 레비나스는 사회적 정의나 법률이 합의나 계약을 통해 도출된 것(홉스)이기보다는 얼굴의 명령에의 복종, 곧 타인을 향한 나의 윤리적 책임감에서 발생한 것이라고 보는 것이다.

제7장

들뢰즈와 가타리의 기계 개념*

1. 하나의 개념은 어떻게 하나의 글쓰기에 진입하는가?

도대체 하나의 낱말은 어떻게 하나의 글쓰기의 필연적인 주춧돌, 필연적인 개념으로 채용되는가? 어떤 개념이 도무지 이해의 문을 열어주지 않을 때, 그리하여 글읽기의 진행을 사사건건 방해할 때 우리는 그 개념이 어떻게 텍스트의 중심에 뛰어들어 그런 불유쾌한 권력을 행사할 수 있게 되었는지 묻게 된다. 들뢰즈와 가타리의 '기계' 개념이 바로 그렇다. 인문 사회 과학의 텍스트에는 어울리지 않는 이 낱말은 어쩌자고 그들의 글 한복판에 진입했는가? 들뢰즈도, 도무지 분명한 글을 써내지 못하는 일부 프랑스 철학의 풍토병—혹자는 이 전염병을 '문학적'이라며 찬양하지만—에 전염되어 자기 텍스트에 바로크적인 장식품을 달아놓은 것일까? 다시 말해 기계 개념은, 만일 오캄이 글쓰기에도 면도날을 장치해놓았더라면 마땅히 그 목이 잘려 나가야 할, 무의미한 수사에 지나지 않는가? 그러나 들뢰즈는 기회가 있을 때마다 누누이 '기계는 은유 métaphore로부터 독립해 있다'라고 강조하였다.[1)]

---

* 이 글은 『이다』(3호, 1998)에 발표된 글을 보완한 것이다.

1) G. Deleuze & F. Guattari, *L'anti-Œdipe*(Paris: Éd. de Minuit, 1972), pp. 7, 43(약호

이 글의 목적은 제목 그대로 들뢰즈와 가타리의 기계 개념의 함의를 밝혀보자는 데 있다. 어떤 방식으로 이 낱말이 그들의 글에 도입되었는지 밝혀볼 실마리를 우리는 가타리의 다음과 같은 말에서 발견할 수 있을 것이다. "수학적 문제들, 혹은 어느 단계 혹은 다른 전개 과정중 문제가 되는 어떤 공리들을 다루는 가운데 사람들이 도입하게 된 것들 같은 유의 글쓰기의 기술이 관건이 된다는 점을 염두에 두자. 이 글에서 문제가 되는 것은 바로 이런 종류의 기계이다."[2] 즉 기계 개념은 어떤 특정한 문제를 취급하기 위해 도입된 '글쓰기의 기술' 같은 것이다. 어떤 사유에 필요한 표현을 찾아내는 일은 어느 학문에서든 필수불가결한 일인데, 왜냐하면 칸트가 적절하게 지적하듯 "사유자는 자기의 개념〔생각〕에 정확하게 적합한 말을 찾지 못하여 당황하며, 또 그러한 말이 없어서 다른 사람이나 자기 자신조차 자기 생각을 올바로 이해하지 못하는 일이 일어나기"[3] 때문이다.

들뢰즈는, 새로운 문제와 사유를 떠내기 위한 일종의 '뜰채'로서 특정한 개념을 도입하는 글쓰기의 방식은 그 자신이 유별나게 처음

AO); G. Deleuze & F. Guattari, *Kafka: pour une littérature mineure*(Paris: Éd. de Minuit, 1975), p. 146(약호 K) 참조. 이 글 전체를 통해 이제 밝혀지게 되겠지만 들뢰즈의 기계 개념은 사유의 필연성에서 요구된 개념이라는 점에서 임의적으로 채용된 수식어구가 아니며, 이런 뜻에서 분명 수사적 미사여구에 지나지 않는 것으로서의 '은유'는 아니다. 그러나 '사용'과 '절단'이라는 기계의 두 가지 내포를 통해 어떤 것이 파악될 때, 그것에 대해 기계라는 이름을 붙인다면 그 명명식은 결국, 그 어떤 것의 본질을 드러내는 '문체적 기재'로서의 '은유'를 통해 이루어진다고 보아야 할 것이다. 이런 점 때문에 라캉은 들뢰즈와 반대로 기계 개념을 '은유 métaphore'로 본다. "기계로서의 인간 신체라는 메타포 속에……"(J. Lacan, *Le séminaire* II〔Paris: Éd. du Seuil, 1978〕, p. 96〔약호 S, II〕).

2) F. Guattari, *Psychanalyse et transversalité*(Paris: François maspero, 1972), p. 240(약호 PT).

3) I. Kant, *Kritik der reinen Vernunft*, A 312/B 368~69; III, 245(이 책 『순수 이성 비판』의 경우 아무런 약호 표시 없이 관례에 따라 인용문 뒤 괄호 안에 초판(A)과 재판(B)의 페이지 수, 학술원판의 권수와 페이지 수를 차례로 써준다).

시작하는 것이 아니라 고전 철학자들에게서 빈번하게 발견되었던 것이라고 믿고 있다. 구체적으로 들뢰즈는 이를 스피노자를 통해 밝히고 있다. "〔스피노자에게 있어서〕 데카르트주의는 하나의 체 crible로서 취급된다. 그러나 이럴 때 여기선 하나의 새롭고도 놀라운 학문이 자라나고 있는 것이다. 그것은 과거의 어떤 철학과도 관련이 없고 또 데카르트주의와도 관련이 없는 것이다. 데카르트주의는 절대로 스피노자의 사유가 아니었다. 그것은 스피노자의 표현 기술 rhétorique 같은 것이었다. 스피노자는 데카르트주의를 그가 필요로 하는 표현 기술로 사용한다."[4] 데카르트와 스피노자는 (다른 근대 철학자들과 더불어) 많은 개념들(실체, 속성 등)을 그 정의에서부터 상당 부분 공유하지만, 그들의 철학은 완전히 다른 내용을 담고 있다. 들뢰즈에 따르

4) G. Deleuze, *Spinoza: philosophie pratique*(Paris: Éd. de Minuit, 1981), p. 16(약호 SPP). 이 인용에서 rhétorique을 '표현 기술'이라고 번역한 데 대해 의아하게 생각하는 독자를 위해 한 마디해두어야겠다. 혹자는 이런 의문을 가질 것이다. '우리는 들뢰즈의 기계 개념이 단순한 수사적 장식품이 아니라는 점을 보이기 위해 스피노자의 글쓰기 방식을 살펴보기로 한 것이 아닌가? 그런데 들뢰즈는 스피노자의 글을 한낱 글을 장식하는 기술, 즉 수사학 rhétorique이라고 말하고 있지 않은가?' 물론 우리 시대에 수사학이란 말은 건전치 못한 허풍과 같은 글쓰기란 뜻의 나쁜 의미를 가지는 경우가 있다. "19세기의 막바지로 접어들면서, 수사학은 악평을 받기 시작했고 더 이상 다양한 교육 제도 속에서 인정받지 못하게 되었다. '수사학'이라는 단어는 멸시의 뜻을 담게 되었고, 공정치 못한 속임수, 사기, 책략의 사용을 암시하게 되었다. 혹은 겉치레뿐인 속빈 단어들의 나열, 진부한 표현, 단순한 상투어 등을 의미했다. 수사학적으로 된다는 것은 허풍을 떤다는 뜻이었다"(S. Ijsseling, *Rhetoric and Philosophy in Conflict*〔The Hague: Martinus Nijhoff, 1976〕, p. 1). 그러나 이와 달리 고대 그리스 이래로 본래 수사학은 긍정적인 의미를 가지고 있었다. "고대인들은 수사학을 '잘,' 그리고 '설득력있게' 말하고 글쓰는 '기술'ars bene dicendi and ars persuadendi이라고 정의했다. 이 정의에는, 아름다움과 건전한 설명을 위한 규칙들과 조건들을 마련해주는 이론 과학과 마찬가지로, 수사학이 선으로 인도해주는 기술이며 설득력있게 말하는 실천적 기술이라는 뜻이 담겨 있다"(같은 곳). 요컨대 수사학은 무엇을 '잘' 표현하기 위해 사용하는 작문법, '표현 기술'이었다. 위에서 스피노자가 자기 사유를 전개하기 위해 데카르트의 개념들을 수사학적 기재로서 빌려왔다고 말할 때에도 바로 이와 같은 의미를 지닌다.

면 스피노자는 데카르트의 철학을 물려받은 것이 아니라, 데카르트주의와는 전혀 동떨어진 그 자신의 독특한 사유를 써내기 위한 '작문법'으로서 데카르트주의의 개념들을 빌려온 것이다. 사실 이러한 방식은 선대의 업적을 뛰어넘는 많은 창조적인 철학자들에게 공통된 것이라고 해야 할 것이다. 조금 다른 경우이지만, 우리는 칸트에게서도 비슷한 개념의 사용법을 발견한다. 칸트는 경험의 한계 너머에 있는, 이성에 뿌리를 둔 표상을 가리키기 위해 플라톤으로부터 '이념 Idée'이라는 용어를 빌려왔음을 밝히고 있다. 물론 칸트는 플라톤의 계승자가 아니다. 데카르트와 스피노자 사이의 차이를 무색하게 할 만큼 큰 심연이 두 사람 사이에 있다. 그러면 어떻게 칸트는 플라톤의 사상엔 동의하지 않으면서 그의 개념은 가져왔는가? 칸트는 이렇게 항변한다. "일상의 담화나 저술에서 한 저자가 자기의 주제와 관련해 표현한 생각들을 비교해봄으로써 그 저자가 자기 자신을 이해하고 있는 것보다도 더 잘 저자를 이해하게 되는 일은 결코 이상한 일이 아니다" (A 314/B 370; Ⅲ, 246). 즉 이념이라는 말의 저자는 플라톤이지만, 이 말이 뜻하는 바를 '더 잘' 이해한 사람은 칸트 자신이고, 이런 의미에서 칸트는 플라톤의 표현법을 사용해 자신이 이해한 바를 전개시켰다는 것이다. 요컨대 칸트와 스피노자는 플라톤과 데카르트의 개념들을 그 원저자들보다 '더 잘' 이해함으로써, 그 개념들의 속을 채우고 있던 본주인의 생각을 낙태시켜버리고 자신들의 사상을 배태시킨 것이다. 달리 말하면 플라톤과 데카르트를 그들 자신의 필기구, 작문법, 표현 수단으로 이용했다는 말이다.[5]

5) 들뢰즈는 항상 철학을 개념의 '창조'로 정의하였는데, 이 정의의 진정한 뜻은 위와 같은 의미로 이해되어야 할 것이다. 들뢰즈의 텍스트 자체가 증명해주는 바이지만, 개념의 창조란 새로운 말을 주조해내는 것이 아니라 이미 있어왔던 개념들을 그 원저자보다 더 잘 이해함으로써 그 개념에 새로운 의미를 부여한다는 뜻으로 받아들여져야 마땅하다.

이렇듯 스피노자와 칸트는 새로운 사유를 담아내기 위해 타인이 쓰던 개념을 빌려쓴다. 왜 새로운 사유에 적합한 말을 고안하지 않고, 마치 불구자가 타인의 어깨에 기대듯 이미 있어온 개념에 의지한 것인가? 이에 대한 답변을 우리는 칸트에게서 들을 수 있다. "새 말을 주조하는 일은 좀처럼 성공하지 못하는, 언어에서의 입법에 대한 월권(越權)이다. 이런 가망 없는 수단에 의지하기 전에, 지금은 죽은 고전어 중에서 자기의 개념과 이 개념에 적합한 표현이 있지 않은가 찾아보는 일이 현명하다. 어떤 개념의 옛적 사용이 그 개념의 창조자의 부주의함으로 인해 어느 정도 불분명했을지라도, 그 개념에 특징적으로 귀속하는 의미를 확정하는 것이 (그 개념이 당시나 지금이나 엄밀히 동일한 의미로 쓰였는지는 의심스러우나) 스스로 우리의 생각을 이해 불능의 것으로 만듦으로써 우리의 목적을 망쳐버리는 것보다 낫다"(A 312/B 369; Ⅲ, 245). 언어의 탄생과 소멸이 한 개인에 달린 것이 아니고 특정 학문의 용어도 많은 경우 그 분야에 종사하는 자들이 고안한 인공의 부호가 아니라는 점에 착안할 때—예컨대 플라톤은 당대의 종교 용어를, 칸트는 그 시대의 법률 용어와 생물학 용어를 자기 철학에 도입했다—독단적인 새 말의 주조를 일종의 월권이자, 표현코자 하는 사유를 이해 불능의 것으로 만들어버리는 일이라고 본 칸트의 견해는 꽤 타당성이 있어 보인다. 그러므로 차라리 의미가 동요하고 있는 기존의 개념을 보다 잘 이해함으로써 그 개념의 본주인의 모순된 쓰임을 밝혀내고 그 개념의 의미를 새로이 확정하는 방법이 좋다고 생각한 것이다(좋은 예로, '그 자체에 의해 존재할 수 있는 것'이라는 데카르트의 실체 개념으로부터는 데카르트가 주장하는 바와 달리 다수의 실체가 도출될 수 없으며, 오직 유일 실체만이 나올 수 있다는 것을 증명한 스피노자를 들 수 있을 것이다. 이런 식으로 스피노자는 데카르트의 실체 개념 안에 자기 자신의 고유한 철학적 사유를 부어넣는다[6]).

들뢰즈와 가타리의 기계 개념의 경우는 어떤가? 그들은 그들만의 특정한 문제를 작문하기 위한 표현 기술로서 '기계 개념'을 도입하였다. 이 개념은 임의적으로 고안된 것인가, 아니면 이미 사용되던 개념을 '보다 잘' 이해하려는 시도에서 나온 것인가? 다시 말해 이 개념은 스스로의 역사를 가지고 있는가? 답부터 말하자면 그렇다. 이 개념의 주목할 만한 사용은 이미 라캉에게서 나타나며 라캉의 용법은 직접적으로 들뢰즈와 가타리의 용법에 영향을 주고 있다. 말하자면 스피노자가 데카르트의 개념을, 칸트가 플라톤의 개념을 보다 잘 이해하려고 했던 것처럼 들뢰즈와 가타리도 라캉의 개념을 라캉보다 더 잘 이해해보고자 시도한다. 다른 한편 이 개념의 또 하나의 원천은 칸트의 기획에 뿌리를 두고 있는 것으로 보인다.[7] 이제 우리는 이 두 가지 역사적 원천(칸트, 라캉)과 더불어 '사용' '절단(혹은 재단)'이라는 기계 개념의 두 가지 주요 함의를 살펴볼 것이다. 그러므로 우리의 연구는 다음과 같은 두 가지 관심 모두를 충족시켜야 할 것 같다. 기계 개념의 역사는 무엇이며, 어떻게 변모되었는가?(발생적 관점) 그 개념의 용법들은 어떤 것인가?(기능적 관점)

2. 사용으로서의 기계 개념: 욕망의 합법적 사용과 비합법적 사용

비교적 간단하게 살펴볼 수 있는 후자 쪽, 즉 기계 개념의 칸트적

---

6) 이에 대한 자세한 논의는 필자의 글, 「스피노자의 실체, 속성, 양태」, 『철학논집』(제7집, 서강대 철학과, 1994) 참조.

7) 이 후자 쪽 전통에 대해서는 칸트적 기획을 '더 잘' 이해하려는 시도라기보다는, 칸트적인 기획을 들뢰즈와 가타리가 자신들의 '정신분석학 비판'이라는 프로그램에 그대로 응용하고 있다고 말하는 편이 보다 정확할 것이다.

전통부터 살펴보자. 이 역사적 원천에 대응하는 기계 개념의 함의는 '사용'이다. 무엇인가에 대해 그 용법을 묻는 것, 즉 '의미를 묻지 말고 사용을 물어라'라는 것은 비트겐슈타인의 후기 철학을 요약하는 테제이다. 동일한 어조로 들뢰즈와 가타리는 욕망에 관해 이렇게 말한다. "무의식은 의미에 관해선 아무런 문제도 제기하지 않는다. 오로지 사용에 관한 문제들만을 제기한다. 욕망의 문제는 '그것이 의미하는 바는 무엇인가?'가 아니고, '어떻게 그것은 작동하는가'이다. 욕망하는 기계들은 어떻게 동작하는가?"(AO, 129) 어떤 것(이를테면 욕망)을 '기계'라고 규정할 때 이는 우선 그 어떤 것의 의미가 문제가 아니라 사용이 문제라는 점을 함축한다. 즉 기계의 기계성을 규정하는 것은 의미가 아니라 용법이다. 예컨대 기계로서의 자동차는 의미에 의해 규정되는 것이 아니라, '타는 데 사용됨'이라는 그것의 용법에 의해서만 규정될 수 있다. 그러나 들뢰즈는 '의미가 아닌 사용'의 측면에서 무엇을 규정하려드는 이 기획을 비트겐슈타인보다도 직접적으로는 칸트에게서 빌려왔다. 왜냐하면 칸트의 비판 철학이란 이성 '사용'의 범위와 한계를 규정하려는 기획 외에 다른 것이 아니기 때문이다. 어떤 것을 기계로 파악한다는 것은 그 용법을 묻는 것이고, 그렇다면 이로부터 다음과 같은 칸트적인 질문이 도출되는 것은 당연한 일이다. 어떤 것이 기계의 올바른 사용이고 어떤 것이 잘못된 사용인가? 다시 말해 칸트가 이성 사용의 범위와 한계를 규정하는 초월 철학의 프로그램을 통해 이성의 '합법적 사용'과 '비합법적 사용'을 문제삼았던 것처럼, 들뢰즈도 칸트의 어조로 욕망의 '합법적 사용'과 '비합법적 사용'의 문제를 제기한다. "'그 기계는 작동한다. 이 점은 믿어도 좋다. 내가 그것을 시험해보았으니까.' 그것은 일종의 기계 장치이다. 다만, 의미란 용법 외에는 아무것도 아니라고 하는 것이 하나의 결정적인 원리가 되는 것은, 합법적인 용법을 규정할 수 있는 내재적 기준을 우리가 마련했을 때만 그럴 수 있다. 합법적인 용법과 대립되는 비합법적 용법은 〔……〕 일종의 초월을 복원시킨다. 초월적 분석이라 일컬어지는 것은 이 내재적 기준에 대한 규정이다"(AO, 130). 들뢰즈와 가타리의 『앙티-오이디푸스』 전체가 욕망이란 기계의 합법적 사용을 규정하고 비합법적 사용을 폭로하려는 시도 외에 다른 것이 아니다. 여기서 욕망의 비합법적 사용이란 바로 다름 아닌 욕망의 오이디푸스적 사용, 다시 말해 욕망의 투자investissement 양식을 아빠-엄마-아이라는 가족 제도의 삼각 구도 안에 가두어놓는 것을 말한다.[8)]

프로이트에게 있어서 이 욕망의 투자는 하나의 회로를 통해 이루어지는데, 욕망의 투자를 방향지어주는 그 회로가 바로 오이디푸스이다. 그런데 오이디푸스에 대한 들뢰즈의 비판은 이성의 합법적 사용의 규준을 마련하고 그것의 비합법적 사용을 폭로하려고 했던 칸트의 기획을 모방하고 있다. "칸트는 그가 비판적 혁명이라고 부른 것 속에서 의식의 종합의 합법적 사용과 비합법적 사용을 구별하기 위해, 인식에 대해 내적인 기준을 발견할 것을 제안한다. 그러므로 '초월'(칸트에게 있어서 이 말은 기준들의 내재성을 의미한다) 철학이라는 이름 아래 칸트는 종래의 형이상학에서 보이던 그런 초재적 사

---

8) 많은 사람들이 궁금하게 여기는 '투자' 개념에 대해 잠깐 설명해야겠다. 프로이트에게는 두 가지 표상 개념이 있다. 욕망이라는 힘이 의식 속에 자기를 새겨넣을 때, 이 활동을 가리켜 표상Repräsentieren이라 한다. 그리고 이러한 활동의 결과물을 가리켜 표상Vorstellung이라 한다. 예컨대 어떤 사람이 '어젯밤 꿈에 사람을 죽였는데, 아버지였어'라고 진술한다면 여기서 표상Repräsentieren된 것은 성적 욕망이다. 그리고 이 표상 활동의 결과로서 의식의 차원에 나타난 것이 바로 '포어스텔룽'으로서의 이 진술이다. 그런데 프로이트는 종종 'Repräsentieren'의 동의어로 '투자'라는 말을 대신 쓴다. 즉 투자란 욕망이 의식 혹은 무의식 속에 스스로를 새겨넣는 '활동'이며, 욕망이 스스로를 투자해서 얻는 '결과물'이 포어스텔룽인 것이다(이에 대한 자세한 논의는 R. Bernet, "The unconscious between representation and drive: Freud, Husserl, and Schopenhauer," John J. Drummond & James G. Hart〔eds.〕, *The Truthful and the Good*〔The Hague: Kluwer Academic Publishers, 1996〕, pp. 81~95 참조).

용을 고발하였다. 이와 마찬가지로 우리는 정신분석학이 자신의 형이상학을 가지고 있다고, 오이디푸스를 알고 있다고 말해야 한다"(AO, 89). 칸트가 '변증론'을 통해 이성의 비합법적 사용의 귀결인, '형이상학적 실재'로서의 영혼, 세계, 신을 비판했듯, 들뢰즈는 욕망의 비합법적 사용의 귀결인, '정신분석학적 실재'로서의 오이디푸스를 비판하고자 한다. 결국 들뢰즈는 합법적 사용과 비합법적 사용의 내재적 규준을 마련코자 한 칸트의 기획을 정신분석학의 영역에도 끌어들여, 프로이트의 오이디푸스를 마치 형이상학에서의 가상 Schein과 비견될 만한 것으로서 비판한 후 "어떤 해석과도 독립된 욕망의 상태"(K, 15), 보다 정확히 표현하자면 오이디푸스적 해석에서 자유로운 욕망의 상태를 그려 보이고자 한다. 이것이 바로 욕망에 관한 논의에 있어서 '사용'으로서의 기계 개념이 함축하는 바이다.

그런데 들뢰즈가 사용의 문제를 제기하는 것은 욕망과 관련해서만이 아니다. 우리는 사용으로서의 기계 개념을 예술에 관한 논의, 구체적으로 들뢰즈의 소설에 관한 논의에서도 찾아볼 수 있다. 예술 작품도 그것의 의미가 무엇인지가 아니라 그 사용 방법이 무엇인지 물어야 한다고 들뢰즈는 말한다. "현대의 예술 작품은 의미에 관한 문제는 가지지 않으며 오로지 사용의 문제만을 제기한다."[9] "현대의 예술 작품은 이것이 되었다가 저것이 되었다가 다시 저것이 되었다가, 여하튼 우리가 원하는 모든 것이 될 수 있다. 이 예술 작품의 특징은 바로 우리가 원하는 것이라면 뭐든지 된다는 점, 우리가 원하는 바대로 스스로를 중층적으로 결정한다는 점이다. 왜냐하면 이 예술 작품은 작동하니까. 현대의 예술 작품은 기계이며 그러므로 작동한다"(PS, 226~28). 구체적으로 들뢰즈는 프루스트의 『잃어버린 시간을 찾아서』를 예로 든다. 이 소설은 어디에 '사용'되는가? "프루스트는 우리에게,

9) 질 들뢰즈, 서동욱 외 옮김, 『프루스트와 기호들』(민음사, 1997), p. 230(약호 PS).

자기의 작품을 읽지 말고 그 작품을 이용해서 우리 자신을 읽어보라고 충고한다"(PS, 228). 프루스트 소설의 화자는 기계로서의 자기 작품에 대해 이렇게 말한다. "내 책은 콩브레의 안경점 주인이 손님 앞에 내놓은 돋보기 같은 일종의 확대경일 뿐이다. 내 책 덕분에 나는 독자들에게 자신의 내면을 읽을 수 있는 수단을 제공할 수 있었다."[10] 이런 확대경이라는 의미에서의 소설 기계를 들뢰즈는 다음과 같이 해설한다. "예술은 생산하는 기계, 특히 효과들을 생산하는 기계이다. 프루스트는 이 점을 아주 예민하게 의식하고 있었다. 그것은 타인들에 대한 효과인데, 왜냐하면 독자나 관객들은 예술 작품이 생산해내는 효과들과 비슷한 효과들을 자기 내면이나 자기 외부에서 발견하기 시작할 것이기 때문이다. '여자들이 거리를 지나가는데, 예전의 그들과는 다르다. 사실 이는 르누아르의 그림 속의 여자들로서, 우리는 예전에는 이런 여자들을 볼 수가 없었다. 마차들 역시 르누아르의 그림 속의 마차이고, 물과 하늘도 그렇다.' 이런 의미에서 프루스트는 자기가 쓴 책들을 안경 혹은 광학 기구라고 일컫는 것이다"(PS, 240; 강조 표시 안은 RTP, II, 327). 요컨대 예술 작품은 우리가 우리 내면이나 외부 세계를 바라보는 데 사용하는 기계로서 이해될 수 있다. 사용으로서의 기계에 관한 논의는 이 정도로 해두기로 하자. 우리는 뒤에 『잃어버린 시간을 찾아서』를 '절단'이라는 기계의 또 다른 함의와 관련하여 자세히 다루게 될 것이다.

3. 대상 a(objet petit a), 라캉의 기계 개념

가타리는 1969년에 발표된 「기계와 구조 Machine et structure」(후에

---

10) M. Proust, *À la recherche du temps perdu*(Paris: Gallimard, Pléiade 문고, 1954), Tome. III, p. 1033(약호 RTP).

PT에 수록)라는 논문을 통해 라캉의 '대상a'를 자기식으로 해석해 '대상-기계a(objet-machine a)'라는 새로운 용어를 만들어낸다. 가타리가 직접적으로 라캉의 개념을 매개로 자신의 기계 개념을 발전시키는 만큼 '절단'이라는 들뢰즈와 가타리의 또 다른 기계 개념의 함의를 이해하기에 앞서 라캉에 관한 논의가 필수적으로 선행되어야 할 것이다.

1964년 1월부터 행해진 세미나—이 강의는 『세미나 XI』라는 제목으로 1973년 출판된다[11]—에서 라캉은 자신의 유명한 '대상a'에 대해서 집중적으로 논의하는데, 구체적으로 여기서 대상a로서 분석되는 것은 시각적 충동이 추구하는 대상인 '시선regard'이다. 라캉이 1960년대 '시선'에 대한 분석에 관심을 가지고 있었다는 것은 퍽이나 의미심장한 일로서, 시선은 1960년대 현상학과 직간접적으로 관계를 맺고 있던 많은 철학자들의 공통적인 관심사였다(5장 참조). 라캉의 논의를 따라가기에 앞서 우선 기본적으로 instinct(임시로 이 글에선 '욕구'로 옮기겠다)와 pulsion(이것은 프로이트의 용어인 Trieb의 번역어로 '충동'이라 옮기겠다)이 어떻게 구별되는지 알아두어야겠다. "충동과 욕구 사이엔 아무런 공통점이 없다."[12] 욕구의 목적은 '만족'인데 이는 대상을 소유함으로써 성취된다. 예컨대 식욕은 음식을 먹음으로써 만족을 얻는다. 욕구가 이러한 만족을 통해 해소되는 반면 충동은 해소되지 않는 항상적인 힘이다[13](왜 그것이 만족되지도 사라지지

---

11) 『세미나 XI』에 대한 논의에 들어가기에 앞서 한 가지 밝혀두어야 할 점은, 이 저작의 논의들은 많은 부분 프로이트의 "Trieb und Triebschicksale"에 대한 주석의 형태를 띠고 있다는 점이다. 이 작품에 대해서 라캉은 동의하지 않을 때도 있지만 기본적으로 프로이트의 많은 주장을 받아들이고 있다. 그러므로 이 글에서 우리는 때에 따라서 프로이트의 이 논문으로부터 유용한 도움을 얻을 것이다.

12) J. Lacan, *Le séminaire* XI(Paris: Éd. du Seuil, 1973), p. 49(약호 S, XI).

13) "충동은 [……] 어떤 항상적인 힘Konstante Kraft으로서 작용한다"(S. Freud, *Gesammelte Werke* X[Frankfurt am Main: S. Fischer Verlag, 1946], p. 212[약호 GW, X]).

도 않는 힘인가에 대해선 대상a와 관련하여 이제 밝혀질 것이다). 또한 욕구가 의식의 차원에서 활동하는 힘이라면 충동은 우리의 무의식을 구성하는 힘이다.

라캉은 우리의 성적 충동이란 통일적인 하나를 이루지 않는 부분적인 여러 개의 충동들이라고 주장한다. "심리적 실재에 나타난 것으로서의 충동은 부분적 충동들이다"(S, XI, 160)라고 그는 말한다. 각각의 부분적 충동은 그 각각에 고유한 대상들을 추구하는데, 부분적 충동에 대응하는 이 부분적 대상들을 일컬어 바로 대상a라고 한다. 라캉이 소개하는 바에 따르면 우리에겐 네 가지 부분적 충동이 있다. 시각적 충동, 후각적 충동, 입의 충동, 그리고 청각적 충동이 그것이다. 그리고 시선, 배설물, 젖가슴, 목소리는 이들 네 가지 충동 각각이 추구하는 대상a이다(S, XI, 219). 그 일상어적인 명칭에서 보자면 이것들은 우리의 의식 세계 안에서 언제건 만날 수 있는 대상들 같지만 '실재적' 함의는 전혀 그렇지 않다. 욕구의 대상이 어떤 식으로든 우리 의식에 표상되는 대상—우리 의식이 어떤 식으로든 소유할 수 있는 대상—이라면(예컨대 식욕에 대응하는 대상인 '음식'의 경우가 그렇다), 이 대상 a는 결코 의식의 대상 혹은 표상적인 대상이 아니다. 욕구의 경우 의식에 표상되는 외부적 대상을 소유함으로써 만족을 얻을 수 있지만, "어떠한 욕구의 대상도 충동을 만족시킬 수는 없다"(S, XI, 153). 충동은 그것이 추구하는 고유한 대상인 대상a에 결코 도달할 수 없다는 숙명을 가지고 있다. 가령 시각적 충동은 대상a로서의 '시선'을 추구한다. 그러나 이 충동은 결코 시선을 소유할 수 없고, 따라서 만족을 얻을 수도 없다. 우리는 우리의 의식에 표상되는 대상인 타인의 눈[目]은 지각할 수 있는 반면, 대상a인 시선을 시각적 충동은 결코 볼 수 없다.[14] 시각적 충동은 그것이 추구하는 바

14) '시선'(대상a)과 표상적 대상인 '눈'(대상)이 어떻게 구별될 수 있을까? 이 둘이 전혀 다른 것이라는 점은 마스크의 경우를 예로 분명하게 설명된다. 마스크에는

〈그림 1〉 한스 홀바인, 「대사들」(1533).

대상 a(시선)를 늘 '잃어버린 대상'으로서 체험한다("우리와 사물과의 관계에 있어서—그 관계가 시각을 통해서 구성되는 한에서, 그리고 표상의 형태들을 통해 질서지어지는 한에서—미끄러져나가고 지나쳐지는 어떤 것이 있는데 〔……〕 이것이 시선이다"(S, XI, 70)). 요컨대 의식의 차원에서 '시각적 욕구'는 눈을 볼 수 있는(표상할 수 있는) 반면, 무의식의 차원에서 '시각적 충동'은 시선을 마치 '베일'이 쳐진 듯 볼 수 없는 것으로(즉 표상할 수 없는 것으로) 체험한다.

라캉은 이 점을 보다 쉽게 설명하기 위해 르네상스 시대의 화가 한스 홀바인 H. Holbein의 유명한 그림 「대사들 Les Ambassadeurs」을 예로 든다(〈그림 1〉 참조). 이 그림은 충실한 사실적 기법을 통해 그린 초상화이다. 그러나 다른 한편 이 그림은 다양한 상징들을 동원해 과학, 예술, 죽음, 그리고 신에 의한 구원이라는, 인간의 내세적 삶과 초재적 삶을 아우르는 우주적 테마를 하나의 화폭 속에 집약시키고 있다. 그림 속의 두 사람은 당시 영국과 프랑스의 대사들로서, 학식과 권력을 겸비한 당대 최고의 인물을 대표하고 있다. 그리고 이 두 사람 사이에는 지리적 발견이라는 시대상을 반영해주듯 지구의를 비롯한 많은 당대의 과학적 발명품들이 놓여 있다. 그런데 이 그림의 특이한 점은 마치 그림의 사실주의적인 기법과 원근법을 비웃기나 하려는 듯이 그림 아래쪽 중앙에 무엇인지 알 수 없는 타원형의 물체가 비스듬히 놓여 있다는 점이다. 그 물체는 실은 그림 감상자를 정면으로 바라보고 있는 해골이다. 그런데 홀바인은 이 해골을 원근법을 왜곡시켜 기형적인 대상으로 그려놓았기에, 감상자는 도대체 그 괴상한 대상이 무엇인지를 알 수가 없는 것이다. 이렇게 왜곡된 원근법을 통해 그려진 대상을 일컬어 왜상 Anamorphose(歪像)이라고 한

두 개의 구멍이 뚫려 있을 뿐 눈이라고는 없다. 그러나 두 개의 구멍이 거기 있으므로 해서 우리는 마스크에 시선이 있음을 느낄 수 있다. 시선은 눈과 달리 결코 표상될 수 있는 대상이 아니다.

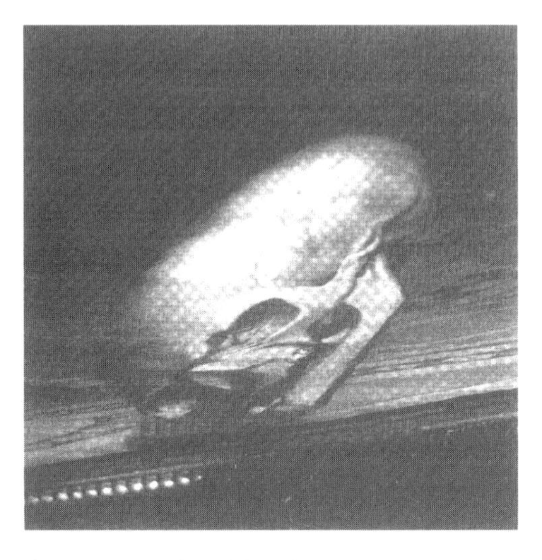

〈그림 2〉 그림 3을 측면에서 보았을 때 나타나는 해골의 모습.

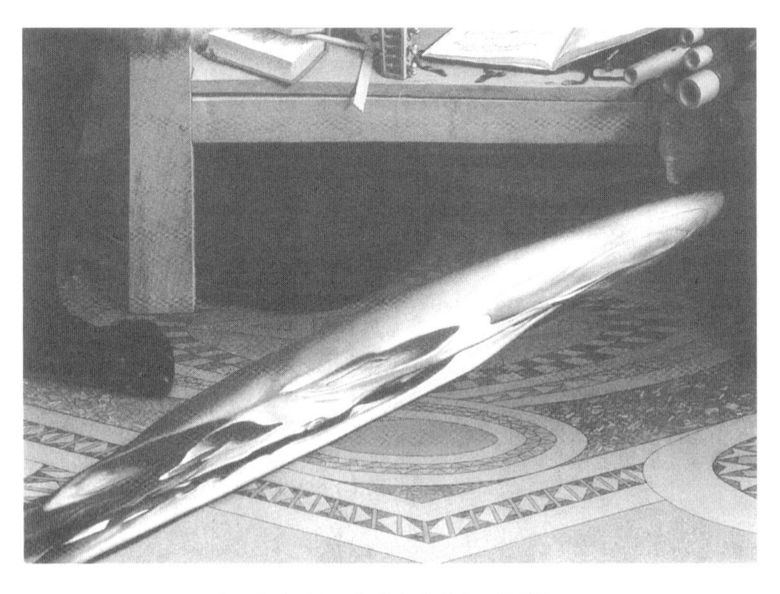

〈그림 3〉 한스 홀바인, 「대사들」(부분).

다. "미술사에서 퍼스펙티브는 일반적으로 삼차원을 작도하는 사실주의의 요소로 여겨졌다."[15] 왜상은 관점을 다르게 설정함으로써 이 삼차원의 질서를 일그러뜨려 만든 환영 apparition이다. 따라서 "왜상이 이끈 결과 〔그림의〕 요소들과 기능들은 일정한 관점에서 다시 일어선다"(A, 7). 이를테면 홀바인의 그림 속의 해골은 초상화 전체를 사실주의적인 삼차원으로서 구성하는 관점에서는 모습을 드러내지 않지만, 그 그림을 옆에서 비스듬히 볼 때(즉 해골의 왜곡을 위해 설정된 관점을 따라서 볼 때) 비로소 해골로서의 모습을 나타낸다(〈그림 2〉 참조). 이 숨겨진 해골을 통해 홀바인은 죽음이 늘 어디선가 우리를 바라보고 있음을 표현하려고 했던 것일까? 잘 차려입은 고귀한 인물들 틈에서, 과학적 발명품들 속에서, 그리고 예술을 상징하는 악기 속에서 죽음은 항상 우리를 노려보고 있다. 우리는 언제 찾아올지 모르는 그 죽음을 결코 볼 수 없지만 말이다(인간은 언젠가 죽고 말 것이라는 이런 교훈적 내용을 그림에 삽입하는 것은 당시의 유행 가운데 하나였다[16]). 홀바인은 우리는 결코 볼 수 없지만 어디선가 우리를 보고 있을 기분나쁜 이 죽음의 성질을 표현하기 위해 해골을 원근법의 왜곡을 통해 일그러뜨려버린 것이다. 이제 그림 속의 해골은 우리를 볼 수 있어도 우리는 해골을 보지 못한다. 해골은 보이지 않는 대상, 도달할 수 없는 대상, 라캉의 용어로 표현하자면 '잃어버린 대상'이 된 것이다. 그러나 이 그림이 필멸하는 인간의 허무함을 표현하는 데 그치고 마는 것은 아니다. 궁극적으로 이 그림의 모든 상징물들은 결국 단 하나의 숨겨진 아이콘을 드러내기 위해 그려진 것이라 해도 과언

---

15) J. Baltrušaitis, *Anamorphoses ou Thaumaturgus opticus*(Paris: Flammarion, 1996; 초판 1984), p. 7(약호 A).

16) 이에 대해선 P. 아리에스, 유선자 옮김, 『죽음 앞에 선 인간』(동문선, 1997), 하권, 5장 참조. 아리에스는 홀바인의 이 그림에 대해 이렇게 말한다. "〔이 그림은〕 삶 속에 은폐된 죽음의 존재를 그려내고 있다"(같은 책, p. 387).

은 아니다. 이 그림에서 가장 주목받지 못하는 귀퉁이, 이 편의 삶의 배후인 저편을 상징하는 커튼의 뒤에 살짝 그 모습을 나타내고 있는 아이콘, 주의깊게 바라보지 않는다면 놓치고 마는 모습이 있으니 바로 십자가에 못박힌 그리스도 상이다(〈그림 1〉의 상단 왼쪽). 인간의 지성(지리상의 발견을 상징하는 도구들)도 예술(악기)도, 우리에겐 보이지 않으나 언제나 우리를 노려보고 있는 죽음(해골)이 한번 후려치는 날이면 모조리 허무로 돌아갈 것이다. 인간의 놀라운 지혜도 그의 숙명을 바꾸어놓지는 못하는 것이다. 그러나 이 모든 것의 배후(커튼 뒤)엔 신의 구원의 역사가 있다. 인간의 화려한 삶의 전면에서는 주목받지 못하는, 무대 뒤편의 그리스도의 대속을 통해 인간의 역사는 그 필멸을 향한 전진으로부터 급선회하여 저편을 향한 초월을 희망할 수 있는 것이다. 이처럼 이 그림 한 폭은 신과 그와 계약을 맺은 인간의 역사 전체를 집약하고 있는 우주적인 서사시이다.

그러나 라캉이 주목하는 것은 죽음의 허무함과 신의 구원이라는 이 그림의 교훈적 테마가 아니다. 라캉은 이 초상화의 사실적인 삼차원적 질서는 우리의 표면적인 의식 세계를 표현해주고 있다고 본다. 초상화 속의 두 인물의 '눈'을 우리의 일상적인 시각은 포착(표상)할 수 있다. 반면 기형적인 대상인 해골은 우리의 시각적 충동이 결코 거머쥘 수 없는 대상a로서의 '시선'을 나타내주고 있다는 것이다. 그것은 분명 해골의 시선이지만 우리는 그것이 무엇인지 볼 수 없고, 또 마치 무엇인가를 가리고 있는 베일처럼 여길 뿐이다. 그 이상한 베일 뒤에 무엇인가 알아볼 수 있는 것이 숨겨져 있을 것이라고 기대한다. '그러나 베일이 가리고 있는 것은 바로 베일 그 자신일 뿐이다.' 우리의 시각적 충동은 이 베일 뒤에 무엇인가 볼 수 있는 대상이 있을 것이라고 믿지만 사실 베일 자체가 대상일 뿐 그 너머에는 아무것도 없다. 이렇듯 우리의 시각적 충동은 대상a를 추구하면서도 늘 만족을 얻지 못하고 좌절하고 마는 것이다. 마치 우리의 눈이 홀바인의 그림 앞에서 그 기형적인 대상이 무엇일까 끊임없이 궁금하게 여기면서도 결국은 알아낼 수 없는 것처럼 말이다.

시각적 충동은 타자의 시선에 도달할 수 없는 좌절을 겪음으로 해서, 만족을 얻지 못한 결핍된 자아로서의 주체를 탄생시킨다. 요컨대 주체는 그 자신을 타자의 결핍 속에서 체험한다. 그러므로 라캉에게 있어서 주체와 객체라는 관계는 '사실'로서 주어지는 것이 아니라 오히려 충동, 더 정확히는 좌절하도록 운명지어진 충동을 통해서 '발생'하는 것이다. 사르트르의 경우 인격적 주체는 타자의 시선으로 인한 수치를 통해 발생하고 레비나스의 경우 윤리적 주체는 고통받는 타자의 얼굴과의 만남을 통해서 발생하듯(3, 4, 5장 참조), 라캉에게 있어서 주체란 타자의 결핍 속에서 탄생한다.

그런데 우리는 편의상 '타자의 결핍'이라는 표현을 썼지만, 엄밀히 말해 타자의 결핍 혹은 타자의 시선의 결핍 등은 올바른 표현이라고 할 수 없을 것이다. 왜냐하면 시선, 즉 대상a를 추구하다 좌절하는 충동은 주객 관계 혹은 주체와 타자의 관계를 전제하기보다는 오히려 주객 관계를 창출하는 원인이기 때문이다. 라캉이 기술하고자 하는 바는 주객이 분화되기 이전의 상태에서 어떻게 주객의 분열이 일어나는가, 어떻게 주체가 탄생하는가 하는 것이지, 이미 전제된 주체와 대상의 관계로부터 출발하고자 하는 것은 아니다. 라캉은 충동과 그것의 대상이 분화되기 이전의 유아기 상태를 가정한다. 이때 유아는, 입은 젖가슴과 시각적 충동은 시선과 연결되어 있다고 생각한다. 이런 점에서 자아의 충동이 추구하는 타자의 시선, 젖가슴 등은 오히려 자아의 신체에 속한다고 할 수 있다. 다시 말해 "〔충동의〕 대상은 필수적으로 외래적인 어떤 것일 필요가 없다. 그것은 아마도 주체의 신체의 부분과 같은 것일 것이다"(GW, X, 215). 그런데 대상a를 소유하는 데 실패하고 마는 충동을 통해 나(주체)와 나에게 결여된 것(대상a)의 관계, 즉 주객의 관계가 '발생'하게 된다. 즉 원래 주객의 구별이 없던 자아는 대상이 결핍되어 있는, 대상과 분열되어 있는 것으로, 나누어진 것으로서 탄생하게 되는 것이다. 결국 이는 무의식적 차원에서 '대상a'를 추구하는 '충동'과 상징적 질서, 주체-대상의 관계 속에서 '대상'을 '욕구'하는 자아라는 '절단되고 나누어진' 주체의 탄생을 의미한다. 대상a의 가장 중요한 기능은 '나누는 기능' '절단하는 기능'인 것이다(도대체 충동 자체가 이미 각각의 대상a에 의해 '나누어진' 통일성 없는 부분적 충동이다. 이 점을 잘 기억해두도록 하자. 왜냐하면 이제 보겠지만 가타리는 라캉의 대상a에서 이 나누는 기능 혹은 절단하는 기능이라는 함의를 읽어내고, 이로부터 '절단'이라는 자신의 기계 개념을 발전시키기 때문이다).

라캉은 이러한 늘 실패하는 충동이 우리의 무의식을 형성하고 있다고 말한다. 무의식의 층위에 있어서 시각적 충동이 추구하는 시선, 청각적 충동이 추구하는 목소리, 후각적 충동이 추구하는 똥, 입의 충동이 추구하는 젖가슴 등의 이 대상a들은 결코 표상적인 차원에서 주체에게 소유될 수 없으며, 따라서 이 충동들은 결코 해소되지 않는다. 이렇게 볼 때 의식의 차원, 표상적 차원에서 우리가 보고 있는 것은 진정 우리가 보고자 원하는 것이 아니며, 우리가 듣고 있는 것은 진정 우리가 듣고자 원하는 것이 아니며, 우리가 냄새맡는 것은 진정 우리가 냄새맡기를 원하는 것이 아니다. 즉 우리가 의식의 차원에서 욕구하는 것은 결코 '자연적인' 것이 아니라 '언어를 통해 상징적으로 질서지어진 것'이며, 우리의 이면에는 결핍되어 있는 항상적인 에너지로서 충동이 자리잡고 있다. 바로 여기서 라캉의 기계 개념이 나온다. 그는 표층적인 욕구와 심층적인 충동으로 이루어진 인간의 구조가 기계와 비슷하다고 생각했던 것 같다. "기계는 인간에게 있어서 가장 근본적인 상징적 활동을 구체화한다"(S, II, 95)라고 라캉은 말한다. 『세미나 II』에서 그는 자주 인간을 '인공 두뇌'에 비유하는데, 이는 인간 두뇌의 활동을 상징적으로 모사하는 이 기계의 표층적 면모와 실제로 이 기계의 작동을 지배하는 심층적인 면모의 이중성 때문이다. "예컨대 프로이트는 두뇌를 꿈꾸는 기계라고 생각했다. 꿈이 현상적인 것이라면, 이를 가능케 하는 그 두뇌 기계의 내부는 신경체계로 이루어져 있다"(S, II, 96). 인공 두뇌의 활동이 자연적인 것이 아니라, 그 활동과 질서를 달리하는 내부의 기계적 원리에 지배받는 것처럼, 의식적인 차원에서 자연적인 욕구를 가진 것처럼 보이는 인간도 그 이면에 충동에 의해 구조지어진 무의식의 차원이 있다는 것이다(같은 맥락에서, 라캉이 의식과 무의식의 구조를 잘 나타내준 그림으로 본 홀바인의 「대사들」도 기계라고 할 수 있을 것이다. 이 그림에 대한 라캉의 논의에 많은 영향을 준 발트루사이티스[17]는 라캉의 이론과 관련하여 "예술과 과학이 뒤섞인 하나의 복합적인 기계"(A, 300)라는 표현을 쓰는데, 이 표현은 두 개의 상이한 퍼스펙티브가 표면과 심층에서 서로 다른 기능을 하고 있는 이 그림의 의미에 대한 가장 뛰어난 요약일 수 있다. 이미 보았듯 이 그림에서 삼차원의 사실적 초상화가 표층적 의식을 가리킨다면 왜곡된 퍼스펙티브가 구성해낸 해골〔죽음〕은 무의식을 표현한다. 죽음이 표면적 삶의 모든 것을 운명짓고 있다는 이 그림의 메시지는, 무의식이 표면적 의식의 모든 것을 운명짓고 있다는 라캉의 메시지와 구조상 유비적이다. 이렇듯 이 그림은 표층적인 것〔삶〕과 이 표층적인 것을 주관하는 심층적 원리〔죽음〕가 완전히 서로 다른 질서, 즉 서로 다른 원근법으로 이루어진 이중성을 지닌 기계이다). 또한 라캉은 무의식 혹은 무의식을 형성하는 충동이 인간 정신이라는 기계를 움직이는 에너지라는 측면에서, 이 에너지를 발견한 프로이트에 대해 이렇게 말한다. "헤겔에게 있어서 언급되지 않았던 것이 프로이트에게서는 언급된다. 바로 에너지가 그것이다. 그것은 〔……〕 헤겔 시대의 의식과 프로이트 시대의 무의식에 관해 우리가 이야기했을 때 다

17) 라캉과 발트루사이티스 사이의 상호 영향에 대해서는 S, XI, 80 이하; A, 299~300 참조.

루었던 것이다. [……] 헤겔과 프로이트 사이엔 기계 시대의 도래가 있다. 에너지는 기계가 있을 때에만 출현할 수 있는 것이다. [……] 프로이트적 생리학은 에너지의 문제를 해결할 목적으로 상징들을 다루는 학문이다. [……] 프로이트의 모든 논의는 에너지와 관련하여 무엇이 프시케, 즉 영혼인가라는 문제의 주위를 맴돈다. [……] 그의 모든 저작을 통해 프로이트는 에너지의 기능에 강조점을 두고 있다. [……] 만약 우리가 이 에너지의 신화의 의미를 어떻게 드러내야 할지 안다면, 우리는 기계로서의 인간 신체라는 메타포 속에 암시된 바가 무엇인지를 알 수 있을 것이다"(S, II, 95~96). 거칠게 요약하면, 무의식은 인간이라는 기계를 움직이는 에너지라는 것이다. 이로써 우리는 라캉의 기계 개념의 두 가지 함의를 요약할 수 있다. 첫째, 그는 인간의 의식적 · 표층적 욕구와 무의식적 · 심층적 충동의 이중적 구조를 표현하기 위해 기계 개념을 도입한다. 기계의 표층적 기능은 그 기능을 가능케 하는 기계 내부의 장치들과는 전혀 다른 질서를 갖는다. 예컨대 시계의 표층적 기능은 시간을 측정하는 상징적 활동이지만, 그 시계를 움직이는 톱니바퀴들의 구조는 표층적 기능과 전혀 부합하는 점이 없다(이 시계 메타포는 라캉이 데카르트로부터 찾아냈는데, 우리는 이 글의 말미에서 시계의 상징적 활동에 대해 좀더 살펴보게 될 것이다). 둘째, 라캉은 무의식은 의식 세계를 이끄는 에너지라는 점에서 기계 개념을 도입한다. 기계가 그 내부에 동력을 가지듯 인간도 동력을 가지는데, 그것이 바로 무의식이다.

4. 절단으로서의 기계 개념

이제 다시 들뢰즈와 가타리로 돌아와보자. "기계는 절단들의 체계 système de coupures로 정의된다"(AO, 43)라고 그들은 말한다. 절단은 들뢰즈와 가타리의 기계 개념의 두번째 함의이다(첫번째 함의는 이 글의 2절에서 이미 살펴본 '사용'이었다). 가타리는 절단으로서의 기계 개념을 논의하는 자리에서 "라캉이 욕망의 근원, 꿈의 중심점으로 묘사한 대상a 역시 폭탄machine infernale과 같은 방식으로 개인의 구조적 균형의 중심으로 돌연히 침입해들어간다"(PT, 244)[18]라고 라캉의 대상a에 대해 언급한다. 이미 보았듯 라캉에게 있어서 대상a는 마치 폭탄[19]처럼 충동들을, 그러므로 결국 주체를 절단해버린다. 들뢰즈와 가타리의 '절단하는 기계' 개념은 바로 대상a의 이 쪼개는 기능, 절단하는 기능에 착안한 것이라고 할 수 있을 것이다. 구조를 전복시키는 욕망과 그 욕망이 추구하는 대상과의 관계를 표현하기 위해 가타리는 라캉을 모방해 '대상-기계a'라는 새 용어를 만들기도 했다. 구조와 상반되는 것으로서 욕망의 대상인 "대상-기계a의 현존은 구조적 준거점들로 환원될 수 없고 그것들과 동일시될 수 없다"(PT, 244)라고 그는 말한다.[20]

그런데 들뢰즈와 가타리의 절단하는 기계에 관한 구체적인 논의들은, 어느 것이건 본질적으로 라캉과는 꽤 먼 거리를 두고 진행된다. 미리 밝혀두자면, 그들은 라캉의 대상a로부터 '절단'이라는 함의만을 받아들여 자신들 고유의 기계 개념을 발전시키고 있다. 그렇다면 이제 들뢰즈와 가타리의 기계는 도대체 무엇을 절단하기 위한 기계인가? "절단은 고려되는 성격에 따라 달라지는 여러 차원에서 행해진다"(AO, 43~44). 우리는 두 가지 차원에서 기계의 절단 양태들을 살펴볼 것이다. 기계가 절단하는(재단하는) 것은 1) 사회 구조와 2) 고

---

18) 『앙티-오이디푸스』에서도 이와 유사한 표현이 발견된다. "대상a는 폭탄, 즉 욕망하는 기계와 같은 방식으로 구조적 평형에 침입한다"(AO, 99).

19) 폭탄machine infernale을 지옥의 infernale '기계machine'라고 오역해보면, 절단하는 '기계'로서의 대상a의 뜻이 더 분명해진다.

20) 아래에서 보게 되겠지만 기계 개념의 중요한 함의 가운데 하나는, 기계란 언제나 '구조' 개념과 상반된 뜻으로 사용된다는 점이다.

전 형이상학의 체계이다.[21)]

I. 구조와 기계

가타리는 절단으로서의 기계를 '정태적 구조'와 반대되는 의미로 사용한다. 정태적이며 공시적인 구조가 아니라 어떻게 통시적으로 하나의 구조가 파괴되고 다른 구조로 진행해나가는가를 설명하기 위해 그는 기계 개념을 도입한다. "기계의 본질이란 구조적으로 수립된 사물들의 질서에 대해 이질적인 절단"(PT, 243)이다. 우리는 정태적 구조에 대한 다음과 같은 가타리의 비판을 읽을 수 있다. "우리는 기계에 의한 절단이라는 우연한 발견물에 선행하여 존재하는 어떤 구조적 공간이 가능할 것이라는 환상을 가지게 된다. 이 '순수하고' '기초적인' 기표적 사슬, 즉 일종의 욕망의 잃어버린 낙원 혹은 '기계주의 이전의 좋은 시절'은 〔……〕 절대적 좌표계로 고려될 수 있다"

21) 이 두 가지 외에도 주체, 소설의 화자, 소설의 부분들의 배치 문제와 관련된 절단하는 기계에 관한 논의는 흥미로운 것이 아닐 수 없다. "『잃어버린 시간을 찾아서』에는 화자가 있다기보다는 기계가 있다. 또한 주인공이 있다기보다는, 어떤 사용 혹은 어떤 생산을 위해서 어떤 구성 혹은 어떤 분절 방식을 따라 기계가 작동하게끔 해주는 기계의 배치 agencements가 있다"(PS, 276~77). 이제 소설에서 주체(화자)가 소설을 어떻게 전체화하느냐가 문제가 아니라, 소설 속의 전체로 통일될 수 없는 조각들을 어떻게 '배치'하느냐가 문제이다. 들뢰즈와 가타리는 때로 배치, 탈영토성, 탈주선을 동의어로 사용하는데(K, 153 참조), 그들이 해명하고자 하는 바는 어떻게 프루스트와 카프카가 소설의 전체화되지 않는 조각들의 배치를 통해 기존의 지배적 질서, 지배적 코드들, 지배적 의미 체계로부터 탈주선 ligne de fuite을 이끌어낼 수 있는가 하는 것이다. 그렇기에 이들의 소설론은 소설의 의미가 아니라 늘 그 '기능'을 문제삼는다(물론 들뢰즈의 논의에는 한 가지 모호한 부분이 있는데, 구체적으로 프루스트와 카프카의 소설에서 그가 '블록'이라고 부르는, 전체화되지 않는 부분의 실제 단위가 무엇이냐 하는 것이다. 그것이 소설가가 구별해놓은 소설의 장(章)인지 혹은 들뢰즈가 자기 나름대로 단위 구별의 기준을 가지고 있는지는 분명치 않다). 이 주체와 화자를 통일성이 없는 부분들로 절단하는 기계 혹은 배치하는 기계는 그 주제의 중요성에도 불구하고 주체 문제와 관련하여 이미 다른 자리에서 다루었으므로 이 자리에선 생략하기로 한다(1장 3. V 및 5장 3, 4 참조).

(PT, 243). 정태적 구조는 마치 임의적으로 부당하게 설정된 절대 좌표계 같다는 비판이다. 다시 말해 인간의 사유와 행위의 어떤 보편적인 문법을 확립하려는 구조주의적 시도는 하나의 환상에 불과하다. 오히려 가타리는 동태적이며 혁명적인 기계와 정태적이며 안정적인 구조는 인간의 두 측면을 구성한다고 본다. 즉 "기계들의 체계에 대해 구조적 질서는 결코 지배력을 행사하지 못하며"(PT, 243), "인간 존재는 기계와 구조의 교차 속에서 파악된다"(같은 곳). 요컨대 가타리에게서 기계는 하나의 구조를 파괴하고(절단하고) 다른 구조로의 이행을 가능케 하는 것, 이른바 혁명을 설명하기 위해 도입된 개념이다.[22]

이를 설명하기 위해 가타리가 첫번째로 드는 예는 산업자본주의를 가능케 했던 기계, 즉 공장에서 돌아가는 '진짜' 기계이다. "산업자본주의와 더불어 기계주의의 발작적인 진보는 수공업들의 현존하는 질서를 절단하고 또다시 절단한다"(PT, 242). 즉 증기 기관이라는 기계는 기존의 수공업 구조를 무너뜨리고 산업자본주의라는 구조의 출현을 가능케 한 것이다. 이런 식으로 "각각의 단계에 있어서 테크놀로지의 역사는 주어진 기계의 현존하는 유형에 따라 구분된다"(PT, 241).[23]

---

22) 절단 기계가 하나의 구조에서 다른 구조로의 이행을 가능케 만든다는 논의는 오로지 가타리의 논문 「구조와 기계」에만 국한시켜서 말할 수 있을 것이다. 왜냐하면 이제 보겠지만, 들뢰즈와 가타리의 이후의 공동 작업에서 강조되는 것은 절단 기계를 통한 다른 구조로의 이행보다는, 절단 기계가 도래하게 하는 '결코 구조화할 수 없는' 파편적 세계의 가능성이기 때문이다.

23) 이런 절단하는 기계는 비단 경제 체제의 영역에만 국한되지는 않는다. 가타리는 다른 두 가지를 예로 드는데, 과학의 영역과 언어의 영역이다. "과학의 역사는, 과학의 각 분과에 있어서 각각의 과학 이론이, 구조가 아니라 기계로 파악될 수 있는 장소에서, 이데올로기의 질서로 환원되려는 것을 현재와 평행을 이루도록 만든다"(PT, 241). 즉 새롭게 출현한 과학 이론은 과학의 구조를 재단해 새로운 과학의 구조를 수립하는 기계이다. 이 점은 언어의 영역에서도 확인할 수 있다. "목소리는 파롤 parole 기계로서, 랑그 langue의 구조적 질서를 재단하고 수립하지만, 그 역은 성립하지 않는다"(PT, 243).

들뢰즈와 가타리는 이런 절단하는 기계로서의 혁명적 역할을 수행할 수 있는 것들 몇 가지를 제시하는데, 그 가운데 하나가 발자크와 말콤 로리 M. Lowry의 소설이다. 이 두 사람의 소설은 "제도적 전복의 기계화로서의 혁명적 기획"(PT, 248)을 꾸미고 있다. "말콤 로리는 멋지게도 자기의 소설에 대해서 이렇게 말한다. '여러분은 이것〔로리의 소설〕을 일종의 교향곡이나 오페라, 아니면 심지어 웨스턴 오페라로 생각해도 된다. 그것은 재즈이고 시이고 노래이며, 비극, 희극, 익살극 기타 등등이다. 〔……〕 그것은 예언이고, 정치적 징조이고, 암호문이고, 미친 영화이고, 므네-므네-드겔-브라신이다. 우리는 심지어 그것을 일종의 기계 장치로 생각할 수도 있다. 그 기계는 작동한다'"(PS, 228). 이 인용에서 로리의 소설의 혁명 기계로서의 면모를 가장 잘 드러내주는 말이 바로 '므네-므네-드겔-브라신'이다. 이 수수께끼 같은 암호문은 바빌론의 벨사살 왕의 잔치에서 보이지 않는 손이 나타나 성벽에 쓴 글인데, 예언자 다니엘은 이 말을 바빌론 제국의 멸망을 예고하는 뜻으로 해석하였다. "므네는 '하느님께서 왕의 나라 햇수를 세어보시고 마감하셨다'라는 뜻입니다. 드겔은 왕을 '저울에 달아보시니 무게가 모자랐다'는 뜻입니다. 브라신은 '왕의 나라를 메대와 페르시아에게 갈라주신다'는 뜻입니다"(「다니엘」, 5: 25~28)라고 예언자는 왕 앞에서 암호의 뜻을 풀이한다. 벨사살 왕은 그날 밤으로 살해되고 메대 왕 다리우스가 나라를 차지한다. 현대의 바빌론 제국인 자본주의 세계의 예언자 로리는 다니엘처럼 그의 소설 기계를 통해 자기 시대 제국의 종말을 예언한다. 그의 소설이 바로 예언이며 동시에 혁명 기계이다. 이 점은 로리의 소설은 '자본주의의 빗장'을 파괴한다라는 들뢰즈와 가타리의 평가에서도 잘 나타난다(AO, 158 참조). 로리의 경우와 비슷한 맥락에서 이들은 발자크에 대해서도 다음과 같이 말한다. "엥겔스는 이미 발자크에 관하여 어떤 작가가 위대한 작가인지를 밝혔다. 위대한 작가는 자기의 작품의 정상적이며 독재적인 시니피앙을 무너뜨리고 [……] 혁명 기계를 키우는 흐름들을 묘사하여 이 흐름들을 흐르게 하는 사람들이다"(AO, 158). 잘 알려져 있는 바와 같이 오이디푸스는 욕망을 가족주의라는 제도적 질서 속에 가두어두는 고안물이다. 그런데 들뢰즈와 가타리는 문학에 있어서도 이와 유사한 일이 일어났다고 한다. "문학을 기존의 질서에 순응하는, 그리고 아무에게도 해를 끼칠 수 없는 소비의 대상으로 환원시키는 데서도 역시 오이디푸스화가 가장 중요한 요인들 가운데 하나이다"(AO, 159). 이러한 오이디푸스화된 문학 작품과 상반되는 '혁명적 절단 기계로서의 문학 작품'을 써낸 사람들이 바로 로리와 발자크라는 것이다.

구조와 대립된 것으로서의 기계에 관한 가타리의 논의에서 흥미로운 점 가운데 하나는 아마도 현실적인 제도로서의 사회주의에 대한 비판일 것이다. 절단하는 기계의 파괴적 성격을 부각시키기 위해 가타리는 자주 '전쟁 기계 machine de guerre'라는 용어를 사용한다. 어떤 것이 구조적 평행성을 깨뜨릴 때 그러한 상황은 전쟁이 일으키는 효과를 방불케 하기 때문일 것이다. 또한 이 전쟁 기계라는 용어는 항상 '국가 기구 appareil d'État'라는 용어와 대립한다[24]('국가 기구'를 전복시키는 '전쟁 기계'는 『천의 고원』의 12번째 부분의 핵심 주제로 다루어지는데, 그 논점을 이 절의 마지막 부분에서 보게 될 것이다). 가타리는 앙드레 말로의 말을 인용하면서 19세기가 국제주의의 시대였다면 20세기는 국가들의 세기라고 말한다(PT, 247). 그런데 가타리가 '국가에 의한 지배'라고 말할 때 그 함의 가운데 한 가지는 '정태적 구조를 통한 지배'이다. "상상적 덫, 함정—이는 오늘날 구조 바깥에서는 아무것도 분절될 수 없는 것처럼 보인다는 것이다.[25] 사회주의

24) G. Deleuze, "Trois problèmes de groupe," PT, p. VII(이 글은 들뢰즈가 PT의 서문으로 쓴 것이다).

25) 이에 반해서 들뢰즈와 가타리가 발전시키는 '기계' 개념의 본질적 특징 가운데 하

자들의 혁명적 계획은 '국가의 정치 권력의 지배'를 목적으로 삼았다. 그리하여 국가는 한 계급의 다른 계급에 대한 지배 도구의 토대와 동일하게 되었고, 생산 수단의 소유의 제도적 보장과도 동일한 것이 되었다. 혁명적 계획은 이런 미끼에 걸려든 것이다. 이 계획은 그 자체, 사회적 의식에 배태된 이 목적이 더 이상 경제적 · 사회적 충동에 대응하지 않음에 따라 미끼로서 구조화되었다"(PT, 247~48). 사회주의 체제에서 일어난 일이 무엇인가? 혁명적 계획이란 한낱 국가 기구에 의한 지배라는 최종 목적을 이루기 위한 미끼, 신기루에 지나지 않았다. 그 결과 사회주의가 이룩한 국가 기구란 계급 혁명의 동인인 경제적 충동과 대응하지 않는 엉뚱한 정태적 구조가 되었을 뿐이다. 이는 경제 형태의 발전의 과정에서 완전히 동떨어진 지배 기구로서의 국가, 자기 바깥에 어떤 잠재적인 분절도 허용하지 않고 모든 것을 자기 내부의 정태적 항으로 환원하는 구조적 질서이다. 결국 사회주의가 도달한 바는 그 형태적 본성을 고려하자면 자본주의의 국가 기구와 별반 다를 것이 없는 정태적인 구조적 질서라는 것이다. 이러한 점은 러시아 혁명을 기술하기 위해 들뢰즈와 가타리가 카프카로부터 인용하는 다음과 같은 말에서 결정적으로 확인된다. "화염이 사라지면, 그저 새로운 관료주의의 화분이 남을 뿐이다"(K, 105~06).

요약하자면, 사회 구조와의 관계 속에서 살펴본 절단하는 기계는 다름아닌 혁명의 원천이며 구체적으로는 국가 기구의 대립 개념이다. 국가 기구를 '유기체'에 비유할 수 있다면, 기계는 이 유기체의 해체자이다. 그런데 유기체와 대립되는 것으로서의 기계 개념을 우리는 들뢰즈의 고전 형이상학 비판에서 보다 분명하게 찾아볼 수 있다.

나는, 기계는 늘 구조에 대해 '외재적'이라는 점이다(기계의 '외재성 extériorité'은 이 절의 마지막에서 다루게 될 것이다).

Ⅱ. 형이상학과 기계

절단하는 기계는 전통 형이상학도 예외없이 먹이로 삼는다. 들뢰즈는 유기체와 대립하는 것으로서의 기계 개념을 이렇게 설명한다. "기계, 기계주의, '기계적 machinique.' 이것은 기계론적 mécanique, 유기적인 것이 아니다.[26] 기계론은 의존적인 항들 사이의 점점 더 근접하는 연관의 체계이다. 반대로 기계는 비의존적인 이질적인 항들 간의 '이웃 관계'의 조화이다."[27] 여기서 우리가 풀어야 할 문제는 두 가지로 제시되고 있다. 1) 기계와 반대되는 것으로서의 유기체란 어떤 것인가? 2) '이질적인 항들 간의 이웃 관계'로서의 절단하는 기계란 무엇인가? 첫번째 문제부터 살피자면, 들뢰즈는 이 유기체의 면모를 플라톤의 형이상학에서 발견한다.

Ⅱ-1 플라톤적 상기와 모사물, 개념적 차이

먼저 플라톤식의 변증법에 대한 들뢰즈의 비판으로부터 출발해보자. 들뢰즈는 플라톤 변증법의 구조를 다음과 같이 요약한다. "1) 각각의 사물들을 하나의 전체로서 파악한다. 2) 그리고 나서 그 전체의 법칙을 통해 사물 각각을 전체의 부분으로서 사유한다. 3) 마지막으로 전체는 그 자신을 전체성의 이념을 통해 각각의 부분들(각각의 사물들) 속에 나타낸다"(PS, 155~56). 여기서 각각의 부분들은 하나의 유기적인 전체를 형성하는 관절들이라고 볼 수 있을 것이다. 실제로

26) 이 구절이 말해주는 바는 들뢰즈의 기계는, 인간 신체와 똑같이 작동하는 기계인간에 대해 공상했던 18세기의 기계론과 아무런 상관이 없다는 점이다. 18세기의 기계론은 인간 신체의 기능을 그대로 재현하는 '유기체적인 장치'를 탐구의 대상으로 삼았다. 따라서 들뢰즈가 위에서 제시한 용어대로 부르자면, 이들의 기계는 '기계론적'인 것이지, '기계적'인 것은 아니다.

27) G. Deleuze & C. Parnet, *Dialogues*(Paris: Flammarion, 1977; 증보판, 1996), p. 125.

들뢰즈는 "중세와 르네상스의 플라톤주의에서 보듯이 부분들은 하나의 거대한 동물을 형성하는 〔……〕 관절들(분절들, articulations)을 따라 구성된다"(PS, 136)고 말함으로써, '유기적인 전체-개별자들'을 '거대 동물-관절들'에 비유하고 있다.

그런데 플라톤은 이와 같은 하나의 유기적인 동물에 비견되는 전체에 도달하기 위한 방법으로 두 가지를 제시한다. 그것이 결합의 방법과 분할의 방법이다. 결합은 흩어져 있는 것(종적 형상)들을 총괄하여 오직 하나의 유적 형상 아래로 모이게 하는 것이다. 그런 뒤 거기에 종차를 주어서 분할하는 방법이다. 여기서 유적 형상이란 개별자들이 가진 본질, 즉 에이도스(이데아)이다. 반면 분할의 방법은 우선 사물들을 '자연 상태의 분절대로 나눈다.' 이 나누는 일은 더 이상 나눌 수 없는 궁극적인 종에 이를 때까지 계속된다. 그리고 나서 지금까지 분할된 것들을 다시 종합하여 유개념을 정의한다. 여기서 우리는 서로 차이나는 존재자들을 하나의 전체 아래, 혹은 유기체적 구조 아래 종속시킨다는 말은 결국 존재자들을 '유종(類種)의 체계 속에서 파악'한다는 것임을 알 수 있다. 이때 개물들 간의 차이란 보다 상위의 동일자(이데아)를 전제하는 차이이다. 다시 말해 차이는 동일성 개념 안에 구속되어 있는 동일성 안에서의 구분, 즉 '개념적 차이'일 뿐이다. 차이란 오로지 근본적인 동일성 개념에 귀속되는 한에서만 성립하는 것이다(물론 이러한 '개념적 차이'는 상위의 동일성을 전제하는 것이라는 점에서 진정한 차이가 아니며, 이런 까닭에 들뢰즈는 이것을 '차이 자체'와 구별한다).

들뢰즈는 위에서 소개한 '분할의 방법'을 통한 '전체성' 혹은 '유기체적 구조' 아래서의 존재자 파악이, 인간 심성의 능력과 관련하여 어떻게 실현되는가에 관심을 가진다. 인간 심성의 능력들 가운데 하나인 '무의식적으로 나타나는 기억 réminiscence'에 의존하는 플라톤의 상기론(想起論)을 살펴보자. 플라톤의 무의식적으로 나타나는 기억은 감각 세계 안의 생성 변화하는 이런저런 분할된 개별자들로부터 출발한다. 이 기억은 감각 성질의 도움을 받아 고정된 본질인 이데아라는 종착점에 도달한다. 그런데 여기서 중요한 점은 "출발점〔무의식적으로 나타나는 기억〕은 도착점〔이데아〕을 미리 모방하는 능력일 때만 가치가 있으며, 그 결과 〔플라톤에게 있어서〕 능력들의 분할적 용법은 모든 것을 조화롭게 동일한 로고스 속에서 결합시켜버리는 변증법의 '전주곡'일 뿐"(PS, 132)이라는 점이다. 상기를 통해 정신은 모든 개별자들이 종속되는 유로서의 이데아를 발견하게 되고, 바로 그때에만 '무의식적으로 나타나는 기억'은 제대로 기능한 셈이 된다. 그러므로 이데아는 현상 중의 생성 변화하는 개별자들을 그 아래 포섭하는 '동일성의 형식'이며 참된 인식이란 이런저런 개물(個物)들이 아니라 바로 이 동일한 대상 형식, 즉 동일자에 대한 인식이다.

그런데 들뢰즈에 따르면 이 분할의 방법이 차이를 동일자(이데아)에 귀속시키는 일만 하는 것이 아니다. 우리가 살펴본 것처럼 분할은 개별자들을 이데아의 모사물 copie로서 이데아에 귀속시키는 작업, 즉 개별자들이 이데아와 맺고 있는 '내적 유사 관계'[28]를 밝히는 작업이다. 그렇다면 이러한 작업은, 현상 중의 개물들 간에 무엇이 이데아의 모사물이고 무엇은 아닌가, 즉 이데아의 자식이라 자처하며 심사를 의뢰한 지원자들 가운데 누가 이데아의 진정한 계승자이고 무엇이 아닌가라는 판별의 작업을 내포할 수밖에 없다. "분할의 목적은 〔……〕 순수한 계승자와 순수하지 못한 자, 진짜와 가짜를 구별하는 것이다. 〔……〕 분할의 본질은 폭의 측면에서, 즉 하나의 유에 속하

28) 왜 이 유사성은 '내적'인가? 하나의 개물과 다른 개물 사이에 성립하는 유사성은 외적 유사 관계이다. 그러나 이데아와 개물 사이의 유사 관계는 이런 식의 외적인 관계가 아니라, 하나의 개물과 그 개물의 성립을 가능케 하는 그것의 형상, 본질과의 관계이다. 즉 이데아는 그 개물의 탄생에 개입하는 내적 요소이다. 이런 의미에서 개물과 이데아 사이의 유사성은 내적이다(G. Deleuze, *Logique du sens* 〔Paris: Éd. de Minuit, 1969〕, p. 296 참조〔약호 LS〕).

는 종들을 규정짓는 작업상에서는 드러나지 않는다. 그것은 깊이의 측면에서, 혈통을 가려내는 작업에서 드러난다. 즉 그것은 [……] 진정한 계승자를 거짓 지원자로부터 구별하는 것이다"(LS, 293). 이런 까닭에 분할의 방법은 모래로부터 금(이데아의 계승자)을 발견해내기 위한 장치, 문자 그대로 "시금석 épreuve de l'or"(LS, 293)이라는 별명으로 불리기도 한다. '이데아와의 모사 관계'라는 모델을 통해 성립한 개별자들, 즉 시금석을 통과한 것들을 '모사물'이라 부르는 반면, '금 고르기'에서 불합격 판정을 받은 것들을 '시뮬라크르 simulacre'라고 부른다. "모사물은 [이데아와] 유사성을 지닌 이미지이며 시뮬라크르는 유사성을 지니지 못한 이미지이다"(LS, 297). 그러므로 모사물과 사뮬라크르 사이엔 '본성'상의 차이가 존재하며, 이데아와 시뮬라크르 사이엔 "무한하게 느슨한 유사성"(같은 곳)만이 존재한다. 여기서 '무한'이라는 말이 잘 알려주듯 당연하게도 무한하게 느슨한 유사성이란 아무런 유사 관계도 성립하지 않는다는 뜻 외에 다른 것이 아니다. 유사 관계를 살피려 한다면 시뮬라크르는 이데아로부터 무한히 멀어져갈 뿐이다. 이렇게 플라톤의 형이상학은 1) 가상계의 이데아, 2) 이데아를 자신의 본질로 삼는 현상계 속의 모사물(즉 가상계의 이데아가 현상계에 낳아놓은 이데아의 계승자 혹은 자식), 3) 역시 현상계에 속하지만, 이데아와 아무런 관련을 가지지 않는 시뮬라크르라는 세 개의 계급으로 이루어져 있다.[29] 이러한 시뮬라크르란 어

29) 이처럼 플라톤은 시뮬라크르라는 표상되지 않는 영역을 남겨두었다. 그는 비표상적인 것을 완전히 표상적인 것으로 덮어버리고자 한 것이 아니라, 시뮬라크르와 이데아의 모사물 사이의 경계, 즉 표상될 수 없는 것과 있는 것 사이의 경계를 세우는 데 만족했다. 이 점은 그 이후의 철학사와 비교해보면 분명해지는데, 왜냐하면 아리스토텔레스에서부터 서양 철학은 존재의 가장 미미한 부분에 이르기까지 모든 것을 표상의 영역에 종속시켜버리고자 하기 때문이다. "아리스토텔레스에서 표상은 가장 높은 유들로부터 가장 작은 종들에 이르기까지 모든 영역을 꿰뚫고 덮는다. 또한 분할의 방법은 플라톤에게는 없었던 특정 분류 spécification라는 전통의 방향을 띠게 된다. [……] 헤겔에게 있어서도 동일하다. [……] 철학은 무한

떤 것인가? 소크라테스가 아래와 같이 질문할 때 이미 시뮬라크르는 예화되고 있다. "모든 것들에 대해 이데아가 있는가? 털, 때 그리고 진흙 같은 것들에조차 이데아가 존재하는가? 아니면 끝내 이데아를 벗어나는 무엇인가가 존재하는가?"(LS, 17) 그런데 털이나 때처럼 그 '형태'를 명확하게 판별하기 어려운 것, 그리고 진흙처럼 형상을 지니지 않는 것처럼 보이는 것만이 시뮬라크르인 것은 아니다. 우리는 아래에서 상기의 문제와 관련하여, 형태가 명료함에도 이데아에 포섭되지 않는 시뮬라크르들을 살펴보게 될 것이다. 플라톤의 상기가 전체화 혹은 유기체화를 목적으로 이데아와 그에 종속된 모사물들 사이를 운동했다면, 우리가 살펴볼 새로운 종류의 상기, 플라톤의 그것과는 전혀 다른 종류의 상기는 바로 이 시뮬라크르들 사이에서 작동한다.

Ⅱ-2 프루스트적 상기와 시뮬라크르, 차이 자체

이데아를 미리 모방하지 않는 능력으로서의 '상기,' 존재자들의 개념적 차이가 아니라 '차이 자체'를 사유할 수 있는 능력으로서의 상기는 어떻게 가능한가? 들뢰즈는 플라톤주의와 대립되는 이런 또 다른 상기를 재미있게도 프루스트에게서 찾는다. 플라톤과 마찬가지로 프루스트에게서도 '배운다는 것은 다시 기억해내는 것'이다(PS, 23). 프루스트의 상기도 플라톤과 마찬가지로 감각적 대상(가령 마들렌 과자)에서 출발한다. 하지만 그 도달점은 플라톤과 정반대로 통일성이 없는 분할된 부분들의 세계이다. 프루스트의 유명한 마들렌 체험, 즉 어느 겨울날 마들렌 과자와 차를 한잔 들게 되었을 때 갑자기 비자발적으로, 예전의 콩브레 시절 레오니 고모의 방에 아침 인사를 하러 갔다 맛보았던 마들렌과 차 한잔을 상기하게 되었을 때의 행복의 체

의 정복으로부터 출발하며 이때 철학은 표상이라는 요소를 떠나지 않는다"(LS, 299~300).

험을 들뢰즈는 현재와 과거 간의 공명 résonance(共鳴)의 효과라고 말한다. "기계는 공명들 혹은 공명의 효과들을 생산한다. 여기서 가장 유명한 것은 비자발적인 기억이 일으키는 효과들이다. 이 효과들이란 현재와 옛날 두 순간이 공명하게끔 만드는 효과들이다"(PS, 237). 프루스트의 비자발적인 기억, 프루스트적인 상기가 바로 '공명을 일으키는 기계 machine à résonance'이다. 플라톤의 상기에서도 공명의 효과가 일어날까? 결코 그럴 수 없을 것이다. 왜냐하면 여기서는 현상 중의 이런저런 대상들이 상기를 통해 인식하게 된 동일자, 즉 이데아에 종속될 뿐이기 때문이다. 공명은 두 개의 대상이 상위의 동일적인 대상으로 환원될 때는 일어나지 않는다. 오로지 상위의 동일성을 전제하지 않는 두 대상 간의 환원 불능의 '차이'만이 공명의 효과를 생산해낼 수 있다. 다시 말해 과거의 마들렌과 현재의 마들렌은 하나의 동일자로 환원되지 않는 서로 다른 '특정한 singulier' 대상이어야만 한다. 서로 간에 차이를 지닌 전체화하지 않는(동일한 이데아에 종속되지 않는) 특정한 조각들이어야 하는 것이다. "공명이란 〔플라톤의 상기와 달리〕 다른 영역으로부터 올 조각들을 전체화하는 일이 아니다. 공명은 스스로 자기 자신의 조각들을 추출해내며 그 조각들이 가진 고유한 목적에 따라 조각들이 공명하게끔 하지만 그것들을 전체화하지는 않는다"(PS, 238).

프루스트에게서 볼 수 있는 이러한 공명의 가능성은 조이스에게서도 발견된다. 프루스트의 공명이 상기를 통하여 과거와 현재 사이에서 이루어진다면 조이스의 그것은 단어들 사이에서 성립한다. 『피네건스웨이크』에서 단어들은 결코 서로 동일한 하나로 환원되지는 않지만, 서로 간의 유사성의 극대치까지 다가가면서 공명한다고 들뢰즈는 말한다. 단어들이 서로 동일하지는 않지만 유사하기 때문에 쌍방 간에 가능한 공명을 가리켜 그는 '현현 épiphanie'이라 일컫는다.[30] "언제나, 서로 부조화하는 계열들(극단적인 경우엔 모든 계열들이 서로 대립하면서 우주[작품]를 구성한다)의 극대치를 유지하는 것이 문제이다. 불길한 언어적 전조(前兆)들을 가동시키면서 말이다. [……] 특히 이 언어적 전조들, 즉 말들은 원리상 동일화될 수 있는 것들이 아니다. 그러나 이 말들은 그 말들의 체계 전체 속에서, **차이 자체의 차이화 과정의 귀결로서** 유사성과 동일성의 극대를 이룩해낸다. 불길한 언어적 전조의 활동 아래서 서로 공명하는 계열들 사이의 체계 속에서 이루어지는 이것을 가리켜 '현현'이라 부른다."[31] 이러한 프루스트와 조이스의 공명의 효과, 즉 전체화하지 않는 조각난 항(項)들의 차이의 효과를 들뢰즈는 당착 어법 alliance de mots(撞着語法)에 비교하기도 하는데, 당착 어법이란 서로 모순되는 단어들을 이웃시켜 새로운 의미를 얻어내는 방법이다. 서로 차이나는 조각들 간의 공명의 효과는 바로 이런 당착 어법의 효과와 유사하다는 것이다(PS, 237 참조). 이러한 전체화하지 않는 조각들, 이데아라는 동일적인 유를 전제하지 않는 조각들이 바로 시뮬라크르들이다. 이것들 사이의 차이는 상위의 동일자(유개념)에 귀속되는 것이 아니라 오로지 그 자체로 성립하는 것이기에, '개념적 차이'가 아니라 '차이 자체'이다.

정리하면, 플라톤의 형이상학은 각각의 분절들이 하나의 거대 동물의 관절을 이루는 유기체를 지향한다. 이때 각각의 조각들(모사물)로부터 출발해 이를 하나의 통일적인 이데아의 질서 속에 종속된 것으로 파악하는 능력이 상기였다. 반대로 프루스트의 상기는 세계를 결코 유기체를 이루지 않는 사뮬라크르들로 조각내는 '절단 기계'이다.[32] 다르게 말하면 그것은 전체로 짜맞추어지지 않는 이질적인

30) 물론 이 '현현' 개념은 3장 2에서 다룬 레비나스의 주요 개념인 '현현'과는 전혀 관련이 없다.

31) G. Deleuze, *Différence et répétition*(Paris: P.U.F., 1968), p. 159(약호 DR).

32) 시뮬라크르들 사이의 이 공명의 효과를 들뢰즈는 "기계 장치, 디오니소스적 기계"(LS, 303)의 효과라고 명명하기도 한다.

조각들(시뮬라크르)을 이웃시켜 공명의 효과를 '생산'해내는 기계이다[33](앞서 소개한 '기계는 이질적인 항들 간의 이웃 관계의 조화'라는 들뢰즈의 정의를 상기하라). 그리고 반대로 우리가 상기를 통해 겪는 공명의 즐거움이란, 세계가 동일적인 것(이데아)의 질서 아래 전체화하지 않는 특정한 조각들로 사유될 수 있음을 반증해준다. 말하자면 회상(回想)으로부터 오는 공명의 행복감은 오로지 '차이 자체'가 내재하는 세계만이 줄 수 있는 선물인 셈이다.[34] 여기에 바로 기계로서 프

33) 들뢰즈는 프루스트의 비자발적인 기억이라는 기계가 일으키는 공명의 효과를 '생산'이라는 측면에서 기술하기도 한다. "공명들의 생산을 보좌해주고 메워주는 것은 부분적 대상들의 생산이"다(PS, 249). 즉 공명 기계의 일은, 다름아니라 공명이 이루어질 수 있도록, 과거의 마들렌과 현재의 마들렌을 두 개의 상이한 부분적인 조각들로서 '생산'해내는 것이다. 그러므로 세계를 조각들로 재단해내는 절단기계의 일은 세계를 조각들로 생산해내는 일이라고 바꾸어 쓸 수 있다. '절단 기계'는 곧 '생산 기계'이다. 또한 이는 절단 기계의 작업이 단지 세계가 파편적 조각들로 되어 있음을 알아보는('재인식'하는) 일이 아님을 함축한다. 왜냐하면 들뢰즈에게 있어서 사유는 언제나 '창조'이기 때문이다. 들뢰즈의 개념법을 엄수하자면, 상기하는 기계는 세계의 파편성을 '인식'하는 것이 아니라, 바로 그 상기 활동 자체를 통해 세계를 파편들로 '창조' '생산(절단)'하는 것이다(재인식과 이에 대립하는 창조로서의 사유에 대해선 1장 4 참조).

34) **프로이트의 트라우마와 시뮬라크르**: 그렇다고 공명의 효과 일반과 행복감을 동일시해서는 안 된다. 마들렌의 행복과는 반대로 트라우마를 주는 공명도 있다. 가령 프로이트의 상기는 프루스트의 상기와 반대로 고통을 가져다준다. 우리는 이미 2장에서 프로이트의 트라우마론을 살펴보았다. 그런데 들뢰즈는 프로이트의 이 트라우마론을 자기의 시뮬라크르 이론의 선구적 작업으로 내세우고 있다. "이미 프로이트는 어떻게 환각이 적어도 두 계열, 즉 유아기 계열과 사춘기 이후 계열에서 유래하는가를 보여주었다. 환각과 관련된 정동적 부하 charge affective(情動的 負荷)(즉 트라우마)는 시뮬라크르들의 내적 공명에 의해서만 설명된다"(LS, 301). 이 설명을 우리가 2장 1에서 분석한 프로이트의 엠마에 관한 연구와 대응시키자면, '유아기 계열'은 엠마가 여덟 살에 사탕 가게 주인으로부터 겪은 성적 추행에, '사춘기 이후의 계열'은 엠마가 열두 살에 옷 가게 점원이 그녀의 옷을 보고 웃은 일에 각각 해당한다. 여기서 트라우마는 어느 하나의 사건만을 가지고 성립하지 않고, 두 사건을 상상력(곧 상기)이 연결짓는 가운데 성립한다(트라우마론에서 상상력의 역할에 대해선 2장 각주 6 참조). 두 사건 사이엔 유사성이 있다. 즉 1) 옷이 관련되어 있다는 것(사탕 가게 주인은 옷 위로 그녀의 성기를 만졌으며, 옷 가게 점원은 그

루스트의 상기, 즉 마들렌 체험의 중요성이 있다. "프루스트의 독창성은 고전적〔형이상학〕의 영역에서 이전에는 존재하지 않았던 어떤 구분〔절단, découpage〕 〔……〕 을 추출해냈다는 점이다"(PS, 241). 또한 이 말은 들뢰즈 자신의 철학이 가지는 의의에 대한 탁월한 요약이기도 하지 않은가? 동물의 신체로 비유되는 유기체적 세계의 분절들 혹은 관절들(유와 종, 이데아와 모사물의 체계)이 실은 어떤 전체성의 이념 아래에서 통일을 이루기는커녕 기계에 의해 조각조각 절단나 있음을 보이는 것이 그의 철학적 기획이었으니 말이다.[35)]

Ⅱ-3 반복이란 무엇인가?

기계에 의해 절단된 전체성의 파편들, 곧 '차이 자체'에 대한 해명은 '반복 répétition'의 의미를 숙고함으로써 완결된다. 전체성과 양립할 수 없는 차이는 반복을 그 원리로 삼고 있다. 반복은 니체의 '영겁회귀'에 대한 들뢰즈 나름의 해석인데, 오해하지 말아야 할 점은 그것이 계절의 반복 같은 자연의 보편적인 질서와는 아무 상관이 없다는 것이다(LS, 305 참조). 또 "영겁 회귀는 '모든 것'을 되돌아오게 하지

녀의 옷을 보고 웃었다), 2) 웃음이 관련되어 있다는 것(사탕 가게 주인은 추행을 하며 웃었고, 옷 가게 점원은 그녀의 옷에 대해 웃었다). 플라톤의 상기와 달리 엠마의 상기는 이 두 유사한 사건을 상위의 동일한 개념에 종속시키지 않고, 공명시켜서 '트라우마'라는 효과를 생산해낸다. 두 사건 사이를 오가는 엠마의 상기를 들뢰즈는, 시뮬라크르 사이를 운동하며 공명을 만들어내는 "무의식의 기계"(LS, 90)로 이해하는 것이다. 시뮬라크르 사이의 상기라는 점에서 프로이트와 프루스트는 한통속으로 플라톤의 상기와 대립하며, 다른 한편 행복감이 아니라 트라우마를 그 효과로 가져오는 공명이라는 점에서 프로이트의 상기는 프루스트의 그것과 대립한다.

35) 우리는 들뢰즈와 동시대인인 푸코가 시험해보고자 했던 바도 결국은 이와 동일한 것이었음을 확인할 수 있다. 푸코는 들뢰즈와 유사한 어조로 다음과 같이 말한다. "우리는 우리가 지금 친숙해져 있는 구분들 découpages과 분류들 groupements을 의심해보아야 한다"(M. Foucault, *L'archéologie du savoir*〔Paris: Gallimard, 1969〕, p. 32).

는 않는다"(LS, 306). 즉 반복은 지나간 것—지나가버린 사건, 이미 죽은 사람, 사라진 사물들, 역사상의 지나가버린 구체적인 한 시대 등—이 '실재적' 의미에서 다시 되돌아온다는 것을 뜻하지 않는다. 이러한 점들이 말해주는 바는 반복은 경험적 법칙과도, 실재적인 물리적 법칙과도 아무런 상관이 없다는 것이다.

반복은 그것의 상관 개념인 '긍정 affirmation'과 더불어 이해되어야 한다. 긍정은 '무엇을 수긍한다'라고 할 때의 '심리적' 확인이 아니다. 긍정은 심리적인 것과는 아무런 상관이 없다. 오히려 긍정은 '부정의 부정'이라는 변증법의 대립 개념이다. 변증법이란 개물들에서 출발하지만 그 개물들의 부정을 통해 보다 상위의 것, 즉 최고 존재의 이념, 궁극 목적의 이념 등을 향해 나아간다. 이런 과정을 통해 개물들은 전체 유기체의 한 부분으로 위계 질서 hiérarchie를 이루게 된다. 반면 긍정이란 개물들, 즉 시뮬라크르들에서 출발해서 그것들을 '부정'하고 통일적인 원리에 도달하는 것이 아니라, 즉 보다 상위의 층위로 올라가는 것이 아니라 생성 변화하는 시뮬라크르의 층위가 계속되게끔 하는 것이다.

이 시뮬라크르로서의 존재자들을 긍정하는 원리가 반복이다. "영원 회귀 속의 동일성은 되돌아오는 것[존재자]의 본성을 가리키는 것이 아니다. 이와 반대로 차이나는 것을 위해 되돌아오는 상태이다."[36] 반복은 존재자의 성질들의 반복이 아니다. 즉 물리적 실재가 되돌아온다는 뜻에서의 반복이 아니라 존재자들에게, 동일성을 향해 전진하지 않는 차이나는 것으로서의 존재자성을 부여하는 원리라는 뜻에서의 반복이다. 이미 말했듯 변증법적 원리에서 개물들은 최고 존재 또는 궁극 목적을 지향한다. 그것은 늘 전체성과 완전성을 향해 상승하는 일직선적인 운동이다. 그러나 시뮬라크르로서 고려된 존재자들

---

36) G. Deleuze, *Nietzsche et la philosophie*(Paris: P.U.F., 1962), p. 55.

의 세계에는 이런 일직선적이고 위계적인 운동, 즉 개별자에서 동일자로, 불완전한 상태에서 완전한 상태로 나아가는 역사의 드라마가 없다. 그저 차이를 지니는 존재자들의 상태가 계속 긍정될 뿐이다. 이처럼 상위 단계로의 상승 없이 동일한 상태가 계속 되풀이되게끔 하는 원리를 반복이라고 부른다. 서로 대립적인 것이긴 하지만, 이데아가 존재자의 존재 원리였듯 반복 또한 존재자의 존재 원리이다. 여기서 사용된 용어 '존재자의 존재'에서 이미 짐작할 수 있겠지만 들뢰즈의 반복 개념은 하이데거적인 착상과 어느 정도 공통점을 보인다.[37] "영겁 회귀는 '존재 l'Être'이다. 그러나 오로지 '존재자 l'étant'가 시뮬라크르일 때만 그렇다"(LS, 305)라고 들뢰즈는 말한다. 반복은 '존재자의 존재,' 즉 존재자의 있음을 가능케 하는 것이다. 보다 정확히 말하면 반복은 존재자를 '환원 불능의 차이를 지닌 존재자'로 드러내 보이는 '존재'이다.[38]

결론적으로 들뢰즈 철학의 기획이란 존재자를, 모델(이데아)과 복사물과의 관계라는 위계 질서, 그리고 궁극 목적에로의 상승 운동 등으로 대표되는 변증법적 원리로부터 빼어다가 반복의 원리의 지배 아래서 사유해보고자 하는 것이다. 그는 반복 개념이 플라톤류의 변증법적 원리와 경쟁하기 위해 고안된 것임을 다음과 같이 명시하고 있다. "플라톤은 영원 회귀〔영원 회귀를 따르는 개별자〕를 이데아의 귀결로 만듦으로써, 즉 하나의 모델의 복사물로 만듦으로써 그것〔영원 회귀〕을 징계하고자 하였다. 그러나 강등된 유사성의 운동, 즉 〔상위의 이데아로 상승함 없이〕 복사물에서 복사물로 나아가는 유사성의

37) 물론 하이데거와의 차이 또한 간과되어서는 안 될 것이다. 둘 사이의 공통점과 차이점에 대해서는 G. Deleuze, *Foucault*(Paris: Éd. de Minuit, 1986), pp. 115~19; A. Badiou, *Deleuze: la clameur de l'Être*(Paris: Hachette, 1997), pp. 34~38 참조.

38) 반복 개념에 대한 보다 자세한 논의는 필자의 글 「들뢰즈 존재론과 앙티-오이디푸스 그리고 니체」(김상환 외 지음, 『니체가 뒤흔든 철학 100년』, 민음사, 2000)의 1절 참조.

무한한 운동 속에서 우리는 〔……〕 복사물 자체가 시뮬라크르가 되는 지점, 그리고 궁극적으로 〔이데아와의〕 유사성 혹은 〔이데아를〕 모방하는 일이 반복으로 대체되는 지점에 도달한다"(DR, 168). 그리고 이처럼 전체성을 차이로, 모사물을 시뮬라크르로, 변증법적 상승 운동을 반복의 운동으로 만들어주는 것이 바로 절단 기계로서 비플라톤적 상기인 것이다.

Ⅲ. 보충적 논의: 전쟁 기계와 국가 기구에 관한 노트

들뢰즈와 가타리는 그들이 수행해왔던 이전의 주요 작업들을 '전쟁 기계'와 '국가 기구'라는 개념적 대립 쌍을 통해서 모두 재구성해 보려는 듯한 인상을 줄 만큼 후기로 갈수록 '기계' 개념에 대해 애착을 보이고 있다. 가령 『천의 고원』(1980)에서 그들은 '독단적 사유의 이미지'와 '발생적 사유의 이미지'의 대결(1장 참조)을 '국가 기구'와 '전쟁 기계'의 대립이라는 구도를 통해 다시 설명하고자 한다.[39] 국가 기구는 항상 서로 상보적인 '두 우두머리'로 구성되는데, 가령 '전제군주 despote 혹은 입법자 législateur'와 '연결자 lieur 혹은 조직자 organisateur'가 그것이다(MP, 435). 들뢰즈와 가타리에 따르면 고전 철학의 사유의 이미지 또한 이런 유의 두 우두머리, 즉 '정신들의 공화국'과 그 공화국의 왕자인 '최고 존재의 이념'(MP, 464)이 지배하는 국가 기구이며, 그 지배 아래서 "국가 교수들 professeur public"(MP, 466)은 사유에서의 '보편화'라는 국가 사업을 수행한다.

사실 『천의 고원』 12번째 부분에서 그들은 절단 기계가 작동할 수 있는 영역을 사유뿐 아니라 거의 문화의 전분야로 확장하고 있다. 기계에 관한 다양한 논의는 이제 '전쟁 기계 대 국가 기구'라는 도식으로 단순화되며, 신화, 민족학, 인식론, 정신론 noologie[40] 등 문화의

39) G. Deleuze & F. Guattari, *Mille plateaux*(Paris: Éd. de Minuit, 1980), pp. 464~70(약호 MP).

여러 영역에서 이 둘이 대립을 거듭한다. 그러나 분야의 다양성에도 불구하고, 전쟁 기계와 국가 기구의 대립을 둘러싼 논의는 다음 두 가지로 정리될 수 있을 듯하다. 우리는 이 두 가지를 '절단으로서의 기계'에 관한 우리 연구의 결론적 요약으로 받아들일 수 있을 것이다.

첫째, 전쟁 기계는 국가 기구에 대해 반드시 '외재적 extérieur'이다. 만일 전쟁 기계가 국가 기구에 대해 내재적이 된다면 기계는 국가 기구라는 유기체적 구조의 기능적 요소로 변질될 수밖에 없을 것이다.[41] 둘째, 국가 기구는 늘 "전체적 일치"(MP, 465), '보편화'를 추구하는 반면, 전쟁 기계는 보편성으로 환원될 수 없는 '특정성'을 추구한다. 국가 기구의 옹호자인 '국가 교수들'에 대립하는 "사적 사상가들 penseur privé"(MP, 467)[42]은 사유의 "보편화될 수 없는 특정성의 기능"(MP, 468)을 내세운다. 그러면서 그들은 보편의 국가 기구를 도저히 유기체적 전체를 이룰 수 없는 파편화한 특정성의 조각들로 절단해버리고자 한다. 그렇다면 '국가 이후엔 무엇이 오겠는가'라는 미래에 던져진 의문의 해답은 자명하다. 국가 기구는 이제 서로 통일을 이룰 수 없는 '유목 부족 tribu'으로 조각나버리는 것이다. "모든 사유

40) 들뢰즈는 '정신론'이라는 말을 언제나 '사유의 이미지 연구'와 동의어로 사용한다. "이념론 idéologie과 구별되는 정신론은 분명 사유의 이미지 연구이며, 그 역사성에 관한 연구이다"(MP, 466).

41) 가령 들뢰즈와 가타리는 전쟁 기계로서 니체의 글쓰기(격언과 대립하는 아포리즘)에서도, 결코 국가 기구나 유기체적 구조로 내재화하지 않는 절대적인 외재성의 면모를 발견한다. "사유를 외부와 혹은 외부의 힘과 직접적으로 관계짓는다는 것, 즉 사유를 전쟁 기계로 만든다는 것은 낯선 기획인데, 이 기획의 명료한 절차를 니체에게서 배울 수 있다(가령 아포리즘 aphorisme은 격언 maxime과는 아주 다르다. 왜냐하면 문학의 공화국에서 격언은 국가의 유기체적 활동 혹은 주권자의 판결 같은 것이기 때문이다. 반면 아포리즘은 늘 새로운 외재적 힘으로부터, 그 자신을 정복하고 복종시키고 사용할 궁극적인 힘으로부터 그 자신이 지닐 의미를 기대한다)"(MP, 467).

42) 들뢰즈와 가타리는 국가 교수들에 대립해왔던 키에르케고르, 니체, 세스토브 등에 대해 '사적 사상가들'이란 표현을 쓴다(MP, 467 참조).

는 이미 하나의 유목 부족이며, 국가에 대립한다"(MP, 467).

5. 맺음말

이 글의 목적은 들뢰즈와 가타리의 사상 일반을 개괄하는 것이 아니라, 그들의 구체적인 사상이 전개되는 다양한 장에서 기계라는 개념이 어떤 용법들로 쓰이는지 추적해보자는 것이었다. 그런 까닭에 장황하리만치 다양한 논의들이 기계 개념이라는 하나의 바늘에 꿰어 이 글 안으로 쏟아져들어올 수밖에 없었다. 라캉, 가타리, 들뢰즈로 이어지는 기계 개념의 역사는 어떤 것이며, 구체적으로 그들 각자는 선배의 업적으로부터 무엇을 발전시키고자 했는가? 들뢰즈와 가타리의 다양한 탐구의 장에서 기계 개념은 어떻게 쓰이는가?—발생적인 것과 기능적인 것, 이 두 가지 질문의 날실과 씨실이 짜내는 영역이 우리의 탐구 대상이었다.

기계 개념이, 역사도 정의(定義)도 없는 속빈 장식물이 아니라는 점은 분명해진 것 같다. 그러나 그것이 은유든 아니든 왜 서양인들은 무엇인가를 궁리하기 위해서 기계라는 말을 필요로 했을까? 라캉은 자기의 기계 개념의 철학사적 원천을 밝히면서, 인간의 본질을 드러내는 메타포로서 기계에 관심을 가졌던 최초의 인물로 데카르트를 지목한다. 구체적으로 데카르트가 관심을 두었던 기계는 시계이다("데카르트가 인간 속에서 찾고자 했던 기계는 시계이다"[S, II, 94]). 근대 과학과 함께 출현한 여러 기계들은 그 이전에 인간이 사용하던 도구들과는 확실히 다른 모습을 띠고 있었다. "기계는 단순한 물품, 즉 의자, 책상, 그리고 그밖의 다른, 그저 조금 상징적인 물건들이 아니다. [……] 기계는 다른 어떤 것이다. 기계는 실제로 우리가 존재하는 것 이상으로 멀리 나간다. [……] 기계는 인간의 근본적인 상징적 활동을 구체화한다"(S, II, 94~95). 우리 주위의 도구들은 대부분 인간 신체의 기능을 연장해주는 기능을 한다. 망치는 손을 연장해주며, 바퀴는 발을 연장해준다. 반면 시계라는 기계는 신비 중의 신비인 시간을 구체화하는 놀라운 일을 해낸다. 시간을 측정한다는 것은 실재적이고 구체적인 세계 속에서 우리 몸의 기능을 연장시키는 일과는 전혀 다른 종류의 것이며, 오히려 상징적인 혹은 허구적인 가상의 선(線)을 허공에 그리는 것이나 마찬가지다. 근대인들은 이러한 기계의 형이상학적 성격에서 수많은 상징 활동을 하는 인간의 모습을 발견하려고 했을 것이다. 즉 도구가 인간 신체의 표현이라면 기계는 영혼 또는 무의식의 표현이었다고 해도 좋을 것이다.[43)]

이것이 데카르트와 라캉의 경우였다면, 들뢰즈와 가타리는 오히려 세계를 온통 새로 편성해버리는 증기 기관의 찢는 듯한 힘에, 햄을 써는 기계의 파괴력에 매료당한 자들이다. 그들은 '인간의 기능의 연장'이라는 고전적인 도구 개념에 정면으로 반대하면서 라캉과는 또 다른 방식으로 그들의 기계 개념을 정립한다. "도구에서 착상을 얻은 하나의 고전적 도식이 있다. 도구는 생물의 연장 및 투사요, 인간이 점차 스스로를 해방시키는 조작이요, 기계는 도구로부터 진화한 것이다〔……〕 라고 하는 것이다. 그러나 〔기계 개념에는〕 이 도식에 들어맞지 않는 점이 많이 있다"(AO, 465). 왜냐하면 이런 도구 개념은 결국 "전체의 기능적 종합"(같은 곳)을 전제하기 때문이다. 다시 말해 도구란 전체라는 유기체의 조화 속에서 어떤 기능을 담당하는가에 의해 규정되는 것이다. 이런 도식은 생물학적이고 진화론적이며

43) 물론 그 반대의 시도도 있었다. 데카르트와 달리 파스칼은—그 또한 근세 과학을 대표하는 탁월한 기계 제작자였으니, 기상천외한 새로운 기계, 바로 계산기의 발명자다—매우 겸손하게도 기계가 인간의 '근본적인 상징 활동'이 아니라, 인간의 '근본적인 기능'과 연결되어 있다고 본다. 즉 파스칼은 이미 있어왔던 의자, 책상 등의 도구와 근세에 새로 출현한 기계들을 본질적으로 구별짓고자 하지 않았다(S, II, 94 참조).

유기체적인 도식일 뿐이다. 반면 들뢰즈와 가타리의 기계는 모든 종류의 유기체적 조화와 통일의 파괴자로서 기능한다. 마치 폭탄 machine infernale처럼, 유기체적으로 질서지어진 세계를 조각내버리는 기계를 그들은 발견하고자 했던 것이다. 여기에 다시, 또 하나의 주제, 의미가 아니라 '사용'을 묻는 현대 철학의 테마가 기계의 모습으로 둔갑한 채 두 사람의 철학에 스며든다.

제4부 세속의 삶, 초월, 그리고 예술

제8장
아이와 초월*
—레비나스, 투르니에, 쿤데라

논문이건 소설이건 번역이건 가릴 것 없이, 대부분의 책마다 달려 있는 헌사에서 늘 신기하게 여겨지는 부분은 자식에 대한 애정과 고마움의 표시이다. 필경 책을 써내는 데 아무런 직접적 도움도 주지 못했을 아이, 오히려 빽빽 울어대며 사사건건 삶을 고달프게 만들었을 아이에게, '나의 사랑하는 ○○에게' 운운하며 그토록 깊은 애정을 표현하는 저자들이 놀랍기만 하다. 아버지가 되어봐야 그 심정을 실감할 테지만, 어쨌든 이 글의 문을 열게 된 또 다른 놀라움은 그토록 삶의 중요한 부분을 차지하는 아이임에도, 그에 대한 형이상학적 사유는 매우 찾아보기 어렵다는 점이다. 왜 하필이면 형이상학인가? 고아원, 아동법 등 근세 이래 아이와 관련된 자산은 휴머니즘과 사회학적 사유의 산물일 것이다. 수학이나 물리학이 그렇듯 형이상학은 아이에 대해선 적합하지 않은 사유 방식일까? 그러나 그 어원적 의미가 말해주듯 형이상학이란 말은 아이에 대한 가장 적절한 뜻풀이가 아닌가? 물리학은 아이를 설명할 수 없다. 물리학의 법칙들은 특정한 인격과 특정한 운명을 살아갈 아이의 출현을 해명하지 못한다. 이런 뜻에서 아이란 물리학physica의 뒤에서meta, 물리학적 세계 너머에

* 이 글은 『세계의 문학』(가을호, 1999)에 발표된 글을 보완한 것이다.

서 출현하는 자다. 아이는 세계 저편으로부터 오는 자, 곧 형이상학 meta-physica이 맞아들여야 할 손님인 것이다.

어느 날 나는 늙어 숨을 거둘 것이고 아이는 내가 더 이상 존재하지 않는 미래 시간 중에 던져질 것이다. 그는 내가 모르는 자신의 시간을 살아갈 것이다. 그런데, 신비롭구나. 지금 자신의 유한한 시간 속에 갇혀 있는 나는 나와 하등 관계없는 이 어린 타자의 시간, 나의 것이 아니며 또 지금 있는 것이 아니라 앞으로 도래할 시간을 염려한다. 아이의 미래 시간은 지금 있는 나의 시간보다 내게 중요하다. 나는 지금 주어져 있는 나의 시간을 타자의 미래를 염려하는 데 써버린다. 이런 '비합리적인' 낭비가 있겠는가? 그러므로 어버이로서의 인간은 아리스토텔레스의 정의(定義)에는 들어맞지 않는다. 즉 자식 앞에서 인간은 '비이성적 동물'이다. 아이는 내가 결코 도달할 수 없는 미래의 지형을 탐색할 수 있게 해주는 지도 같다. 죽음을 향해 운명지어진 유한한 시간 속에서 나는 아이를 통해 미래로 뻗어나가는 무한한 시간을 여행한다. 이제 우리가 읽을 세 사람의 저자는, 아이가 가능하게 해줄 이 초월의 여행에 대해, 서로 환원될 수 없는 각자의 개성 속에서 보기 드문 값진 성찰을 제공하고 있다.

1. 레비나스: 나이며 타자인 아이

레비나스에게 있어서 아이의 의미를 이해하기 위해선 존재의 '고독'과 '존재의 일반 경제 économie générale de l'être에 대한 논의에서부터 출발해야 한다. 인간 존재의 고독은 어디서 오는가? 흔히 생각하는 것과 달리 존재의 고독은 내가 가진 내용(생각)을 남에게 전달할 수 없다는 소통 불능에서 오는 것은 아니다. 레비나스는 고독이란, 존재의 존재함 자체에서 기인한다고 말한다. 존재함 자체는 타인과도 다른 사물들과도 나누어 가질 수 없다. 나는 오로지 나로서 존재하는 것이지 타인으로서 존재하는 것은 아니다. 즉 나의 존재함은 타인의 존재함과 결코 서로 소통할 수 없다. 그러므로 나의 존재를 고립시키는 것은 근본적으로 나의 존재함 자체이다.[1] 나의 존재함 때문에 나는 문도 창문도 없는 모나드인 것이다.

이런 주장에 대해 누군가 '참여 participation'라는 개념을 통해 이의를 제기할지 모르겠다. 우리는 공동의 적 앞에서 연대를 이룬 인간 집단에 참여함으로써 타자와 관계를 맺을 수 있고, 이 동지들 간의 만남을 통해 각자의 고독을 떨쳐버릴 수 있지 않겠느냐고. 흔히 참여라고 하면 정치적 의미를 떠올릴 테지만, 참여 개념의 근본 구조는 이미 플라톤의 존재론에서 완성된 형태로 나타난다. 플라톤에게 있어서 개물(個物)들이란 공동의 것, 즉 이데아에 참여할 때만 의미있는 것이 될 수 있다. 따라서 참여란 제3의 것, 공동의 것(이데아, 국가, 민족, 이데올로기)에 대한 참여이며, 개별자들의 가치는 이 공동의 것을 통해 가늠된다. "세계 안에서 인간 존재들 사이의 모든 구체적인 관계는 제3항으로부터 그 실재 특성을 얻는다. 즉 그 관계들이란 공동적 친교이다."[2] 여기엔 타자로서의 타자와의 관계는 있을 수 없고, 제3항(이데올로기, 국가 등)을 매개로 한 타자와의 관계만이 있을 뿐이다. 레비나스는 이런 공동의 항을 매개로 해서 만나는 타자를 가리켜 '옷을 입은 존재들 les êtres habillés'이라고 부른다(EE, 60). 타자 자체로서의 타자가 아니라 이데올로기, 특정 가치 등의 옷이 입혀진 존재로서의 타자라는 뜻에서 붙여진 말이다. "세계 안에서 타인은 그가 입은 옷 자체에 지배되어 있는 대상이다"(EE, 60). 이와 반대로

---

1) E. Levinas, *Le temps et l'autre*(Paris: P.U.F., 1983; 초판: 1947), p. 21 참조(약호 TA).

2) E. Levinas, *De l'existence à l'existant*(Paris: J. Vrin, 1963; 초판: Fontaine, 1947), p. 62(약호 EE).

모든 맥락으로부터 떠나 타자 자체로서 고려되는 타자의 성격은 '벌거벗음(적나라함, 헐벗음, nudité)'이라고 일컫는다. 참여 속에서는 모나드 각자의 개별성은 사라지고 전체에의 합일, "무아경적 합일"(TA, 22)만이 남는다. 즉 공동의 이념은 각자의 타자성보다 우월하며, 이런 의미에서 참여 일반은 존재론적으로 전체주의의 이념을 숨기고 있는 것이다. 사악한 강자만이 전체주의를 실현시킬 수 있는 것은 아니고 정의로운 소수 집단도 전체주의를 추구할 수 있으며, 아무리 의로운 것일지라도 전체의 이념을 강요함으로써 타자의 타자성을 손상시킬 수 있다. 타자의 타자성은 불의(不義) 때문에 손상되는 것이 아니라, 불의나 정의의 배후에 공통으로 자리잡을 수 있는 전체라는 보다 근본적인 존재론적 범주 때문에 손상되는 것이다. 따라서 타자성에 대한 억압은 정치적 문제이기 이전에 존재론적 문제이다.

전체 속에 혼융되지 않는 인간은 그 자신의 존재함 때문에 고독하다. 이 고독한 존재는 일상성 안에서 자기의 고독을 벗어나려고, 즉 자기와 다른 것, 타자를 만나려고 안간힘을 쓴다. 향유 jouissance, 인식, 노동, 거주 등 이 고독한 존재가 일상성 안에서 수행하는 활동을 통틀어 레비나스는 '존재의 일반 경제'라고 부른다. 그리고 레비나스에게서 세계란 존재의 일반 경제가 이루어지는 곳 혹은 그 산물로서 정의될 수 있다. 존재의 일반 경제를 구성하는 것들 가운데 레비나스가 첫번째로 꼽는 것은 향유이다. "세계 안에 존재한다는 것은 사물들에 연루된다는 뜻이다. [……] 사물들을 향유코자 하는 모든 욕구 tout l'appétit joyeux가 세계 내 존재를 구성한다"(EE, 55~56). 인간 존재는 세계 안에서 사물들과 무엇보다 먼저 '향유'를 통해 만난다. 밥 한 숟갈을 입에 넣을 때, 물 한 모금을 마실 때 우선 나는 살기 위해서 그러는 것이 아니다. 식욕을 만족시키고 그 만족감을 향유하기 위해서이다. "우리는 먹기 위해 살지는 않는다. 그러나 살기 위해 먹는다고 말하는 것도 정확치 못하다. 우리는 배고프기 때문에 먹는다.

〔먹고자 하는〕 욕망에는 그 외의 다른 생각이 없다"(EE, 56). 존재가 자기 이외의 것(먹거리들)과 만난다는 점에서 향유는 고독으로부터 탈출할 수 있는 하나의 길이라고 볼 수 있을 것이다. 그러나 향유를 통해 만나는 타자(먹거리들)는 곧 나에게로 동화되어assimiler버리지, 그 타자성을 온전히 유지하지는 못한다. 이런 점에서 향유를 통해 관계하는 사물들은 오로지 '일시적 규정으로서의 이타성 altérité(異他性)'(TA, 63 참조)만을 지닌다. 일시적 규정으로서의 이타성만을 지닌다는 점에서는 인식의 대상도 마찬가지다. 인식 활동도 내가 아닌 것, 곧 타자(대상)와 관계하지만 향유와 마찬가지로 이 타자를 주관에 동화시켜버린다. "인식은 우리가 만나는 모든 것을 우리의 소유로 만들어버린다."[3] 구체적으로 인식은 타자를 나의 표상에 귀속된 자로 만든다. 다시 존재는 깊은 고독 속에 빠져버린다. 세계 안에서는, 혹은 존재의 일반 경제를 통해서는 어떻게도 고독으로부터 달아날 길이 없는 것이다.

그런데 어느 날 존재는 실로 위협적인 타자를 만나는데, 죽음이 바로 그것이다. 1) 죽음은 결코 경험될 수 없다. 그러므로 나의 인식의 틀에 환원될 수 없는 미지의 것으로 남는다. 2) 또한 죽음은 이런저런 관념처럼 나 자신으로부터 유래하는 것이 아니라 어느 날 예고 없이 찾아오는 것이다. 3) 또한 죽음은 내가 그 앞에서 어떻게 해볼 수 없는 전적인 수동성의 경험이다. "죽음이 접근해옴에 있어서 중요한 것은, 어떤 순간부터 우리는 '할 수 있음을 더 이상 할 수 없다는 것'이다. 바로 여기에서 주체는, 주체라는 자신의 지배를 상실한다"(TA, 62). 적어도 이와 같은 세 가지 측면에서 죽음은 향유나 인식의 대상에서 볼 수 있었던 것과 같은 '일시적인 타자성'이 아니라 '절대적인 타자성'을 가지고 있다.[4] 그렇다면 절대적인 타자인 죽음과 맞닥뜨린

3) E. Levinas, *Totalité et infini*(la Haye: Martinus Nijhoff, 1961), p. 252(약호 TI).

4) 죽음의 절대적 타자성과 고통: 죽음의 이러한 절대적인 타자성은 오늘날 우리 삶

인간은 비로소 존재의 고독으로부터 탈출하게 되는 것인가? 죽음은 나를 세계로부터 초월할 수 있게끔 해주는가? 『파이돈』편 이래로, 그리고 고대로부터 현대에 이르는 서양의 종교들과 함께 죽음은 초월의 여행으로 간주되어왔다. 죽음을 '저편'으로의 여행으로 여기고 끔찍하리만치 태연하게 죽음을 맞아들였던 소크라테스의 모습을 우리는 악몽처럼 기억하고 있다. 정말 어떻게 보면 죽음만이 진정한 초월을 실현시킬 수 있는 길로 생각되기까지 한다. 우리가 죽음의 길을 거치지 않고 어떻게 이 세계를 떠나 천국의 문을 두드려볼 수 있겠는

을 구성하는 환경과 관련하여 다시 한번 강조되어야 한다. 삶의 많은 부분은 오늘날 쾌락의 원칙이 지배한다는 것은 사실이다. 전자 매체와 디지털 기구들은 우리가 원할 때마다 온갖 오락거리와 쾌락을 순식간에 안방까지 배달해준다. 그리하여 삶 속에서 쾌락의 과잉된 풍요로움은 죽음을 잊게 할 수도 있다고 혹자는 생각할지 모른다. 그러나 삶을 구성하는 환경이 아무리 화려해진다고 한들 죽음이 주체에 대한 그의 절대적인 타자성을 상실하는 일이 생길 수 있을까? 그런 일이 불가능하다는 것은, 삶을 구성하는 환경이 어떤 것이든 삶 일반 안에는 죽음을 삶의 타자로서 드러내주는 사건이 필연적으로 내재한다는 점을 밝혀내는 것으로서 증명된다. 그 사건이 바로 '고통'이다. 삶의 환경이 어떻건간에, 그리고 오늘날의 문명이 더할 나위 없는 쾌락과 정신을 깊이 마취시키는 달콤한 이데올로기를 제공할 수 있건 없건간에, 삶 안에 고통의 체험이 내재해 있다는 것을 우리는 결코 부정할 수 없다. 정도와 종류의 차이는 있겠지만, 신체적 존재로서의 인간에게 고통은 불가피한 것이다. 고통의 성질에 대해 레비나스는 이렇게 말한다. "고통 속에는 어떤 도피처도 없다. [……] 달아날 수도 물러설 수도 없다. [……] 고통의 모든 격심함은 고통으로부터 뒷걸음질칠 수 없다는 데서 온다"(TA, 55). 고통을 회피할 수 없다는 것은 '수동성의 경험'이다. 고통을 겪을 때 주체는 비로소 삶과 자기 존재를 자기가 전적으로 지배할 수 없다는 사실, 자기가 아무리 벗어나고자 갈망한들 빠져나올 수 없는 고통이란 괴물이 자기 존재를 지배하고 있다는 수동성을 체험한다. 자기 존재에 대한 지배를 상실하는 이런 수동성의 체험을 통해, 주체는 자기가 더 이상 자기 존재의 주체(주인)가 될 수 없는 가장 대표적인 상황인 죽음을 유비적으로 체험한다. 다시 말해 죽음은 우리가 언제든 마주치는 일상 속의 고통을 통해서 자신을 예고해온다. "죽음이 고통을 통해 [……] 스스로를 알려오는 이 방식은 주체의 수동성의 체험이다. [……] 죽음은 주체가 주인이 될 수 없는 사건, 그러므로 더 이상 주체가 아닌 그런 사건을 알려준다"(TA, 57). 그러므로 죽음은 어떤 경우에도 삶의 친구도 주체의 친구도 될 수 없다. 그것은 언제나 타자의 자리에서 주체를 노려보고 있다.

가? 죽음을 거치지 않고 어떻게 영생을 얻을 수 있겠는가? 그러나 레비나스에 따르면 죽음은 '타자성'이 어떤 것인지에 대해 알게 해주기는 하지만, 초월을 가능케 해주지는 않는다. 그는 초월을 다음과 같이 기술하고 있다. "넘어감〔초월, passer〕이란 존재와 다르게 autrement qu'être 됨, 존재의 '타자'에게로 가는 것이다. 이는 '다르게 존재함 être autrement'이 아니라 존재와 다르게 됨이다. 이것은 '더 이상 존재하지 않게 되는 것'이 아니다. 즉 여기서 넘어감은 죽음이 아니다"[5] 초월은 존재와 다르게 되는 것이다. 다시 말해 존재의 타자에게로 가는 것이다. 죽음 또한 존재와 다르게 되는 것이지만, 레비나스는 죽음을 통한 "내세(來世)로의 허구적인 초월, 현세 너머로 이끌리는, 하늘에 있는 천국으로의 초월"(AQE, 4)은 배제한다. 왜냐하면 '죽음을 통한 초월'은 모순된 개념이기 때문이다. "고전적 개념으로서 초월〔죽음을 통한 초월〕의 이념은 자기 모순적이다. 초월하는 주체는 자신의 초월 속에서 소멸해버린다. 〔……〕 초월이 주체의 동일성 자체와 결부된 것이라면, 우리는 주체의 실체의 죽음을 목격하게 될 것이다. 확실히 우리는 죽음이 초월 자체인지 아닌지 의심할 수 있을 것이다. 〔……〕 죽음은 변화함 transsubstantiation(化體)이라는 생성의 예외적인 사건을 나타내지 못한다. 여기서 변화함〔화체〕이란, 무(無)로 귀착함 없이, 그리고 동일적인 것의 생존과는 다른 방식으로 연속성 continuité을 보증해주는 것을 말한다"(TI, 251). 초월이 가능하기 위해선, 혹은 구원받기 위해선 우선 나는 현재의 나가 아닐 수 있어야만 한다. 쉽게 말해 현재의 가난한 자는 가난한 자가 아닐 수 있어야 하고 병든 자는 병든 자가 아닐 수 있어야 한다. 그러나 그보다 더 중요한 조건은 나는 계속해서 나로 남을 수 있어야 한다는 점이다. 즉 모종의 자기 동일성이 전제되어야 한다. 왜냐하면 (당연한 이야기

5) E. Levinas, *Autrement qu'être ou au-delà de l'essence*(la Haye: Martinus Nijhoff, 1974), p. 3(약호 AQE).

가 되겠지만) 구원받을 자가 사라진다면, 즉 자기 동일성을 유지할 수 없다면 구원 자체도 있을 수 없기 때문이다. 그러나 죽음은 나를 세계로부터 떠나게(초월하게) 하는 동시에 나의 자기 동일성 또한 깨끗이 소멸시켜버린다.[6] 그런데 내가 없다면 초월도, 구원도 있을 수 없다. 이것이 바로 죽음을 통한 초월이 가지는 자기 모순적 성격이며, 인위적인 죽음을 통해 영생을 얻고자 하는 모든 살인적인 종교가 가지는 자기 파괴적인 면모이다.

그렇다면 이제 인간의 운명이란 무엇인가? 인간은 그의 존재함 자체 때문에 고독할 수밖에 없다. 그는 세계 안에서 향유와 인식을 통해 자기 아닌 사물과 만날 수 있는 기회, 곧 자기를 떠날 수 있는 기회를 가진다. 그러나 사물들은 주체의 필요와 표상에 동화되어버림으로써 주체는 다시 자기 자신으로 돌아와버린다. 세계 내 존재는 손에 닿는 모든 것을 자기의 재산으로 동화시켜버림으로써 세계의 주인으로서 스스로를 정립하되, 자기와 절대적으로 다른 자, 곧 타자를 만날 수 없고 철저히 그 자신의 고독 속에 갇혀 있어야만 하는 마이다스 왕의 운명을 지녔다. 그의 손이 닿는 세계의 모든 것은 그와 전적으로 다른 것으로서 머물지 못하고 그의 소유물, 그의 황금으로 변해버릴 뿐이다.[7] 모든 것을 자기의 필요에 따라 그 자신에게 복속시키고 있으므로 "현존재는 결코 배고픈 법이 없다"(TI, 108). 그러나 그는 고독하다. 이 존재의 유일한 운명이란 죽음과 맞닥뜨려 모든 '가능성의 불가능성' 속에서 철저히 파멸하는 것인가? 초월의 가능성은 아예 막혀버렸는가? 어떻게 죽음 이외의 다른 타자를 만날 수 있겠는

---

6) 혹은 죽음 이후의 나의 동일성은 누구도 그것의 필연성을 이야기할 수 없기에 한낱 개연적인 것으로 남을 뿐이다. 이런 뜻에서 레비나스는 죽음을 '초월의 개연적 개념'이라고 부른다(TI, 251).

7) '마이다스 콤플렉스'라는 용어는 이러한 타자 문제와 관련하여 비스커 교수가 고안해낸 것이다(R. Visker, "Un-European Desire," *Epochē*[2: 1, 1994] 참조).

가? 다른 말로 하면, 나는 여전히 나로 남아 있으면서도 어떻게 나의 존재 아닌 것 혹은 나의 세계에 속한 것이 아닌 것이 됨으로써 나의 고독으로부터, 그리고 나의 유한성으로부터 해방될 수 있겠는가?

초월이 가능하려면, 나는 나로 남아 있으면서 동시에 나 혹은 내가 정립한 내게 귀속된 세계와도 '다르게 autrement' 될 수 있어야 한다. 즉 초월은, 나이며 동시에 내가 아닐 수 있음, '여전히 나이되 또 다른 이로 변화함 transsubstantiation'을 조건으로 한다. 논리적으로 가능할 것 같지 않은 이 무리한 초월의 요구를 충족시켜주는 이가 있으니, 바로 나의 아이이다. "부성Paternité(父性)은 자기 동일성으로 남는다. 그러나 또 부성은 동일성 안에서의 어떤 구별이다. 이러한 점은 형식 논리상으로는 예견해낼 수 없는 구조이다"(TI, 244~45). 나의 아이는 나이며 동시에 타인이다. "나의 아들은 낯선 이〔타인〕이다(「이사야」, 49). 그러나 이 아이가 나에게 낯선 이인 것만은 아니다. 왜냐하면 그는 나 '이기' 때문이다"(TI, 245). 이런 뜻에서 나와 내 아이의 관계는 '동일성 안에서의 구별'이다. 나로부터 나온 아이는, '나의 자식은 나의 분신'이라는 일상어의 표현이 잘 나타내주듯 나 죽은 후 세상을 살아갈 또 다른 나이다. 이런 뜻에서 아이와 나 사이엔 모종의 동일성이 있다. 그러나 그는 내가 만든 예술품이나 책상 같은 나의 작품이 아니며 나의 소유물도 아니다(자식이 내 마음대로 되는 나의 소유물이라면 법대나 의대를 가지 않고 문학을 공부하겠다고 고집부리는 자식 때문에 속썩는 부모가 왜 있겠는가?). 그러므로 출산이란 '지배'가 될 수 없다. 출산을 통해 도래하는 미래는 어떤 의미에서도 주체의 가능성이 아니며, 따라서 어떤 방식으로도 주체의 힘이 거머쥐고 지배할 수 있는 것이 아니다. 레비나스에게서 미래란 절대적으로 나의 영향권 바깥에 있는 시간이다. 미래 앞에서 나는 철저히 수동적이다. 왜냐하면 미래의 시간이란 나의 시간이 아닌 남의 시간, 즉 출산을 통해 생겨난 내 '아이의 시간'이기 때문이다. 그러므로 아이는 나의 힘이 거머쥘 수 없는 곳에서 찾아온다. 즉 "아이의 미래는 가능성 너머에서, 투사 projet 너머에서 생겨난다" (TI, 245). 이런 까닭에 아이는 내가 결코 지배할 수 없는, 나의 힘이 행사되지 못하는, 나의 힘에 대해 낯선 자, 곧 타자이다. 그러므로 "부성(父性)은 언제나 타인인 낯선 이와의 관계이다" (TI, 254). 미래는 나의 가능성에서 전적으로 빠져 달아나는 아이의 시간이되, 그 아이는 여전히 나의 아이이므로 나는 나의 가능성과 나의 지배 바깥에 있는 시간, 내 아이가 앞으로 살아나갈 시간을 걱정하고 그 시간을 위해 무엇인가 해주고 싶어하는 것이다.

우리는 이제 출산의 의미가 무엇인지 정의할 수 있게 되었다. "〔나의〕 가능성에 대한 힘으로 환원될 수 없는 그런 미래와의 관계를 일컬어 우리는 출산 fécondité[8]이라 부른다" (TI, 245). 아이는 타자가 된 나이기에 "출산은 동일적인 것의 이원성을 포함하고 있다. 출산은 내가 거머쥘 수 있는 모든 것, 나의 가능성을 지시하지 않는다. 출산은 나의 미래를 지시한다. 나의 이 미래는 동일자의 미래가 아니다. 〔……〕 그러나 그것은 여전히 나의 모험이다. 그리고 결과적으로 그것은 매우 새로운 의미에서 나의 미래이다" (TI, 245). "아이와의 관계, 즉 타인과의 관계는 권력이 아니라 출산이며, 이는 절대적인 미래 혹은 무한한 시간과의 관계를 세운다" (TI, 246). 오로지 나의 세계에 속한 것만이 한정 가능하며, 그렇기에 나의 세계 저편에 있는 타인, 곧 아이와 그의 시간인 미래는 내가 한정할 수 없는 것, 즉 무한이다. 그런데 이 나의 아이는 타자이면서, 이미 말했듯 여전히 모종의 방식으로 나이다. 아이는 나이며 타자이기에, 나는 나의 가능성이 지배하는 유한한 시간 저편의 미래로 초월할 수 있는 것이며, 미래는 나의 가능성이 완전히 사라진 타인의 시간이면서도 여전히 나의 모

8) '페콩디테'라는 말 그대로의 의미에 충실하자면, 우리는 이 단어를 '생식성' 혹은 '수태 가능' '출산할 수 있음' 등으로 옮길 수 있다.

험일 수 있는 것이다. "초월에서 나는 소멸하지 않는다. 왜냐하면 나의 아들은 내가 아님에도 불구하고 나는 나의 아들'이기' 때문이다"(TI, 254). 출산을 통해 나는 여전히 나의 동일성을 유지하면서, 나의 존재 및 내가 구성한 세계와 '다르게' 될 수 있다. 즉 "출산 속에서 나는 빛[9]의 세계를 초월한다. [……] 이는 빛보다 더 멀리 가기 위해서이며 [세계와] '다른 곳'으로 가기 위해서이다"(TI, 246). 출산이 유한한 세계 속에서 고독하게 죽어갈 동일자의 무한성에로의 초월을 가능케 해준다면, 그러므로 이제 "출산은 [생물학적 범주이기보다] 존재론적 범주로 자리매김되어야 한다"(TI, 254). 결국 출산은 무한한 미래로의 여행을 가능케 해주는 "부성의 진정한 모험"(TI, 247)인 것이다.

초월이란 고립 속에서 벽과 마주앉아 도를 닦음으로써 이루어질 수 있을지도 모르지만, 여자를 만나 그 벗은 몸을 애무하며 그 몸에서 아이를 기다릴 때 이미 준비되고 있는 사건임을 이제 우리는 깨닫게 된다. 예전에 어느 문인은 자기 아이의 이름을 필명으로 사용한 적이 있는데, 이 경우만큼 자기 개체 속에서가 아니라, 아이 속에 들어앉아 무한성을 향해 재생산되고자 하는 초월의 욕망을 은밀하고도 강렬하게 보여준 예는 없을 것이다. 그것은 아버지의 이름을 이어받고 싶어하는 모든 형태의 '어원학적 étymologique 욕망,' 즉 민족, 가문, 땅, 세계에 정주하여 집단의 영창(咏唱) 속에 스스로의 목소리를 뒤섞고 싶어하는 정주민의 욕망과 반대되는 아브라함의 욕망이다. 그것은 세계 저편에서 들려오는 신의 약속, 즉 초월의 약속인 아들 이사악에 대한 욕망이다. 아이를 낳고 싶어함, 그것은 초월하고 싶어하는 '형이상학적 욕망'의 표현인 것이다.

---

9) 레비나스에게서 빛은 이성, 혹은 대상을 표상으로 환원시키는 이성의 힘을 가리킨다.

2. 투르니에: 고아, 헐벗은 어린이

때로 나는 레비나스와 투르니에가 왜 서로에 대해 이야기하지 않는지 놀라울 때가 많다. 그만큼 두 사람은 아이에 관한 문제에 있어서 많은 공통점을 지니고 있다. 그러나 투르니에가 소설화하는 아이들은 나의 자식이 아니라 주로 헐벗은 어린이들, 고아의 정의(定義)에 걸맞을 아이들이다.

아이에 관한 투르니에의 최초의 성찰을 우리는 『방드르디』의 마지막 페이지들에서 엿볼 수 있다. 투르니에의 탐구는 레비나스와 마찬가지로 '고독'과 '죽음'이라는, 주체가 도저히 빠져나올 수 없을 것만 같이 보이는 두 가지 위협에 대한 성찰로부터 시작한다. 방드르디가 '화이트버드호'의 선원들과 함께 떠나버리자 로빈슨은 한꺼번에 사태처럼 쏟아지는 자신의 나이를 절감한다. "그는 갑자기 늙은이가 되어버린 것이었다. 그는 또 늙은이에게 고독보다 더한 저주는 없다는 것도 깨달았다"(『방드르디』, 439).[10] 인류가 가진 상징적 자산 가운데 세계 내 존재의 고독을 로빈슨만큼 잘 드러내주는 것도 없다. 그는 방드르디가 출현하기 전처럼 자기 세계의 통치자가 될 수도 있을 것이다. 구체적으로 그는 스스로를 다시 영국령 스페란자의 총독으로 세우고 "농산물 재배, 가축 사육, 건축"(『방드르디』, 440) 등등을 시작해볼 수 있을 것이다. 그러나 타인이 없는 세계 속에서 그는 죽음만이 자기에게 찾아올 유일한 손님임을 절감한다. "죽음은 이제 그에

---

10) 투르니에 소설의 인용은 김화영 옮김, 『방드르디 혹은 태평양의 끝』(『오늘의 세계 문학』 6, 중앙일보사, 1982〔약호 『방드르디』〕)과 신현숙 옮김, 『마왕』(벽호, 1993〔약호 『마왕』〕)을 따르며, 간혹 문맥에 따라 필자가 다음 원본에 의거해 번역을 수정했다. M. Tournier, *Vendredi ou les limbes du Pacifique*(Paris: Gallimard, 1967); *Le Roi des Aulnes*(Paris: Gallimard; folio 3판, 1978).

게 적합한 유일한 영원의 형태가 아닐까?"(같은 곳) 죽음과 더불어 모든 가능성은 불가능성이 될 것이다. "그렇게 되면 스페란자의, 이 고독한 인간의 예외적이고 남모르는 역사는 막을 내릴 것이다"(같은 곳). 그러나 그때 기적이 찾아든다. 로빈슨은 죽으러 들어갔던 바위 틈에서 '화이트버드호'로부터 탈출한 한 아이를 발견한 것이다. 로빈슨과 모종의 부부 관계를 맺고 있던 섬은 어느새 아이를 잉태하고 있었다. 아이의 출현과 더불어 "어떤 불칼 하나가 그의 몸 속으로 박혀 들어오면서 그의 존재를 송두리째 환하게 밝혀주었다"(『방드르디』, 442). 기적과도 같이, 로빈슨에게 다시 젊음이 찾아온다. 투르니에는 로빈슨에게 무한한 시간, 즉 '영원'이 아이와 더불어 주어지는 모습을 다음과 같이 기록하고 있다. "영원 éternité이 다시금 그를 사로잡으면서 음산하고 대수롭지 않은 그 시간을 지워가고 있었다. [……] 황갈색의 빛이 그에게 변함없는 청춘의 갑옷을 입혀주었고 금강석 같은 두 눈이 번쩍거리는 구리의 마스크를 빈틈없이 고른 모양으로 만들어 씌워주었다"(『방드르디』, 443). 이 기적처럼 찾아온 젊음에 대한 기록을 통해 투르니에는, 레비나스의 존재론적 모험에서처럼 고독과 죽음 저편의 무한한 시간에로의 초월은 아이의 출현을 통해서 가능하다는 것을 말하고 있다.

왜 하필이면 아이인가? 레비나스의 경우와 달리 투르니에의 아이는 나의 아들이 아니다. 따라서 나이며 타자라는 아들의 중요한 특성은 여기서 발견되기 어려울 것이다. 그런데 어떻게 나는 미래 시간을 살아갈 이 아이에게서 나의 동일성, 나의 초월을 기대할 수 있단 말인가? 로빈슨이 구원받을 까닭은 어디에도 없는 것처럼 보인다. 『방드르디』의 마지막 몇 페이지를 통해 기술된 아이를 통한 초월은, 해명의 실마리를 찾아낼 수 없는 수수께끼가 되어버린다.

그러나 해답은 그 아이가 헐벗은 고아라는 데서 주어질 수 있음을 투르니에는 암시하고 있다. "그렇게 가냘프고 연약하면서도 갑판 위에서의 노동 때문에 갈라진 손을 보자 그의 가슴이 미어지는 듯했다"(『방드르디』, 442). 이 한 문장 이후로 투르니에는 아무런 적절한 이유도 제시하지 않은 채 로빈슨에게 영원과 무한한 젊음이 찾아왔음을 알린다. 로빈슨이 구원받을 수 있었던 참다운 이유는 아이의 출현 때문이라고 말하는 것은 충분치 않고, 그 아이가 헐벗은 고아의 모습으로 출현했기 때문이라고 말해야 할 것이다. 여기서 우리는 레비나스의 또 다른 테마와 만나게 된다. 레비나스에게서 고통받는 타인의 얼굴은 나의 모든 능력에 대해 '저항'한다. 얼굴의 저항이란 대상 세계를 소유하고 지배하려 하는 나의 힘을 무력화시키고 나의 윤리적 행동을 촉구하는 그런 저항이다. 어떤 식으로도 나에게 한정되지 않고, 오히려 나의 힘을 무력화시키고 나에게 윤리적으로 행위할 것을 명령하는 타자의 얼굴이란, 한정 불능의 무한자, 곧 신을 닮고 있다. 레비나스 철학은 신을 하나의 존재자로 이해하고 이 존재자에 대한 연구를 해보자는 것이 아니라, 신이라는 '이념'이 의미를 획득할 수 있는 문맥을 드러내보자는 것인데, 이 문맥이 바로 타자와의 관계이다. 신은 어떤 초재적인 '존재자'로서가 아니라, 바로 헐벗고 고통받는 타자의 얼굴을 통해서 그 타자의 윤리적 호소로서만 나에게 도래할 수 있는 자이다. 레비나스가 초월의 문제와 관련해, 타자의 일종인 아들에 대해 사유할 수 있는 까닭도 "이 관계〔아들과의 관계〕는 무한자의 이념에 대해 기술했던 바와 유사하기"(TI, 245) 때문이다. 신과 마찬가지로 아이 또한 내가 한정할 수 없는 나의 세계 저편의 무한자의 모습을 지니고 있다. 그런데 무한자는 나의 아이에게서 찾아질 뿐 아니라 "가난한 자, 이방인, 과부와 고아"(TI, 229)의 모습 속에서도 나타난다. 투르니에의 마지막 몇 페이지는 바로, 레비나스가 성서적 테마에 기반해 성찰했던 무한자의 흔적으로서의 고아와 그 고아의 방문을 받은 주체의 초월의 문제를 다루고 있는 것이다. 투르니에가 제기한 문제란 '세계 내 존재란 고독 가운데서 죽어간다. 고아의 출현이 어떻게 고독한 존재를 죽음에 이르러 끝장날 그의 유한한 시간으로부터 초월하게 해주는가'라는 물음으로 정식화된다.

고아의 헐벗음은 어떤 방식으로도 나의 세계의 재산이 될 수 없다. 헐벗음은 내가 나의 표상을 통해서도, 향유를 통해서도 거머쥘 수 없는, 나의 세계 저편의 전적인 외재성의 표식이다. 그는 나의 거머쥠, 즉 나의 한정 바깥에 있기에 무한하다. 투르니에는 고아라는 이 무한자와의 만남을, 레비나스가 기술한 자기 자식과의 만남과 매우 유사하게 그려내고 있다. 레비나스는 젊어진다는 것, 영생을 얻는다는 것, 그러므로 무한하게 된다는 것에 대해 이렇게 말한다. "무한하게 된다는 것은 항상 새로 시작하는 나의 종(種) 속에서 생산된다는 뜻이다. 그러나 그것은 나 자신의 실체의 부활에 집착함을 뜻하지는 않는다"(TI, 246). 젊어진다는 것은 나의 실체의 새로운 쇄신을 의미하지 않는다. 젊음을 가진 자는 새로 태어나는 종, 곧 아이이지 내가 아니다. 또한 실체들, 즉 나와 아이 사이에는 비연속성이 지배한다. 그런데 내가 젊어지는 길은 바로 나의 아이를 낳는 것이다. 아이를 낳는다는 것은 종 속에서, 곧 나의 아들 속에서 내가 다시 생산됨을 의미한다. 요컨대 '타자인 내가 되는 것'이다. 그런데 우리가 위에서 읽은 『방드르디』의 구절들이 보여주듯 놀랍게도 로빈슨 또한 고아와의 만남을 통해 이런 유의 젊음을 얻어내는 데 성공하고 있다. 어떻게 나의 자식이 아닌 다른 아이의 미래 속에서 나는 나의 영원성을 발견할 수 있는가? '헐벗음 nudité'이라는 비표상성, 무한자의 모습, 신의 모습을 고아가 가지고 있기 때문에 그것은 가능해진다. 헐벗음이란 모든 맥락, 즉 사회적 · 존재론적 · 인식론적 맥락으로부터 '벗어나 있음'으로서의 헐벗음이다. 한정으로부터 떠나 있는 자, 곧 무한자의 흔적인 고아는 그 헐벗음 때문에 내가 돌보아주어야 하고, 나의 시간 너머에 펼쳐져 있는 그의 미래를 걱정해주어야 한다. 그의 미래에 대해 내가 배려해주고 있는 이상 나는 이미 미래 시간으로의 모험을 감행한 것이다. 고아의 미래는 미래 시간 속에 던져진 나의 아들의 미래만큼 중요하다. 그러므로 '고아는 그의 헐벗음으로 인하여 모든 사람의 자식이다'라는 위대한 명제 앞에 투르니에는 도달하고 있는 것이다. 고아가 나의 자식이 될 수 없다면, 어떻게 고아로 인하여 내가 미래 시간 가운데 '타자가 된 나'로 남을 수 있겠는가? 투르니에는 고아의 미래를 나의 아들의 미래와 구별하지 않음으로써 모든 '가족 이기주의'의 가능성과 결별한다. 또한 로빈슨의 영원성의 성취는, '고아란 모든 사람의 자식'이라는 사상이 한낱 이데올로기 혹은 휴머니즘에 기반하는 것이 아니라, 형이상학의 범주 안에서 이해되어야 함을 알려주고 있다. 왜냐하면 고아는 무한한 미래로의 유한한 나의 존재의 모험, 바로 초월이라는 형이상학적 모험의 길을 열어주는 까닭이다.

죄디의 등장으로 끝나는 『방드르디』의 마지막 장면은 그 다음에 올 소설에서 중심 주제로 발전될 것이 무엇인지를 예고하고 있다. 『마왕』은 무한자는 헐벗은 고아의 모습으로 출현하며, 이 무한자를 위하는 것이 곧 구원받는 길임을 놀라운 상징들과 전설들을 동원해 보여준다. 이 소설 전편을 가로지르는 크리스토프 성인(크리스토포루스)의 전설과 몽테뉴의 테마는 다음 구절이 가장 훌륭하게 요약하고 있다. "그것은 15세기의 포르투갈 모험가인 알퐁스 알뷔케르크에 관한 일화였다. 알뷔케르크는 〔……〕 최악의 해상 사고에 부딪치자 한 어린 소년을 어깨 위에 태웠다. 그것은 행운에 의지하는 상황에서는 소년의 순진무구함만이 신의 가호를 얻어낼 수 있어서 그를 구제해주리라는 의도에서였다. 〔……〕 그들이 보호하고 있는 아이의 보호 아래 스스로를 맡겼다는 것, 구원하면서 동시에 구원을 받았다는 것, 상당한 노역을 감당함으로써, 어깨가 짓눌리는 짐을 실어나름으로써 빛의 짐을, 순결의 노역을 감당했던 것이다"(『마왕』, 73~74). 이 이야기는 또한 지구의 무게만큼 무거워지는 아기 예수를 어깨에 태우고 강을 건너간 크리스토프 성인의 일화이기도 하다. 크리스토프 성인의 이야기는, 신은 헐벗은 어린이의 모습으로 우리 앞에 나타나며, 우리의 어리고 나약한 이웃을 돕는 것은 바로 신을 돕는 것이고, 이를 통해서 주체는 초월을 전망해볼 수 있음을 암시하고 있다.

아마도 『마왕』 전체가 레비나스의 사상에 응답하고 있다고 해도 과언이 아닐 것이다. 원수지간인 독일인과 유대인은 모두 아이와 거인에 대한 이야기를 그 민족의 가장 의미심장한 전설 가운데 하나로서 간직하고 있다. 하나는 아이의 영혼을 빼앗으려는 마왕의 이야기이며, 다른 하나는 아이를 주인처럼 높이 떠받드는 크리스토프 성인의 이야기이다. 정주인과 유목민, 가해자와 피해자라는 이 두 민족의 전혀 상반된 운명만큼이나 서로 다른 이 두 거인 이야기의 대립적 구도 위에 구축되어 있는 소설 『마왕』의 주제란, 강자(거인)란 어떤 것이어야 하는가라는 물음으로 요약될 수 있을 것이다. 독일이 그랬듯 헐벗은 타자에 대해 마왕으로 행세할 것인가, 혹은 크리스토프 성인이 그랬듯 헐벗은 어린아이를 내 주인처럼 어깨 위에 모실 것인가라는 두 가지 길이 우리 앞에 제시된다. 마왕이 아이의 목숨을 욕심내듯, 혈통이라는 제3항을 매개로 모든 개별자들을 자기 필요에 따라 자기 도구로 삼고자 하는 독일이 '존재론'의 표현이라면, 헐벗은 어린이의 모습으로 말을 건네는 신에게 응답하는 크리스토프는 '형이상학'의 표현이라 해야 할 것이다.[11] 존재론 대 형이상학이라는 레비나스의 대립적 구도는 이 소설을 통해 마왕과 크리스토프 성인의 대립 구도로 표현된다.[12] 그러므로 이제 우리는 『마왕』을 통하여 레비나스의

11) 레비나스는 '존재론'과 '형이상학'에 서로 대립되는 특정한 의미를 부여하고 있다. 자기 필요의 충족을 위해 인식, 소유 등을 통해 대상을 동일자의 것으로 복속시키고 지배하는 활동을 해명하는 사유를 가리켜 존재론이라 부르는 반면, 동일자의 지평에 귀속시킬 수 없는, 세계를 초월해 있는 타자와의 만남을 해명하는 사유는 형이상학이라 일컫는다(3장 2 참조).

12) 물론 레비나스와 투르니에는 (투르니에의 어투를 빌려 표현하면) 한 사람이 다른 한 사람을 모방한 것이 아니라 "피차 간에 서로 관계없이 똑같은 행위를 완수"(『마

사상이 몽테뉴의 산문 및 크리스토프 성인의 전설과 놀랍도록 강력한 화음을 이루어내고 있음을 발견하게 된다.[13] 그 화음을 가로지르는 한 가닥 중심 선율이란, 무한자는 헐벗은 아이의 모습으로 우리에게 나타나며, 그 헐벗음에 응답하는 것이 존재 저편으로, 무한을 향해 초월하는 길이라는 가르침이다.

3. 쿤데라: 죽은 아이

레비나스와 투르니에가 세계에 저편이 있음을, 유한한 시간 너머에 무한이 있음을, 아이를 통해 내가 나의 존재와 '다르게' 될 수 있음을 보여주었다면, 『정체성』에서 쿤데라는 정반대의 사건을 기술하고 있다. 쿤데라에게서 아이의 출현은 세계로부터의 초월을 가능케 해주는 것이 아니라, 오히려 '나를 세계 내 존재일 수 있게끔' 해준다.

쿤데라에게서 세계란 무엇인가? 이미 보았듯 레비나스에게서 세계는 그것을 매개로 존재의 일반 경제가 수행되는 곳이며 또한 그 활동의 결과물이기도 하다.[14] 우리는 세계를 부정할 수도 거부할 수도 없

왕』, 74)한 셈이다. 즉 "두 사람 모두 같은 샘에서 그들의 운명을 길어"(같은 곳) 내었다. 이 유대 철학자와 크리스트교 소설가가 가지고 있는 공동의 샘물이란 바로 '성서적 테마들'과 제2차 세계 대전을 통한 '나치즘의 체험'이다.

13) 물론 레비나스의 사상은 유대교에 뿌리를 두고 있으며, 몽테뉴와 크리스토프 성인의 이야기는 크리스트교에 바탕을 두고 있다. 그러나 그의 철학이 크리스트교에 대해 배타적인 관계에 놓여 있는 것은 아니다. 오히려 한 토론회에서 레비나스는 타자에 대한 선행(善行)을 통한 초월이라는 점에서 크리스트교와 유대교는 공통적이라는 점을 지적한 후 초월은 한 가지가 아니라, 적어도 유대교와 크리스트교라는 두 가지 길을 통해 이루어질 수 있다는 견해를 피력한다. "목적을 향해 사유는 단 하나의 길을 따라 움직이는 것이 아니다. 형이상학적 진리〔초월〕는 본질적으로 두 가지 표현〔유대교와 크리스트교〕 속에서 가능하였다"(E. Levinas, *À l'heure des nations*〔Paris: Éd. de Minuit, 1988〕, p. 191).

으며, 세계 안에 있다는 것은 악이 아니다. 먹지 않고 입지 않고 거주하지 않고서는, 즉 나의 세계를 소유하지 않고서는 나는 나의 존재를 유지하지 못한다. 그러나 이미 보았듯 세계 내 존재로서만 머물고서는 어떤 초월도 바랄 수 없다. 세계 저편으로 가고자 하는 욕망, 보이지 않는 무한한 시간에 대한 욕망은 세계 안에서 충족될 수 있는 것이 아니다. 그럼에도 불구하고 (의식주의 불가피성이 잘 알려주듯) 세계 자체는 존재의 내재적 삶을 구성하는 데 필연적인 것이며, 이런 의미에서 애초에 거부의 대상이 아니다. 거부할 수 없는 것이긴 하나 그것을 매개로 주체가 자신의 이기적인 욕구를 충족시키는 데 그칠 뿐이라는 점에서 "세계는 상스러우며 범속하다"(EE, 63). 세계에 관한 쿤데라의 생각도 이와 다르지 않다. 쿤데라에게서도 세계란 존재에게 필연적인 것, 거부할 수 없는 것이다. 세계의 필연성에 대한 쿤데라의 확신은 "인간에게는 세상을 바꿀 능력이 없으며"[15] 또 "인간에게는 신이 창조한 것을 바꿀 권리가 없다"(146), "우리의 운명"(153) 등등의 표현에서 잘 나타난다. 한마디로 쿤데라에게서 세계는 레비나스에게서와 동일하게 존재에게 필수적인 일반 경제가 수행되는 곳이다.

그러나 그는 출산에 대해서는 레비나스와 전혀 견해를 달리한다. 즉 출산은 초월의 사건이 아니라 존재의 일반 경제를 보다 활성화시켜주며 세계에의 연루를 더욱 공고히해주는 사건일 뿐이라고 쿤데라

---

14) 특히 세계는 존재의 일반 경제 활동 가운데 '노동'의 결과물이다. "노동은 〔자연의〕 요소들로부터 사물을 이끌어낸다. 이와 같은 식으로 노동은 세계를 '발견한다'"(TI, 130). "손은 요소로부터 손이 거머쥘 수 있는 것을 이끌어내고, 형상을 가진 한정된 존재들을 그려냄으로써 세계의 윤곽을 잡는다"(TI, 134). "이런 근본적인 거머쥠, 이 노동의 세력은 사물들이 '생겨나게 하며' 자연을 세계로 변형시킨다"(TI, 130).

15) 밀란 쿤데라, 이재룡 옮김, 『정체성』(민음사, 1998), p. 145(이하 괄호 안에 약호 없이 페이지 수만 표시).

는 생각한다. 다음 인용은 명시적으로 출산을 존재의 일반 경제의 한 부분으로 기술하고 있다. "인생의 본질은 삶을 지속시키는 거야: 그것은 출산이며 그것에 선행하는 성교, 또한 그것보다 앞서는 유혹, 즉 키스, 바람에 날리는 머리카락, 팬티, 멋지게 재단된 브래지어, 그리고 사람에게 성교를 가능하게 하는 모든 것, 다시 말해 먹거리, 요새는 아무도 좋아하지 않는 불필요한 것인 성찬이 아니라 누구나 쉽게 살 수 있는 먹거리, 그리고 먹었으니 배설도 중요하지"(152). 세계 안에서 "우리의 운명이〔은〕 먹는 것, 성교, 생리대에 달려 있"(153)을 뿐이다. 레비나스에게서, 한편 필연적인 것이면서도 다른 한편 초월로 나가지 못하고 향유하고 소유하고 거주하는 일에 국한된 세계가 '상스러운' 것처럼, 쿤데라에게서도 같은 이유로 세계는 근본적으로 상스럽다. 이러한 세계 안에서 "삶의 위대성"(153)이란 고작 먹고 싸고 교미하는 인간의 "순환 계통"을 "미화하고 찬사로 바꾸는"(152) 광고적 효과일 뿐이다. 가령 삶의 위대성이란 배설과 교미와 번식의 징표인 생리대를 포장하고 있는 보기좋은 핑크색 같은 것이다. 중세의 교회, 근대의 철학, 그리고 우리 시대에 광고가 해오고 있는 일이란 바로 인간의 순환 계통, 존재의 일반 경제를 이런저런 그럴싸한 핑크색 이데올로기로 포장해서 아름다운 환상을 만들어내는 것에 불과하다. 이런 세계 속에서 우리는 단 한 가지 자유로운 결단만을 내릴 수 있으니, "다수의 용광로 속에 당신의 개별성을 용해시키면서 패배감을 갖느냐, 아니면 황홀경에 빠지느냐는 당신의 자유"(153)로운 결단에 맡겨져 있다. (이 인용을 읽으며 우리는, 레비나스가 다루었던 다수에의 참여를 통해 얻어지는 '전체주의적인 황홀경'의 테마가 문자 그대로 쿤데라의 입을 통해 반복되고 있다는 점에 주목하지 않을 수 없다. 이제 더 분명히 확인되겠지만, 쿤데라 또한 전체, 내재성, 세계에의 무아경적 참여와 초월을 대결시키면서 자신의 사유를 구축해나간다.) 물론 이 두 가지 가능성 사이에서 광고가 선택하는 길은 늘 황홀경

쪽이다. 교미와 번식이라는 본모습을 생리대에 칠해진 아름다운 핑크색으로 포장해, 존재로 하여금 황홀경과 더불어 세계에 참여할 수 있는 길을 열어주자는 것이다.

그런데 어느 날 갑자기 세계와 단절하게 되는 사건이 발생하는데, 그것이 바로 '아이의 죽음'이다. "아기를 갖고 동시에 이 세계를 경멸한다는 것은 불가능하단다. 왜냐하면 우리가 너를 내보낸 곳이 바로 이 세계이기 때문이란다. 그래서 우리가 이 세계에 집착하는 것은 아기 때문이며, 아기 때문에 세계의 미래를 생각하고 그 소란스러움, 그 소요에 기꺼이 참여하며 이 세계의 불치의 바보짓에 대해 진지하게 고민하는 것이란다. 너의 죽음을 통해 너는 나로부터 너와 함께 있는 즐거움을 앗아갔지만 동시에 너는 나를 자유롭게 해주었지. 내가 사랑하지 않는 이 세계를 정면으로 응시할 수 있도록 나는 자유로워졌단다. (……) 네가 나를 떠난 지 몇 년이 지난 지금 너의 죽음이 하나의 선물, 내가 결국 받아들이고 만 끔찍한 선물이었다는 것을 말하고 싶다"(64~65). 레비나스에게서 존재는 근본적으로 세계의 먹거리들과 연루되어 있다. 이 연관으로부터 자유롭게 해주는 것, 세계와 단절할 수 있게 해주는 것이 아이의 출현이었다. 이런 까닭에 아이의 출현은 우리의 의지와 인위적 계획 저편에서 주어지는 하나의 '선물'이다. 그런데 이와 정반대로 쿤데라는 아이의 죽음이 하나의 선물이라고 말한다. 아이의 죽음이 비로소 세계와의 단절을 가능케 하고 공동체에의 참여를 그만두게 해준다. 공동체 속의 익명의 다수로부터 나의 환원 불능의 개별성을 되찾는 것, 레비나스라면 파르메니데스와 결별하는 길이라고 표현했을 사건은 다음 인용이 말해주듯 바로 아이의 죽음을 통해 이루어진다. "장-마르크 곁의 그녀 존재는 절대적이며 아들의 부재 덕분에 그녀가 절대적일 수 있음을 의미한다. 그녀는 아들이 죽어서 행복했다. (……) 그녀는 더 이상 세계를 원치 않았다. (……) 그녀는 다시 한번 죽은 아들을 떠올렸고, 이 회상은 다시 막연하게 비윤리적인 행복감을 동반했다. 장-마르크에 대한 그녀의 사랑은 일종의 이단, 그녀가 떠나온 인간 공동체의 불문율에 대한 위반이라고 그녀는 생각했다"(46~47).

이와 정반대로 살아 있는 내 아이의 존재는 나를 세계에 연루(連累)되게끔 만든다. 세계에의 이 연루를 '아이를 위해서' 혹은 '아이 때문에'라는 이타적(利他的), 윤리적 의미로는 결코 이해할 수는 없을 것 같다. 만약 그것이 윤리적 · 이타적인 것이라면, 위 인용에서처럼 '아들이 죽어서 행복했다'는 식의 표현은 가능하지 않을 것이다. 쿤데라는 아이를 통한 세계에의 연루를, 어떤 윤리적 가치 평가에 앞서서 우선 '다수의 용광로 속에 개별성을 용해시키는 것'으로 기술하고 있다. 그것은 "착하고 고분고분"(124)한 복종이며 "부드럽고 조용하고 비전투적이고 체념적이며 거의 평화스럽다고 할 수 있는"(125) 인생이다. 그야말로 집단 속에서 일정 정도 '자기 망각'에 빠져 있는 삶, 레비나스라면 '참여를 통한 자기 망각적 황홀경'이라고 표현했을 삶이다. 주인공 샹탈의 시누이가 보여주는 장면들은 아이를 통해 참여하게 된 세계 안에서의 삶이 구체적으로 어떤 끔찍스러운 모습을 띠는지 잘 보여준다(34, 35절 참조). 그러므로 쿤데라에게서 아이란 집단의 일원, 즉 "가족의 일원이 되도록 하기 위해"(37) 특정한 개별자에게 강요되는 멍에이다. "아기가 죽지 않았다면 마지막 날까지 그녀는 이런 식으로 살았을 것이다"(125).

그렇다면 쿤데라에게 있어서 아이의 죽음을 통해 가능하게 된, 세계로부터의 초월이란 어떤 것인가? 쿤데라는 우선 '태도'의 측면에서 초월의 문제에 접근한다. "〔집단 속에서 그토록 착하고 고분고분한〕 당시 그녀의 태도에 어떤 이름을 붙일 수 있을〔까?〕"(124)라는 물음은 이 소설에서 초월이 '태도'의 문제와 관련되어 있음을 알려준다. 아이의 죽음이라는 사건은 세계 내 존재의 일반 경제에 몰입해 있던 그녀에게 "이 세계를 정면으로 응시할 수 있〔는〕"(64) 태도를 가능케 해준다. 세계를 정면으로 응시한다는 것, 먹고 배설하고 교미하고 번식하는 존재의 일반 경제에 대해 '거리'를 둔다는 것은 세계 내 존재로서의 정체성으로부터 해방된다는 뜻이다(초월이 '정체성'으로부터의 해방이라는 점은 이미 『불멸』에서부터 암시되었던 것으로, 여기서 정체성으로부터의 탈출은 '얼굴〔정체성〕 없는 사람들이 살고 있는 혹성'의 모습으로 표현되었었다. 마찬가지로 『정체성』에서도 얼굴을 없애버리고 싶은 욕망이 강하게 표현되고 있는데, 구체적으로 그 욕망은 불을 통해 자신의 모든 신체적 흔적을 없애버리는 일, 바로 화장〔火葬〕에 대한 열망으로 나타난다).

실제로 샹탈은 아이의 죽음 이후 한 가족의 일원으로서의 정체성, 직업인으로서의 정체성 등을 모두 버린다. 레비나스와 투르니에와 달리 세계 안의 정체성으로부터의 해방이 '다른 개체(아이) 속에서 자기 존재와 다르게 되는 문제'가 아니라, '태도의 문제'라는 점은 그녀가 직업인으로서의 정체성으로부터 어떻게 자유로워지는지 살펴봄으로써 명확히 드러난다. "난 두 개의 얼굴을 가지고 있다는 것을 잊지 마세요. 〔……〕 당신 앞에선 내 일에 대해 비웃는 얼굴을 하지요. 사무실에서는 심각한 얼굴을 하고. 〔……〕 나는 반쯤은 우리 회사의 배반자처럼, 반쯤은 내 자신에 대한 배반자처럼 처신하죠. 이중 배반자인 셈이죠. 그리고 이런 이중 배반의 상태를 실패가 아닌 성공이라고 생각해요"(32~33). 여기서 성공은 물론 직업인으로서의, 세계 내 존재로서의 성공이 아니라, 세계 안의 정체성으로부터의 해방되는 일의 성공이다. 그녀는 자기 직업으로부터 떠나는 것이 아니라 직업에 대한 태도 변경을 통해 세계와 단절하는 데 성공한다.

끔찍이도 혐오스러운 세계 내의 정체성을 완전히 없애버림으로써 초월을 성취하고자 한다는 점에서 쿤데라의 욕망은, 초월 이후에도 어떻게 나의 정체성(동일성)을 유지할 것인가라는 물음이 필수적이었던 레비나스의 경우보다 언뜻 보기엔 훨씬 급진적인 것도 같다. 모든 정체성을 말살하는 것, 그것이 쿤데라가 희망하는 초월인가? 그렇다면 죽음은 그 초월의 욕망을 이루기 위한 가장 적절한 방식이 아닌가? 그러나 이 소설의 주인공이 때로 화장(火葬)에 유혹을 느끼기는 해도, 쿤데라의 초월의 욕망은 레비나스가 애초에 모순된 개념으로서 초월의 길에서 제외해버렸던 '죽음'으로 향하는 법은 결코 없다. 쿤데라에게서도 레비나스와 마찬가지로 죽음은 충분한 초월로서 고려되지 않는다. 오히려 레비나스가 정립한바 '초월은 변화(나의 존재와 다르게 됨)와 정체성(여전히 나로 머무름)이라는 모순된 두 가지를 동시에 목표로 삼는다'는 초월의 기본적 이념은 여전히 쿤데라에게서도 유효하다. 이 소설의 결론적 주장으로 받아들일 수 있는 다음 구절은 그러한 사정을 잘 말해주고 있다. "그녀를 사랑하는 남자에 대한 생각이 되살아났다. 그가 여기 있다면 그녀의 이름을 불러줄 것이다. 그의 얼굴을 기억해내는 데에 성공한다면 그녀 이름을 발음하는 입 모양을 상상할 수도 있을 것이다. 그녀에게는 이것이 좋은 실마리처럼 보였다: 이 남자를 통해 자기의 이름을 되찾는 것이다"(173). 요컨대 초월의 욕망은 세계 바깥에서 진정한 정체성(이름)을 찾고자 하는 욕망과 동전의 양면을 이루고 있다. 쿤데라에게서도 초월의 욕망은 죽음이 아니라 역시 타자를 향하고 있는 것이다.

세계 밖에서 진정한 정체성을 찾고자 하는 이 초월의 욕망의 뿌리에는, 이 모든 이야기가 엮일 수 있게끔 해주었던 최초의 사건, 아이의 죽음이라는 구원의 사건이 도사리고 있다. 쿤데라에게 있어서, 세계 내 존재에게 아이는 출산이라는 생명의 사건을 통해서도, 헐벗은 고아의 모습을 통해서도 오지 않고, 오로지 죽음을 통해서 찾아온다. 타나토스가 강렬한 유혹이긴 하나 우리가 누누이 강조했듯 나의 죽음은 나를 초월시키지 못한다. 그러나 아이의 죽음은 나를 초월하게 해준다. 이런 까닭에 타자의 죽음은 하나의 '선물'이다.[16] 죽은 아이라는 이 놀라운 선물은 먹고 배설하고 향유하며 일상성의 황홀경에

취해 있는 세계 내 존재를 어느 날 그 밑둥이부터 허물어뜨리며, 세계에 '저편'이 있음을 알려온다.

4. 맺음말

아이는 그 탄생을 통해, 죽음을 통해, 혹은 헐벗은 고아의 모습으로 우리가 세계와 결별하도록 해준다. 레비나스, 투르니에, 쿤데라가 보여주었듯, 세계는 "생리대, 기저귀, 세제, 먹거리"(152)의 연관인 존재의 일반 경제의 총체이다. 그것은 존재에게 물, 공기, 흙, 불처럼 필연적이며 거부할 수 없는 것이되 상스러우며 범속하다. 반면 아이

---

16) **타자의 죽음과 초월**: 쿤데라의 경우와는 많은 차이를 지니지만, 레비나스에게서도 타자의 죽음은 무한과의 관계, 초월을 가능하게 해준다. 레비나스는 '근심 inquiétude'이라는 정서에서부터 죽음에 대한 탐구를 시작한다. 이처럼 죽음을 정서적 측면에서 접근하는 방식은 하이데거의 불안(Angst, angoisse)에서부터 처음 시작되었다는 점을 그는 인정한다(E. Levinas, *Dieu, la Mort et le Temps*[Paris: Grasset, 1993], p. 27). 그러나 레비나스가 말하는 '근심'은 하이데거의 불안, 섬뜩함 Unheimlichkeit, 마음이 편치 않음 das Nicht-zuhause-sein 등과 달리 일상적인 공공성 속에서 혹은 친숙한 도구들 속에서 더 이상 평안함을 누릴 수 없다는 데서 생기는 감정이 아니다. 근심은 '존재 가능'으로서의 나의 죽음과는 아무런 상관이 없고, 오히려 타자의 죽음과 나의 관계를 지배하는 정서이다. 레비나스는 근심의 감정을 죽음에 대한 겸양으로서, 즉 대답되어질 수 없는 질문으로서 정의한다. 근심이라는, 죽음에 대한 이 "질문은 보다 근본적인, 무한에 대한 관계와 접목된다. 이 관계는 무한과의 관계로서의 시간이다. 그것은 타자의 죽음에 대한 정서적 관계이다"(같은 책, p. 26). 그런데 어떤 의미에서 나의 근심은 타자의 죽음에 대한 근심인가? 바로 "모든 경우의 죽음에 있어서, [죽는 자와] 이웃해 있는 자의 근접성, 살아남은 자의 책임성은 스스로를 책망하기"(같은 책, pp. 26~27) 때문이다. 죽음의 모습으로 나를 책망하는 타자는, 나의 인식적 자산으로 삼을 수 없는 나의 세계 바깥에 있는 무한자의 모습을 하고 있다. 살아남은 자로서의 나의 책임성을 책망하는 이 타자의 죽음은, 내가 이미 이 타자에 대해 윤리적 관계를 맺고 있음을 증언해준다. 그리고 오로지 이러한 책임성을 통해서만 나는 타자의 죽음을 통해 현시하는 무한자와 관계(초월)를 맺을 수 있다.

는 우리가 읽었던 문장들 가운데 가장 빛나는 상징을 하나 빌려 표현하자면, 크리스토프 성인의 어깨 위에 올라탄 어린 신의 모습을 하고서 찾아온다.

나도 그런 무한자를 만난 적이 있다. 언젠가 산부인과의 초음파 검사실에서 화면을 통해 여자의 뱃속을 들여다보고 있었다. 사람의 몸을 흔히 우주에 비견하곤 하지만, 검은 하늘과 별처럼 흰 점들로 이루어진 초음파 기기의 흑백 화면만큼 우주의 본성에 가까이 다가간 영상적 기기는 없을 것이다. 그날 화면 속에는 밤하늘처럼 자궁이 펼쳐져 있었다. 그 어두운 장막 위에 무엇인가 작고 둥근 것이 밝은 빛을 발하며 우주선처럼 떠 있었다. 최초의 씨앗이었다. 저 안에 열 달 후면 태어날 아이가 들어 있단 말인가? 정말 그것은 열 달 후 지구에 도착하기 위해 전속력을 다해 우주를 가로질러오고 있는 우주선 같았다. 우리 지구인들은 긴장에 휩싸여 산부인과의 작은 천체 망원경을 응시했다. 저 무한한 시간, 무한한 외계로부터 자신에게 찾아오는 손님을 알아보는 순간부터 인간의 운명은 변한다. 그는 하루하루 죽어가는 유한한 시간 속에서 고개를 들어, 그 손님이 가져다줄 무한한 시간, 가없는 시간을 향한 모험의 길로 들어선다.

제9장

일요일이란 무엇인가?*

──레비나스와 사르트르의 경우

1. 백수들, 야곱의 시간과 에사오의 시간

요일(曜日)도 존재론의 대상이 되는가? 그렇다면 요일 중의 요일, 가장 늦게 탄생한 요일들의 막내 자매, 모든 요일들의 여왕이자 노동으로부터 해방된 날인 일요일은 어떤가? 이 글은 늦잠과 한가로움, 야구 중계, 외식 그리고 다시 시작될 월요일의 수고에 대한 걱정으로 얼룩지기 쉬운 일요일의 '존재론적 의미'에 대해 묻고자 한다.

일요일은 일을 하지 않는 날이다. 그러므로 그것은 누구보다도 먼저 일을 하는 사람들, 곧 직장을 가진 이들에게 의미있는 날일 것이다. 그러나 그들은 한 주 내내 일요일을 기대하며 살지만 일요일에 대해 사유하지는 않는다. 이는 너무 손에 잘 맞는 망치를 사용하는 목수가 그 망치에 대해 사유할 기회를 가지지 못하는 것과 마찬가지이다. 망치가 사라졌을 때야 비로소 목수는 한 발자국 뒤로 물러나, 망치는 못을 가리키고 못은 나무 판자를, 나무 판자는 집을, 집은 그 안에 거주하는, 목적으로서의 현존재를 가리키는 '도구들의 연관'을 이해하게 된다. 망치가 사라져야만 세계는 괄호쳐지고 그 의미를 드

* 이 글은 『문학동네』(가을호, 1999)에 발표된 글을 보완한 것이다.

러낸다. 일요일은 요일의 질서가 너무 몸에 잘 맞는 사람들, 직업을 가지거나 학교 시간표에 맞춘 생활을 하는 사람들, 즉 세계 안의 가치와 질서를 쫓는 사람들의 눈에는 모습을 드러내지 않는다. 그들은 단지 일요일을 '살' 뿐이다.

아마도 로캉탱이나 유하처럼 요일의 질서가 몸뚱이로부터 헐겁게 빠져나가버린 자들, 세계의 가치가 남의 밥상의 떡인 백수들이나 일요일에 대해 생각해볼 겨를이 있을 것이다(나이 서른의 연금 생활자 로캉탱은 이렇게 말한다. "이것은 그들의 일요일이지 나의 일요일은 아니었다. [……] 나에게는 월요일도 일요일도 없고, 무질서하게 밀려오는 나날들이 있다."[1] 그리고 로캉탱에 못지않게 한심한 유하는 이렇게 말한다. "남들 다 일터 나간 한낮에 시 한 수 끄적거리거나/ 기껏 비디오 한 편 때리고 있노라면, 속이 허심허심"[유하, 『세운상가 키드의 사랑』, p. 91]). 속이 허심허심한 자, 일요일에 대해 사유할 준비가 되었다는 뜻이다. 레비나스—저자로서뿐 아니라 화자로서의 레비나스—또한 일요일에 대한 페이지들을 쓸 무렵 실업자였다. 더 정확히, 그는 독일군의 포로 수용소에 붙들려 있었다.[2] 포로 수용소 나름대로 어떤 시간의 질서를 가지고 있었겠지만, 그는 철책 이편에서, 도무지 다시 내 것으로 살아볼 기회가 주어지지 않을 것 같은 철책 저편의 시간을, 그 화사한 일요일의 나들이를 사유해볼 기회를 가질 수 있었을 것이다. 요일의 질서가 남의 옷처럼 몸에 안 맞을 때 비로소 요일에 대한 사유는 섬광처럼 머릿속을 채운다("잠깐 나는 철책에 기대 있다가 갑자기 오늘이 일요일이라는 것을 깨달았다"[N, 63]). 요컨대 세계의 시간으로부터 떨어져나간 백수들만이 요일에 대한 '현상학적 환원'을 수행할 수 있다는 말이다.

---

1) J-P. Sartre, *La nausée*(Paris: Gallimard, 1938), pp. 80~81(약호 N).

2) 레비나스는 이 사실을 수용소 시절에 씌어진 저작 *De l'existence à l'existant*(Paris: J. Vrin, 1963; 초판: Fontaine, 1947)의 서문에 기록하고 있다(약호 EE).

일요일은 어떤 '시간'인가? 그것은 교회에 나가서 구원을 희구하는 시간인가, 혹은 집에서 느긋하게 휴일의 야구 중계를 즐기며 좋은 음식을 먹음으로써 신체를 재충전하고 세계에 대한 자기 존재의 지배력을 더욱 강화하는 시간인가? 신의 맏아들의 자리를 팔아넘기고 죽 한 그릇으로 창자를 즐겁게 하는 데 만족했던 에사오의 세속적인 삶과, 형으로 변장하고서라도 구원을 얻고자 한 야곱의 초월을 향한 삶은, 아마도 어느 것이 진면목인지 결정하기 쉽지 않은 일요일의 두 가지 가능한 얼굴을 대변해주고 있을 것이다. 구원인가, 세속적 즐거움인가? 자기의 '존재 유지(존재 안에 머무르려는 경향conatus essendi)'에 봉사하기 위한 세속적 삶, 레비나스의 용어대로 하자면 '존재론적 삶'은 늘 이기성과 맞물려 있다. 그것은 나와 다른 것(대상, 음식, 타자)을 나에게로 동화시켜 내 것으로 즐기는 삶이기에 그렇다. 세속적 삶의 즐거움은 타자의 입에 밥이 들어갈 때가 아니라, 나의 입에 밥이 들어갈 때 비로소 성취되는 것이다. 우리의 시인들 가운데 한 사람은 자기의 '존재 유지'에 바쳐진 일요일의 이 이기적 본성을 고발함으로써 일요일을 초월을 향한 삶보다는 세속적 삶으로 이해하고 있다.

> 일요일 교회 담벼락, 풍금 소리
> 〔……〕
> 아리고 찬 강물에 떠내려온
> 여자 시체 하나가 있었다.
> 흔한 일이야,
> 사내들이 나와 (오오 이 땅에서 죽은 게 아니라고)
> 긴 장대로 서로의 가슴을 향해
> 몰아붙이고 있었다.
>
> —성윤석 「일요일」에서(『이다』, 창간호, p. 101)

천사들의 풍금 소리는 높은 벽돌 담 밖으로 나서지 못하고, 죽은 내 이웃은 장대에 밀려 떠내려간다(우리는 후에 교회의 풍금 소리가 어떻게 이기적인 세속적 삶과 연관되는지 살펴볼 것이다. 또 나를 위한 관계(이기성)가 아니라, 오로지 타자와의 관계만이 초월과 구원을 가능케 한다는 점 또한 보게 될 것이다). 레비나스라면 일요일에 대해 무어라 답할 것인가? 그것은 초월의 시간인가, 혹은 죽 한 그릇을 '내 입'에 밀어넣음으로써 세속적 즐거움을 누리는 시간인가?

2. 레비나스: 수고, 봉급, 여가
—경제적 시간으로서 일요일

레비나스 철학의 구조적 측면에서 보자면, '현재 순간' 속에서 익명적 존재 il y a로부터 존재자의 출현의 문제를 다룬 후 제기되는 일요일에 대한 물음은, '형이상학'과 대립하는 의미에서의 '존재론적 삶'의 구조를 드러내고자 하는 물음에 다름아니다.[3] 레비나스는 현재 순간과 이 순간 속에서 정립된 존재자를 시간적 지속과는 아무런 상관이 없는 것으로서 사유해보고자 한다("시간의 순간은 그 순간의 생산에 있어서, 시간이 관통해야 하는 무한 계열로부터 올 수 없다. 반면 순간은 이 〔시간의〕 계열에 대해 무관함을 증명할 수 있다"〔EE, 125〕). 주체를 시간을 통해 규정하거나 혹은 시간적 존재로 본 칸트와 하이데거에 익숙한 오늘날의 철학에게는 그렇게 낯익은 방식이 아니겠지만, 현재를 비시간적인 것으로서 사유해보고자 하는 사유는 근대 철학 사상의 한 전통을 이루는 것으로서 데카르트에 그 기원을 두고 있다. "데카르트의 코기토와 그 코기토가 가지고 있는, '자아'의 현존의 확

3) 레비나스 철학에서 '형이상학'과 '존재론'의 대립적 관계에 대한 자세한 논의는 3장 2, 4장 5. Ⅲ, 8장 각주 11 참조.

실성은 현재를 통한 존재의 절대적 실현에 근거를 둔다. [……] 코기토의 비범한 확실성은 무엇에서 나오는가? 현재로부터 나온다. 코기토는 의심하는 행위, 즉 순간 바깥의 모든 위치를 배제해버리는 부정의 활동이다. 여기서 순간이란, 그 안에서 현재와 '자아'의 현존이 피할 도리 없이 실현되는 특권적인 상황이다. '현재' '자아' '순간'은 단 하나의 동일한 사건의 국면들이다"(EE, 136~37). 코기토의 확실성은, 코기토라는 사유가 어떤 사유냐 하는 그 사유의 양태의 확실성이 아니라, 그 사유를 하고 있는 존재의 확실성이다. 그리고 이러한 확실성은 오로지 무엇인가를 생각하고 있는 나에 대한 의식, 곧 자기 의식이 활동하는 그 '순간'에만 확보된다. 즉 자기 의식을 통한 존재자의 정립은 오로지 그 자기 의식이 활동하고 있는 현재의 순간에만 이루어지는 것이다. 그러므로 코기토는 과거의 나, 미래의 나, 즉 시간적 존재로서의 나에 대해선 아무런 확실성도 보장해주지 못한다. "지속은 순간에 의해 실현되는 존재와의 접촉에 영향을 미치지 못한다. 순간은 지속을 가지지 않는다"(EE, 131). 이러한 사상은, 하나의 순간은 연이은 다른 순간과 당연스럽게 결합할 수 없다는, 즉 시간적 지속을 형성할 수 없다는 의미를 담고 있다.

그런데 현재 순간 속에서 자기 의식을 통해 정립된 이 비시간적 존재는 '나 moi'의 '자기 soi'에 대한 연루(連累)(EE, 136)라는 구조로 이루어져 있다("나는 어떻게 피해볼 도리 없이 자기이다"[EE, 150]). 흥미로운 것은 레비나스가 '나의 자기에 대한 연루'라는 존재의 이 구조 속에서 매우 부정적인 함의들을 읽어내고 있다는 점이다. 레비나스에 따르면 존재자의 이 자기 지칭적 구조는 '권태 lassitude'와 '피로 fatigue'와 '무기력 paresse'의 원천이다. 권태, 피로, 무기력 등의 용어는 동일한 상황을 지칭하기 위해 거의 같은 뜻으로 사용되는데, 권태보다는 아마도 피로나 무기력이 레비나스가 뜻하고자 하는 바에 보다 정확히 들어맞는 표현일 것이다. 왜냐하면 레비나스가 문제삼고자 하는 것은 오로지 '나와 자기와의 관계'로부터 유래하는 느낌이기 때문이다. 권태란 나 이외의 다른 것(가령 아내나 남편)에 대한 권태일 수도 있다. 그러나 피로나 무기력의 경우 문제가 되는 것은 언제나 자기 자신의 존재이다. "피로해지는 것, 그것은 존재에 대해 피로해지는 것이다"(EE, 50). 피로의 일차적 동기야 이런저런 사람이나 사건 등 경험적인 것일 수 있겠으나, 근본적으로 피로는 내가 자기 존재를 떠맡고 있기가 어렵다는 데서 생기는 느낌이다. 레비나스가 문제삼는 권태 또한 피로와 마찬가지로, 자기에 대한 느낌의 일종으로 이해되어야 한다. "모든 것들과 모든 사람에 대한 권태인 그런 권태가 존재한다. 그러나 무엇보다도 자기 자신에 대한 권태가 존재한다. [……] 권태는 현존 자체를 겨냥하고 있다"(EE, 31). 권태와 피로는 무엇보다도 자기 자신에 대한 싫증이며, 자기 자신의 존재함에 대한 힘겨움인 것이다.

그런데 문제가 되는 것은 '자기'가 권태롭고 피로할 때 '나'는 이 자기를 자유롭게 떠날 수 없다는 점이다. "권태 속에서 우리는 보다 아름다운 곳에 대한 동경 속에서, 현존의 외관들 가운데 하나로부터가 아니라, 현존 자체로부터 도피하고자 한다. 여행을 위한 안내서와 기한이 정해지지 않은 도피는 어느 곳엔가 정박하려고 하지 않는다. [이런 도피에선] 보들레르가 했던 진정한 여행처럼 떠나기 위한 떠남이 관건인 것이다. 그러나 권태 속에서의 운동을 통해서 현존자는 거부해버리고 싶은 망설임 속에서 현존을 획득한다"(EE, 32).[4] 우리는 나를 권태롭고 피로하게 만드는 일로부터 벗어나 여행을 떠나려고 한다. 그러나 권태의 느낌을 통해 문제가 되는 것이 바로 자기의 현존 자체일 경우 그러한 여행, '나'의 '자기'로부터의 도피는 불가능하

4) 이 글에서 '현존'과 '현존자'는 각각 'existence' 'existant'의 번역어이다. 레비나스는 이 용어들을 각각 하이데거적인 의미에서의 '존재(Sein, être)' 및 '존재자(Seiendes, étant)'와 같은 뜻으로 사용하고 있다.

다. 현존에 대한 권태는 '나'가 '자기'를, 그리고 '존재자'가 '존재함'을 떠날 수 없다는 숙명적인 '연루'를 보여준다. "권태 속의 현존은 현존함에 연루되어 있는 그런 계약을 〔계속〕 지키라는 명령 같은 것이다"(EE, 31). 나와 자기의 이 숙명적인 연루는 신체와 그것을 따라다니는 그림자의 관계에 비교될 수 있다. "러시아의 잘 알려진 이야기에 나오는 작은 바보 장, 단순하고 순진한 장은, 〔계속 구걸하며 따라오는〕 그의 그림자가 떨어져나가길 바라고는, 밭에서 일하는 아버지에게 심부름으로 가져가던 점심을 그림자에게 먹으라고 자꾸 던져주었다. 이윽고 점심은 하나도 남지 않게 되었는데도, 그림자는 마치 양도 불능의 최후의 소유물인 양 계속 그에게 붙어서 따라왔다"(EE, 38). 죽어버리지 않는 이상, '나'는 아무리 피곤하고 권태롭더라도, 나를 그림자처럼 따라다니는 '자기'의 소유자이며 책임자일 수밖에 없다.

그렇다면 어떻게 나는 피로와 권태의 원천인 나와 자기의 관계로부터 벗어날 수 있는가? 죽어버리는 방식 외의 어떤 '푸닥거리 exorcism'—실제로 레비나스 자신이 이 표현을 사용한다—가 나에게서 자기를 쫓아버릴 수 있는가? 아마도 '세계'와 관계함으로써 나는 자기로부터 벗어날 수 있을지 모른다. 세계 안에서 우리는 자기 자신에게 집착하기보다는 대상들, 그 가운데서도 가장 원초적으로는 먹거리들에 몰두한다. "자기 정립의 순수하고 단순한 동일성 속에서는 주체가 자기 자신에게 매여 있는 반면, 세계 안에서는, 자기에게로 회귀하는 대신 '현존하기 위해 필수적인 모든 것〔먹거리〕과의 관계'라는 것이 있다."[5] 우리가 먹거리에 몰두할 때 여기에는 '자기 망각'이 개입되어 있다(TA, 46 참조). 비로소 세계 안에서 "나는 자기와의 결정적인 결합에는 관심이 없다"(EE, 154). 나는 자기를 잊어버리

5) E. Levinas, *Le temps et l'autre*(Paris: P.U.F., 1983; 초판: 1947), p. 46 참조(약호 TA).

고 먹거리에 달려든다. 원시인들의 경우라면 먹거리에 대한 이러한 몰두는 사냥의 메커니즘을 통해 이루어지겠지만, 보다 복잡해진 경제 제도 속에 살고 있는 우리 현대인의 경우에는 노동과 봉급의 메커니즘을 통해 실현된다. 세계는 적어도 원칙상 노고를 쏟아붓는 만큼 봉급을 뱉어낸다. 그러므로 "세계는 봉급의 가능성이다"(EE, 154). "세계, 그것은 그 안에서 '자아'가 봉급을 타는 범속한 세계이다"(EE, 155).

수고와 봉급의 메커니즘을 요일에 적용해볼 때 우리는 비로소 일요일이 지니는 존재론적 의미를 이해하게 된다. 우리가 돈이 아니라 요일로 봉급을 받는다면 그것은 어떤 형태를 지닐까? 바로 여가를 즐길 수 있는 '일요일'의 형태를 띨 것이다. 수고와 여가의 교대가 세계의 시간을, 한 주일을 구성할 것이다. "수고와 여가의 교대는 세계의 시간 자체를 구성한다. 이 교대 속에서 우리는 수고를 통해 얻은 수확을 즐긴다. 이 시간은 일요일, 즉 그 안에서 세계가 주어지는 순수한 여가로서 흘러간다"(EE, 154). 세계에의 몰두를 통해 나는 자기로부터 벗어난다. 그러한 몰두는 수고와 봉급의 메커니즘을 통해 이루어지며, 일요일은 수고 뒤에 주어지는 봉급의 일종으로 이해될 수 있는 것이다. 그런데 우리가 누리는 이 여가는 나와 자기를 단절시킴으로써 진정으로 우리를 권태와 피로로부터 해방시켜줄 수 있는가? 수고 뒤에 찾아온 일요일은 구원의 시간일 수 있는가? 어쩌면 일요일은 속에 벌레를 숨기고 있는 탐스러운 과일에 불과할지도 모른다. 레비나스는 수고와 여가의 교대, 즉 평일과 일요일로 짜여진 시간에 대해서 이렇게 말한다. "이 시간은 천편일률적으로 따분한 것 monotone인데, 그 까닭은 이 시간의 순간들 간에 서로 우열이 없기 때문이다. [……] 일요일은 일주일을 성스럽게 하지 sanctifier 못한다. 그 대신 일요일은 일주일을 보상한다"(EE, 154). 일요일은 교회의 나무 걸상에 앉아 있는 사람들이 생각하는 것과 달리 무한자와 만나는 시간이 아니라, 경제적 거래를 통해 봉급으로 주어지는 시간이라는 점에서 성스러움과는 거리가 멀다. 주체는 일요일의 여가를 통해, 나와 자기의 관계에서 기인하는 피로와 권태로부터 일시적으로 빠져나올 수 있을지 모르지만, 그것은 주체를 어떤 근본적인 구원으로도, 초월로도 데려다주지 않는다. 오히려 휴일에 즐기는 휴식이 따분할 경우 '나'는 '자기'에 대한 권태에 언제든 다시 빠져버릴 수 있는 위험이 폭탄의 뇌관처럼 일요일 속에 도사리고 있다(우리는 후에 이 점을 사르트르와 더불어 구체적인 상황들 속에서 밝혀볼 것이다). 일요일은 "순간들끼리 서로 값어치가 같으며, 순간들끼리 서로 보충하는 경제적 삶의 관점 속에서"(EE, 26~27) 이해되는 따분한 시간이다. 이러한 시간, 수고와 보상이라는 거래 관계에 놓인 순간들이 따분하게 반복되는 시간을 일컬어 레비나스는 '경제적 시간temps économique'(EE, 156)이라 부른다. 일요일의 이런 따분함을 사르트르는 다음과 같이 간략하고도 정확한 한 문장을 통해 빼어나게 통찰하고 있다. "끝나버린 일요일은 그들에게 씁쓸한 맛을 남겼고, 그들의 생각은 이미 월요일을 향해 있다"(N, 81). 일요일의 시간은 나의 미래에 대해서, 즉 시간 자체에 대해서 말해주는 바가 없다. 나는 그저 자기에의 연루에서 기인하는 피로로부터 일시적으로 도피하기 위해 세계에 몰두하면서 수고스러운 평일과 그에 대한 보상인 일요일 사이를 절망적으로 오고 갈 뿐이다. "이런 시간은 슬픔을 달래고 죽음을 극복하기엔 충분하지가 않다"(EE, 155).

일요일이 구원의 시간이 될 수 없는 보다 근본적인 이유는 모든 형태의 봉급, 먹거리들을 향유jouissance하고자 하는 주체의 욕구 자체가 본성적으로 이기적인 구조로 이루어져 있기 때문일 것이다. 여기서 이기성은 윤리적인 관점에서보다는 먼저 존재론적 관점에서 이해되어야 한다. 물 한 모금, 빵 한 조각이 오로지 내 목구멍으로 넘어갈 때만 나는 그것들을 향유할 수 있다. 내 입에 들어갈 빵이 타자의 입으로 들어갈 때도 나는 기쁨을 느낄 수 있지만, 그 기쁨은 선행을 베푸는 데서 오는 것이지, 빵을 향유하는 데서 오는 것은 아니다. 향유는 피할 도리 없이 일인칭적이며, 또한 대상을 나에게로 동화시키는 활동이 그 근본을 이룬다는 점에서 본성상 식민주의적이다. 일요일을 향유하는 일도 마찬가지다. 세계와 대면하여 한 주일 동안 수고를 하고 일요일을 즐기는 경제적 삶의 시간은 본질적으로 이기적 구조 속에서 이루어진다. 일요일을 즐기는 것은 '언제나 나 자신'이다. 다시 말해, 경제적 삶 속에는 타자의 자리라고는 어디에도 없으며, 오로지 주체와 그가 즐기는 소유물이 있을 뿐이다. 시간의 관점에서 표현해보면 경제적 삶 속에는 수고와 여가를 반복하는 순간들의 따분한 나열 외엔 다른 어떤 시간의 가능성도 존재하지 않는다. 홀로 있는 주체에게는 시간이, 더 정확한 의미에서는 미래가 찾아오지 않는다(EE, 40 참조). 무엇인가 주체와 다른 것, 수고와 봉급의 질서 속에 결코 편입될 수 없는 전적으로 이질적인 것만이, 우열이 없는 서로 교환 가능한 순간들의 나열을 깨뜨리고 시간을 불러올 수 있을 것이다. 무엇인가 전적으로 이질적인 것과 맞닥뜨릴 수 없다면, 어느 날 죽음이 아무것도 할 수 없도록 망가뜨려놓을 때까지 주체는 수고와 일요일이라는 따분한 순간들 사이를 천편일률적으로 점멸(點滅)해야 할 것이다.

3. 사르트르: 사교, 식사, 놀이
—부빌의 일요일

레비나스가 주체의 존재론적 구조를 밝혀내는 작업의 일환으로 일요일의 의미를 되새기고 있다면, 사르트르는 우선 사회 계급적인 현상에 대한 묘사를 통해 일요일의 의미에 접근한다. 그러나 주된 기술

대상이 사회적 현상이지만, 그 기술을 통해 드러내고자 하는 바는 인간 존재의 존재론적 구조라고 보아야 옳을 것이다. 레비나스에게서와 마찬가지로 세계 내 존재의 존재론적 구조를 밝히는 작업과 세계 저편으로의 초월의 가능성에 대한 모색이라는 상반된 두 가지 과제는 『구토』의 전편을 가로지르는 테마들이다. 흥미롭게도 사르트르 또한 레비나스와 마찬가지로 세계 안의 시간을 서로 간에 우열이 없는 순간들의 천편일률적인 나열, 그 앞에 기다리고 있는 것이라곤 죽음밖에 없는 그런 '경제적 시간'으로 보며, 구원을 바로 그런 종류의 시간 너머로의 초월로 이해하고 있다. "과거도 미래도 없이, 하나의 현재에서 또 다른 현재로 떨어지는 존재자 배후에서, 매일매일 해체되고 떨어져나가고 죽음을 향해 미끄러져 들어가는 그 소리들 배후에서, 여전히 젊고 단단한 멜로디가 잔인한 증인처럼 서 있었다"(N, 245~46). 서로 우열이 없는 비시간적인 현재들의 나열에 대한 로캉탱의 이 기록은 경제적 시간에 대한 레비나스의 생각과 놀랍도록 똑같다. 물론 레비나스가 초월의 가능성을 타자와의 만남에서 찾는 반면, 사르트르는 적어도 『구토』에서는 예술(가령 위 인용에서 언급된 멜로디)에서 찾고 있는 점은 다르지만 말이다(초월의 문제는 후에 자세히 다루게 될 것이다).

일기체라는 『구토』의 형식 자체가 요일에 대해 사유하기에 적합한 조건을 제공해줄 수 있을 것 같다. 요일들은 이 소설의 장(章)들의 제목으로조차 간주될 수 있는데, 그 가운데서도 그 제목 자체가, 즉 요일 자체가 성찰의 대상이 되는 경우는 특이하게도 일요일뿐이다. 구체적으로 그 성찰은 일요일에만 볼 수 있는 광경들에 대한 기술을 통해 이루어진다("일요일, 이 시간에 부빌에서는 좋은 구경거리를 볼 수 있다"〔N, 64〕). 로캉탱의 시선은 세 가지 광경을 거치며 움직이는데, '사교'와 '식사'와 '놀이'가 그것이다. 이제 보겠지만 흥미롭게도 이 세 가지 각각이 레비나스의 사상을 차례로 확인하고 있다. 이 세 가지를 통해 부빌의 시민들이 일요일에 기대하는 것은, 레비나스가 일요일에 대해 기술했던 바와 마찬가지로, '휴식 détente'이다(N, 78). 부빌의 시민들도 기본적으로 일요일을 무한자와 만나는 초월의 시간이 아니라 한 주일에 대한 세속적 보상의 시간으로 이해하고 있다("일주일간의 노동으로 인해 생긴 눈가의 주름을 지울 수 있는 날은 단 하루밖에 없다"〔N, 79〕). 그런데 그 휴식은 근본적인 구원이 아니라, 수고에 대한 봉급이자 내일의 또 다른 수고를 위한 준비이기에 "휴식하고 있는 이 비극적인 군중들"(N, 79)은 "월요일 아침 아홉 시에 다시 시작하기에 충분한 젊음을 저장할 시간을 가질 수 있을까"(N, 79)라고 쉽게 걱정에 휩싸여버리는 것이다.

사교는 어디서 이루어지는가? 교회로 가는 길목이 부르주아들의 사교장이다. "프티 프라도는 특히 일요일 아침에 고상한 사람들과 저명한 이들이 만나는 곳이 되었다"(N, 65). 그들이 사교를 통해 이루고자 하는 바는 "자랑으로 여기는 그 훌륭한 사회적 위계를 유지하는 힘"(N, 77)을 과시하는 것이다. 이들의 과시는 "큰길 사람들과 언덕 사람들"(N, 68)이라 불리는 두 그룹 간의 대결의 모양새를 띤다. '초록 언덕'에 사는 오래된 명문가의 상인들과 선주들, 그리고 '마리팀로'에 사는 신흥 부자들이 바로 이 두 그룹인데, 이들은 상대편에 대한 배타적인 자부심으로 마음속을 채우고 서로를 경멸한다("코피에 씨는 〔그들을〕 거들떠보려고도 하지 않았다. 마리팀로에 사는 그들은 상류 사회에 속한 자들이 아니기 때문이다"〔N, 68〕). 교회 자체가 그 탄생부터 무한자와의 만남이나 초월, 구원과는 아무런 관련이 없는, 부르주아들의 세속적인 과시욕을 채우기 위한 기구에 지나지 않았다. 19세기 교회를 세울 당시 오래된 명문가들은 자신들의 거주지, 즉 초록 언덕에 교회를 세우자고 하였고, "아직 그 수는 얼마 안 되지만 굉장한 부자들인 마리팀로 사람들은 〔……〕 그들을 벼락부자로 취급하는 거만한 부르주아에게 자신들의 힘을 보여주려고"(N, 65) 마리냥 광장에 세우자고 하였다. 결국 주교의 타협안으로 교회는 양진영의 중간에 위치한 알오모뤼 광장에 세워졌다. 부르주아들의 이기적 욕구를 합리적인 방식으로 만족시켜주기 위한 계약과 타협의 산물이 바로 이 교회인 것이다. 이들의 세속적 과시욕을 만족—이 만족이 부르주아들이 일요일을 통해 기대하는 봉급이다—시켜주기 위해 일요일 아침마다 봉사하는 교회, 초월과는 아무런 상관이 없는 종교는 사르트르에게서와 마찬가지로 레비나스에게서도 경제적 삶의 일부로 이해된다. "종교적 삶 자체는, 그것이 이런 봉급의 범주 안에서 이해될 때 경제적인 것이다"(EE, 155)라고 레비나스는 꼬집는다. 이러한 종교 속에서 "구원에의 욕구 exigence du salut는 팔려나간다"(EE, 155).

레비나스가 먹거리와의 만남을 경제적 삶에 대한 기술의 중심에 놓고 다루듯 사르트르 또한 일요일의 본질을 드러내기 위한 방법으로 긴 점심 식사를 정성들여 묘사한다. 일요일의 푸짐한 식사는 수고와 휴식이라는 천편일률적인 순간들의 고리의 한 항으로서 일요일의 허무함을 잘 드러내준다. "이 시각에, 그들은 일요일의 푸짐하고 긴 점심 식사를 마치고 식탁에서 일어났다. 그들에게는 그 어떤 것이 죽어버린 셈이다. 일요일은 경쾌한 젊음을 소모시켰다"(N, 76). 일요일의 식사는 우리를 젊음으로 채워주지 못한다. 식사 시간은 우리를 풍요롭게 만들어주는 시간이 아니라, 오히려 우리의 젊음을 훔쳐서 허무하게 사라져버리는 시간이다. 휴식과 식사의 순간은 신체와 미래를 풍요롭게 해주지 못하고 식후의 공허감만을 남긴 채 죽어 없어져 버린다. 이 점은 놀이의 경우도 마찬가지다. 부빌의 시민들이 즐기는 놀잇거리는 영화인데, "그들은 화면이 〔……〕 그들을 위해 말하고 꿈을 꾸어줄 그 시간을 열심히 기다리고 있다. 헛된 욕망이다. 〔……〕 즐거운 일요일을 망치지나 않을지 그들은 너무나 두려워하고 있다. 그들은 곧 여느 일요일처럼 실망할 것이다. 영화는 바보스러울 것이고, 옆자리에 앉은 사람이 파이프를 피우다가 무릎 사이로 침을 뱉을

지도 모른다. [……] 잠시 후면 여느 일요일처럼 영화관에서 암암리에 작은 노여움이 커갈는지도 모를 일이다"(N, 76). 구원에의 욕구가 무산되어버리는 것은 물론이고, 일요일의 놀이, 영화 관람은 일주일을 제대로 보상해주기조차 어렵게 보인다. 놀이를 통한 보상의 불충분성에 대한 사르트르의 이러한 지적은 놀이의 본성에 대한 레비나스의 분석에 의해서 보다 견고하게 뒷받침될 수 있을 것이다. 놀이에 대한 텍스트는 레비나스가 쓴 가장 빛나는 페이지들 가운데 속할 터인데, 그는 놀이를 무엇보다도 '실패한 구원의 사건'으로 이해하고 있다. 부빌의 시민들이 한 주의 수고스러운 노력으로부터 벗어나기 위한 방편으로 놀이(영화)를 즐길 수 있는 까닭은 노력과 놀이는 속성상 서로를 배제하기 때문이다. "노력은 놀이를 배제한다. 물론 순수하게 운동 경기상에서 행해지는 노력도 있을 수 있다. 그러나 그 경우 놀이는 어떻게 보면 노력 너머에서 행해진다. 그 놀이 속에서 우리는 노력과 그것의 목적 사이의 분리를 겪는다"(EE, 47). 놀이를 즐길 수 있는 까닭은 놀이 안에서의 '노력'과 그 노력의 '목적'이 일치하지 않기 때문이다. 스크린 속의 전투기는 갤러그를 죽이기 위해 노력하지만, 그 목적이 진짜로 살해는 아니다. 노동 속에서의 노력은 목적을 이루기 위한 것인 반면 놀이 속에서의 노력은 아무런 목적도 없다. 그저 그것이 즐거우니까 하는 것이다. 한마디로 놀이는 본질적으로 진지함을 결여하고 있다. 놀이는 실재에 대한 무관심과 비실재 속에서의 무상성으로 특징지어질 수 있는 것이다(EE, 47 참조). 그런데 이러한 진지함의 결여와 비실재성 때문에 "놀이는 역사를 가지지 못한다"(EE, 34). 놀이는 실재적 삶의 역사와 달리 원하기만 하면 언제든 시작할 수 있고 또 언제든 임의적으로 중단할 수 있다. 놀이 속의 노력은 목적에 의해서가 아니라 즐거움에 의해서 작동되며, 즐겁지 않을 때 멈추어버린다. 따라서 이 노력에는 과거도 미래도 없다. 즉 역사가 없는 것이다. 놀이가 역사를 가지지 못한다는 점은 "놀이는 자신의 소멸 뒤에 아무것도 남기지 못한다"(EE, 35)는 것을 뜻한다. 놀이는 그것을 중단하자마자 아무런 성과도 과거도 남기지 못하고 사라져버릴 뿐이다. 다시 말해 놀이가 목적에 의해 규정된 노력을 배제하며, 그런 까닭에 사람들은 놀이를 통해 신물이 나도록 수고를 제공한 한 주일을 보상받고자 하지만, 그것은 수고에 대해, 세상의 눈물에 대해 아무런 근본적인 보상도 남기지 못한다는 것이다. 시시한 부빌의 영화처럼 놀이는 오히려 권태를 불러오기 십상이다. '놀이는 권태 자체이다'

주체가 그의 이기적 구조 속에서 향유하는, 교양으로 넘치는 사교와 푸짐한 식사와 즐거운 놀이는 우리를 구원으로 인도하지 못한다. 이기성은 주체를 세계의 중심으로 만들지만, 이때 주체는 진정한 미래를 알지 못하는 홀로 있는 자일 뿐이다. 미래가 없으므로 그에겐 앞날에 대한 희망도 없다. 오직 안정된 규칙, 한 주일 뒤에 찾아오는 일요일과 그 뒤에 다시 이어지는 월요일이라는 변함없는 질서가 있을 뿐이다. 주체의 이기적 구조에 들어맞지 않는 자, 즉 주체가 자기로 동화시켜 향유할 수 없는 자, 예상할 수도 거머쥘 수도 없는 자, 그러므로 타자의 출현만이 주체를 구제할 수 있을 것이다.

4. 구원의 시간, 타자의 시간
—존재론적 모험과 모험의 느낌

레비나스를 통해 보았듯 현재 순간 속에서 자기 의식을 통해 정립된 주체는 시간을 알지 못한다. 이 말은 주체는 그의 유한성 속에서 서로 간에 우열이 없는 순간들(경제적 시간)을 천편일률적으로 반복하다가 죽음을 맞을 것이라는 뜻을 담고 있다. 그렇다면 시간을 가능케 해주는 것, 즉 무한하게 열린 미래를 가능케 해주는 것이 곧 주체에게 구원을 가져다주는 길일 것이다. 왜냐하면 미래의 무한성, 시간의 영속성만이 주체의 사적인 유한성을 극복해줄 수 있기 때문이다. 이처럼 레비나스는 구원에 대한 물음을 시간의 출현의 가능성에 대한 물음으로 변형시킨다. 결국 레비나스에게선 시간 자체가 '메시아적 구조'를 지니고 있으며, 이 시간을 가리켜 경제적 시간과 대립적인 뜻으로 "구원의 시간과 정의의 시간"(EE, 153)이라 부른다.

시간은 나와 다른 것, 이타성altérité(異他性)을 지니고 있는 것과의 만남을 통해서만 가능할 수 있다고 레비나스는 말한다. "참으로 어떻게 홀로 있는 주체 속에서 시간은 솟아오르는가? 만일 시간이 제자리걸음을 하고 있는 것의 환상이 아니라면, 다른 순간의 절대적 이타성은, 확고하게 '그 자신 lui-même'인 주체 안에 있을 수 없다. 이 이타성은 오로지 타인으로부터만 나에게 올 수 있다. 사회성은 시간에 대한 우리의 표상의 원천보다 나은 것이 아닌가? 사회성이 시간 자체 아닌가?"(EE, 159~60) 레비나스에게서 사회성이란 언제나 타자와의 만남을 뜻하는 말로 사용된다. 왜냐하면 '사회'는 그 어의 그대로 '더불어 있음' '홀로 있지 않음'을 의미하기 때문이다. 타자는 예컨대, 나의 아이이다. 분명 나 없는 곳에서 자기의 삶을 살아갈 나의 아이는 내가 그의 시간을 '염려'해주고 내가 거기에 희망을 거는 나의 미래이다. 또한 타자는, 레비나스가 즐겨 구약의 구절에서 따오듯 가난한 자, 이방인, 과부와 고아이다. 나 없는 곳에서 자신들의 시간을 살아갈 그들을 염려할 때 그들이 누리는 시간, 그들의 삶은 나의 미래이다. 일요일의 경우 한 주의 수고를 보상해줄 수 있지만 그 보상 뒤에는 어떤 미래도 남지 않는다. 다시 천편일률적인 순간들이, 월요일과 화요일의 수고가 반복될 뿐이다. 이런 까닭에 일요일은 근본적인 보상이 아니다. 도대체 보상을 기대하는 경제적 원리 속에서는 어떤 근본적인 보상도, 미래도 기대할 수가 없는 것이다. 타자의 경우 그를 위한 수고는 경제적인 의미에서는 어떤 방식으로도 보상되지 않는다. 나의 아이를 위해 수고하지만, 그가 성장하여 내가 바라는 대로 되는 것은 아니다. 이웃을 위해 수고하지만, 그 수고에 대한 결과물을 나는 전혀 기대할 수 없다. 이런 의미에서, 즉 보상을 기대할 수 없다는 뜻에서 타인과의 관계에서의 수고는 경제적 거래로 이해될 수 없다. 수고와 보상, 혹은 수고와 여가의 논리가 여기선 통하지 않는다. 그런데 그들을 위한 수고는 그들이 앞으로 어떻게 살아갈 것인가를 나 자신의 일보다 더 걱정하는 것이다. 미래는 오로지 이런 방식으로만, '타자가 누릴 삶으로서만' 나에게 찾아온다. 내가 죽더라도 내가 보살피고 중요하게 여기는 타자들이 그들의 삶을 살아간다면, 여전히 나의 미래는 지속되는 것이다. 이 미래는 아무런 규정도 되어 있지 않은 무한히 열린 미래, 내가 나의 수고를 거기에 던지지만, 아무런 대답(보상)도 기대할 수 없는, 전적으로 나의 힘을 벗어나 있는 시간이다. "미래, 그것은 타자이다. 미래와의 관계, 그것은 타자와의 관계 자체이다. 홀로 있는 주체에서 시간에 대해 이야기한다는 것, 순수하게 개인적인 지속에 대해 이야기한다는 것은 우리에게 불가능해 보인다"(TA, 64). 내가 염려하는 타자의 시간은 이미 나의 시간보다 중요하다. 타인이 살아갈 삶, 즉 나의 '존재 경제'에 대해 외적인 것을 내가 죽은 후에도 계속될 '나의' 미래로 삼는 것은, 나의 '존재와 다르게 autrement qu'être' 되는 것이며, 나를 나되게 하는 것, 즉 나의 '본질 저편으로 au-delà de l'essence' 가는 길, 곧 '나'가 비로소 '자기'로부터 분리되는 "존재론적 모험 aventure ontologique"(EE, 143), 세계 너머로의 초월을 의미한다. 그러므로 레비나스에게서 시간의 탄생, 타자와의 만남, 초월의 가능성, 타자에 대한 염려[6]등은 동

---

6) 타자에 대한 염려 souci de l'autre: 레비나스에게서 진정한 염려란 늘 '타자에 대한 염려'이다(E. Levinas, "La genèse de *Socialité* et argent," R. Burggraeve〔ed.〕, *Emmanuel Levinas et la socialité de l'argent*〔Leuven: Peeters, 1997〕, p. 32〔약호 G〕). '타자에 대한 염려'라는 주제는 그가 동의할 수 없는, 염려에 대한 두 가지 입

일한 상황의 다른 이름들이다.

앞서 살펴보았듯 사르트르의 예술을 통한 초월의 경우도 무시간적

장을 직접적으로 겨냥하고 있다. 첫째, 하이데거의 경우 염려 Sorge는 '존재자'가 '존재'와 맺는 관계 양식 혹은 '현존재'가 자신의 '존재 가능 Seinkönnen'과 맺는 관계 양식을 가리킨다. 현존재는 염려를 통해 세계 내 존재로서 자신의 '가능성들'에 대해 이해하게 된다. 이와 대립하는 의미에서 레비나스가 '타자에 대한 염려'라고 할 때 이 말이 뜻하는 바는 무엇인가? 타자란 현존재의 세계에 대해 전적으로 외재적인 자, '무한자'이다. 레비나스에 따르면 세계 내 존재로서 현존재는 진정한 초월의 가능성을 지닐 수 없다(하이데거에서 초월은 현존재가 코기토와 같은 고립된 존재가 아니라 이미 세계 안에 있다는 것을 의미한다. 초월이란 내가 자기 '바깥에,' 즉 '세계 안에' 있음을 뜻한다. 반면 레비나스에서 초월은 '세계 바깥으로 넘어감'을 뜻한다). 가령 하이데거에서 현존재의 존재 가능 가운데 하나인 죽음은 세계 내 존재로서 현존재의 다른 모든 가능성들을 열어줄 수 있는 최고의 가능성이지만, 레비나스는 이와 달리 죽음을 현존재의 모든 가능성이 끝나버리는 불가능성으로 이해한다(TA, 57~58 참조). 레비나스의 관점에서 보자면 현존재가 (앞으로 있을) 자신의 존재 가능으로서 죽음을 이해한다고 해도 그는 그로부터 세계 내 존재로서의 자신이 가질 수 있는 가능성을 아무것도 얻어낼 수 없다. 그러므로 죽음 너머로, 유한성 너머로 나를 초월시켜주는 사건은 존재자가 존재와 관계맺음을 통해서 이루어질 수 있는 것이 아니라, 존재자의 존재 사건 너머, 즉 '존재 사건과는 다른 autrement qu'être' 무한자와 관계맺음으로써만 가능하다. 이 무한과 관계맺는 방식이 바로 염려이다. 그런데 무한은 오로지 타자를 통해서 현시될 수 있으며, 따라서 무한과의 관계는 바로 '타자에 대한 염려'라는 양태를 지닐 수밖에 없는 것이다. 결국 존재자를 보다 상위의 존재자를 통해 근거짓고자 한 종래의 '존재-신학'(전통적 형이상학)의 극복은 하이데거와 같은 방식으로 존재자가 존재와 관계함(하이데거적 존재론)으로써 이루어지는 것이 아니라 존재자가, 존재자를 존재자이게끔 한 존재 사건 너머 au-delà de l'essence의 것(무한)과 관계함(레비나스적 형이상학)으로써 이루어진다(참고로 밝혀두면, 'essence'를 레비나스는 '존재 사건'이라는 뜻으로 사용한다(E. Levinas, *Autrement qu'être ou au-delà de l'essence*〔la Haye: Martinus Nijhoff, 1974〕, p. 3). 둘째, '타자에 대한 염려'는 '자기에 대한 염려,' 즉 스피노자의 '존재 유지 conatus essendi' 개념을 비판적 표적으로 삼는다. 레비나스는 이렇게 말한다. "나는, 타자에 대한 염려는 〔자기〕 존재 속에 머물고 '보존되고자' 애쓰는 〔……〕 존재와 대립한다는 것을 발견했다. 결과적으로 이 존재는 타인을 〔자기 존재 유지에〕 '방해'되는 것으로 본다"(G, 32). 레비나스가 보기엔 이런 내재적인 존재 유지 또는 자기에 대한 염려는 아무런 구원도 초월도 있을 수 없는 이기적인 경제적 삶에 불과하며, 오로지 타자에 대한 염려만이 초월의 사건을 열어줄 수 있다.

인 현재들을 떠도는 유한한 주체의 초월의 문제를 겨냥하고 있지만, 그것을 레비나스적인 의미에서의 시간의 탄생, 미래의 탄생과 같은 유로 이해하기는 힘들 것이다. 왜냐하면 사르트르의 초월은 역동적인 지속으로서의 시간을 향한 초월이 아니라, 예술 작품이 계시해주는 '플라톤적 이데아의 영원성'을 향한 초월이기 때문이다. 쉽게 말해 사르트르와 레비나스는 다 같이 무시간적인 순간들의 나열로부터의 구원을 모색하지만, 그 해결 방식은 서로 다르다는 것이다. '통시적' 지속으로서의 시간의 탄생, 주체가 거머쥘 수 없는 미래로서의 시간의 탄생과 타자의 출현을 연관지은 방식은 레비나스만의 독창적인 업적으로 돌려야 마땅할 것이다.[7]

그러므로 사르트르의 경우 시간의 탄생의 문제는 접어두고 초월의 문제에 접근해보자. 시간의 문제를 도외시한다 하더라도, 우리는 또 한번 사르트르와 레비나스 사이의 큰 유사점을 확인할 수 있다. 널리 알려져 있다시피 『구토』에서 사르트르가 고심 끝에 내놓은 답안은 예술을 통한 초월이지만, 일요일에 관한 장에 국한해서 살펴본다면 적어도 하나의 가능성으로 남아 있는 또 다른 초월의 길이 제시되고 있음을 알 수 있는데, 바로 타자와의 만남이 그것이다. 다시 말해 역동적 지속으로서의 시간의 문제를 도입하지는 않지만, 사르트르 또한 레비나스처럼 초월의 길로서 타자와의 만남을 고려하고 있다. 애석하게도 사르트르는 그 초월에 대한 기록을, 거의 자신 없는 어떤 감정의 스케치에 불과한 상태로 남겨두고 있기는 하지만, 그 불분명한 몇 페이지는 이후 사르트르의 지적 여정을 이해할 수 있는 중요한 실마리처럼 보인다. 사교, 식사, 오락의 장면들을 거친 후 일요일의 끝

---

7) 레비나스는 통시성 dia-chronie을 시간과 동의어로, 그리고 공시성 syn-chronie과 영원성을 이 두 가지의 상대어로 사용한다. 영원성은 순간의 천편일률적 반복은 아니지만, 역시 시간의 부재이기 때문이다(E. Levinas, *Altérité et transcendance*[Paris: Fata morgana, 1995], p. 176 참조).

무렵 불현듯 어떤 열병 혹은 계시 같은 것이 로캉탱을 엄습한다. 그 열병은 "공허한 일요일의 끝에 내〔그의〕 방으로 돌아가고 있는"(N, 82) 로캉탱을 붙들어 세운다. "태어나기 위해 나를 필요로 하는 어떤 것이 있다"(N, 82)라는 예감에 인도되어 그가 다다른 곳은 어느 더러운 술집이었다. 그 술집의 "계산대에는 여자 회계원이 있었다. 〔……〕 그녀는 복부에 어떤 병을 가지고 있다. 〔……〕 어떤 전율이 머리에서 발끝까지 흘러간다. 그것, 〔……〕 나를 기다리고 있었던 것은 바로 그녀이다. 그녀는 계산대 너머로 꼼짝 않는 상반신을 세운 채 거기 있었다. 어떤 것이 술집 구석에서부터 이 일요일의 흩어진 순간들 위로 되돌아와서 그것들을 서로 용접하여, 하나의 의미를 부여하고 있었다"(N, 83). 더러운 술집에서 일요일에도 휴식을 갖지 못하고 노동하는 여자, 뱃속의 병 때문에 "스커트 밑에서부터 서서히 썩어가는 이 여자는"(N, 83) 일요일의 부르주아들에 대한 어떤 묘사와도 부합하지 않는 초라한 모습을 하고 있다. 그런데 로캉탱에게는 이 여자만이 일요일에 의미를 부여하는 존재인 것이다. 그것은 봉급으로서의 일요일, 나의 이기적 향유로서의 일요일, 여가로서의 일요일이 아니다. 로캉탱의 일요일을 신성하게 하는 것은 부르주아들의 공동체로부터 소외된 이 헐벗은 타자와의 만남이다. 고통받는 타자와의 만남을 통해 일요일은 수고와 봉급의 메커니즘으로부터 벗어나 새로운 의미로 다시 탄생하게 되는 것이다. 레비나스가 타자와의 만남을 통한 초월을 '존재론적 모험'이라 부른 것과 유사하게 사르트르 또한 이 헐벗은 여자와의 만남을 "모험의 느낌 sentiment d'aventure"(N, 83)이라 부른다. 『구토』에선 더 이상 발전되지 않는 이 만남에 대해 레비나스적인 윤리적인 색채를 씌우는 것은 성급한 결정일지도 모른다. 로캉탱이 그 여자와의 만남을 통해 발견했다는 일요일의 의미가 어떤 것인지에 대해 사르트르는 결코 구체적으로 규정하지 않는다. 그러나 우리가 분명히 알고 있듯 『구토』 이후, 즉 예술을 통한 초월 이후, 그리고 『존재와 무』 이후 사르트르는 마르크스주의와 그밖의 길들을 통해 바로 이 여자, 부르주아들의 일요일에서 소외된 채 담배 연기 가득한 술집에 앉아 죽어가는 이 타자를 투쟁적으로 찾아다녔다.

타자와의 만남이 없다면 일요일은 여가와 종교와 식사로 얼룩진 부끄러운 날일 뿐이라는 사실은 일요일에 대한 또 다른 뛰어난 명상가인 시인 라포르그J. Laforgue의 통찰이기도 하다. 우리는 이 글의 결론적 성찰로서 그의 시들을 음미해보고자 한다. "혼자 있는 자에게 화 있을지어다"![8] 계시의 말처럼 일요일의 하늘에서 쏟아져내리는 이 불덩어리는 반복적으로 경고해온다. 주체는 향유를 통해 세계 안의 모든 먹거리들을 정복하지만, 그는 혼자이다. 그에겐 월요일과 일요일, 수고와 여가, 경제적 거래만이 있을 뿐이다. 이렇게 죽음에 이르도록 홀로 있는 주체의 삶은 천편일률적인 순간들의 깜빡거림에 지나지 않을 것이다. 구원은 세계 안에 있지 않다. "구원은 오로지 다른 곳으로부터만 올 수 있다"(EE, 159). 구원은 일요일 너머에서, 봉급으로서의 종교 저편에서 찾아온다. 그리고 다시 시인은 일요일의 두 가지 가능성을, 세계 이편에서 이루어지는 '정복'과 세계 '저편'을, 그러므로 에사오와 야곱을 대립시킨다. "문제는 나와 더불어 이루어지는 정복이 아니다/문제는 저편이다! Il ne s'agit pas de conquêtes, avec moi,/ Mais d'au-delà!"[9] 저편. 타자만이 나에게 세계 너머로 그 문을 열어줄 수 있다.

8) J. 라포르그, 민희식 옮김, 「일요일 I」, 『피에로들』(민음사, 1976), p. 25.
9) J. 라포르그, 「일요일 II」, 같은 책, p. 39(인용자가 다시 번역했음).

제10장

예술의 비인격적 익명성*

—레비나스와 들뢰즈의 예술 철학

현대 프랑스 철학자들 가운데 레비나스와 들뢰즈만큼 서로 어울리지 않는 사람들도 드물 것이다. '현상학자'와 '포스트모더니스트'라는 일반 대중 매체가 그들을 분류하기 위해 붙여준 꼬리표에서부터 표가 나듯이, 그들의 철학적 관심, 경력, 목적 등은 극단적으로 서로 다른 면모를 지니고 있다. 들뢰즈와 레비나스 사이의 간격은 (들뢰즈의 수사법을 빌려 표현하자면) '짖어대는 동물로서의 개와 하늘의 별자리로서의 개' 사이의 차이만큼 크게 보인다. 가령 주체의 문제와 관련하여 레비나스는 자신의 철학을 '무한의 이념에 근거하여 주체성을 변호하려는 시도'로 요약하는 반면, 들뢰즈는 정반대로 '개념으로서의 주체를 철학 담론 속에서 아예 없애버리려는 시도'로 이해하고 있다(5장 4 참조). 그러나 레비나스가 "예술에 있어서 감각은 '요소'의 비인격성 impersonnalité으로 되돌아간다"[1]라고 말할 때, 그리고 이와 매우 유사한 목소리로 들뢰즈가 "〔예술에 있어서〕 지각 percept은

* 이 글은 1999년 8월 30일 서강대 철학과 대학원 주최의 특강에서 최초로 발표되었으며, 그 후 『철학 연구』(가을호, 1999)에 인쇄되었다. 이 책에서는 지면 관계상 빼놓았던 부분들을 추가하였다.

1) E. Levinas, *De l'existence à l'existant*(Paris: J. Vrin, 1963: 초판: Fontaine, 1947), p. 86(약호 EE).

인간 이전의, 인간이 부재하는 풍경이다"[2]라고 통찰할 때, 우리는 예술에 대한 이 두 사람의 성찰 속에서 공통적으로 '반인간주의'가 중심된 역할을 수행하고 있음을 알게 된다. 레비나스에게서 예술은 '세계'와 단절하게 해주며, 들뢰즈에게서 예술은 '견해 doxa'와 단절하게 해준다. 예술을 통해 우리는 '지향성' '욕구 besoin' '주체성'(레비나스) 너머의, 그리고 '견해' '선의지 bonne volonté' '공통 감각 sens commun'(들뢰즈) 너머의 '비인간적 지대'에 이르게 된다.

우리는 레비나스와 들뢰즈의 철학이 지니는 큰 차이점에도 불구하고, 예술에 대한 성찰에 있어서 두 사람이 만들어내는 놀랍도록 동일한 목소리의 정체를 밝혀보려 한다. 또한 그들이 결코 화해할 수 없는 지점이 어떤 것인지에 대해서도 알아볼 것이다. 이제 확인하게 되겠지만, 양자가 서로를 비추어줌으로써 양자의 개성은 더욱 뚜렷하게 모습을 드러낼 것이며, 아마도 이것이 '비교'라는 방법만이 가져다줄 수 있는 값진 이득일 것이다. 어느 분야나 기본적으로 마찬가지겠지만, 특히 예술에 대한 성찰이 문제일 경우 그 성찰은 오로지 개개 예술 작품을 통해 예시될 수 있을 경우에만 설득력을 지닐 수 있을 것이라는 것이 우리의 믿음이다. 그러므로 우리는 철학자들의 사유의 추상성이 감성적 구체성을 요구할 때마다 고전 작품들과 가능한 한 많은 대화를 시도할 것이다.

1. 주체성이 부재하는 카오스

유대주의와 긴밀히 연관되어 있는 한 철학자가 자신의 사유 속에서 신의 궤적을 다시 발견하고 있다는 것은 그리 놀라운 일이 아니

2) G. Deleuze & F. Guattari, *Qu'est-ce que la philosophie?*(Paris: Éd. de Minuit, 1991), p. 159(약호 QP).

다. "땅은 형태가 없었다"(「창세기」, 1:2). 그리고 창조의 손길이 닿자 몇 가지 분리 séparation, 즉 낮과 밤, 뭍과 바다 사이의 분리가 생겨났다. 구약의 이 문장부터 이어지는 구절들은 레비나스 철학의 기본 구조를 요약하고 있다. '무형 formless' 혹은 '카오스 chaos'로부터 분절된 세계를 창조한 신의 궤적과 유사하게 레비나스는 분절, 분리가 없는 카오스로부터 분절되고 질서지어진 존재자들의 세계의 출현을 기술한다. 한마디로 레비나스에게서 세계는 허무로부터 ex nihilo 출현하는 것이 아니라, 카오스로부터 출현한다('있음 il y a'이라는 용어로 더 잘 알려져 있는 비인격적이고 익명적인 세계 이전적인 이 상태를 레비나스는 명시적으로 '카오스'라는 개념을 통해 규정하고 있다[EE, 97, 121]). 그런데 세계에 선행하는 이러한 근원적인 사태는 현상학자에게는 오로지 '환원 réduction'을 통해서만 드러날 수 있다. 가령 '불면 insomnie'에 대한 레비나스의 유명한 기술[3]은 가장 근원적인 사

---

3) 불면의 현상학적 배경: 환원은 우리를 주어진 세계의 의미와 현존의 원천으로 '되돌아가게 reducere' 한다라는 함의를 지닌다. 그렇다면 주체란 어떻게 주어지는가, 혹은 주체의 현존의 원천은 무엇인가를 문제삼아보자. 주체가 가지는 함의 가운데 하나를 레비나스는 의식의 자기 동일성에서 찾는다. 그런데 의식이 스스로 동일성을 확인하기 위해선 의식은 의식 아닌 것을 매개로 삼아야만 한다. 그 의식 아닌 것이 잠이다. 잠이라는 무의식이 중간에 개입해야만 잠자기 전의 의식은 잠을 잔 후 깨어나면서 스스로에게 귀환할 수 있는 것이며, 이런 방식으로 자기의 동일성을 확인할 수 있다. 그런데 자연적 태도 속에서는 의식과 잠의 이러한 구조는 드러나지 않는다. 무엇이 우리로 하여금 태도 변경을 할 수 있게끔 해주는가? 바로 잠의 부재, 불면이다. 불면을 통해 '경험된 것, 직접적으로 주어진 것 혹은 현상으로서의 주체의 주어짐'의 구조가 밝혀지며, 다른 한편 주체와 세계에 선행하는 단계, 즉 익명적 있음의 상태가 드러난다. 이런 의미에서 불면은 환원으로 이해될 수 있다. 한 마디 덧붙이면 세계와 세계 내 존재로부터 시작하지 않고, 한 걸음 더 배후로 들어가 세계 이전적인 익명적 '있음'으로부터 세계와 세계 내 존재가 어떻게 출현하는지를 문제삼는다는 점에서, 레비나스는 하이데거보다 한 단계 더 깊이 파헤쳐보려는 야심을 가지고 있다.

불면의 성서적 배경: 불면과 관련하여 다음과 같은 점도 지적되어야 할 것이다. 불면은 레비나스의 가장 유명한 테마 가운데 하나이므로 많은 레비나스 연구자들이 다루고 있다. 그런데 많은 사람들은, 레비나스가 '불면을 통해 익명적 있음의 상태'에

태, 즉 주체와 객체 관계에 선행할 뿐 아니라, 세계 자체에도 선행하는 상태, 밤, 어둠, '있음' 등 여러 가지 이름으로 불리는 분리도 분절도 없는 카오스의 상태에 도달하기 위한 현상학적 환원의 일환으로 이해될 수 있다.[4] 카오스는 허무 nihil가 아니라 내용물로 가득 차 있다. 레비나스가 자신의 입장을 보다 쉽게 이해시키기 위해 감탄 속에 분석하듯, 죽음에 대한 햄릿의 사유는 무 no-thing-ness를 '없음'이 아니라, 형상 form을 지닌 사물 thing이 없다 no는 뜻으로, 즉 분절, 분리가 없는 충만한 '있음 il y a'의 상태, 카오스로 이해해야 함을 잘 알려주고 있다. "죽는 것은 잠자는 것, 잠자는 것은 어쩌면 꿈꾸는 것, 죽음의 잠 속에서 어떤 꿈이 찾아올지"[5]라고 햄릿은 탄식한다. 햄릿에 있어서 무는 그야말로 아무것도 없는 허무가 아니라, 내용물(꿈)로 가득 차 있는 혼돈의 상태인 것이다. "밤의 공간은 더 이상 텅 빈 공간이 아니다. 어둠이 밤을 내용물처럼 채우고 있다"(EE, 95)라고 레비나스는 카오스에 대해 설명한다. 여기에는 '명사적인 substantif' 어떤 것(즉 존재자)이 아니라, 그저 익명적이고 비인격적인 '있음'이 존

도달한다고 말할 때 현상학적 배경 외에, 근본적으로 성서적 배경을 뒤로하고 있다는 점을 주목하지 못하고 있다. 신은 카오스로부터 낮과 밤을 분리했다. 그리고 물고기, 새, 각종 짐승들, 그리고 인간을 서로 결코 융합될 수 없는 것, 즉 서로 분리되어 있는 종들로 갈라내었다. 그러므로 인격성은 카오스로부터의 분리로부터 탄생한 것이다. 창조의 본질은 갈라내는 행위, 즉 '분리'이며, 창조의 반대는 혼융을 통해 분리가 사라진 상태, 즉 카오스로 떨어져버리는 것이다. 그런데 세상에는 신의 분리하는 행위를 통해 갈라져 있는 낮과 밤이 있다. 낮과 밤의 번갈음이 신이 세워놓은 질서이다. 그런데 잠잘 시간에 낮처럼 환히 의식의 불이 켜져 있는 불면은 '밤의 자리를 차지하고 있는 낮'이다. 즉 불면은 창조에 거슬러, 신이 갈라놓은 질서를 흐트러뜨려놓는 것, 곧 분리를 무화하고 카오스로 추락하는 것이다. 레비나스가 '익명적 있음' 혹은 카오스에 도달하는 길로 엉뚱하게도 불면을 내세울 때 그는 이러한 성서적 배경을 뒤로하고 있다.

4) 불면에 대한 논의는 강영안, "레비나스: 타자성의 철학," 『철학과 현실』(여름호, 1995), pp. 148~52 참조.

5) 「햄릿」, 3막 1장. 이에 대한 레비나스의 분석은 EE, 101 참조.

재할 뿐이다. 주체를 포함한 모든 명사적인 것이 더 이상 유효하지 않은 익명적 '있음'의 상태를 레비나스는 다음과 같이 기술하고 있다. "주체의 지배를 받는 각각의 항의 사적인 현존은 그 사적 성격을 잃어버리고 분간되지 않는 근저 fond indistinct로 되돌아가버린다. 우리는 여기서 '있음'을 목격한다. [……] 주체는 비인격화한다"(EE, 99~100).

우리가 예술 철학에 관한 이 글을 '있음'에 관한 논의로부터 시작하는 까닭은 레비나스 철학의 전체 구조에서 보자면, 예술의 문제는 어떻게 세계 이전적인 비인격적이고 익명적인 '있음'을 드러낼 것인가 하는 문제의 일부를 이루고 있기 때문이다. 예술은 불면의 경우와 마찬가지로 우리를 세계와 주체성이 부재하는 현존의 카오스적 상태로 데려다준다. 여기서 세계란 그 안에서 존재자가 자기 정립을 하고 s'hypostasier, 즉 스스로를 주체로 세우고, 향유 jouissance, 지향성 등을 통해,[6] 분절된 대상들을 자기에게 종속시키는 활동을 수행하는 지평을 일컫는다. 그러나 이와 달리 "예술은 이 대상들이 세계로부터 벗어나게끔 해주며, 이를 통해 주체에의 귀속됨으로부터 떨어져나오게 해준다"(EE, 83). 그런데 예술 속에서는 작품을 통해 표현된 사물들뿐 아니라 그 작품을 감상하는 주체도 익명적인 상태에 이르게 된다. 서술상의 편의를 위해 먼저 예술 작품의 구조 분석을 통해 어떻게 주체가 익명적 상태 속으로 용해되는지 살펴보고 나서, 다음 절에

6) 향유는 지향성과 구별된다(EE, 72 참조). 그러나 어떤 의미에선 지향성 또한 향유의 일부를 이룬다고 할 수 있는데, 레비나스가 향유에 인식을 포함시키는 경우도 있기 때문이다. "모든 향유는 존재의 방식이며, 또한 [……] 인식이다"(E. Levinas, *Le temps et l'autre*[Paris: P.U.F., 1983; 초판: 1947] p. 46). 이렇게 보자면 향유란 대상과 맺는 주체의 모든 관계를 총칭하는 것, 혹은 "존재하기 위해 필요한 모든 것과의 관계"(같은 곳)로 이해될 수 있다. 왜냐하면 세계 내 존재로서 주체가 대상과 관계맺는 활동 일반은 주체의 각종 관심에 따라 이루어지며, 이런 식의 관계맺음이란 주체가 주체로서 존재하기 위해 필요한 욕구를 만족시켜주는 활동이라는 점에서 '즐거움(향유)'이라 칭할 수 있을 것이기 때문이다.

서 구체적 예들과 더불어 어떻게 예술 작품 속에 표현된 사물들이 세계와 주체성의 체계로부터 벗어나게 되는지 다루고자 한다.

레비나스에 따르면 "예술의 가장 기본적인 과정은 대상을 그 대상의 이미지로 대체하는 데 있다."[7] '이미지'란 무엇인가? 이미지란 실재성의 정도에 있어서 그 이미지의 대상보다 열등한 것이 아니다. 이미지는 대상의 범주와 구별되는 그 자신의 고유한 존재론적 지위를 가지고 있다(RS, 130~31 참조). 그러므로 이미지는 비실재가 아니라 실재의 일종이다. "실재는 존재하는 것, 진리 안에 밝혀져 있는 것일 뿐 아니라 그것의 복제물, 그림자, 이미지이기도 하다"(RS, 133). 이와 같이 이미지의 존재론적 독립성을 전제할 때만이 예술론을 포함한 모든 형태의 이미지 고유의 논리학— '가령 광고학' —이 학으로 가능할 수 있다는 원리적 보장을 받게 된다(그렇지 않을 경우 이미지를 다루는 학문은 그저 가상(假象)을 쫓는 유사 학문에 머무르고 말 것이다). 이런 이미지를 구성하는 것을 가리켜 레비나스는 '순수 감각sensation pure'이라 부르며, 이 순수 감각은 모든 인식론적 형태의 개념, 내성introspection, 지각 작용perception으로부터 독립적이다.[8] "감각은 지각 작용의 잔류물이 아니라 그 자신의 고유한 기능을 가지고 있다"

---

7) E. Levinas, "La réalité et son ombre," *Les imprévus de l'histoire*(Paris: Fata morgana, 1994), p. 127(약호 RS). 이 논문은 레비나스가 자신의 예술 철학을 일목요연하게 정리한 유일무이한 기록인데, 레비나스의 텍스트 가운데 가장 난해한 것으로서 악명이 높다. 이 글은 『현대 *Les temps modernes*』(11월호, 1948)에 처음 발표된 후 내용의 수정 없이 세 차례 재발표되었는데, 우리는 최종적으로 위의 레비나스 작품집에 수록된 판본을 이용하기로 한다.

8) 여기서 사용되는 용어와 관련해서도 레비나스와 들뢰즈 사이의 유사성을 지적해야 겠다. "지각percept으로서 감각sensation은 대상을 가리키는 지각 작용perception이 아니다"(QP, 156)라고 들뢰즈는 쓰고 있다. 들뢰즈는 인식을 구성하는 '지각 작용'과 예술 작품을 구성하는 '지각' 혹은 '감각'을 대립시킨다. 이러한 대립은 레비나스에게서도 발견되는 것으로 레비나스 또한 들뢰즈의 '지각'이나 '감각'과 같은 의미에서, 예술 작품을 구성하는 것을 '순수 감각'이라고 부른다.

(RS, 130). 여기서 레비나스가 감각의 고유한 기능이라 칭한 것이 다름아니라 바로 이미지 안에서 '리듬'이 수행하는 기능이다.

이미지가 그 대상으로부터 독립적이라는 사실은 이미지는 그 자신의 고유한 본성을 가지고 있음을 뜻한다. 레비나스에 따르면 이미지의 이 고유한 본성이 바로 '리듬'이다. 우리가 개념을 통해 대상과 관계할 경우 이 관계 속에서 역할하는 것은 대상을 표상의 형식 속에서 거머쥐고 인식하고자 하는 우리의 능동성이다. 그러나 우리가 이미지를 통해 대상과 관계할 경우에는 정반대의 일이 일어나는데, 대상을 거머쥐는 주체의 활동과 상반되는 우리의 수동성이 모습을 나타낸다. "이미지는, 우리가 자발적이기보다는 오히려 우리가 지배되고 있다는 것, 즉 우리의 근본적인 수동성을 드러낸다"(RS, 127~28). 그렇다면 우리는 수동적으로 무엇의 지배를 받는가? 이미지 속에서 우리를 지배하는 것이 바로 리듬이다. 레비나스의 정의에 의하면 "리듬은 시적 질서의 어떤 내적 법칙보다는 시적 질서가 우리에게 작용하는 affecter 방식을 가리킨다"(RS, 128). 다른 말로 하면 리듬은 우리가 그것에 의해 수동적으로 작용받음으로써 이미지 안에 '참여 participation' 하게끔 만드는 이미지의 요소이다. "우리에게 이미지가 끼치는 영향, 이것이 리듬의 기능이다"(RS, 130). 그런데 레비나스에 따르면, 참여를 통해 개별자는 그것의 개별적 동일성을 상실해버리게 된다.[9] 주체가 이미지에 의해 작용받을 때 그는 그의 인격적 동일성을 잃어버리고, 비인격적이고 익명적인 '있음'의 상태 속에 '휩쓸려 accablé' 버린다. "주체는 리듬의 고유한 표상의 일부가 된다. '그 자신에 거스르면서' 조차 그렇게 되는 것은 아니다. 왜냐하면 리듬 안에는 더 이상 '자아'가 없고, 자아로부터 익명으로의 이행 같은 것이 있기 때문이

9) "유 genre에로의 참여에서는 항들의 동일성은 사라진다. 항들은 그것들의 명사성 substantivité 자체를 구성해주는 것을 잃어버린다"(EE, 99). 레비나스의 '참여' 개념에 대한 자세한 논의는 4장 3. II 참조.

다. 이것이 시와 음악의 매혹 또는 주술이다"(RS, 128). 리듬 속에서 주체는 그 자신에게 거스를 수가 없는데, 왜냐하면 완전하게 익명적 '있음'이 되어버리는 까닭이다[10](주체의 동일성 및 자기를 거스를 수 있는 힘—칸트식으로 말하면 경향성들을 거스를 수 있는 실천 이성의 힘—은 모든 도덕 가능성의 주관적 조건인데, 예술 작품은 이 두 가지를 불가능하게 만들어버린다는 점에서 비도덕적이다. 예술의 비도덕성 문제는 후에 자세히 다루어질 것이다).

이와 같이 레비나스는 예술의 주요 효과 가운데 하나를, 주체를 익명적 있음, 즉 카오스로 되돌려놓는 것이라고 보는데, 재미있게도 이러한 발상은 들뢰즈가 그의 예술론을 통해 이야기하고자 했던 바와 매우 동일하다. 물론 레비나스와 달리 들뢰즈는 예술 작품이 우리를 어떻게 '세계'로부터가 아니라 '견해'로부터 떨어져나오게 해주는지 문제삼지만 말이다(어떤 형태이건간에 현상학적 철학과 거리를 두고자 한 들뢰즈에게선 당연하게도, 레비나스와 달리 하이데거적인 의미에서의 '세계' 개념은 아무런 역할이 없다). 들뢰즈의 견해 개념은 '인식'의 상대 개념으로서의 전통 철학의 견해 개념과는 전혀 관련이 없다. 오히려 그는 전통 철학의 여러 가지 형태의 인식조차 모조리 견해의 일부로 간주해버린다. 견해란 소통 가능성의 주관적 조건으로서 '보편적이고 자연적인 코기토 Cogitatio natura universalis'[11] 혹은 '유적 générique 주관'(QP, 138)을 공유하는 자들의 공동체의 산물이다. 이 공동체는 플라톤의 사교계, 즉 대화록의 대화자들의 사교 활동을 통해 예화될 수 있다. 대화록에 출현하는 철학자들은 대화를 통해 때로 오류를 범하며 때로 진리에 도달한다. 여기서 진리와 오류 둘 다는,

---

10) 우리가 수동적으로 리듬의 지배를 받는 것은 '춤'의 경우를 통해 가장 잘 예시될 수 있을 것이다. 춤출 때 문제가 되는 것은 우리의 개개 인격성이 아니라, 리듬 속에 동화되는 것, 즉 '참여'하는 것이다. 춤의 문제는 후에 다시 다루어질 것이다.

11) G. Deleuze, *Différence et répétition*(Paris: P.U.F., 1968), p. 216.

그러므로 사유자들 사이의 모든 형태의 소통은 공통적으로 하나의 동일한 공리를 전제하고 있는데, 이것이 들뢰즈가 '선의지'의 공리라고 부르는, "사유자는 사유자로서 '참된 것'을 원하고 사랑한다"[12]라는 것이다. 오류를 범하든 참을 말하든 플라톤의 대화자들은 모두 근본적으로 참된 것을 원하며 거기에 도달하고자 한다. 즉 진리와 오류는 진리를 인식하고자 하는 자발적인 의지를 가지고 있는 주체의 개념을 미리 전제하고 있다. 결국 선의지를 가진 사유자들만이 진리의 친구가 될 수 있다는 도그마가 철학의 성립 조건으로 전제되어 있는 것이다. 그러나 선의지의 공리 자체는 정당화될 수 있는가? 가령 인식 주체의 수동성이나 진리와 맞닥뜨림에 있어서의 우연성을 내세우는 계시 révélation의 이념은, 진리와 친화적인 주체의 자발적인 의지를 전제하지 않고도 진리 인식이 가능함을 이야기하고 있지 않은가? 이 공리의 보편적 타당성이 근거를 가지지 못하는 이상 이 공리는 임의적인 것이며, 이 임의적인 공리에 공통적으로 기반해서 탄생한 진리와 오류도 인식이 아닌 임의적인 것, 한낱 견해에 지나지 않는 것이다.[13]

그런데 들뢰즈에 따르면 바로 예술이 선의지를 지닌 보편적 코기토의 산물인 "견해의 상투적인 생각들 clichés"(QP, 192)과 투쟁하여 (레비나스에게서처럼) "카오스" "인간 이전의 세계" "우주의 비인간적 힘들"(QP, 194, 178, 173)[14]로 우리를 인도해준다. 이러한 생각은 들뢰즈 자신이 자기 사상을 견고하게 뒤받침하고자 스트라우스로부터 인용한 몇 구절을 통해 가장 훌륭하게 표현될 수 있다. "〔예술 속에서〕 풍경에 다다르기 위해서 우리는 가능한 한 모든 시간적 · 공간적 · 객관적 규정을 희생시켜야 한다. 그러나 이러한 포기는 객관적

12) G. Deleuze, *Nietzsche et la philosophie*(Paris: P.U.F., 1962), p. 118.

13) '선의지' '공통 감각' 등 고전 철학의 사유의 이미지가 전제하고 있는 임의적인 공리들에 대한 자세한 논의는 1장 1 참조.

14) 참고로 말해두면, 레비나스도 들뢰즈처럼 예술 작품을 통해 드러나는 익명적 '있음'을 '힘들의 비인격적 장'으로 규정하고 있다(EE, 95, 104 참조).

인 것에 해당할 뿐만 아니라, 같은 정도로 우리 자신에게까지 작용한다. 풍경 속에서 우리는 역사적 존재, 즉 그 자신 객관화될 수 있는 존재이기를 그친다."[15] 레비나스에게서와 마찬가지로 들뢰즈에게 있어서도 예술은 모든 객관적인 규정, 즉 시공간적 규정에 따라 구성된 대상 세계의 분절, 분류 등에서 주체를 해방시키고, 인간이 부재하는 카오스, 익명적 '있음'을 체험하게 해준다. 당연하게도 예술 작품을 감상할 때 보편적이고 자연적인 코기토, 선의지를 지닌 주체는 아무런 역할도 할 수 없는 것이다.

2. 비인격적 익명성의 양태들
—사례 분석

1) 비연속성: 그렇다면 카오스 혹은 비인격적 익명적 비전은 예술 작품 속에서 구체적으로 어떤 양태로 실현되는가? 레비나스가 예시하듯 영화에서의 클로즈업 기법은 우리 비전의 일반적 비례 아래 숨겨진 것들을 드러내주는 그 기법의 본성상, 일상적 비전을 파괴하고 카오스를 산출하는 예술의 기능을 잘 보여줄 수 있다. "클로즈업은 행위—이 행위 안에서 특수성은 하나의 전체와 연결되어 있다—를 그것이 별도로 현존할 수 있게끔 멈추게 한다. 클로즈업은 행위가 그것의 특수하고 부조리한 본성을 드러내게끔 해준다. 렌즈는 특히 어떤 뜻밖의 퍼스펙티브 속에서 행위의 이런 본성을 발견한다. 일반적인 가시성과 표준적인 비례가 얼버무려버리고 감추는 것을 발가벗겨서, 영사projection는 어깨의 구부러진 선에다 환각적인 차원을 부여한다"(EE, 88). 일반적 퍼스펙티브가 은폐하고 있는 '환각적 차원'을

15) E. Straus, *Du sens des sens*(Grenoble: Jérême Millon, 1989), p. 519(QP, 160에서 재인용).

드러내주는 클로즈업의 기능은, 하나의 통일된 전체를 파괴하여 통일성이 없는 '파편적인 fragmentaire' 부분들로 만들어버리는 것이다. 가령 위에서 보듯 클로즈업은 통일된 유기체로서의 신체라는 조화로운 형상으로부터, 표준적 비례 속에 귀속될 수 없는 하나의 특수한 '파편'(어깨의 구부러진 선)을 떼어내어 드러낸다. 이처럼 클로즈업이 예시하듯 예술의 주요 기능이란 바로 "서로 침투할 수 없는 이질적인 세계들의 공존"(EE, 88), "산산이 부수어진 세계 monde cassé"(같은 곳)를 드러내주는 것이라고 레비나스는 말한다. 요컨대 조화롭게 질서잡히고 체계화된 통일된 유기체적 전체에 대항하여 이질성, 비연속성, 파편적 개별성을 드러내는 것이 예술의 기능이다. "세계의 한 조각을 떼내어서 별도로 놓아둠"(EE, 54~55)으로써 성취되는 이러한 예술의 기능을 가장 잘 드러내주는 또 다른 예를 레비나스는 현대 회화에서 찾고 있다. "이것들〔현대 회화〕은 표상된 대상들로부터 표현이라는 노예적 운명을 제거하려 한다. 그렇기 때문에 세계의 정합성과는 이질적인, 대상들 사이의, 면 face과 표면 surface 사이의 대응이 있는 것이다"(EE, 56). 그림 속에서 대상들이나 그 대상의 면들은 세계의 유기체적 정합성과는 이질적이다. 그것들은 우리의 일상적 퍼스펙티브에 담겨 있는 질서지어진 세계 속에는 자리를 차지할 수 없는 익명적인 파편들이다. "현대 회화에서 사물들은 더 이상 보편적 질서의 요소들로서 고려되지 않는다. 〔……〕 틈들은 모든 면에서 우주의 연속성 continuité de l'univers을 금가게 한다'"(EE, 90). 이처럼 우리가 익숙해 있는 우주의 연속성을 파괴해서 파편적 대상들로 이루어진 비연속성을 산출한다는 점에서, 레비나스가 정식화했듯 '그림은 우리의 일상적 비전과의 투쟁이다'(같은 곳 참조).[16]

16) 이 말은 곧 메를로-퐁티의 회화론의 요점이기도 하다. 메를로-퐁티 또한 회화의 임무를 우리의 일상적 비전과 투쟁하여 그 뒤에 숨겨져 있는, '보이지 않는 것' '살' '존재의 조직 texture' 등등으로 불리는 것을 드러내는 것이라 생각했다(2장

레비나스와 마찬가지로 들뢰즈 또한 유기체적 전체성에 대립하는 파편적 비연속성의 현시를 예술의 주요 기능으로 보고 있다. 레비나스가 현대 회화 일반을 통해 이 점을 밝히는 반면, 들뢰즈는 보다 구체적으로 개별적인 작품들을 분석하면서 동일한 일을 해낸다. 들뢰즈의 수많은 작품론 가운데 프루스트의 소설과 베이컨의 그림에 대한 분석은 아마도 가장 적절한 예들을 제공할 것이다. 들뢰즈는 프루스트의 한 구절을 분석하는 자리에서 놀랍게도, 레비나스가 클로즈업 기법과 현대 회화의 분석을 통해 주장했던 바와 매우 동일하게 비전의 비연속성, 파편성의 문제를 다루고 있다. 들뢰즈가 분석하는 부분은 『잃어버린 시간을 찾아서』의 화자 마르셀이 그의 애인 알베르틴에게 키스하는 장면을 담은 페이지들이다. "화자가 알베르틴에게 키스하는 장면을 담은 훌륭한 페이지들을 보자. 화자의 입술이 그녀의 뺨에 접근함에 따라 욕망의 대상인 알베르틴의 얼굴은 일련의 연속적인 평면 plan의 형태로 나타난다. 이때 얼굴에 붙인 애교점은 하나의 평면에서 다른 평면으로 계속 건너뛰고, 그 평면들 각각에 대해

3, 5장 1 참조). 또한 그것은 주체와 객체의 관계 '이전적인' 상태, 즉 레비나스에게서와 마찬가지로 '비인격적이고 익명적인' 상태를 드러내는 것이다. "[사물에 대한] 전인간적인 préhumain 시선이 곧 회화의 시선의 표식이다"(M. Merleau-Ponty, *L'œil et l'esprit*[Paris: Gallimard, 1964; folio판, 1985], p. 32. 약호 OE)라고 메를로-퐁티는 회화가 드러내는 세계가 인간 이전의 익명적 풍경임을 명시하고 있다. 레비나스와 메를로-퐁티의 회화론 사이에 드러나는 이와 같은 놀랄 만한 유사성은, 그들 사이에 숨겨진 영향 관계가 있었으리라는 추측을 가능케 한다. 『현대』지에 레비나스의 예술론 「실재와 그 그림자」가 발표되었을 때, 거기에는 『현대』지 편집위원 가운데 한 사람이 쓴 것으로 추측되는 익명의 서문이 붙어 있었다. 그 글의 주인공은 오랜 세월 동안 밝혀지지 않다가, 1997년 메를로-퐁티의 강의록이 묶여 나올 때 그 서문이 함께 포함돼 출간됨으로써 집필자가 메를로-퐁티였다는 것이 공식적으로 밝혀지게 되었다(M. Merleau-Ponty, *Parcours 1935-1951*[Verdier, 1997], pp. 122~24 참조). 말하자면 메를로-퐁티는 레비나스 예술론에 대한 최초의 논평자였던 셈이다. 이러한 역사적 일화는 두 사람 사이의 유사성이 공허한 것이 아님을 뒷받침해주고 있다.

그만큼 많은 숫자의 알베르틴이 대응하게 된다. 마지막으로 알베르틴의 얼굴이 조각조각 갈라지고 해체되어버리는 최종적 혼합의 단계에 이른다."[17] 여기서 화자의 눈은, 전체 몸으로부터 어깨선을 분리해내는 클로즈업 기법과 동일하게 작동한다. 화자의 눈이 그의 애인의 얼굴에 점점 가까이 근접함에 따라 얼굴은 비연속적인 카오스적 파편들로 해체되어버린다. 즉 인격적 표징인 얼굴은 익명적 파편이 된다. 우리의 일상적 퍼스펙티브 속에선 조화로운 유기체적 전체, '명사적인 것'으로서 나타나던 얼굴은, 프루스트의 화자의 기술을 통해 서로 이질적이며 결코 통일체를 이루지 않는 파편적 조각들로 드러나게 되는 것이다. 요컨대 레비나스의 클로즈업과 동일하게 작동하는 화자의 시선은 "한 세계는 결코 위계를 갖춘 객관적인 세계로 조직될 수 없다"(PS, 185~86)는 것, 즉 세계는 비연속적 파편들로 이루어져 있다는 점을 통찰하고 있다.[18]

2) 비인격성: 프루스트가 소설 속에서 성취한 형태의 해체는 베이컨이 그림의 세계에서 이루어낸 바이기도 하다. 들뢰즈가 평하듯 "우주적인 힘들이 한 얼굴의 엉망으로 뒤섞인 색조들 안에서 그 얼굴을 후려치고 할퀴고 온갖 방향으로 뭉그러뜨림으로써 구별 불가능함의 지대들을 불러일으키며, 또 이러한 구별 불가능함의 지대들이 단색의 평이함 속에 숨어 있는 힘들을 드러내준다(베이컨)"(QP, 173). 그런데 베이컨이 수행하는 형태의 해체에서 두드러진 점은, 그가 해체를 통해 드러내고자 하는 '구별 불가능함의 지대'가 바로 '동물'과 인

17) 질 들뢰즈, 서동욱 외 옮김, 『프루스트와 기호들』(민음사, 1997), pp. 271~72(약호 PS).

18) 이처럼 예술 작품 안에는 서로 합치될 수 없는 파편들이 어떤 조화로운 전체를 형성하지 않은 채 들어 있다. 재미있는 것은 폴라니 또한 레비나스와 들뢰즈처럼 예술 작품을 "이질적인 대상들의 집성"을 실현하는 것으로 특징짓고 있다는 점이다. 물론 예술에 대한 폴라니의 주된 관심이 이들과 매우 다르기는 하지만 말이다(M. Polanyi & H. Prosch, *Meaning*[Chicago: The Univ. of Chicago Press, 1975], p. 84).

〈그림 1〉 프란시스 베이컨, 「개와 함께 있는 조르주 다이어에 대한 두 연구」(1968).

간 사이의 구별 불가능한 영역이라는 점이다. 다시 말해 일상적 퍼스펙티브와의 결별을 통해 성취되는 인간 형태의 해체는 베이컨에게선 직접적으로 '동물성' '비인격성'의 현시를 겨냥하고 있다. 들뢰즈에 따르면 베이컨의 회화에서는 얼굴을 비롯해 인격성의 징표가 될 만한 그 어떤 것도 유지되지 못한다. "베이컨의 그림이 구성하는 것은 인간과 동물 사이의 '식별 불가능하고 구별 불가능한 영역'"[19]인데, 이 영역이 바로 '고기 viande'이다. "고기는 인간과 짐승 사이의 공통 영역이고, 이 둘의 식별 불가능한 영역이다"(FB, 21). 인간의 형태는 인격성을 상실하고 '고기'로 변해버리는 것이다.

구체적으로 베이컨은 이 식별 불가능한 영역을 어떤 방식을 통해 그의 회화 속에서 드러내는가? 인간과 동물을 구별할 수 없는 영역, 즉 고기를 드러내기 위해 그가 사용하는 방법 가운데 하나가 '그림자' 놀이이다. 가시적인 형상의 질서(인간의 형태와 동물의 형태의 구별)의 배후에 숨겨진 비가시적이고 질료적인 고기를 표현하는 데 있어서, 뚜렷한 형태가 없는 검은 얼룩으로 표현되는 그림자만큼 알맞는 회화적 소재도 없을 것이다. 모든 그림자는 그 주인의 본성을 잃어버리고 도살된 고기처럼 땅바닥에 널브러져 있다. 그림자의 익명성은 그림자 주인의 고유 명사성을 철저히 짓뭉개버린다(이런 까닭에 그림자만 보고 우리는 그 주인이 누구인지 구별할 수 없는 것이다). 가령 〈그림 1〉에서 사람의 형태 밑에 펼쳐져 있는 짙은 얼룩은, 한편으로 주인의 발밑에 엎드려 있는 개이면서, 다른 한편으로 그 사람의 몸으로부터 빠져나오는 그림자이기도 하다. 즉 동물(개)은 인간의 형태(그림자)를 통해 나타나며, 이와 동시에 인간의 형태로부터는, 그 형태의 배후에 자리잡은 보다 근원적인 비가시적인 심층으로서 동물(그림자)이 빠져나오고 있는 중이다. 결국 그림자는 개이기도 하며

19) G. Deleuze, *Francis Bacon: logique de la sensation*(Paris: Éd. de la différence, 1981), Tome. I, pp. 19~20(약호 FB).

〈그림 2〉 프란시스 베이컨, 「삼면화」(1973) 중에서.

동시에 인간이기도 하고, 이 둘 다가 아니기도 하다. 이와 같이 인간에게도, 그리고 개에게도 '양의적으로 ambigument' 걸쳐져 있는 그림자 놀이를 통해서 이 그림은 인간과 동물을 구분할 수 없는 영역을 드러내주고 있다. 〈그림 2〉에서도 "그림자는 우리가 감추어두었던 어떤 동물처럼 몸으로부터 빠져나온다"(FB, 19). 박쥐의 모습을 닮은 그것은 인간의 신체가 흘리고 있는 인간의 그림자이면서도 더 이상 인간의 형태를 반영하지 않는다. 오히려 그림자는 인간 형태라는 '껍데기' 배후에 이제껏 숨겨져 있던 동물인지 인간인지 결정할 수 없는 그런 영역을 가시화해준다.[20]

'비인격적인 고기'로의 인간 형태의 이러한 변형은 바로 레비나스가 예술에 있어서 "대상의 존재 자체의 변질 altération"(RS, 134)이라 부르는 것의 가장 적절한 예가 될 수 있기도 하다. 레비나스에 따르면 그림은 대상의 '재현'이 아니라 대상의 '사라짐'인데, 이 대상의 사라짐은 대상의 존재 자체의 변질을 통해 성취된다는 것이다. 이 변질의 가능한 길 가운데 하나가 베이컨이 보여주었듯 인간의 형태를 고기로 변형시키는 것이며, 이런 방식으로 그는 대상을 유기체적 통일체로부터 해방시켰다. 인간학적 견지에서 평가하자면 이러한 해방은 인격주의적 표징들(가령 얼굴)을 파괴하고 인간인지 동물인지 구별할 수 없는 영역을 드러냄으로써 비인격성을 밝혀낸다는 의의를 지닌다.[21] 그렇다면 결국 베이컨은 카프카가 중편 소설들을 통해 실

---

20) 이렇게 볼 때 베이컨의 작업은 분명 세잔의 작업의 연장선 위에 있다. 베이컨에게서 인간 형태가 배후의 비인간적 세계를 감싸고 있는 이차적인 껍데기에 지나지 않는 것처럼 세잔에게서도 '과일 그릇'은 보이지 않는 층을 숨기고 있는 껍데기에 지나지 않는다. 회화의 사명이란 이런 껍데기를 깨뜨리고 그 안으로 육박해들어가 보이지 않는 영역을 드러내 보이는 것이다. 메를로-퐁티는 이 점을 다음과 같이 잘 알고 있었다. "세잔은 외적인 형태, 즉 겉봉 enveloppe은 이차적인 것일 뿐이고 [……] 공간상의 이런 껍데기 coquille는 부서져야 하며 또 이런 과일 그릇은 깨어져야 한다는 사실을 이미 알고 있었다"(OE, 65~66). 베이컨과 세잔의 관계에 대한 자세한 논의는 FB, 6장 참조.

현하고자 했던 동물 변신을 회화를 통해 실현하고 있는 것이 아닌가? 카프카의 동물 변신을 들뢰즈는 하나의 탈주선 ligne de fuite의 창조로 이해한다. "동물 변신은 그것 자체 외에 다른 아무것도 의미하지 않는 창조적인 탈주선이다."[22] 물론 베이컨의 동물 변신—정확히는 동물인지 인간인지 구별되지 않는 괴물로의 변신—이 유종의 체계 및 인격성으로부터의 탈주에 초점을 두고 있다면, 카프카의 동물 변신[23]의 경우엔 오이디푸스적 도식으로부터의 탈주에 초점이 맞추어져 있다(들뢰즈의 카프카론 전체가 오이디푸스의 전복을 위해 기획된 책이다). 그러나 오이디푸스로부터의 탈주는 욕망에 대한 '인격주의적' 해석—법으로서 아빠, 욕망의 대상으로서 엄마, 그리고 그 사이에서 탄생한 '인격'으로서 아이—으로부터 욕망을 탈주시키는 일과 동전의 양면을 이루고 있다는 점을 잊어서는 안 된다. 결국 베이컨과 카프카는 모두 동물 변신을 통해 인격성으로부터의 탈주선을 창조하고 있는 것이다.

정리해보자면, 클로즈업과 알베르틴의 얼굴에 대한 기술 등은 예

---

21) 이런 관점에서 보면 밀란 쿤데라는 베이컨 해석에 있어서 들뢰즈와 매우 대립적인 위치에 서 있다고 할 수 있다. 쿤데라도 들뢰즈와 마찬가지로 베이컨에게서 인간 형태의 파괴를 목격하고 있지만, 그럼에도 불구하고 여전히 베이컨을 인간성, 인격성, '자아 moi'를 탐구하는 화가로 정의하고자 한다. "화가의 폭력적인 손은 모델들의 얼굴을 잔인한 손길로 건드린다. 그것은 그 모델들의 숨겨진 자아를 발견하기 위해서다"(M. Kundera, "Le geste brutal du peintre," in F. Bacon, *Bacon: portraits et autoportraits*[Paris: Les Belles Lettres, 1996], p. 10). 그러나 '숨겨진 자아' 찾기라는 쿤데라의 이러한 인격주의적 베이컨 해석은 하나의 느낌의 토로에 그칠 뿐, 정교화된 논변을 통해서 견고하게 뒷받침되고 있지는 못하다.

22) G. Deleuze & F. Guattari, *Kafka: pour une littérature mineure*(Paris: Éd. de Minuit, 1975), p. 65.

23) 이것도 정확히는 동물이 되어버리는 것이라기보다는, 동물인지 인간인지 구별되지 않는 괴물로의 변신을 의미한다. 그레고어 잠자와 그의 가족이 고통받는 까닭은 그가 동물(벌레)도 인간도 아닌 양자 사이의 어떤 것이기 때문이다. 그는 여전히 한 가족의 아들이며 오빠이면서도 동시에 가족의 일원으로 받아들여질 수 없는 동물이기도 하다. 이 양면적 요소 때문에 『변신 *Die Verwandlung*』의 모든 비극적 이야기가 성립할 수 있는 것이다.

술이 유기체적인 대상의 면들 각각을 비연속적인 것으로 고립시킴으로써, 어떻게 '명사적인 것'들을 파괴하여 익명적인 있음으로 되돌리는지를 보여준다. 들뢰즈의 경우 유기체적 세계를 비연속적인 파편들로 되돌려놓는 이러한 예술의 면모를 밝히는 작업은, 세계를 동물의 신체처럼 조화롭고 합리적인 유기체적 우주로 본 형이상학적 가정에 대한 반박이라는 숨은 목적을 지니고 있다. "중세와 르네상스의 플라톤주의에서 보듯이 기호들은 하나의 거대 동물을 형성하는 상사(相似) 기관들〔유비들, analogies〕과 관절들〔분절들, articulations〕을 따라 구성된다"(PS, 170). 우주의 합목적성, 전체성을 표현하는 이런 "거대 동물-로고스"(PS, 210)의 유비는, 예술이 기존의 퍼스펙티브에 저항하며 실현해내는 파편적 비연속성을 통해 의심받게 되는 것이다. 또한 베이컨의 경우 유기체적 형태의 해체는, 상식적으로 통용되는 인간 종과 동물 종의 구별에 의문을 제기하고 양자에 공통적인 '고기'의 범주를 드러냄으로써 보다 직접적으로 인격성의 문제를 공격하고 있다고 평가할 수 있다.[24)]

3. 예술적 형식의 문제: '외관'과 '집'
—예술 작품의 건축적 본성

레비나스는 "영원히 라오콘Laocoon은 뱀에게 휘감겨 있을 것이고,

24) 예술이 실현하는 비인격적 익명성에 관해 들뢰즈가 제공하는 예시적 분석은 수없이 많은데, 가장 흥미로운 것 가운데 하나는 '화자(話者)의 해체'이다. 이야기에서 화자의 역할이, 인식에 있어서 주체가 수행하는 역할과 동일하다는 점을 전제한 후 어떻게 현대 소설이 이야기로부터 이 '주체로서의 화자'를 제거하고 익명적 화자를 실현하는가를 프루스트의 『잃어버린 시간을 찾아서』를 예로 분석한다. 소설 형식 자체 안에서 익명성을 발견하려는 이 시도는 들뢰즈의 가장 빛나는 분석 가운데 하나일 것이다(이에 대한 자세한 논의는 5장 3 참조).

영원히 모나리자는 미소짓고 있을 것이다"(RS, 138)라고 말하고, 이와 매우 유사한 어조로 들뢰즈는 "화폭이 존속하는 한 〔그림 속의〕 젊은이는 미소짓고 있을 것이다. 소설 혹은 영화에서 젊은이는 미소짓기를 그만둘 것이지만, 우리가 소설의 그 페이지, 영화의 그 순간을 다시 볼 때면, 그는 다시 미소지을 것이다"(QP, 154)라고 말한다. 이 구절들은 공통적으로 예술이 구현하는 '정지' '영속성'에 대해 이야기하고 있다. 예술이 가능케 하는 이런 유의 영원성을 가리켜 들뢰즈는 '한 순간의 지속'(QP, 157, 162 참조), 레비나스는 "동안 entretemps"(RS, 137), "무한하게 지속하는 순간"(RS, 138) 등으로 일컫는다.

어떻게 예술 작품은 영속성을 달성하는가? 우리는 계속해서 예술 작품은 카오스를 드러낸다는 점을 강조해왔다. 그러나 역설적이게도 예술 작품 그 자체는 카오스가 아니며, 따라서 '카오스 자체'와 '예술 작품을 통해 현시된 카오스' 사이에는 엄연히 차이가 있다(만약 예술 작품을 통해 현시된 카오스와 카오스 자체 사이에 아무런 차이가 없다면 예술에 있어서 어떤 인위적 기법도 문제가 되지 않을 것이며, 예술의 형식의 문제는 아예 제기조차 될 수 없을 것이다). 이러한 차이는 레비나스와 들뢰즈가 공통적으로 강조하는 바로서, 우리를 다음과 같은 질문으로 이끈다. 예술의 어떤 요소가 카오스에게 예술적 영속성을 부여하는가? 즉 무엇이 무형의 카오스를 부동의 한 순간으로 고착시키는가? 아마도 레비나스의 리듬 개념은 어떻게 카오스가 예술 속에서 '틀 cadre'을 부여받는지 이해하기 위한 좋은 길잡이가 되어줄 수 있을 것이다. 위에서 보았듯 리듬 속에서 주체의 사라짐, 익명적 '있음'의 체험을 레비나스는 카오스로 규정했다. 그러나 예술에 있어서의 이러한 카오스는, 카오스 자체와는 완벽하게 동치가 아니다. 이 점은 춤을 예로 살펴보았을 때 매우 분명하게 나타난다. "음악 소리에 맞춘 걸음걸이 혹은 춤의 특별한 자동성 automatisme은 무의식적인 것이라고는 아무것도 없는 존재 양태이다. 오히려 이 존재 양태에 있어선 자신의 자유 속에서 마비된 의식이 놀이하며, 완전히 이 놀이 속에 흡수되어버린다. 음악을 듣는다는 것은 어떤 의미에서 춤추기를, 혹은 걷기를 억제 se retenir하는 것이다"(RS, 129). 주체는 주체성을 상실하고 춤 속으로 '흡수'된다. 그러나 춤 속에서 주체는 완벽한 무형 속으로, 카오스 자체로 떨어지는 것이 아니다. 주체를 흡수해버린 카오스는 형식 속에 담기는데, 춤추는 몸의 동작에 대한 '억제'가 바로 그 형식이다. 춤 속에는 몸을 억제하는 규칙이 들어 있다. 춤출 때 몸은 카오스적인 정념 passion에 따라 무질서하게 움직이는 것이 아니라 규칙을 따라 움직이며, 이 규칙이 바로 '리듬'이다. 레비나스가 말하는 '춤의 특별한 자동성'이란 이런 의미에서, 즉 주체의 능동성은 힘을 발휘하지 못하지만, 그의 신체가 완벽한 무형에 빠지지 않고 어떤 규칙이나 형식을 따라 움직인다는 의미에서 이해되어야 하는 개념이다. 이처럼 예술에 있어서 카오스는 그 자체로 나타날 수 있는 것이 아니라 오로지 어떤 형식적 요소를 매개로 해서만 드러날 수 있다. 이 점을 들뢰즈는 다음과 같이 명료하게 정식화하고 있다. "예술은 카오스가 아니라 카오스의 구성이다"(QP, 192). "예술은 구성된 카오스를 형성하기 위해 카오스의 한 조각을 틀 cadre 안에다 집어넣는다" (QP, 194).

그런데 이 틀, 작품의 형식적 요소는 질료와 대립적인 의미에서의 '형상'은 아닐 것이다. 사물들을 공통된 본질로 묶는 일반 개념으로서 형상은 '대상 일반'에 대해 타당한 것이지, 특정 존재인 예술 작품에 대해 타당한 것은 아니다.[25] "예술은 대상을 벌거벗음 속에서, 진

---

25) 예술의 영역에서 '형상-질료' 개념의 거부는 레비나스뿐 아니라, 다른 현대 철학자들에게서도 매우 보편적이다. 이 자리에서 자세히 논의할 수는 없지만, 가령 하이데거의 경우 이 개념들은 '계산적 사유' '표상적 사유'에 속한다. 그것은 대상 일반을 '닦달'하고 문초하여, 그것을 지배하기 위한 도구이다. 예술 작품은 이러한 유의 대상이 아닌 까닭에, 「예술 작품의 기원 Der Ursprung des Kunstwerkes」에선 '형상-질료' 개념 대신에 '세계-대지'라는 비표상적 개념틀 안에서 예술에

정한 벌거벗음 속에서 나타낸다. 진정한 벌거벗음은 옷의 부재가 아니라, 말하자면 형상의 부재 자체이다"(EE, 84).[26] 그렇다고 예술 작품이 전적으로 질료만 가지고 성립하는 것은 아니다. 예술이 인위적인 것인 만큼 그것은 정도상의 차이는 있을지언정 필수적으로 기법과 형식의 문제를 수반한다. 따라서 예술 작품은 카오스를 예술적 방식으로 드러내기 위해, 질료의 짝 개념으로서의 형상과는 다른 어떤 형식을 가져야만 할 것이다. 레비나스는 이 형식을 일컬어 '외관 façade'이라 부른다. "사물에다 외관 같은 것을 부여해주는 것은 예술이다. 외관을 통해 대상들은 보여질 뿐만 아니라 전시된다. 질료의 어두움 obscurité de la matière은, 분명히 외관을 가지지 않는 존재의 상태를 표시한다. 건물 개념에서 빌려온 외관의 개념은 우리에게, 아마도 건축이 최초의 예술임을 암시한다. 외관을 통해 비밀을 간직하고 있는 사물은 노출되고, 그것의 기념비적 monumental 본질 속에서 〔……〕 밝혀진다"(TI, 167). '건축의 영역'에서 빌려온 용어인 '외관' '건물' '기념비' 등은 레비나스가 즐겨 쓰는 또 다른 용어인 '조형성 plasticité' '조각상 statue' 등과 바꾸어 써도 무방하다. 확실히 어떤 형식적인 것이 없다면 카오스는 '질료의 어두움' 속에 파묻히고 말 터이다. 그런데 레비나스에 따르면 바로 건축적인 '외관'이 카오스를 예술로서 성립할 수 있게 해주는 형식의 역할을 한다는 것이다. 이런 의미에서 건축은 모든 종류의 예술의 근간을 이룬다. 건축적 조형성, 즉 외관 덕택에 카오스는 작품 속에 고정되고, 그리하여 "시간의 정지 arrêt du temps"(RS, 138), "이미지의 고정성 fixité"(RS, 140)을 획득할 수 있다.

대한 사유가 이루어지고 있다.

26) 우리 경험을 설명함에 있어서 형상-질료 개념의 역할에 대한 레비나스의 회의적인 입장은 예술적 경험뿐 아니라, '타자의 얼굴'이라는 특수한 경험에서도 마찬가지다. "형상과 질료의 구별이 모든 경험을 특성지을 수 있는 것은 아니다. 얼굴은 거기에 보탤 그 어떤 형상도 가지지 않는다"(E. Levinas, *Totalité et infini*〔la Haye: Martinus Nijhoff, 1961〕, p. 113. 약호 TI).

들뢰즈에게서도 사정은 매우 동일하다. 예술 작품이 예술 작품으로서 설 수 있도록 해주는 요소를 지칭하기 위해서 들뢰즈는 놀랍게도 레비나스의 '건물' 혹은 '외관' 개념과 매우 유사한 개념을 도입한다(들뢰즈에게서도 건축은 모든 예술의 본성에 자리잡고 있는 최초의 예술 혹은 근본 예술로 간주된다). 예술 작품에 고정성 혹은 영원성을 부여하는 것이 무엇인가에 대한 의문에서 출발했던 레비나스처럼, 들뢰즈도 "어떻게 세계의 한 순간이 지속적이 될 수 있으며, 그 스스로 존재할 수 있는가?"(QP, 162)라는 물음에서부터 시작한다. 그런데 이러한 탐구는 '살 chair'이라는 현상학적 개념과의 대결 속에서 이루어진다.

"경험된 몸, 지각된 세계, 경험과 여전히 지나치게 연결되어 있는 상호 간의 지향성 등으로부터 동시에 자유로운 것, 그것이 '살'이다. 살은 우리에게 감각의 존재를 가져다준다"(QP, 168~69). 이미 살펴보았듯 예술에 있어서 감각은 지향성, 지각 작용 등과는 다르다. 오히려 위 문장에서 들뢰즈가 이해하듯 감각은 지향성에 선행하는 '살'과 상관적인 것이다. 그렇다면 카오스에 고정성을 부여할 수 있는 예술의 형식에 관한 물음은 이렇게 제기될 수 있을 것이다. 살은 작품을 작품으로서 서 있게 할 수 있는가? 즉 작품에 어떤 고정성을 부여할 수 있는가? 그러나 들뢰즈는 살은 작품을 작품으로서 서게 할 수 없다고 본다. 왜냐하면 "살은 너무 물렁물렁하기 tendre 때문이다"(QP, 169). 살은 '형상-질료'에 선행하며, 지향성에 상관적인 모든 형태의 지각 작용에도 선행한다. 그것은 작품의 내용물로서 감각이 드러나게 하는 데 관여할 수 있지만, 그 자체 작품에 고정성을 부여하는 형식일 수는 없다. "살은 그것을 지탱하게 하는 제2의 요소가 없었다면, 그저 뒤죽박죽인 것 brouillage이나 카오스일 것이다"(QP, 169). 무엇이 이 제2의 요소, 즉 카오스에 형식을 부여하는 요소인가? 레비나스가 사용한 건축적 개념인 '외관' '건물'의 경우와 매우 유사하게, 들뢰즈는 이 요소를 가리켜 '집 maison'이라 부른다. "두번째 요소는 집, 골조armature이다. 집을 정의하는 것은 '면들pans'이다. 즉 살에다가 골조를 부여하는, 여러 다른 방향을 향하고 있는 평면의 조각들이다"(QP, 169~70). 들뢰즈에게서 집 개념은 레비나스의 '외관' 개념과 정확하게 동일한 기능을 하는데, 그 기능이란 바로 카오스, 익명적 '있음'이 작품 속에서 드러날 수 있도록 틀을 부여하는 것이다.

카오스에 틀을 부여하는 혹은 "카오스에 하나의 구도를 부여하는"(QP, 186) 집의 기능은 여러 예술 장르 및 개개 작품을 통해 예시될 수 있다. 가령 음악의 경우에는 '곡조' '모티브' '테마'가 음향적 질료에 틀을 부여하는 집으로서 기능한다(QP, 180 참조). 이는 음악 예술 일반에서 보편적으로 기능하는 집에 관한 예가 될 것인데, 이 경우 집 개념은 하나의 예술 장르 일반이 지니는 형식 자체와 동일시될 여지가 있을 것이다. 그러나 다른 한편 집은 개개 작품 안에서 작품을 지탱하는 그 작품만이 가지고 있는 특정 요소로 이해되기도 한다. 프루스트의 소설 속의 집에 대한 분석이 이에 대한 좋은 예이다. 『잃어버린 시간을 찾아서』의 부분들을 이루고 있는 이야기들은 레비나스의 용어대로 하자면 '질료의 어두움'에 비견될 수 있는데, 그 까닭은 이 소설은 (들뢰즈에 따르면) 잘 짜여진 틀 속에 담겨 있는 이야기이기보다는 하나의 통일적인 전체를 이루기가 어려운 파편들의 집산이기 때문이다.[27] 그럼에도 불구하고 그것이 소설이기 위해서는 각각의

---

27) 『잃어버린 시간을 찾아서』의 통일성이 부재하는 파편적 성격에 대해 들뢰즈는 다음과 같이 말한다. "시간을 소재로 삼거나, 아니면 오히려 주제로 삼고 있는 작품은 더 이상 다시 붙을 수 없는 파편들, 동일한 퍼즐로 짜맞추어지지 않으며, 미리 선행하는 전체성에 귀속되지도 않고, 잃어버린 어떤 통일성 자체에 근원을 두고 있지도 않는 조각들과 관련되어 있다. 작품은 이 조각난 부스러기들을 가지고 움직이는 것이다. 크기와 형태에 있어서 서로 다른 부분들은 서로 들어맞지 않고 또 동일한 리듬으로 전개되지도 않는다. 그리고 문체의 흐름은 이 부분들을 동일한 속도로 끌고 가지도 않는다"(PS, 171).

산만한 이야기들이 질료의 어두움 속에 떨어지지 않고 하나의 구성물을 이룰 수 있도록 해주는 최소한의 '틀'이 존재해야만 할 것이다. 과연 어떤 형식 혹은 질서가 이 작품을 지리멸렬한 에피소드들의 무질서한 나열이 아니라, 하나의 구성물로 서게 하는가? 이 소설의 부분들을 하나의 구도plane 위에 자리잡도록 해주는 것이 바로 집이다. "모든 것은 집들에 의해서 시작된다. 각각의 집은 그 단면들을 결합시켜, 콩브레나 게르망트의 저택, 베르뒤랭의 살롱과 같은 구성물들을 떠받쳐야 한다"(QP, 179). 프루스트는 그의 소설 속에서 이야기를 전개시키기 위해 몇 가지 준거점들을 사용하는데, 그 가운데 하나가 들뢰즈가 통찰해낸 바와 같이 바로 '집'이다. 화자의 사유가 집을 준거점으로 해서 전개된다는 점은 잠에 대한 유명한 묘사로 시작되는 이 소설의 첫 페이지부터 잘 나타나고 있다. 화자의 꿈은 그가 살아온 모든 시기들을 하나하나 다시 거쳐나가는데, 왜냐하면 꿈꾸는 사람은 "자기 둘레에 시간의 실을, 세월과 세계들의 질서를 둥글게 감고 있"[28]기 때문이다. 그런데 꿈꾸는 사람의 사유는 무질서하게 움직이지 않고, 모종의 질서에 의거해서, 즉 어떤 준거점을 가지고서 지금껏 살아온 세월들을 통과한다. 그 준거점이 바로 소설의 화자가 이제까지 살아왔던 '집들'이다. 콩브레의 집, 탕송빌르에 있는 생루 부인의 집 등등 화자의 기억은 오로지 집에서 집으로만 움직인다. 꿈속에서 이 집들은 화자의 기억의 운동을 규정하는 규칙이나 형식으로서 기능하고 있는 것이다. 아마도 이야기들을 엮어서 구성물로 서게 해주는 이러한 집이 없었다면, 소설은 산만한 묘사의 덩어리들 morceaux의 집산, 즉 질료의 어두움에 불과했을 것이다(그리고 바로 이것이 전작 『장 상퇴유Jean Santeuil』가 실패한 원인이리라. 인상들에 대한 빼어난 묘사에서 성공했음에도 불구하고, 집과 같은 구성을 발견하

28) M. Proust, *À la recherche du temps perdu*(Paris: Gallimard, Pléiade 문고, 1954), Tome. I, p. 5.

지 못했다는 것이 프루스트가 『장 상퇴유』를 '소설로서' 완성시키지 못한 이유 가운데 하나일 것이다). 그러므로 프루스트의 이 걸작이 '대성당'에 비견되는 것은 결코 우연이 아니다. 대성당이라는 이 작품의 별명은 카오스적인 부분들을 조형적 질서 속에서 하나의 구성물로서 서게 해주는 것은 바로 예술의 건축적 본성, 즉 집이라는 점을 강력하게 암시하고 있다. 요컨대 "예술은 살과 더불어서 시작하는 것이 아니라, 집과 더불어 시작한다. 이런 까닭에 건축은 최초의 예술이다" (QP, 177).[29]

4. 혁명과 우상 숭배
— 레비나스와 들뢰즈는 어떻게 다른가?

들뢰즈에게서 '견해'는 인식론적 차원에서뿐 아니라 정치적인 차원에서 이해되어야 한다. 왜냐하면 견해는 사유의 임의적인 공리 가운데 하나인 '양식 bon sens'에 기반하고 있는데,[30] 이 양식이란 들뢰즈에 따르면 사유 재산 및 계급 체제의 산물이기 때문이다. "사유 재

29) 집과 관련하여 들뢰즈의 또 다른 개념인 '우주 univers'에 대해서도 간략하게 언급해두어야 할 것 같다. 형식적 요소로서 집은 늘 작품을 정형화할 위험을 안고 있다. 모든 작품은 작품으로서 서기 위해 집을 필요로 하지만, 위대한 작품일수록 스스로의 집에 얽매이지 않음으로써 정형화를 탈피한다. 들뢰즈는 우주라는 주제 아래 이 문제를 다루는데, 집이 작품에 틀을 부여하는 요소임에 반해, 우주는 작품이 집 속에서 정형화되는 것을 피하기 위해 수시로 틀을 이탈하는 요소이다. 가령 소설에는 집으로서 '인물들의 사회적 전형들'이 있다. 그러나 훌륭한 소설의 경우 인물들이 사회적 전형에 실제로 딱 맞아떨어지는 법은 없다. 소설 속에서 벌어지는 모든 사건을 통하여 그들은 수시로 이 전형에서 이탈한다. 집으로서의 인물들의 전형에 대립하는 이것을 가리켜 들뢰즈는 '대위법적 관계'라 부르는데, 이것이 바로 소설에 있어서 우주이다(QP, 178~79 참조). 결국 예술 작품은 내용물로서 '살,' 틀로서 '집,' 틀에 대한 이탈로서 '우주'라는 삼중의 구조로 이루어진다.

30) G. Deleuze, *Logique du sens*(Paris : Éd. de Minuit, 1969), pp. 92~93 참조(약호 LS).

산과 계급은 양식의 살아 있는 원천인데, 특별한 한 시기에만 그랬던 것이 아니라, 영원한 하나의 전형으로서 그렇다"(LS, 94). 양식에 기반하고 있는 견해란 결국 지배 계급의 이익을 대변한다. 반면 예술은 그것이 실현하고 있는 비인격적 익명적 카오스를 통해 견해가 지배하고 있는 세계에 저항한다. "예술가는 〔……〕 견해의 상투적인 생각들에 대항하여 싸운다. 〔……〕 〔작가의〕 지면이나 〔화가의〕 화폭은 미리 존재하며 이미 설정되어 있는 상투성들로 가득 덮여 있다. 그래서 먼저 이것들을 〔……〕 갈기갈기 해체시켜야만 우리에게 비전을 가져다줄 카오스로부터 솟아나는 한 줄기 공기를 흐르게 할 수 있다"(QP, 192). 예술 작품은 미지의 '비전'을 도입함으로써 지배 계급의 가치에 따라 질서지어진 세계를 '재편성'해낸다. 이런 의미에서 예술은 정치적인 맥락에서 혁명적 힘을 가진다고 말할 수 있다(QP, 167 참조).[31]

들뢰즈처럼 레비나스도 예술, 그 가운데서도 현대 회화는 우리가 친숙해져 있는 질서에 따라 편성된 세계에 저항한다는 점을 지적하고 있다. "현대 회화를 통한 질료의 재현 속에서, 세계로부터의 이 형상 없애기 dé-form-ation는 〔……〕 유달리 충격적인 방식으로 이루어진다. 사물들의 표면 자체상의 연속성의 단절, 부서진 선(線)에 대한 선호, 퍼스펙티브와 사물들의 실재 비례에 대한 무시 등은 선의 연속성에 대항하는 반란 révolte의 표시이다. 지평 없는 공간에서 사물들은 마치 그 자체로서 인정된 부스러기들 morceaux처럼 〔……〕 우리로부터 떨어져나가고 또 우리에게 던져진다"(EE, 91). 예술은 우리가 익숙해 있는 어떤 질서나 퍼스펙티브에 따라 체계적으로 분절되어 있

31) 들뢰즈는 영미의 작가들을 언급하는 자리에서, 정치적인 의미에서의 혁명이 위대한 작가들의 소명임을 역설하고 있다. "그들〔영미 작가들〕은 한계를 뛰어넘어, 벽을, 자본주의의 빗장을 부수어 버린다"(G. Deleuze & F. Guattari, *L'anti-Œdipe* 〔Paris: Éd. de Minuit, 1972〕, p. 158). 물론 이러한 주장이 설득력을 가지려면 문학적 권위가 어떻게 정치적 힘의 행사로까지 이어지는가 하는 과정에 대한 자세한 기술이 뒤따라야만 할 것이다.

는 사물들을 드러내는 것이 아니라, 어떤 식으로도 통일을 형성하지 못하는 카오스적 '부스러기들'을 드러낸다. 레비나스는 예술의 이러한 면모를 들뢰즈처럼 기존의 세계에 대한 '반란'으로 규정하고 있다.

그렇다면 들뢰즈의 혁명적 예술 개념이 그렇듯 레비나스에게서도 예술은 진정한 혁명을, 그러므로 일종의 구원을 가져다줄 수 있는가? 여기서 우리는 들뢰즈와 레비나스의 근본적 차이와 맞닥뜨리게 된다. 우리가 예술 작품을 감상할 때 우리는 미감적 즐거움 속에서 일종의 자유를 누리게 되는데, 레비나스는 이것을 예술이 가질 수 있는 거의 유일한 가치라고 믿고 있다. 예술이 가능케 해주는 이 자유를 레비나스는 다음과 같이 평가한다. "우리는 가장 일상적이고 가장 일반적인 미감적 즐거움과 결합하게 된다. 이것이 예술의 가치를 나타나게 하는 원인 가운데 하나이다. 〔……〕 무엇보다도 예술은 세계 안에, 가벼움과 우아함으로써 즐겁게 해주는 비책임성을 들여온다. 예술은 자유롭게 해준다"(RS, 145). 이 구절은 예술이 가능케 해주는 자유와 비책임성은 서로 동치라는 점을 밝히고 있다. 예술 작품 앞에서 즐거움을 누릴 때 그 즐거움은 그 무엇과도 연루되어 있지 않다. 가령 나는 사회적 불평등을 받는 인간을 그린 그림 앞에서 미감적 즐거움을 누릴 수 있지만, 그 즐거움이 그림의 소재가 된 인격에 대한 나의 도덕적 책임과 연루되어 있는 것은 아니다. 예술이 가능케 하는 자유란 바로 책임으로부터의 자유인 것이다. 그것의 비책임적 성격 때문에, 레비나스는 예술적 즐거움 속에서 누리는 자유가 선(善)과는 아무런 관련이 없으며 오히려 일종의 사악함을 띠고 있다고 말한다. "본질적으로 자유로운 예술은 자발성과 책임성의 세계 속에서 도피의 영역을 구성한다. 〔……〕 그것은 관조의 무관심이 아니라, 비책임성의 무관심이다. 〔……〕 예술적 즐거움 속에는 어떤 사악한 것, 이기적인 것, 무기력한 것이 들어 있다. 이를 수치스럽게 여겼던 시대들이 있다. 페스트가 만연한 시기에 벌어진 잔치를 수치스러워하듯이 말이다"(RS, 145~46). (지나치게 모욕적인 표현이기는 하지만) 레비나스에게서 예술은 내 이웃이 페스트로 죽어가는 옆에서 벌이는 잔치처럼 수치스러운 것으로 이해된다. 그것이 수치스러운 까닭은, 예술로부터 얻는 자유는 타자의 자유에 대해 무관심한 오로지 나만의 자유, 즉 이기적인 자유이기 때문이며, 이런 까닭에 "예술은 문명의 최고 가치가 아니다"(RS, 146)라고 레비나스는 말한다. 결국 레비나스에게 예술은 주체를 모든 책임성으로부터 자유롭게 해주는 즐거움의 원천 이상도 이하도 아닌 것이다. 심지어 주체는 예술 속에서 타자뿐 아니라 그 자신에 대한 책임성으로부터도 자유로운데, 왜냐하면 우리가 앞서 보았듯 예술은 주체를 비인격적 익명적 '있음'의 상태, 즉 책임질 수 있는 인격이 없는 상태로 되돌려놓기 때문이다. 그러므로 레비나스가 말하는 예술이 가능케 하는 자유란 들뢰즈가 말하는 자유, 즉 혁명적 성격을 지닌 예술이 지배 계급의 가치와 싸우며 달성하는 자유와 근본적으로 양립할 수 없는 성격의 것이다.

그런데 흥미롭게도 레비나스가 많은 예술 장르 가운데 유일하게 긍정적으로 평가하는 장르가 있으니, 바로 '비평'(레비나스의 용어대로 하자면 '철학적 비평')이다. "이 모든 것〔예술의 비책임적 성격〕은, 예술가의 비인간적인 작품을 인간 세계 속에 통합시키는 비평으로부터 분리되어 있는 예술에 대해서 진실이다"(RS, 146~47)라고 레비나스는 말한다. 어떻게 비평은 비인격적 작품을 인격성과, 즉 '책임질 수 있음'과 통합시킬 수 있는가? 이는 '타자와의 관계라는 조망'을 비인간적 작품 속에 도입함으로써 가능해진다고 레비나스는 말한다(RS, 148 참조). 레비나스 그 자신이 직접 비평적 작업을 통해 이러한 타자와의 관계라는 조망, 즉 윤리적 조망을 함축하는 '철학적 비평'이 어떻게 가능한지를 보이고 있다. 가령 그는 프루스트의 소설에서 알베르틴이라는 타자의 죽음을 윤리적 관점에서 해석해보고자 한다.

"알베르틴의 무〔죽음〕는 그녀의 전체 이타성을 발견한다. 〔여기서〕 죽음은 타인의 죽음이다. 이는 자아의 고독한 죽음과 결부된 현대 철학과는 상반되는 것이다. 그러나 타자 자체에게로 이르게 하는 모든 순간들에 계속되는 타인의 죽음은 존재들을 소통 불능의 고독으로 던져넣지 않는다. 〔왜냐하면〕 분명히 이 죽음은 사랑을 키워내기 때문이다."[32] 여기서 레비나스는 알베르틴에 대한 주인공 마르셀의 사랑—소설의 이야기 자체에 충실하자면 질투와 감시와 소유욕으로 얼룩진 사랑—을 그녀의 죽음, 혹은 죽을 수 있는 가능성을 염려해 주는 윤리적 사랑으로 해석한다.[33] 이러한 방식으로, 즉 타자와의 관계라는 윤리적 조망을 도입하는 방식으로, 오로지 비평만이 비인간적인 작품에 인격성을 부여할 수 있다는 것이 레비나스의 생각이다.

예술에 대한 레비나스의 평가절하는 그의 철학의 형이상학적 구조 안에서 해명되어야 할 것이다. '외관'은 무한자가 현시하는 지평인 '얼굴'이 아니다. "〔예술 속에서〕 사물은 마술처럼 그것의 우아함을 통해서 매혹하지만, 그 자신을 드러내지는 않는다. 만일 초월이 감성과의 단절이라면 〔……〕 비전은 형상의 비전과 단절한다. 이 비전은 관조의 영역에도 실천의 영역에도 들지 않는다. 그 비전이란 얼굴이며, 그것의 현시 révélation는 말〔言〕이다. 타인과의 관계만이 초월의 차원을 가져오며, 우리를 감각적 의미의 경험과는 완전히 다른 관계로 인도한다" (TI, 167). 얼굴은 우리를 감성계 너머로 무한자에게로 인도하지만, 예술 작품은 얼굴을, 아름다움을 주는 감성계 안의 한 외관으로 머물게 한다. 아름다움을 목적으로 하는 이상 예술은 숙명적으로 감성계 안에 머물며 감각적 경험 이상이 될 수 없다는 것이다(이런 점에서 레비나스는 감성계의 아름다움을 가상계의 이념의 상징으로 본 칸트와 대립한다).

---

32) E. Levinas, "L'autre dans Proust," *Noms propres*(Paris: Fata morgana, 1976), p. 154.

33) 레비나스의 프루스트 해석에 대해선 2장 2 참조.

그러므로 예술로부터 미감적 즐거움말고, 어떤 형태가 되었든 구원을 희망한다는 것은 '우상 숭배 idolâtrie' 외에 다른 것이 될 수 없다(이미 모세의 유대인들이 이 점을 잘 보여주었다. '감성화된〔미감적이 된, aestheticized〕' 무한자 주위를 '춤'출 때, 유대인들은 책임성있는 주체성을, 즉 '무한자를 향한 운동'을 잃어버리고 감성계의 우상 숭배에 머물러버렸다〔「출애굽기」, 32: 19 참조〕[34]). "아름다움에 대한 우상 숭배가 있다. 예술 작품의 주제넘은 노출 속에서, 또 조각상 안에서의 정지 속에서, 예술 작품의 조형성 속에서, 예술 작품은 신과 대체된다. 〔……〕 비교할 수 없는 것, 통시적인 것, 비동시적인 것은 저항할 수 없는 허위를 통해, 기만적이며 놀라운 도식의 효과를 통해 예술에 의해 '모방된다.' 이것이 도상학 iconographie이다. 존재 너머로의 운동은 아름다움 안에서 멈추어버린다."[35] 여기서 '비교할 수 없는 것' '통시적인 것' 등은 모두 얼굴 혹은 얼굴을 통해 현시하는 무한자를 가리키는 말들이다. 예술은 얼굴의 지평을 통해 나타나는 무한자를 향한 운동을 가능케 하는 대신, 이 얼굴을 아름다움 속에서 정지시켜서 우상으로 만들어버린다.[36] 그리하여 얼굴은 고통받는 인격체의

34) 예술에 대한 일화인 동시에 우상 숭배에 대한 일화인 유대인들의 이 이야기는 예술과 우상의 근본적인 연관에 대한 탁월한 암시인 한편, 레비나스의 예술론이 어디에 근원을 두고 있는가에 대한 열쇠가 되어준다. 레비나스가 예술의 본질을 '리듬'에 두고, 예술 작품의 예로 '춤'을 꼽는 것은 결코 우연이 아니다. 성서에서 예술에 대한 첫번째 기록은 모세의 유대인들이 보여주었듯, 바로 '감성화된 야훼' 주위를 맴도는 '춤'이었다. 예술의 본성을 리듬 개념을 통해 분석하고, 예술을 일언지하에 우상 숭배로 규정하는 레비나스의 예술론은 모세의 춤추는 유대인들이 왜 옳지 못했는가에 대한 철학적 해명에 다름아니다.

35) E. Levinas, *Autrement qu'être ou au-delà de l'essence*(la Haye: Martinus Nijhoff, 1974), p. 191.

36) 레비나스와 마리옹의 비교: 레비나스는 우상과 아이콘을 구별하지 않고, 양자 모두를 '얼굴'과 대립적인 우상으로 취급한다. 아이콘과 아이코노그라피를 우상과 우상 숭배로 환원해버리기는 하지만 레비나스의 사유는, '아이콘'과 '우상'을 서로 대립적으로 파악하는 마리옹의 사유와 놀랄 만큼 큰 유사성을 지닌다. 레비

'호소'이기를 그만두고, 아름다움 속에 얼어붙은 채, 모든 책임으로부터 놓여난 자유, 즉 이기적인 미감적 즐거움을 감상자에게 제공하는 데 그치고 만다. 레비나스의 예술에 대한 이러한 가혹한 평가절하는 분명 유대주의의 교리와 관련이 있을 것이다. 레비나스는 마치 여러 세기 전의 성상 파괴주의자들의 망령을 깨워내는 무당처럼 이렇게 말하고 있다. "이미지들의 추방은 진정으로 유일신을 섬기는 종교의 최상 명령이다"(RS, 143~44).[37] 그리고 이것이 바로 아테네의 예

나스에게서 '보이지 않는 것에 대한 욕망' '무한을 향한 운동'이 아름다움 속에서 멈추어버리는 것과 마찬가지로, 마리옹은 '시선' '보고자 하는 욕망'이 우상 속에서 멈추어버린다고 말한다. "시선을 멈춘다—우리는 시선을 멈춘다는 말 이상으로 더 잘 표현할 수는 없을 것이다—는 것은, 시선이 더 이상 〔우상〕 너머로 나아갈 수 없을 때 시선을 우상 속에서 쉬게끔 한다는 것이다"(J-L. Marion, *Dieu sans l'être*〔Paris: Fayard, 1982; P.U.F., 1991〕, p. 19). 반대로 아이콘 속에서 시선은, 레비나스의 형이상학적 욕망의 경우와 마찬가지로 결코 정지하지 않으며, 무한자, 즉 보이지 않는 것을 향해 계속 운동하고자 한다. "시선이 아이콘을 볼 때, 시선은 결코 휴식하거나 안주할 수 없다. 시선은, 가시적인 것 속에서 비가시적인 것의 무한한 흐름을 향해 거슬러올라가기 위해서, 가시적인 것에서 항상 새로운 국면을 맞아야 한다"(같은 책, pp. 29~30). 이와 같이 마리옹의 '아이콘'과 '우상' 개념은 각각 레비나스의 '얼굴'과 '우상으로서의 예술 작품'에 대응한다. 그의 최근 저작에서 마리옹은 아이콘 개념을 발전시킨 '충만한 현상 phénomène saturé'이라는 개념을 내세우면서, 레비나스의 '얼굴'을 이 개념의 부분 집합으로 간주하고 있다(J-L. Marion, *Étant donné*(Paris: P.U.F., 1997, p. 324). 마리옹이 아이콘과 우상을 애초에 예술 철학적 맥락에서 고안한 것은 아니다. 그러나 이러한 구별을 예술 철학적 맥락에 도입한다면, 우리는 레비나스에서와 달리, 우상 숭배로 매도당할 위험에 처해 있는 예술을 아이콘이라는 길을 통해서 구해낼 수 있다.

37) 예술에 대한 레비나스의 이러한 비판은 "우리 시대의 예술의 비대증을 고발하는 일"(RS, 146)이라는 점에서 경청할 만하다(사실 오늘날 예술의 가면을 쓰고서 가장 중요한 도덕적 진술들을 고루한 것으로 비웃으며 악덕에 대해 면죄부를 남발하고, 예술을 통해 '구원'을 얻었다면서 예술의 가치를 과장하고 신비화하는 일은 얼마나 많은가!). 그러나 다른 한편 신학적 입장을 배경으로 예술의 전모를 우상 숭배로 규정하는 레비나스의 주장은 아마도 널리 받아들여지기는 힘든 사상일 것이다. 그런데 레비나스는 말년에 쓴 "Jean Atlan et la tension de l'art"(1986)라는 짧은 글에서 예술에 대해 약간 더 관대해진 모습을 보여주고 있다. 이 글에서도 기본적인 입장에는 이전과 변함이 없긴 하지만 '정숙한 에로티시즘' '상냥함' '연

술 추방론(플라톤)과 쌍벽을 이루는 예루살렘의 예술 추방론이다.

5. 맺음말

레비나스와 들뢰즈는 '외관' '집' 등 건축적 개념의 도입을 비롯해 예술 작품의 구조 분석에 있어서 놀랄 만큼 큰 유사성을 보여준다. 그러나 우리가 보았듯 예술의 가치라는 문제에 있어서 두 사람은 서로 화해할 수 없는 극단적인 입장을 취하고 있다. 예술이 비인격적 익명성을 실현시킨다는 점에서 두 사람은 쌍둥이보다도 더 경이롭게 서로를 닮고 있다. 그런데 이러한 예술의 비인격적 익명성으로부터 한 사람은 기존의 세계에 대한 저항, 혁명이라는 자유의 사건을 목격하는 반면, 다른 한 사람은 책임성으로부터의 자유, 곧 비윤리적인 혼돈을 목격한다. 결국 우리는 이 글의 초두에 지적한 양자의 차이, '주체' 개념에 대한 평가의 차이로 되돌아가게 된다. 주체 개념으로부터 사유를 해방시키고자 하는 들뢰즈에게, 비인격적 익명성을 실현해주는 예술은, 우리 사유 방식을 근본적으로 변형시키는 혁명을 의미하지만, 레비나스의 경우 예술의 비인격적 익명성으로 인한 주체의 사라짐은 곧 책임성의 실종을 의미한다. 아마도 두 사람의 화해 불가능성은 근본적으로는 '이편'의 철학(들뢰즈의 내재성의 철학)과 '저편'의 철학(레비나스의 초월의 철학) 사이의 차이에서 유래할 것이다. 들뢰즈는 견해를 생산해내는 '내재성의 구도 plan d'immanence'[38]

민' '긍휼'을 포함하는 예술은 우리에게 '성서적 주제들'을 생각하게끔 한다는 주장을 하고 있다(*Emmanuel Levinas*[Paris: Éd. de l'Herne, 1991], p. 510 참조).

38) '내재성의 구도' 자체는 중립적인 개념이며, 비판의 표적이 되는 것은 오로지 견해를 산출해내는 내재성의 구도(사유의 독단적 이미지)뿐이다(1장 1 참조). 또한 들뢰즈에게 있어서 내재성의 구도는 오로지 재편성될 뿐이며(가령 예술의 비인격적 익명성을 통한 주체 개념의 파괴가 이러한 재편성의 한 가지 길이다), 내재

를, 예술이 실현하는 비인격적 익명성을 통해서 파괴하고자 한다. 이러한 파괴에는 어떤 '외재적인 것'도 역할을 가지지 않는다. 그러나 레비나스의 경우 세계 이편에는, 즉 우리의 내재성 속에서는 어떠한 진정한 혁명의 씨앗도 생겨날 수 없다. 우리는 오로지 '저편'으로부터만, 우리의 내재성을, 그러므로 우리의 이기성을 부수어줄 자의 도래를 기대할 수 있다.

성의 구도 밖의 '저편'은 아무런 역할도 가지지 못한다. 이런 의미에서 우리는 위에서 들뢰즈의 내재성의 철학을 '이편의 철학'이라 불렀다.

각주 찾기

* 이 책에는 본문의 내용을 보충하면서도 하나의 독립된 연구 주제를 이루는 꽤 긴 분량의 각주들이 있다. 별도로 참고할 수 있도록 이 각주들에 대한 색인을 제공하기로 한다.